楚国哲学史

涂又光 著

楚學文庫

张正明 主编
刘玉堂 执行主编

長江出版傳媒
湖北教育出版社

图书在版编目（CIP）数据

楚国哲学史 / 涂又光著. -- 武汉 : 湖北教育出版社, 2024.5
（楚学文库）
ISBN 978-7-5564-4388-8

Ⅰ. ①楚… Ⅱ. ①涂… Ⅲ. ①哲学史—中国—楚国(?-前223) Ⅳ. ①B22

中国国家版本馆CIP数据核字(2023)第112253号

楚国哲学史 CHUGUO ZHEXUESHI

出品人	方　平	责任编辑	李晋阳
封面设计	蔡立国	责任校对	李庆华
美术编辑	李　枫　何亦明	责任督印	刘牧原

出版发行	长江出版传媒	430070　武汉市雄楚大道 268 号
	湖北教育出版社	430070　武汉市雄楚大道 268 号
经　销	新　华　书　店	
网　址	http://www.hbedup.com	
印　刷	湖北新华印务有限公司	
地　址	武汉市硚口区长风路 31 号	
开　本	787mm×1092mm　1/16	
印　张	25.25	
字　数	348 千字	
版　次	2024 年 5 月第 1 版	
印　次	2024 年 5 月第 1 次印刷	
书　号	ISBN 978-7-5564-4388-8	
定　价	136.00 元	

本书单行本由华中科技大学出版社出版并授权《楚学文库》使用

总　序

光阴荏苒，岁月不居，弹指间《楚学文库》初版问世已近三十个春秋。蓦然回首，当年的盛况仍历历在目：《楚学文库》甫一亮相，即在北京召开了出版座谈会与楚学研讨会，著名学者季羡林、张岱年、何兹全、任继愈、邹衡、庞朴、黄展岳、俞伟超、黄景略、瞿林东、刘梦溪、王渝生、徐敏、白翠琴和主编张正明等先生欣然赴会，畅所欲言，对《楚学文库》给予了高度评价，称其“是本世纪楚文化研究成果的一次重要总结和集中展示”，为“区域文化研究树立了里程碑”，“对其他地域文化的研究必将产生强大的推动作用”，《光明日报》以《光彩神州，丰润中华》为题，整版刊发了与会学者的精彩发言。李学勤先生因故未能莅临盛会，特意致函主编张正明先生，盛赞《楚学文库》“不愧为楚文化研究的集大成之作”。社会反响异常强烈，文化史学界更是好评如潮，虽多次重印，某些专著仍一书难求。

然而，自《楚学文库》出版以来，有关楚文化的考古发现层出不穷，出土文献联翩而至，相关研究成果亦如雨后春笋，学术界对楚文化的认知已由量的积累上升到质的飞跃，加之初版《楚学文库》已难以购全，因此，增补、修订《楚学文库》成为学术界和广大读者的共同心愿。湖北教育出版社审时度势，毅然决然对《楚学文库》进行增修，堪称远见卓识之举！

相较于原版《楚学文库》，增修版至少有如下优长。

一是体量增大，即所收专著数量增加。初版《楚学文库》共有专著18部，除《楚人的纺织与服饰》尊重作者意愿未纳入外，其他17部全部纳入增修版，并在此基础上增加了3部专著，即张正明先生的《楚文化史》，刘彬徽、刘长武先生的《楚系金文汇编》和宋公文先生的《楚令尹制研究》，共计20部。其中，《楚系金文汇编》弥补了初版有简帛文字研究而无铜器铭文研究的缺憾，与原《楚系简帛文字编》可谓珠联璧合，便于人们在一套丛书中得窥楚文字之全豹；《楚令尹制研究》不仅填补了楚令尹制度研究的空白，还为楚官制研究向纵深推进提供了有益的借鉴，二书的重要意义不言而喻。尤其值得关注的是张正明先生《楚文化史》的收入，该书堪称海内外第一部全面、系统、深入研究楚文化的精品力作，不仅在楚学界具有开榛辟莽之功，而且在中国区域文化乃至中华传统文化研究领域享有盛誉，其影响力并未因时光流逝而消减。回想起1987年《楚文化史》横空出世，旋即在历史文化学界掀起一股先睹为快的热潮，书中锦句如“从楚文化形成之日起，华夏文化就分成了北南两支：北支为中原文化，雄浑如触砥柱而下的黄河；南支即楚文化，清奇如穿三峡而出的长江……”等，一时为楚文化研究者和爱好者广泛征引传诵，几近“有井水处皆歌柳词”之情状。正是由于《楚文化史》一书思接千载，视通万里，新意纷披，文采斐然，故虽屡屡再版，依然洛阳纸贵。此次其被纳入增修版，与初版中的《楚史》相映生辉，更利于人们对楚国历史文化的全面认识和整体把握。

二是内容增加，即每部专著都增添了新的内容。近30年间，随着湖北枣阳九连墩楚墓、河南新蔡葛陵楚墓、湖北宜昌万福垴遗址等的发掘，尤其是湖北荆门郭店楚简和上海博物馆、清华大学、安徽大学珍藏的战国竹简等出土文献陆续问世，极大地丰富了楚文化的内容。各位作者秉持精益求精的态度，对新资料悉心梳理、精细甄别，进而充实到原书相关部分，从而使原著更加丰满。

三是精度更高，即匡谬正误，推陈出新。随着新材料的出现、新方法的运用和新技术手段的推广，楚文化研究高潮迭起。增修版各位作者在充分吸收最新研究成果的基础上，提出了一系列新的见解，纠正了原著中存在的谬误，廓清了初版中某些模糊的认识，调整了不甚合理的结构，文字表述也更加准确、精炼和畅达。

人们常常以章太炎先生的“前修未密，后出转精”来形容作品的初版和修订版的差别，我们虽不敢如此自诩，但增修版的质量超越初版则是毋庸置疑的。时值《楚学文库》初版问世29周年和主编张正明先生仙逝18年之际，湖北教育出版社历经9年艰苦细致的工作，郑重推出《楚学文库》增修版，充分体现出该社对学术的尊崇、对事业的执着和对楚文化研究一如既往的关心与支持，其中也饱含着对张正明先生的敬重和缅怀。

作为忝列张正明先生门墙的弟子，我承蒙湖北教育出版社真诚而盛情的邀请，有幸主持了《楚学文库》的增修工作。受命之日，我即摒弃其他琐务，全身心恭奉其事，未敢有丝毫懈怠。因为从某种意义上说，我把这项工作当作是恩师张正明先生布置的一次特殊作业，只不过评判这次作业的不再是恩师，而是广大热心的读者。

因我学识浅陋和能力有限，各位作者增修的时间也较为仓促，增修版错讹之处在所难免，诚望读者诸君不吝指正。

刘玉堂

2024年4月28日

于武汉东湖之滨

编者献辞 *

楚学是一个正在开拓中的学术园地，从初辟草莱到蔚成气象，还不满半个世纪。

楚学的任务是对楚国的历史和文化做多层面的、全方位的研究，需要众多志士仁人为它献出智慧和辛劳。

楚学的对象自成一个博大精深的体系，从神话、传说到信史，从石器时代、铜器时代到铁器时代，从天文、历法到地理，从物质形态的、精神形态的到制度和风俗，从民族、语言到文字，到玉帛到干戈，从科学到巫术，从老、庄的“玄览”到屈、宋的“流观”，从事象到模式，等等，凡上古文化涉及的一切，无所不包。只靠一个学科或者几个学科的力量，断难窥其堂奥而得其神髓。

中国的古代文化是多元复合的，它的主体华夏文化是二元耦合的。所谓二元，就方位来说是北方与南方，就流域来说是黄河与长江，就代表性的始祖来说是黄帝与炎帝，就象征性的灵物来说是龙与凤，就学术的主流来说是儒家与道家，就风格的基调来说是雄浑、谨严与清奇、灵巧。早在先秦，就形成了这样的格局。春秋战国时代的华夏文化，北方以晋（韩、赵、魏）为表率，南方则由楚独领风骚。近数十年来，学术界论及中国古代文化，大抵重北轻南，重河轻江，重黄轻炎，重龙轻凤，重儒轻道，总之，不免失之偏颇。要全面地认识中国古代文化，不可不研究楚学。

世界的古代文化更是多元复合的，它的主体即旧大陆的古代文化也是二元耦合的。这个二元，简单地说来，就是西方与东方。从公元

* 本文系 1995 年版《楚学文库》编者献辞。

前 6 世纪中到公元前 3 世纪中，西方的希腊与东方的楚竞辉齐光，宛如太极的两仪。然而，近百余年来，学术界论及世界古代文化，往往重西轻东，也不免有偏颇之失。要全面地认识世界古代文化，也不可不研究楚学。

我们奉献给读者的这套《楚学文库》，结集了晚近的楚学专著，总计有书 18 部。出齐之后，则非仅一斑，而足使读者获睹楚国历史文化的全豹。

对于学术问题，见仁见智是正常的现象。我们的编纂宗旨是择善而取，不拘流派，不分门户，不求千口一腔。各部专著分开来看，都自成一家言。整套文库合起来看，则可谓："纷总总其离合兮，斑陆离其上下。"

《楚学文库》编委会

目　录

代序：论楚人精神

冯友兰

楚人为新兴民族，本无较高文化，孟子所谓“南蛮鴃舌之人，非先王之道”（《孟子·滕文公上》）者也。孟子又谓：“陈良，楚产也，悦周公、仲尼之道，北学于中国。北方之学者，未能或之先也。”（同上）可见楚人慕周之文化者，须至北方留学，方能得之。然楚人虽不沾周之文化之利益，亦不受周之文化之拘束，故其人多有极新之思想。《汉书·地理志》谓：“楚有江汉川泽山林之饶，民……食物常足。故呰窳偷生，而亡积聚。饮食还给，不忧冻饿，亦亡千金之家。信巫鬼，重淫祀。”然《离骚》中，屈原远游，驱使鬼神，其对于鬼神之态度，为诗的而非宗教的。至于《天问》一篇，则更对于一切人神之传说，皆加质问；对于宇宙之所以发生，日月之所以运行，亦提出问题。或者一般人过于“信巫鬼，重淫祀”，故激起有思想人之反动也。

所谓“隐者”之流，对于当时政治，皆持反对态度。而许行之徒，不但反对当时政治，且反对传统的政治社会制度。及后所谓道家者流，在周秦之际，乃一切传统的思想制度之反对者。而《老子》《庄子》二书，乃其二重要代表也。

［注］日人小柳司气太云：“道家渊源的鬻子及发扬光大道家思想的老子、庄子，皆为楚人。更据《汉志》，蜎子、长卢子、老莱子、鹖冠子，亦皆楚人。至于其他传说中的隐逸，有狂接舆、长沮、桀溺（见《论语·微子》），詹何（见《列子·汤问》《说符》及《韩非子·解老》），北郭先生（见《韩诗外传》卷九），江上老人（见《吕览·异宝篇》），缯封人（见《荀子·尧问》），皆楚人。屈

原《远游》云‘曰：道可受兮而不可传，其小无内兮其大无垠，毋滑而魂兮彼将自然’，与《庄子·大宗师》‘道可传而不可受’相通。又曰‘载营魄而登霞’，与《老子》‘载营魄抱一，能无离乎’相通。《渔父辞》云‘圣人不凝滞于物，而能与世推移’，与《老子》‘和光同尘’相通。”（《文化史上所见之古代楚国》，《东方学报》东京第一册，东方文化学院东京研究所昭和六年三月出版）

（录自《中国哲学史》第一篇第八章第三节）

第一章　引论

第一节　本书上下限

本书讲楚国哲学史，从颛顼讲起，讲到楚国亡国为止。也就是，从公元前二十五世纪讲到公元前三世纪。

凭什么从颛顼讲起呢？就凭屈原《离骚》的第一句话："帝高阳之苗裔兮"。高阳，是帝颛顼之号。我相信屈原这句话。《离骚》是伟大的浪漫主义诗篇，但浪漫主义诗篇就含有现实主义成分，这第一句就是。屈原是天字第一号浪漫主义诗人，可是再怎么浪漫，他自己的祖宗是谁，他不会瞎说。当然，会有人冒认祖宗，甚至认贼作父，但屈原不像那号人。司马迁作《史记·楚世家》，第一句话是"楚之先祖出自帝颛顼高阳"，也相信屈原。司马迁当然参考了《五帝德》《帝系》[①]。从《五帝德》《帝系》都可以看出高阳就是颛顼，从《帝系》可以看出楚人是颛顼后代。但《帝系》云："少典产轩辕，是为黄帝"，"黄帝产昌意，昌意产高阳，是为帝颛顼"。《楚世家》何不将楚之先祖上溯到少典，而截断于帝颛顼高阳？可见是相信屈原的。这就是本书以颛顼为上限的原因。

至于以楚国亡国为下限，完全是出于约定，约定本书为中国哲学史中的楚国哲学断代史。但在楚国地区，到楚国亡国为止，本书又是楚国哲学通史。

在这里要区别两点：（一）楚国亡了，并不是楚哲学亡了。楚国亡

① 这一点，司马迁在《史记·五帝本纪》结束语中作了交代。这两篇古史现存于《大戴礼记》中。

了，不过是芈姓政权的统治亡了，楚哲学并未随之而亡。（二）楚国哲学（philosophy *in* Chu）不等于楚哲学（philosophy *of* Chu）。讲楚国哲学史，只能讲到楚国亡国为止。若讲楚哲学史，则可以一直讲到当代。这个区别，只在这里提一下，下文并不需要作此区别，都笼统叫做楚国哲学，以免烦琐。

楚国哲学产生于楚国社会。讲楚国哲学，不能从楚国哲学讲起，要先讲楚国社会。讲楚国社会，要先讲楚国社会生产力。就生产力的“活动”说，劳动者起决定作用；就生产力的“水平”说，生产工具起决定作用。作为本书引论来讲楚国社会生产力，是就其水平说，所以着眼于生产工具。由此出发，进而讲楚国社会生产关系及上层建筑。以下所讲的，限于本书引论的需要，不过是损之无可再损的基本特征而已。

第二节　楚国社会生产力的基本特征

《越绝书》第十一卷有一段风胡子对楚王问：

> “时各有使然。轩辕、神农、赫胥之时，以石为兵”；“至黄帝之时，以玉为兵”；“禹穴之时，以铜为兵”；“当此之时，作铁兵，威服三军，天下闻之，莫敢不服”。

这本是一大段论剑的话，只摘录了有关的几句。其中细节，如以轩辕与黄帝为二，姑置勿论[①]。这位楚王是哪一位？《越绝书》没有交代。好在《吴越春秋》卷四提到楚昭王与风湖子论剑，风湖子即风胡子，则楚昭王即这位楚王。可知“当此之时”就是春秋时代了。

---

① 如果要论，要将轩辕与黄帝合一，这也不难。因为轩辕氏族先于黄帝，黄帝是轩辕氏族后起的首领，故号黄帝轩辕氏。黄帝为轩辕氏族开创一个新时代，于《世本》的《作》篇可见。商务印书馆 1957 年出版的《世本八种》，汇编各种《世本》辑本，最为齐备。

风胡子从“时”的推移看问题，列举四个时代，按照顺序，各自“以石为兵”，“以玉为兵”，“以铜为兵”，以铁为兵（兵字指兵器，这是本义，后来才指拿兵器的人）。这四个时代，正与近代考古学所讲的顺序相当：以石为兵，相当于旧石器时代；以玉为兵，相当于新石器时代；以铜为兵，相当于铜器时代；以铁为兵，相当于铁器时代。在公元前六世纪，楚人已有此说，我看是个奇迹。但也奇而不怪，因为历史上的时代本来如此。风胡子此说，正是楚人的古老传说，反映了历史本来面目。近代考古学之说也是反映历史本来面目的，所以相合。

风胡子此说的具体意义是为“兵”，其一般意义是为“器”。“器”包括兵器，以及生产工具、生活用具。我们现在的目的是寻求生产工具的基本特征，至此已经达到了。风胡子已经言明楚昭王时属于铁器时代。将他这段话与楚史结合，大致可以说：颛顼属于新石器时代，西周之初的鬻（以下均简作粥，贾谊《新书》已如此）熊属于铜器时代，春秋以来的楚国属于铁器时代。这就是楚国社会生产力的基本特征。

第三节　楚国社会生产关系与上层建筑的基本特征

上述生产力的基本特征，实在平常得很。惟所据史料，则为楚人言楚，直接说明问题者，实在难得。在楚国社会生产关系方面，还找不到这样的直接说明问题的史料。但直接说明楚国社会上层建筑的史料还不少，我们可以从上层建筑入手，推断生产关系。现在将研究所得列一简表，加以说明（聊代证明）如下：

楚国社会基本特征表

	颛顼前后	自粥熊始	自熊通始
上层建筑	神治	道治	法治
	氏族制	分封制	县制
生产关系	公有制	官奴制	庶农制
生产力	新石器	铜器	铁器

一、颛顼前后

神治，是通过巫实现的，实为巫治。

颛顼既是部落首领，又是巫觋首领，以人帝而兼天神，所以在神话传说中，如《山海经》《淮南子》等书所说，成了一位东南西北无远弗届的超级大神。他的老家则在昆仑地区。他的最大功业是“绝地天通”，如《国语·楚语下》所记：

昭王问于观射父曰：“《周书》所谓重、黎寔（实）使天地不通者，何也？若无然，民将能登天乎?”

对曰：“非此之谓也。

“古者民神不杂。

“民之精爽不携贰者，而又能齐肃衷正，其智能上下比义，其圣能光远宣朗，其明能光照之，其聪能听彻之，如是则明神降之，在男曰‘觋’，在女曰‘巫’。

“是使制神之处位次主，而为之牲器时服，而后使先圣之后之有光烈，而能知山川之号、高祖之主、宗庙之事、昭穆之世、齐敬之勤、礼节之宜、威仪之则、容貌之崇、忠信之质、禋洁之服，而敬恭明神者，以为之‘祝’。

“使名姓之后，能知四时之生、牺牲之物、玉帛之类、采服之仪、彝器之量、次主之度、屏摄之位、坛场之所、上下之神、氏姓之出，而心率旧典者为之‘宗’。

“于是乎有天、地、神、民、类物之‘官’，是谓五官，各司其序，不相乱也。

“民是以能有忠信，神是以能有明德，民神异业，敬而不渎，故神降之嘉生，民以物享，祸灾不至，求用不匮。

“及少皞之衰也，九黎乱德，民神杂糅，不可方物。夫人作享，家为巫史，无有要质。民匮于祀，而不知其福。烝享无度，民神同位。民渎齐盟，无有严威。神狎民则，不蠲其为。嘉生不降，无物以享。祸灾荐臻，莫尽其气。

“颛顼受之，乃命南正重司天以属神，命火正黎司地以属民，使复旧常，无相侵渎，是谓‘绝地天通’。

“其后，三苗复九黎之德，尧复育重、黎之后，不忘旧者，使复典之。……”

这段话是讨论《尚书・周书・吕刑》的，可见楚昭王（熊珍，公元前516年—公元前489年在位，当春秋后期）时，楚国君臣的北方经典热。观射父的话很有权威，经师解经引用之①，史家修史亦引用之②。本书照抄如上，则取其详细地说明了颛顼前后上层建筑的两个基本方面：神治，氏族制。观射父说的重在楚之先祖颛顼的传说，亦楚人言楚。

现就“巫”“祝”“宗”“官”略加梳理，以见神治与氏族制的结构。至于“九黎乱德”与“三苗复九黎之德”，在楚文化与楚人世界观历史上的意义，将在下节讨论。

关于巫。此言“在男曰‘觋’，在女曰‘巫’”，但《一切经音义》卷三引此文，又《玉篇》《广韵》，皆作“在男曰巫，在女曰觋”。两说相反，不必深究。《周礼・春官》有“男巫”“女巫”，不论男女，统称为巫。本书从之，或作“巫”，或作“巫觋”，只有单音词与双音词之分，而无男女之别。

巫的条件是“民之精爽不携贰者，而又能”如何如何，那一小段话。分析起来是三项：（一）本人出身，是“民”就行；（二）思想条件，要精明而不怀二心；（三）业务条件，主要是“能上下比义”，“比义”犹今言“通气”，就是有通天、通神的本事。到底怎么通法，只有由他说了。

① 孔颖达作《尚书正义》，其《吕刑》“绝地天通”疏，即采《楚语》观射父此说。

② 《史记・历书》，《汉书》的《律历志》和《郊祀志》，及后来史志之言律历者，皆称引此说。

具备了条件，还要经过神的批准，就是“明神降之”，神附在他的身上，有如练气功的“发功”状态。有神附身，就表示神已批准。这除了迷信成分，若还有值得研究的，就是“人体科学”和“灵学”（psychics）的对象了。

通天、通神，既是巫的条件，又是巫的任务。照以上观射父所说的看来，祝、宗、官都有通天、通神的条件，都有通天、通神的任务，可见祝、宗、官都是巫。这时的巫，好比后世科举功名，参加政党，是踏上仕途的第一步。也就是说，必须首先是巫，然后才能当祝、当宗、当官。他们都是大大小小的巫，各级的巫，各色的巫。有人考证，女巫还有相当于古希腊庙妓的任务[①]。即使如此，并不妨碍（也许更便于）她们走进统治者的行列。总之，由巫、祝、宗、官组成的统治，就是巫治，托名神治。

关于祝，也有一小段话。祝的条件：（一）本人出身，是“先圣之后”。先圣，指本族先王。（二）思想条件，是“敬恭明神”。明神，包括本族先王。（三）业务条件，除了“能知山川之号”，主要是熟悉本族先王、先人和祭祀礼仪。“能知山川之号”，也不在于熟悉地名，而在于熟悉各地神名。这可谓熟悉野神，而熟悉本族先王、先人则是熟悉家神。

关于宗，也有一小段话。宗的条件：（一）本人出身，是“名姓之后”。名姓，是有名的氏族。若干氏族构成部落，可见宗已是部落一级的职位了。（二）思想条件，是“心率旧典”，打心眼里坚持老一套制度。（三）业务条件，与祝相似，只多了一项能知“上下之神、氏姓之出”，就是要熟悉天神、地民的谱系，也就是部落内各氏族的谱系。后世各朝的“宗正”，就是根据皇族谱系，分配各种特权和待遇的，由皇族子弟担任的官职，其渊源在此。

由此可见，神（经过巫）治完全由“先圣之后”“名姓之后”把持，

---

① 参考姜亮夫《楚辞通故·巫》。明代杨慎早已说：“《楚辞·九歌》，巫以事神，其女妓之始乎。”（《升庵集》卷七十一）

神治与氏族制构成当时上层建筑的整体。他们尽管把持，却并无私有形迹。“民以物享”，遇啥吃啥，亦无私有形迹。当时存在的是公有制。《国语·鲁语上》说“黄帝能成命百物，以明民共财，颛顼能修之”，可证。

关于官，观射父概括地说“于是乎有天、地、神、民、类物之‘官’，是谓五官”，《史记·历书》引作“于是有天地神祇物类之官，是谓五官”，张守节《正义》云“黄帝置五官，各以物类名其职掌也”，引应劭云：五官是春官、夏官、秋官、冬官、中官。其实观射父明明是说天、地、神、民、类物这五者的官，《史记》引错了，《正义》也就跟着穿凿附会了。五官“各司其序，不相乱也”，维持着“民神不杂”的局面。这局面曾被九黎打乱，变成“民神杂糅”。颛顼扭转乾坤，恢复“民神不杂”。所以说，颛顼前后都是以“民神不杂”为特色的、由神治与氏族制构成的上层建筑。

还剩下一个重要问题：说颛顼本身是巫，有何根据？观射父的这段话没有提供这个根据。《五帝德》有段话提供了，它说：

> 颛顼，黄帝之孙，昌意之子也，曰高阳。洪渊以有谋，疏通而知事，养材以任地，履时以象天，依鬼神以制义，治气以教民，絜诚以祭祀。乘龙而至四海：北至于幽陵，南至于交趾，西济于流沙，东至于蟠木，动静之物，大小之神，日月所照，莫不祗励。

“依鬼神以制义”以下的话，说明颛顼是超级大巫，巫觋的首领。别的书上说他是天神，但在这段话里，他先“依鬼神”，然后鬼神依他，所以还是巫的身份。

二、自粥熊始

通观有关史料，粥熊已不是巫觋首领，简直连一点巫觋气味也没有。粥熊是一个坐而论道的人。他的道，要义如何？贾谊《新书·修政语下》云：

周成王曰："敢问于道之要，奈何？"

粥子对曰："唯。疑（读为拟）请以上世之《政》，诏于君王。《政》曰：为人下者敬而肃，为人上者恭而仁，为人君者敬士爱民，以终其身。此道之要也。"

贾谊《新书》所记粥熊的话，可否作为讲粥熊的史料，这个问题将在粥熊章中讨论。现在只说这段话在语文形式上尽管太"现代化"，在思想内容上则指明了"道之要"，这是可以肯定的。粥熊以道治国，可谓道治。

由神治变为道治，经历了漫长过程，大约十三个世纪（公元前二十五世纪至公元前十二世纪）。在此期间的楚史大事，可考见而应大书者三：

（一）楚人姓芈。据《帝系》[①]，自颛顼起，第五世有"季连，是为芈姓"，"季连者，楚氏也"，为楚人受氏之祖，从此才算有正式的楚人。考其辈分：

颛项—┬—老童 — 吴回 — 陆终 — 季连
　　　└—穷蝉 — 敬康 — 勾芒 — 蟜牛 — 瞽叟 — 重华（舜）

季连比舜长两辈，大约与尧同时。

（二）楚人立国。现行《诗经》的最后一篇，《商颂·殷武》，是歌颂殷高宗（武丁，公元前1250年—公元前1192年在位）的，其首章云"奋伐荆楚"，次章云"维女荆楚，居国南乡"，可见此时楚人已立国南方，足以与殷抗衡。其时正值《史记·楚世家》所说"或在蛮夷，弗能纪其世"的时期，楚君是谁已不可考了。

（三）粥熊受封。《史记·周本纪》说"西伯善养老"，"粥子、辛甲大夫之徒皆往归之"。既然是"皆往归之"，则原非隶属于周。辛甲原为殷之大夫，粥熊亦原为殷之子爵。此时姬昌只号称"西伯"，虽能自置公

① 现存于《大戴礼记》。下列世系表即据《帝系》作出。

卿，但不能封别人为“子”。以此知“粥子”之“子”，乃殷之旧封，非周之新封。此事若考其详，另见粥熊章，在此只说：早在殷末，粥熊已受封为“子”了。

有人说这个“子”字表示楚人是周人的“养子部落”，并引摩尔根（L. H. Morgan）《古代社会》为证。摩氏所说的是收养“一个”俘虏，“一个”外人，或甲氏族为免于绝灭而收养乙氏族的“一部分”人，并非收养“一个部落”，更无“养子部落”之说。[①] 中国有中国的史实，中国的名称，所谓“汉家自有法度”，何须外附。比较则可，附会则不可。

无论如何，这是见于史册的楚人受封之始。这就涉及分封制了。到了熊渠，分封三个儿子为王，“皆在江上楚蛮之地”[②]。这是说分封为“王”，至于不是封王的分封，在此前后，当甚盛行。熊渠后来撤销三个儿子的王号，并不等于撤销分封，其为王也盖无名而有实。粥熊为楚国分封制之始，正如他是道治之始。

早期分封制总是连地带人一起封给领主，封地上的劳动者没有自由。《群书治要》引《粥子》云：“力生于民，而功最（读为撮）于吏，福归于君。”这是说，民的劳动（“力”）的果实（“功”），官吏撮取去了，君王坐享其福。这话的一般意义，不限于粥熊时代。这话的特殊意义，则专指粥熊时代。就这话的特殊意义说，它所指的状况，在生产关系方面，可以名为官奴制。

三、自熊通始

熊通是第一个自己称王的楚国元首，是为楚武王（公元前 741 年—公元前 690 年在位）。其时楚国出现“县”的建制，县的前身是小国[③]，

---

① 见摩尔根《古代社会》，美国哈佛大学出版社 1964 年版，第 75 页，中译本第 78 页。

② 见《史记·楚世家》。

③ 例如，越是大国，及楚灭越，未闻以越为楚县。又如，鲁是大国，及楚灭鲁，亦未闻以鲁为楚县。

为楚所灭，改为楚县。楚县的长官由楚王任命，不是终身制，更非世袭制。与分封制相比，县制是真正的革命，其进步意义，估计得再高也不会过高。《左传》桓公二年有“始惧楚也”的话，此年为楚武王三十一年（公元前710年）。北方诸国为什么开始惧楚？根本的原因在于楚国边境的县制，比北方诸国的终身而又世袭的分封制，有无比强大的生命力。

边境后来转化为内地。《左传》庄公十八年追述：“初，楚武王克权，使斗缗尹之”，这是楚国灭国建县设尹的最早记载。权国在今湖北当阳一带，楚克权时，权是楚国边境，后来就是楚国内地了。又如卢戎①国，在今湖北南漳一带，楚武王时与楚国接境，后为楚所灭，改为庐县②，楚庄王时已是楚国内地了。随着楚国疆域扩大，原先的边境变成了内地。所以，不可以说楚国的县只在边境，不在内地；只可以说楚国的县制，是先从边境发展起来的。

楚国亦有封君，亦有赏田。惟《韩非子·喻老》云“楚邦之法，禄臣再世而收地”，《淮南子·人间训》亦云“楚国之法③，功臣二世而夺④禄”，则封赏之地，两代便要收回，不得永远世袭。此种分封制之变相残余，在此段楚国历史中不是主流，主流是县制。一部楚史，有声有色的人物，基本上都是令尹、县尹（亦称县公），他们都没有终身制、世袭制的包袱，故能开动机器，奋发有为。

后世的评论，从贾谊的《过秦论》，到柳宗元的《封建论》，给人们一个错觉：好像废封建、行郡县、罢侯置守，是秦国（尤其是始皇帝）的发明创造。看了以上史实，便知其不然了。

为了在上层建筑中确保县制，楚国从道治再进一步，实行法治。

楚国之法，从《战国策·楚策一》“威王问于莫敖子华”章可见其范围和作用。此章说伍子胥等率吴师入郢，楚昭王出奔，有位楚将名叫蒙

---

① 卢戎，见《左传》桓公十三年。

② 庐见《左传》文公十四年、十六年，又见《国语·楚语上》。

③ 法，原作俗，从王引之说改。

④ 夺，原作爵，从俞樾说改。

谷，放弃战斗，奔入楚王宫，“负离[①]次之典以浮于江，逃于云梦之中。昭王反郢，五官失法，百姓昏乱。蒙谷献典，五官得法，而百姓大治。此蒙谷之功，多与存国相若”。

什么是“离次之典”？鲍彪注：“楚国法也。”吴师道补正：“是时典守者皆离其局，故负其典以逃。”今按：《尚书·胤征》“畔官离次”，孔颖达疏“离其所居位次”；又《周礼·地官司徒·司市》“以次叙分地而经市”，郑玄注“次，谓吏所治舍”；则“负离次之典”所说的情况是，看管法典的人员已逃离职守，丢下法典无人管，蒙谷连忙抢救，把法典运走了。这些法典，也就是《国语·楚语上》屈建（子木）所说“楚国之政，其法刑在民心而藏在王府”的那些东西。

“五官失法，百姓昏乱”与“五官得法，而百姓大治”，是一个鲜明而又尖锐的对比。既然有此对比，足见楚国之法，其范围已覆盖全国官民，其作用可决定全国治乱。《楚策》此章文字虽有夸张，总也八九不离十。有法则治，无法则乱，这是法治的特征。

以上论述了这个时期楚国社会上层建筑的法治与县制，以下论述其生产关系的庶农制。

什么是庶农制？先请看以下两方面史料的对比再说。

第一方面，《左传》昭公七年记楚芋尹无宇说：“王臣公，公臣大夫，大夫臣士，士臣皂，皂臣舆，舆臣隶，隶臣僚，僚臣仆，仆臣台。”

第二方面，《国语·楚语上》记屈建（子木）说：“国君有牛享，大夫有羊馈，士有豚犬之奠，庶人有鱼炙之荐……”又《楚语下》记观射父说“天子举以大牢，祀以会；诸侯举以特牛，祀以太牢；卿举以少牢，祀以特牛；大夫举以特牲，祀以少牢；士食鱼炙，祀以特牲；庶人食菜，祀以鱼”；又说“先王日祭、月享、时类、岁祀，诸侯舍日，卿、大夫舍月，士、庶人舍时”；又说“天子遍祀群神品物，诸侯祀天地、三辰及其土之山川，卿、大夫祀其礼，士、庶人不过其祖”。

---

① 离，原作鸡，姚宏注：“一本作离。”今按：作离是也，故从之，说详下。

这里只限于楚人言楚，未引北方史料。其中名物繁多，姑置弗论。两方面史料一比，便可看出，第二方面史料在士之下皆有“庶人”，第一方面史料在士之下却没有“庶人”。这是为什么？

对于第一方面史料无宇那段话，已有种种解释，皆不甚正确。我认为，这段话中的九个“臣”字，都是动词，表示隶属关系。至于第二方面史料，无论是屈建还是观射父，都讲的是人的等级。等级之间，可以有隶属关系，也可以没有隶属关系。比方说，科长、处长是两个等级，中学生、大学生也是两个等级。在一个处内，科长隶属于处长；但在任何国家，中学生也不隶属于大学生。提出一个等级系列，是不是着眼于隶属关系，区别这一点，在此至关重要。楚芋尹无宇用九个“臣”字，清楚地表明，他是着眼于隶属关系，提出这个等级系列的。专就隶属关系而论，则无宇不说庶人，正表示庶人不在这个有隶属关系的等级系列之中。可见庶人上不隶属于人，下无隶属之人，是一个上不沾天、下不沾地的自由人等级。庶人的这个特点，正可借用齐景公的一句话表示，就是“既不能令，又不受命”①。无宇提出的系列，首项是“王”，不是“天子”。他说“王臣公”，很可能“王”指楚王，“公”指楚县公。果真如此的话，便是楚人言楚，与北方无涉了。无论如何，上述庶人的特点，本书只肯定为楚国庶人的特点。至于北方庶人如何，本书无所肯定。

楚国庶人是干什么的？楚令尹子囊评估晋国“其庶人力于农穑”②，所用的标准是“庶人力于农穑”，这个标准当然也适用于楚国庶人。可见楚国庶人是农业劳动者。

现在可以回答什么是庶农制了。庶农制是楚国庶人体现的农业生产关系。庶农制是法治与县制的经济基础。这是就主流而言，至于支流就不必提了。

楚国庶农是自由自在、自给自足的小农劳动者，是产生老庄哲学的

---

① 见《孟子·离娄上》。

② 见《左传》襄公九年。

天然土壤。

《论语·微子》中有长沮、桀溺、荷蓧丈人的言行。《史记·孔子世家》说他们是孔子“去叶，反于蔡”时遇到的。叶、蔡，此时皆为楚县。此时楚国是昭王在位，其父平王为公子时曾出任陈蔡县公。“长沮、桀溺耦而耕”，耦，似是互助合作。他们显然是自耕，既未用奴隶，也不是奴隶。荷蓧丈人“植其杖而芸”，也是自耕；“止子路宿，杀鸡为黍而食之”，显然是自给自足；“见其二子焉”，叫两个儿子出来见客行礼，就不是浅房仄屋，几代人挤在一间屋子里。他们的言论似老庄。他们就是楚国的庶农。老庄哲学就是庶农哲学。

庶农制是老庄哲学的天然土壤，又是法治的经济基础，由此看来，老庄与法治是有内部联系的。老庄与法治好比一座大楼的顶上两层，虽是两层，但不能拆散。老庄对法治，虽有严厉批评之处，更有密切配合之功。老庄的社会功能是“放”[①]，法治的社会功能是“管”。有了老庄，法治就可以管而不死；有了法治，老庄就可以放而不乱。由于老庄与法治的配合，楚国社会才能放而不乱，管而不死，成为充满创造精神的开放社会，产生灿烂的文化，超越的哲学，至于建设富强的国家，也就不在话下了。

所以韩非采取《老子》为哲学[②]，而不虞其乱法犯禁[③]；楚王礼聘庄子为令尹[④]，而不畏其思想自由；司马迁更是旗帜鲜明，以老子与韩非合传，这个安排的本身，就足以体现老庄与法治的内部联系，真是妙不可言。说到这里，已经超出社会特征的范围，必须进入哲学特征的讨论了。

---

① 嵇康《与山巨源绝交书》云：“又读庄老，重增其放。”陆游自号“放翁”。皆拈出“放”字，以概括老庄精神。

② 见《韩非子》的《解老》《喻老》。

③ 《韩非子·五蠹》云：“儒以文乱法，侠以武犯禁”，此乃批评孔墨，而不疑老庄有此。

④ 见《庄子·秋水》，又见《史记·老子韩非列传》。

第四节　楚人世界观的三代：神话·宗教·哲学

“哲学是世界观”，这样说是对的。“世界观是哲学”，这样说就不对了。这就好比说“人是动物”，是对的；说“动物是人”，就不对了。

从上节所引的史料，可以看出，世界观有三代：第一代是神话，第二代是宗教，第三代是哲学。九黎、三苗的世界观是神话，颛顼代表的世界观是宗教，粥熊开始的世界观才是哲学。

这三代世界观，贯串的中心问题，是天人关系。反过来说，正因为都是以天人关系为中心问题，它们才成为世界观的三代。它们可以依次称为神话世界观、宗教世界观、哲学世界观。

在神话、宗教这两代，天人关系不叫天人关系，而叫民神关系。同是民神关系，但处理的原则各有不同：九黎的原则是“民神杂糅”，颛顼的原则是“民神不杂”。民神杂糅，是民直接与神交通，这是神话的特征。民神不杂，是民间接与神交通，由巫觋代办或包办与神交通，这是宗教的特征。神话人格化、组织化、制度化，就成了宗教。组织化、制度化的主持者是专职神职人员，即巫觋。所以有无巫觋，是宗教与神话的基本区别。

神话“民神杂糅”，本无巫觋作中介，但在观射父看来，由于他是用颛顼的宗教眼光，将神话与宗教比附，九黎就是“夫人作享，家为巫史”，人人都是巫觋了。人人都是巫觋，就是没有巫觋。

“夫人作享，家为巫史”，韦昭注：“夫人，人人也。享，祀也。巫，主接神（主管接待天神）。史，次位序（安排座次）。言人人自为之。”此注可从，惟“史”是记录和解释通神活动的人，不只安排座次而已。这个话很重要，说明以神话为世界观的人，都是人人自办通神的祭祀，自己记录和解释通神的意义。换言之，按照神话世界观，民的通神活动以个体为本位。所以“夫人作享，家为巫史”，正是以宗教的眼光看出神话世界观以个体为本位，以宗教的语言说出神话世界观以个体为本位。

颛顼恢复“民神不杂”，是对九黎“民神杂糅”的否定。为了确保民神不杂，一个全社会性的巫觋组织恢复了、发展了、加强了。当此之时，民与神通，只能经过巫觋，再不能“人人自为之”。这就是说，按照颛顼的宗教世界观，民的通神活动只准以巫觋组织为本位，即以集体为本位。这个集体本位，既有组织方面的内容，更有思想方面的内容。组织方面就是巫觋，思想方面就是上节分析的巫、祝、宗的思想条件。他们必须不怀二心、“敬恭明神”、“心率旧典”。最重要的是“心率旧典”：就“心率”旧典看，这是思想纲领；就心率“旧典”看，当时若有“政治”可言，就是政治纲领了。这“旧典”的内容，若只用一句话说出来，就是“古者民神不杂”。

宗教世界观以集体为本位，属于神治。神话世界观以个体为本位，亦属神治。

鬻熊开始的道治，熊通开始的法治，都以哲学为世界观。

在楚史中，世界观的三代，是辩证地发展的①。神话世界观是肯定，宗教世界观是否定，哲学世界观是否定之否定，也就是再肯定。神话世界观以个体为本位；宗教世界观否定神话世界观，而以集体为本位；哲学世界观否定宗教世界观，又以个体为本位。所谓否定，并非消灭，而是超过。详细地说，所谓否定，不仅是超过，而是超过之而又包含之。否定之，是超过之而又包含之，但主要是超过之。宗教超过神话，而又包含神话成分。哲学超过宗教，而又包含宗教成分。宗教包含神话成分，是显然的。哲学包含宗教成分，就楚史而论，是包含宗教的中心问题——民神关系，但不叫民神关系，而叫天人关系了。天人关系所指的客观关系，与民神关系所指的客观关系，是同一个关系，也就是宇宙与个体的关系。同是宇宙与个体的关系，从叫做民神关系，到叫做天人关系，是人的认识的一个飞跃，一个进步。

---

① 辩证发展，意味着历时的（diachronic）先后，不排除共时的（synchronic）并存。

前面所说的有关民神关系的话，现在再用天人关系的话来说它一遍。通过再说它一遍，又有其新的意义。神话世界观的民神杂糅，是天人合一。宗教世界观的民神不杂，是“绝地天通”，是天人分开。哲学世界观又是天人合一，但与神话世界观的天人合一，大不相同。两者相比，神话世界观是“原始的”天人合一，哲学世界观是“后得的”天人合一。所谓后得的天人合一，是指经过宗教世界观的否定，而后得到的天人合一。前面已说过，神话世界观的民神杂糅是个体本位，宗教世界观的民神不杂是集体本位。现在要说的是，哲学世界观的天人合一又是个体本位，但与神话世界观的个体本位，又大不相同。两者相比，神话世界观是原始的个体本位，哲学世界观是后得的个体本位。所谓后得的个体本位，也是指经过宗教世界观的否定，尔后得到的个体本位。就个体本位说，原始的是自在的、自发的；后得的是自为的、自觉的。就天人合一说，也是如此，但还要加上一点，原始的是形象的、感性的，后得的是概念的而又超过概念的。按这个标准，则神仙家的神仙，还是原始的；道家的真人，才是后得的，因为真人是通过建立“常”“无”“有”“太一”等概念①，而又超过这些概念的。若非相比，就不用说原始、后得的区别了。

楚国哲学的中心问题是天人关系，楚人的哲学世界观是个体本位的天人合一。

个体本位，是我们现在的名词，若用楚人当时的名词，是以“自”为本。从粥子的“自长”“自短”②，到老子的“自然”“自化”③，庄子的“自本自根”④，都是以自为本。

人的存在，都是一个一个的个体，这个个体，就是他的“自”。人的个体，是自然的存在，而有超自然的愿望。人的自然存在，无论在空间

① 见《庄子·天下》。
② 见《列子·力命》。
③ 见《老子》二十五章、五十七章。
④ 见《庄子·大宗师》。

上、时间上，都很有限。人有超自然的愿望，要求在空间上、时间上，进入无限。人的血肉之躯，不可能进入无限。人的精神状态，则可能进入无限，就是自觉个体与宇宙合一，也就是自觉天人合一。宇宙无限，若个体自觉与宇宙合一，也就自觉同其无限。个体的精神状态，只能与血肉之躯同存，仍是有限。但只要一息尚存，便能自觉天人合一，进入无限。一旦自觉这个合一，则这种天人合一之感，不仅比平常客观实在之感，更为实在，而且更为深刻，因为更为自觉。这种天人合一的精神状态，可以使人从一切局限（包括时空局限）解放出来，把个体全部能量释放出来。《庄子》中的“至人”“神人”“圣人”“真人”①，都自觉天人合一，而进入无限。在这里，哲学的任务，就是指明个体本来与宇宙合一，指明个体如何自觉这个合一。

这是哲学的思维、哲学的体验、哲学的生活。哲学的生活，作为个体生活，夫不能代妻，妻不能代夫；父不能代子，子不能代父；君不能代臣，臣不能代君；谁也代替不了谁，自己只有靠自己。虽可以互相帮助，但不能互相代替。这就叫个体本位。上文说，楚人哲学世界观是个体本位的天人合一，就是这些意思。

至少从粥熊开始，楚国元首不再是巫觋首领，亦未见全社会性的宗教组织、宗教活动。虽仍有巫史，其在朝者不过备员顾问，占卜吉凶；其在野者不过龟策禳祷，消灾决疑。较之观射父所说的主管一切（天、地、神、民、物）的巫权，已是江河日下，面目全非。《汉书·地理志下》说楚地“信巫鬼，重淫祀”，是风俗，不是宗教。在这个意义上，从粥熊开始，楚国已是一个以哲学代宗教的国家了。

楚人以哲学为世界观，经历了道治和法治。道治时期的粥熊哲学，以“道”为最高观念。法治时期的哲学中，《老子》的最高观念，比“道”更进一步，主张“道法自然”②，以为“自然”比“道”更高。何

---

① 至人、神人、圣人见《庄子·逍遥游》，真人见《庄子·大宗师》《庄子·天下》。尚见他篇，兹不枚举。

② 见《老子·二十五章》。

谓“自然”？就是自己如是。“自然”是个主谓结构的词组，“自”是主词，“然”是谓词，可见以“自”为本。《庄子》比“道法自然”又进了一步，主张道即自然，以为道“自本自根”①，更是以“自”为本。老庄以“自”为本，即以个体为本位，正是以个体为法治的法律行为的主体。只有以自己为主体，才能够对自己的行为负责；只有能够对自己的行为负责，才能够在法律面前平等；只有能够在法律面前平等，才有真实的法治。在这个意义上，老庄哲学正是楚国法治实践的哲学总结。韩非很懂得这个道理，所以他一个劲地从《老子》中摘取他需要的哲学。

老庄哲学，尤其是庄子哲学，既肯定个体，又解放个体，把个体从一切局限中解放出来，把个体的全部能量释放出来，在法治调节下，使之成为强大无比、无穷无尽的创造力量。这是创造楚国历史的唯一能源。

本节所论，可以浓缩之如下表：

楚人世界观三代表

神　　治		道　　治	法　　治
神话	宗教	哲学	
原始的天人合一	天人分开	后得的天人合一	
原始的个体本位	集体本位	后得的个体本位	

第五节　江汉楚族是移民与土著的融合体
楚文化是新土著文化

上节讨论楚人世界观，以九黎、三苗“民神杂糅”的神话为第一代。那么，九黎、三苗与楚人有什么关系呢？

第三节所引楚国观射父的话说，“九黎乱德，民神杂糅”；“其后，三苗复九黎之德”，亦民神杂糅。九黎与颛顼对立，三苗与尧对立。对立的内容和形式，斗争的长期性和反复性，他都讲清楚了。但要把这种对立

① 见《庄子·大宗师》。

和斗争，放在中国历史的全局里，才能看得更清楚。

在中国历史的全局里，黄帝部族由西北遍布东南的过程，就是与各地土著部族冲突、融合的过程。他们并非“如入无人之境”，他们碰上了土著。黄帝碰上蚩尤，颛顼碰上九黎，尧舜碰上三苗。《尚书·周书·吕刑》孔颖达疏引韦昭云“九黎氏九人，蚩尤之徒也”，孔疏又说“郑玄以为苗民即九黎之后”。这些说法，将蚩尤、九黎、三苗串起来了。而且照郑玄的“以为”，则观射父说的“其后，三苗复九黎之德”的“后”字，是“后代”之后，不是“以后”之后。若解作“以后”之后，那就错了，当然“后代”“以后”都是后，但“后代”是人，“以后”指时间，不可混淆。这些东南土著部族，最初以蚩尤族为首，后来以九黎族为首，最后以三苗族为首，与外来移民对垒。冲突的结果，土著一部分迁走了，一部分留下了。留下的一部分，与移民融合了。融合的结果，土著已非融合前的土著，移民亦非融合前的移民，他们成为新的融合体，虽然采用了移民的名号。《山海经·大荒北经》云：“颛顼生驩头，驩头生苗民”，所说都是族名，仿佛反映出这种融合：苗民也是颛顼后代了。

冲突是双方的，融合是双向的。就以“民神杂糅”与“民神不杂”的双方冲突为例，亦可见其双向融合。颛顼的人本已不堪巫觋包办通神之苦，一旦接触九黎，发现他们没有巫觋包办，而有直接通神的个体自由，遂望风而靡，纷纷改宗，此即“九黎乱德”真相。民神杂糅，在九黎是治而非乱；颛顼的人改宗民神杂糅，才是乱。所以“九黎乱德”，只能说是“九黎之德”乱了颛顼的人。可见颛顼虽然厉行民神不杂，他的人却在接受民神杂糅，这就是双向融合。“其后，三苗复九黎之德”，乃是历史的重演，斗争的又一回合。

三苗在哪里?《史记·孙子吴起列传》云：“昔三苗氏，左洞庭，右彭蠡。”彭蠡本是江北滨江诸湖，后来南移，扩展为今之鄱阳。又《五帝本纪》云“三苗在江淮、荆州数为乱”，张守节《正义》云：“今（唐代）江州、鄂州、岳州也。”可见三苗故土，是后来楚国腹地。三苗是江汉地区土著。

第三节说过，大约与尧同时的季连，是为芈姓，始为楚祖。季连的后代，“或在中国，或在蛮夷”①，其在蛮夷者，当是参加舜主持的“窜三苗于三危”② 的行动后定居三苗故土的。他们与没有迁走的苗民融合，形成了江汉地区的楚族。

所以本书认为，江汉地区的楚族，有两个源头：一是南下移民，一是本地土著。移民源头是颛顼，土著源头是三苗。

这就是楚人与三苗的关系。通过三苗，又可见楚人与九黎的关系。对本节开头提出的九黎、三苗与楚人有何关系的问题，可以这样回答。

上节说过，楚人的哲学世界观，是对九黎、三苗神话世界观的再肯定。再肯定它的什么呢？再肯定它的民神杂糅（天人合一），再肯定它表现民神杂糅（天人合一）的神话性、土著性。这些再肯定，在楚人哲学世界观的最高成就庄子哲学中，最为充分。当然，庄子哲学自有其独到的思辨性、创造性、超越性。但就继承关系说，庄子哲学的神话性、土著性，正是“九黎乱德”的继续。后世反对庄子哲学的人，说来说去，无非像颛顼一样，有“九黎乱德”之痛。《庄子》一书，有那么绚丽的神话色彩，那么浓郁的乡土气息，那么一贯的个体本位，你说是从哪来的？若不拘泥其字面，而体会其精神，显然一脉遥接九黎、三苗。从继承关系上寻根，就寻到了这些土著。

所以本书认为，楚国文化，楚国哲学，论其主根，不在别处，就在土著。外来成分，必须与本地成分融合，本书称之为土著化，才能在本地生根。否则不能生根，遑论开花结果。《史记·楚世家》云“熊渠甚得江汉间民和”，又《吴太伯世家》云太伯“乃奔荆蛮，文身断发”，都是要实现土著化，无论楚人吴人，无不如此。这是万里长征的第一步，没有这一步，以后就会寸步难行。

季连后裔“居国南乡”③，大约始于夏代，他们带到江汉地区的文

---

① 见《史记·楚世家》。

② 见《尚书·尧典》，在伪古文本析为《舜典》部分之内。

③ 见《毛诗·商颂·殷武》。

化，不过尧舜文化，即使是其全部，也不过是陶器发达[1]的新石器时代文化。这种外来成分，在江汉楚族作为新的土著而创造的新土著文化中，其比重，其意义，都不宜高估。

江汉楚族，作为江汉地区新土著，便无视北方传统，迈上了独立自主的发展道路，创造了与北方文化平行发展的南方楚文化。所谓平行发展，是将北方文化与楚文化比作两条线，而不是一条线上的两段。两条线之间，可以有扩散（diffusion）关系。一条线上的两段，则是进化（evolution）关系。北方文化好比一条线，在这条线上，可有“齐一变，至于鲁；鲁一变，至于道”[2] 的进化关系。但不可说，也无人说：楚一变，至于齐；齐一变，至于鲁；鲁一变，至于道。其所以不可这样说，也无人这样说，就因为楚文化好比另外一条线。

正如研究中国文化必须抛弃欧洲中心主义，研究楚文化也必须抛弃北方正统主义。江汉楚族自己本无北方正统主义，无奈秦汉以后，北方正统主义谬种流传，现在仍须对它保持警惕。抛弃它们，最好的办法是，研究什么，就从什么的实际出发。

所谓文化，其最广义，就是人的全部生活。最初的文化，作为各地土著的全部生活，都是土生土长的、自发自生的土著文化。后来扩散某种文化，作为外来成分，必须与本地成分融合，实现土著化，成为新的土著文化。实际存在的文化，都是或老或新的土著文化。

江汉楚族，是移民与土著的融合体，是江汉地区的新土著。江汉楚族创造的文化，是江汉地区的新土著文化。相对于北方华夏，江汉楚族仍是南方蛮夷。楚国元首，如熊渠、熊通，口口声声地说：“我蛮夷也!”[3] 以蛮夷自居而且自豪，表现了江汉楚族的民族文化心理。若从移民后裔的角度看，他们已经彻底地土著化了。

---

① 尧号“陶唐”，舜“陶河滨”，都是制陶高手，见《史记・五帝本纪》及其《正义》。

② 孔子语，见《论语・雍也》。

③ 见《史记・楚世家》。

第六节　楚文化与周文化根本不同

南方楚文化，北方周文化，是平行发展的两种不同的文化，各有各的文化氛围。生活在不同的文化氛围，就像生活在不同的天地。花袭人嫁了蒋玉函，便“又是一番天地”①，就因为换了文化氛围。袭人出嫁是小换，周公奔楚是大换。

《史记·鲁周公世家》云：“及成王用事，人或谮周公，周公奔楚。”又《蒙恬列传》云：“及［成］王能治国，有贼臣言：‘周公旦欲为乱久矣，王若不备，必有大事。’王乃大怒，周公旦走而奔于楚。”《论衡·感类篇》云：“武王崩，周公居摄，管、蔡流言，王意狐疑周公，周公奔楚。”都说得很明白。还有说得模糊的，如《史记·燕召公世家》云：“成王既幼，周公摄政，当国践祚，召公疑之。”疑什么？疑篡位。是流言之起，不必自管、蔡矣。

总之，周公要出奔避难了。为什么偏偏到楚国？有人想不通，便以为没有这回事，用奥卡姆剃刀（Occam's Razor）给历史刮胡子。

其实不必。照王国维《殷周制度论》的考证，周公旦本可根据“兄终弟及”的旧制，继承王位。可是他偏要改革，改行嫡长子继承的新制。这样改革，不是别人，是他自己，首先受害。他受的害，不算本该到手的王位丢了，还落得个窃国篡位的政治嫌疑犯。他投奔哪里呢？投奔北方诸侯国吗？那里都是一样的周文化氛围。人家接纳吗？就算接纳，又能免于引渡吗？他只能投奔另一种文化氛围，另一个天地，这就是楚国。只有在楚国他才有安全感，也果然始终安全。孔子“欲居九夷”②，想“乘桴浮于海”③，也是要大换文化氛围。这个传统一直延伸到民国时期的大人物，叫做“出洋考察”。

---

① 见《红楼梦》第一百二十回。

② 见《论语·子罕》。

③ 见《论语·公冶长》。

周公旦是奔楚的最大人物，从这个事件，最能感到楚文化与周文化各是各的氛围。另一个大人物是为夺取周王之位而发动武装政变未遂的王子朝，他“奉周之典籍以奔楚”①。还有“齐桓公七子皆奔楚，楚尽以为上大夫”②。这些争立的失败者，楚国一概收容、优待。春秋时代可考的奔楚事件有二十一起，类皆如此。

无论如何，由此可见，南方楚文化与北方周文化的确不同。这不同不在于表面不同，而在于根本不同。这根本不同，在这里不能通论。在这里，只用春秋战国时的资料，讨论一个南北共同的根本问题，即“事父”与“事君”的矛盾如何处理的问题，通过讨论以见其根本不同。

有家，便有父子关系，便有子如何“事父”的问题。有国，便有君臣关系，便有臣如何“事君”的问题。社会有了固定的家，固定的国，事父事君问题，便是社会存亡治乱的根本问题。在具体情况下，事父与事君可能一致，也可能存在着矛盾。在事父与事君存在矛盾的情况下，应该如何处理？这是南北共同的根本问题中的问题。

《论语·子路》云：

> 叶公语孔子曰：“吾党有直躬者，其父攘羊，而子证之。”孔子曰：“吾党之直者异于是。父为子隐，子为父隐，直在其中矣。”

叶公是楚国叶县（今河南叶县南）长官沈诸梁，字子高，在《论语》中出现过三次，常与孔子谈问题。此次向孔子夸耀他的乡党有个人，其父偷羊，他出面作证，是为人正直的模范，所以称之为“直”躬。隐瞒其父偷羊，是事父问题。证明其父偷羊，以利执行国法，是事君问题。这件事包含着事父与事君的矛盾。处理这个矛盾，楚文化的原则是事父服从事君。

---

① 见《左传》昭公二十六年。

② 见《史记·楚世家》。事亦见《左传》僖公二十六年。

孔子针锋相对地驳斥了叶公。孔子说，其父偷羊，其子为父隐瞒；其子偷羊，其父为子隐瞒：所谓“直”，就存在于父子互相隐瞒之中。由此可见，周文化的原则是事君服从事父。

周文化的事君服从事父，至孟子而登峰造极。《孟子·尽心上》云：

> 桃应问曰：“舜为天子，皋陶为士，瞽瞍杀人，则如之何？”
>
> 孟子曰：“执之而已矣。”
>
> “然则舜不禁与？”
>
> 曰：“夫舜恶得而禁之？夫有所受之也。”
>
> “然则舜如之何？”
>
> 曰：“舜视弃天下犹弃敝蹝也。窃负而逃，遵海滨而处，终身欣然，乐而忘天下。”

桃应是孟子的学生，他假设一个难题考孟子。难点集中在舜身上。舜的父亲瞽瞍杀了人，怎么办？孟子说：皋陶是法官，把瞽瞍抓起来不就完了。桃应说：舜不阻止吗？孟子说：舜怎好阻止，皋陶是秉公执法嘛。桃应说：那么舜怎么办？孟子说：在舜的眼里，抛弃天下，就像抛弃破鞋！他背着父亲潜逃，沿海找个住处，安享天伦之乐，快活一辈子，连天下也忘了。

这就不是隐瞒其父偷羊了，而是包庇其父杀人了。不只是犯包庇罪，还犯了私放罪、窝藏罪。卒至背走杀人凶犯，逍遥法外，等于共同犯罪。孟子以为，只要事父，哪怕不当天子，触犯刑律，亦“终身欣然”。这是事君（在舜是“为君”）服从事父的极端。

孟子怎么会发出这样的“非常异义可怪之论”[①]？他也是“有所受之

① 语出汉代何休《春秋公羊传注疏·序》：“传《春秋》者非一，本据乱而作，其中多非常异义可怪之论。”

也”，受之于孔子[①]。孔子不云乎：“舜其大孝也与！”[②] 孟子不过发挥这个“孝”字，把它推到极端罢了：设想为行事极端，其实是逻辑极端。作为逻辑极端，就很有哲学意义。

孔子为鲁司寇时提出一条路线：“为国家必以孝”[③]。其实施范例，如“孔子为鲁司寇，有父子讼者，孔子拘之，三月不别（审判），其父请止（撤诉），孔子舍之（放了他们）”[④]。让当事的父子多想想，不经审判，自动恢复孝慈。显然根据此类经验，孟子进一步提出：“父子之间不责善，责善则离，离则不祥莫大焉。”[⑤]“离”属于社会，“不祥”属于宇宙。孟子把“父子之间不责善”，从社会提到宇宙，从道德论提到宇宙论。换言之，这个问题，可从社会看，也可从宇宙看。从社会看社会，往往“不识庐山真面目”。从宇宙看社会，比从社会看社会，总要清楚些；即使仍不清楚，也更有哲学意义。

孔孟言孝，皆北方社会以家为本位的反映，又为北方社会以家为本位服务。孟子趋于极端，则反映北方社会以家为本位已极端发展，需要极端言孝为它服务。是孟子之言，并不“非常异义可怪”了。

总之，北方“以孝治天下”[⑥]，可称“孝治”。楚无孝治，只有神治、道治、法治，如前面所说。更有甚者，楚人不言孝。一部《楚辞》，连一个“孝”字也没有，这是确凿的证据。先秦典籍，几乎没有楚人言孝的章句。《春秋》及其三《传》，卷帙浩繁，只有两句楚人言孝[⑦]。《国语》

---

① 孔子亦有所受，受之于《尚书・周书・君陈》，见《论语・为政》“子奚不为政”章。

② 见《中庸章句》第十七章。

③ 见《荀子・宥坐》。

④ 见《荀子・宥坐》。

⑤ 见《孟子・离娄上》。

⑥ 《孝经・孝治》云：“子曰：昔者明王之以孝治天下也”云云，盖战国儒者追记孔子遗言。

⑦ 一句是《左传》昭公二十年伍尚说“奔死免父，孝也”，一句是《左传》定公四年斗辛说“灭宗废祀，非孝也”。

无楚人言孝。《战国策》只有一句楚人言孝①。这三句楚人言孝，都没有提到以孝治天下的高度。至于北方诸《子》，更无楚人言孝之言。当然，这不等于楚人主张忤逆不孝，也不是说楚人对于“孝”没有自己的看法。《老子》兼言“孝慈”② 而重在“慈”③。《庄子》主张超越孝而至于道④。

北方孝治以“家”（集体）为本位，而有孔孟之道，如本节所说。楚国法治以“自”（个体）为本位，而有老庄哲学，如第三、四节所说。对比起来，可知北方周文化与南方楚文化是根本不同的。

第七节　楚文化与周文化的双向扩散与融合

楚文化向北方扩散，在晋国最为显著，现就人才和县制两方面来说。

《左传》襄公二十六年记声子云：“虽楚有材，晋实用之。”楚材晋用，声子一口气列举析公、雍子、子灵、贲皇为例。《国语·楚语上》亦载其言，惟其例首举王孙启。楚材扩散，亦及吴越。他们都是扩散楚文化的天然使者。值得注意的是，他们虽使楚国统治者吃了苦头，然未见楚人舆论（包括吃他们苦头的人）谴责他们。可知楚材扩散，正是从这一方面体现出楚文化的个体本位，楚人是不会非议的。

晋公子重耳，在外流亡，曾居楚国，回国即位，是为文公。晋文公二年，灭原国以为晋县，以“赵衰为原大夫”，以“狐溱为温大夫”⑤，此“大夫”是晋县长官职称。这显然是学习楚国县制。后来晋国“分祁氏之田以为七县，分羊舌氏之田以为三县”⑥，各置大夫，皆“以贤举

---

① 见《战国策·楚策四》“魏王遗楚王美人”章，楚怀王曰：“今郑袖知寡人之说新人也，其爱之甚于寡人，此孝子之所以事亲，忠臣之所以事君也。”

② 见《老子》第十八章，第十九章。

③ 见《老子·六十七章》。

④ 见《庄子·天运》“商太宰荡问仁”章。

⑤ 见《左传》僖公二十五年。

⑥ 见《左传》昭公二十八年。

也"[1]，变分封制为县制，变世袭为举贤，显然是进一步学习楚国县制。

至于楚文化向北方其他诸侯国的扩散，在《论语》《孟子》《荀子》《墨子》《管子》《韩非子》《吕氏春秋》中均有反映。

至于北方文化向楚国扩散，则春秋时代有儒家，战国时代有墨家，本书各有专章讨论。

① 见《左传》昭公二十八年。

第二章　颛顼

第一节　两种思维

第一章已说过，颛顼处于神话与宗教时代。神话是宗教的思想基础，宗教是神话的组织化。作为哲学史，本书旨趣自然在于思想，而不在于组织。也就是说，在神话与宗教之间，本书旨趣只能在于神话。

照第一章所说，九黎和三苗的神话是民神杂糅，远古及颛顼的宗教是民神不杂，既然神话与宗教对立，又怎能成为宗教的思想基础呢？答云：民神杂糅与民神不杂虽然对立，然而统一于民神关系，两者都要处理民神关系，只不过，神话是民与神直接交通，宗教是民与神间接交通。直接交通与间接交通虽然对立，然而统一于交通，两者都要解决民神交通问题，只不过宗教对神话进行组织化，使之成为间接交通。所以就民神交通而言，神话仍然是宗教的思想基础。

说到神话，就有一个特征，也是一个难点。就特征说，神话是原始思维，就难点说，神话的原始思维，是逻辑思维的人们难以理解的。

的确有两种思维：原始思维和逻辑思维。原始思维亦有其逻辑，这是就逻辑的广义说的，意谓原始思维亦有其规律。逻辑思维的逻辑，则兼指形式逻辑和辩证逻辑。所以逻辑思维，既包括用形式逻辑的逻辑思维，又包括用辩证逻辑的辩证思维。若以形式逻辑为本位，则可说，原始思维是前逻辑思维，辩证思维是后逻辑思维。

原始思维是形象思维，是用形象构成的。逻辑思维是概念思维，是用概念构成的。然而形式逻辑的概念是不管内容的，是不管具体事物的；辩证逻辑的概念是要管内容的，它就是概念化的具体事物。所以形式逻辑是分析抽象概念，辩证逻辑是分析具体事物。这两种分析皆在概念中进行，皆用概念进行（analyzing *in* and *by* the concepts），所以都是概念思维。

抽象概念是不含矛盾的，即不含对立面的；倘若含有矛盾，即倘若含有对立面，便是逻辑矛盾、逻辑错误。具体事物则含有矛盾，即含有对立面；倘若无矛盾，即倘若无对立面，便不成其为具体事物、具体情况。例如第一章第一节说，浪漫主义诗篇含有现实主义成分；而不说，浪漫主义含有现实主义，就因为，诗篇作为具体事物，主义作为抽象概念，有以上区别。

这个区别，黑格尔没有讲清楚；也不是没有讲清楚，而是他的体系中压根儿没有这个区别。但是实际存在这个区别，所以人们读他的《逻辑学》，会不断地纳闷：你讲的是具体事物，还是抽象概念？总感到他在以晦涩文混淆。到了列宁，才明确指出，关键在于具体分析具体情况[①]。从列宁这句话，可以悟出：辩证法是分析具体事物的，形式逻辑是分析抽象概念的。若用辩证法分析形式逻辑，也是将形式逻辑当作具体事物，而不是将形式逻辑当作抽象概念，进行辩证分析。若用形式逻辑分析辩证法，也是将辩证法当作抽象概念，而不是将辩证法当作具体事物，进行逻辑分析。具体事物总是向对立面转化的，抽象概念无所谓向对立面转化。例如战争，作为具体事件，即使是百年战争[②]，也终于转化为和平；作为抽象概念，则不会转化为和平，因为战争概念不含和平概念，而且战争概念若转化为和平概念，则转化之后，还用什么概念指称战争事件？话也无法说了，想也无法想了。总而言之：正因为概念不向对立面转化，才能用概念描写事物向对立面转化。推而广之：正因为概念自身不变化，才能用概念描写事物变化。有句老话：以不变应万变。人正是以概念不变应事物万变。人不断创造新概念，一旦成立，它就不变。

---

① 参见《列宁选集》第 4 卷，人民出版社 1972 年版，第 290 页。

② 1337 年至 1453 年的英法战争，史称 The Hundred Years' War（百年战争）。

所谓概念变化，并不是概念自己变化了，而是人用新概念代替了旧概念。

从发展看，原始思维发展为逻辑思维。就否定说，逻辑思维否定了原始思维。其所以有这种发展、这种否定，就因为原始思维中含有逻辑思维的萌芽。原始思维，如遇弥天大雾，先是伸手不见掌，然后能见身边事物。可见之处，便有逻辑思维，便是原始思维总体中的逻辑思维萌芽。对于雾中事物，只有想象猜测了。

所以对原始思维，不能用逻辑思维去理解，也不能用逻辑思维去解释。对原始思维，只能照原始思维那样理解和解释。我们这些惯用逻辑思维的人，能做到这一点吗？这就是前面所说的难点。姑举例一试。

《山海经·大荒西经》有一则关于颛顼的神话：

> 有氐①人之国。……有鱼偏枯，名曰鱼妇。颛顼死即复苏。风道北来，天乃大水泉，蛇乃化为鱼，是为鱼妇。颛顼死即复苏。

这一则神话，全是形象陈述。它陈述的是，风从北来，泉水涌出，此时蛇化为鱼，就是鱼妇。鱼妇，犹今言美人鱼。“复苏”与“死”相对，又与“偏枯”相对，则偏枯犹死。此言颛顼在时鱼妇偏枯，颛顼死时鱼妇复苏。有人说：“据经文之意，鱼妇当即颛顼之所化。”② 经文明明说鱼妇乃蛇之所化，未肯定何时开始偏枯，只肯定于颛顼死时复苏，并无乃颛顼所化之意。以为“鱼妇当即颛顼之所化”，是由于用逻辑思维理解和解释原始思维。逻辑思维以为“当”，原始思维未必“当”。

此则神话陈述的感性事实，体现着两个感性观念：时，化。风来泉涌时，蛇化为鱼。颛顼死时，鱼妇复苏。感性事实出现的先后，体现“时”的感性观念。此“时”是可感的，故为感性观念。蛇化为鱼，鱼妇复苏，体现“化”的感性观念。此“化”亦是可感的，故亦为感性观念。

---

① 氐，本作互，从王念孙校改。

② 袁珂：《山海经校注》，上海古籍出版社1983年版，第417页。

这两个感性观念，是此则神话的原始思维本有的。这样理解和解释，也许算得是，照原始思维讲原始思维。

由此可见，理解和解释原始思维，最重要的是坚持它的直接性。要坚持原始思维的直接性，就要严防掺入逻辑思维的间接性。逻辑思维的间接性，就是一步一步（有时转弯抹角）的逻辑推理和论证。我们研究神话的原始思维，注定要用逻辑思维，但要防止用我们的逻辑思维代替神话的原始思维。

再举二例，以见神话原始思维的直接性。

> 《山海经·大荒东经》云："东海之外，大荒之中，有山名曰大言，日月所出"；又"有山名曰合虚，日月所出"；又"有山名曰明星，日月所出"；又"有山名曰鞠陵于天、东极、离瞀，日月所出"；又"有山名猗天苏门，日月所出"；又"有山名曰壑明俊疾，日月所出"。
>
> 又《山海经·大荒西经》云："大荒之中，有山名曰丰沮玉门，日月所入"；又"有龙山，日月所入"；又"有山名日月山，天枢也，吴姖天门，日月所入"；又"有山名曰鏖鏊钜，日月所入者"；又"有山名曰常阳之山，日月所入"；又"有山名曰大荒之山，日月所入"。

"日月所出"之山，"日月所入"之山，各有六处之多。盖皆各地各人直接所见，其名各异，何止六处，然不得以分歧、重复目之。倘以逻辑思维整齐划一之，可乎？倘以地球绕日、月绕地球否定之，可乎？

这就是原始思维的直接性。

由原始思维的直接性，可见原始思维对象的个体性。这一点可以直接看出，无须论证。凡直接的思维，其对象必是个体的，不独原始思维如此。

由上述颛顼死鱼妇即复苏的神话，可见原始思维理解的想象性。虽是想象性的理解，原始思维者却靠它安身立命，感到千真万确，笃信不疑。

本书是哲学史，讲神话，亦自哲学讲之。本节讲两种思维，讲原始思维的直接性、其对象的个体性、其理解的想象性，都是讲神话世界观。倘不如此，就与神话无别，不是哲学史了。

第二节　高阳考

中国古代，历史的纪传体，包括本纪、列传，开头必讲祖先；文学的传奇体，包括小说、戏剧，开头必报家门。这个传统是《离骚》开创的。《诗经》的雅、颂也讲祖先，然而是为祖先而讲祖先，《离骚》是为本人而讲祖先。所以《离骚》有夺目的个性光芒。

屈原《离骚》第一句说他是帝高阳的后代。《五帝德》、《帝系》和《史记》都说高阳即颛顼。还有拐弯抹角的证据：《墨子·非攻下》云“高阳乃命玄宫”，《庄子·大宗师》云“颛顼得之以处玄宫”，高阳、颛顼皆玄宫主人，玄宫只有一个主人，故为一帝。

但《华阳国志·蜀志》说昌意“生子高阳，是为帝喾”。此书撰于东晋，遭北宋靖康之难，残缺错乱，此说不足凭信。

高阳的“高”字，徐炳昶以为即“郊”字原文。他说：“《礼记·月令》‘仲春之月……以大牢祠于高禖’，《诗经·大雅·生民篇》郑笺、孔疏均作郊禖，就是证明。高今音为开口音，郊为齐齿音。古音很少齐齿，所以二字同音。高为早期象形字，郊为后起的形声字。甲骨文及金文里面均有高字，无郊字，又是证明。”①

徐氏之说立于二十世纪四十年代。早在三十年代，闻一多已说“高禖即郊禖，高郊可通，是不成问题的”。他还说高阳即高唐，“唐阳确乎是同音而通用的字，卜辞成汤字作唐，《说文》唐之古字作啺，都是例

① 《中国古史的传说时代》，文物出版社 1985 年版，第 89 页注 3。

证”。《高唐赋》是楚国宋玉名作，如此说来，就与楚国关系越来越近了。闻氏更辗转证明：“高唐是郊社的音变”，“郊社变为高唐，是由共名变为专名”。[①]

根据这些考证，我认为，帝颛顼是由于主持郊社而号高阳。《汉书·郊祀志》首叙颛顼整顿巫政，更可见他是主持郊祀的大巫。《郊祀志》说：“郊祀社稷，所从来尚矣。”“郊祀社稷”的缩略就是“郊社”。

颛顼的老家在昆仑。昆仑的地望，历来说法不一，但人致不出西北高原。自 1987 年 6 月起，对昆仑山进行了三年的综合考察，其范围西起帕米尔高原，东至青海的茫崖[②]。这样的考察，也可帮助确定昆仑地望。

《山海经·海内经》云：“流沙之东，黑水之西，有朝云之国，司彘之国。黄帝妻雷祖，生昌意；昌意降处若水，生韩流”；韩流“取淖子曰阿女，生帝颛顼”。

这里的关键是若水，即今雅砻江，源出巴颜喀拉山，为昆仑山脉中支，则若水可谓源出昆仑。昌意下放到若水，生子生孙，皆在昆仑山区。

流沙，黑水，皆可佐证。《山海经·海内西经》云：“流沙出钟山，西行又南行昆仑之虚。”又《西山经》云：“昆仑之丘”，“黑水出焉”。皆与昆仑有关。宋玉《高唐赋》中神女朝云，亦与朝云之国有关。

在《山海经》中，颛顼出现的次数比谁都多，多达十六次：出现于《海外北经》一次，《海内东经》一次，《大荒东经》一次，《大荒南经》两次，《大荒西经》五次，《大荒北经》五次，《海内经》一次。可见颛顼传说遍四方，重点在西北。这与颛顼部族繁衍全国、始于西北是相应的。

颛顼后代，有四大分支：一支留在西北，后为秦人[③]；另外两支，分别以舜、禹为代表，向东发展，亦有向南的活动，舜、禹皆死、葬于

---

① 本段中引文均出《高唐神女传说之分析》，见《闻一多全集》第 1 卷，湖北人民出版社 1993 年版，第 98—99 页。

② 据新华社西宁 1990 年 8 月 20 日电（记者党周），见次日《光明日报》。

③ 《史记·秦本纪》云：“秦之先，帝颛顼之苗裔。”

南方[①]；再一支就是后来的楚人。

《史记·楚世家》说，颛顼五世孙有“季连，芈姓，楚其后也”，芈是羊叫之声，似季连之世，尚在西北。其后“或在中国，或在蛮夷，弗能纪其世”，盖处于迁移流动之中，故无世系记录。

楚人自西北向东迁移，曾于后为曹国、卫国这一带居住，留下两方面的遗迹：一方面，留下曹楚丘和卫楚丘；一方面，在《诗经》中，曹风《候人》、鄘风《蝃蝀》，都有“朝隮”，据闻一多考证，朝隮就是《高唐赋》的朝云。闻氏说：“曹、卫曾经一度是楚民族的老家，所以二国民歌中还保留楚民族神话的余痕。”[②] 后来楚人南入荆蛮，与土著三苗融合为江汉楚族，如第一章第五节所说。

关于楚人之源，本书主“颛顼说”。时贤则有“祝融说”。两说之间没有矛盾关系，而有衔接关系。据《史记·楚世家》说，第一任祝融是重黎，重黎是颛顼的曾孙。颛顼曾孙的后代，当然也是颛顼的后代。

第三节　颛顼的神治

翦伯赞等编《中外历史年表》，系颛顼即位于公元前 2450 年。

《淮南子·齐俗训》云：“帝颛顼之法，妇人不辟男子于路者，拂之于四达之衢。”《太平御览》第七十卷引此语，“拂”作“祓”，注云：“除其不祥。”不祥，是不吉利。女人走路不避男人，即为不祥，要用巫术除此不祥（“祓之”）。而于通衢祓之，则意在示众，以儆效尤。可见颛顼之法就是巫法。又可见其时已是父系社会，以此巫法加强男权。

《山海经·大荒西经》云：“大荒之中”，“有灵山，巫咸、巫即、巫朌、巫彭、巫姑、巫真、巫礼、巫抵、巫谢、巫罗十巫，从此升降，百

---

① 《五帝德》云，舜“葬于苍梧之野”。《史记·五帝本纪》云，舜“葬于江南九疑”。《史记·夏本纪》云：“帝禹东巡狩，至于会稽而崩。”今绍兴尚存大禹陵。

② 《高唐神女传说之分析》，《闻一多全集》第 1 卷，湖北人民出版社 1993 年版，第 96 页。

药爰在”。值得注意的是“从此升降”。“此”指灵山，“升降”指上天下地。这是说，灵山是十巫上天下地的通道。这样说，已不是原始思维。若是原始思维，则上山就是上天，不是上了山再上天。虽然如此，从这个晚出的说法，亦可想见群巫上下灵山的盛况。颛顼“绝地天通”之后，就只许巫上下灵山，而不许民上下灵山了。

《旧约·出埃及记》第十九章记载上帝耶和华对摩西说，“你要在山的四围给百姓定界限，说，你们当谨慎，不可上山去，也不可摸山的边界。凡摸这山的，必要治死他”，只让摩西上山接受十诫。这就是摩西的“绝地天通”，与颛顼毫无二致。按原始思维，上山即上天，即通天，这是摩西的特权，也是颛顼的特权、群巫的特权。所以希腊神话说，宙斯为首的众神就在奥林匹斯山上。山上就是天上，这是标准的原始思维。泰山有南天门，武当山有一天门、二天门，以上山为上天，盖原始思维之遗风。

《五帝德》为黄帝及五帝各写了一段话①，其中说颛顼“洪渊以有谋，疏通而知事，养材以任地，履时以象天，依鬼神以制义，治气以教民，絜诚以祭祀。乘龙而至四海：北至于幽陵，南至于交趾，西济于流沙，东至于蟠木，动静之物，大小之神，日月所照，莫不祗励”。全篇唯有这段话“神”气十足，最后四句十六字，刻画出颛顼，活像后来道教的玉皇大帝。

“乘龙”四至，堪称《离骚》后半部的胚胎。

“洪渊”七句，前三句是人道，后四句是神道，关键是“依鬼神以制义”，这是神治文化的最高原则、最后秘密。这就是依神道以制人道。这就是观射父传说的“上下比义”。第一章第三节解释过上下比义。现在进一步说穿：“上下比义”就是依鬼神以制义。依者，托也。所以颛顼既是行神道的天帝，又是行人道的人帝。这种亦神亦人的品格，就是楚文化

① 《五帝德》写了六帝：黄帝，帝颛顼，帝喾，帝尧，帝舜，帝禹。帝字在后，尊于帝字在前。亦犹孔子尊于子路、子贡、子游、子夏。故黄帝尊于五帝，在五帝之上，不在五帝之中。

源头的品格。

西汉前期的贾谊，上疏陈政事，将这种品格说成“生为明帝，没为明神”[①]，希望文帝追求这种品格。贾谊是洛阳少年，而精通楚学，文帝则是楚人后裔，他们交流思想，具有继承和发扬楚文化的意义。照颛顼品格原貌，应说成“既为明帝，又为明神”，才是原始思维。贾谊却说成“生为明帝，没为明神”，便是逻辑思维。贾谊之说，是由原始思维向逻辑思维的一个发展、一个进步。文帝却宁愿“既为明帝，又为明神”，所以召贾谊“问鬼神之本”，谈“至夜半，文帝前席”[②]，向贾谊靠拢。唐代李商隐为此批评文帝：“可怜夜半虚前席，不问苍生问鬼神!”[③] 义山写了许多好诗，这首诗也不错，只可惜说了门外话。他不懂得，文帝的做法，正是坚持正统的颛顼主义。文帝“问鬼神”，是要为苍生“制义”呢。贾谊与文帝的不同在于：贾谊是“接着”颛顼讲，文帝是“照着”颛顼讲，起码在鬼神问题上是如此。

第四节　颛顼“修黄帝之道”

原始思维时代已有逻辑思维萌芽；逻辑思维时代尚有原始思维遗风。原始思维时代的逻辑思维萌芽，发为言论，先用口传，后来笔之于书。笔之于书时，语文形式难免是后来的，思想内容大致是原来的。以下讨论的黄帝颛顼之道，情况就是如此。

吕不韦在《吕氏春秋·序意》中说他“尝得学黄帝之所以诲颛顼矣：‘爰有大圜在上，大矩在下，汝能法之，为民父母。’”黄帝的教诲，本是黄帝之道；颛顼接受了黄帝的教诲，它就成为黄帝颛顼之道了。

《粥子》云：“昔者帝颛顼”，“上缘黄帝之道而行之，学黄帝之道而常之”。《国语·鲁语上》云：“黄帝能成命百物，以明民共财，颛顼能修

① 见《汉书·贾谊传》。
② 见《史记·屈原贾生列传》。
③ 《贾生》句。

之。"《大戴礼记·武王践阼》称"黄帝颛顼之道"，犹后世称孔孟之道。

可见颛顼接受了黄帝的教诲。在这段教诲中，"大圜"即大圆，指天；"大矩"即大方，指地。这段教诲是说，天在上，地在下，以天地为法，才能为民父母。

周穆王卿士祭公谋父，概括先王任务，是"事神保民"①。法天地，是关于事神的教诲；为民父母，是关于保民的教诲。颛顼采取组织措施：命南正"属神"，以落实事神的教诲；命火②正"属民"，以落实保民的教诲。所以这段教诲的特殊意义，就是颛顼的"绝地天通"。

这段教诲的一般意义，被老子继承和发展了。《老子》第二十五章云："道大，天大，地大，王亦大"；"人法地，地法天，天法道，道法自然"。在此系列中，已无神的地位，而以自然为至上，这是质变。虽然如此，道法自然，就包括以天地为法。这就是楚学。

这段教诲的一般意义，经过老子到吕不韦，又有了发展。《吕氏春秋·序意》云："盖闻古之清世，是法天地"，"上揆之天，下验之地，中审之人，若此，则是、非、可、不可，无所遁矣。天曰顺，顺维生；地曰固，固维宁；人曰信，信维听。三者咸当，无为而行。行也者，行其理也。行数，循其理，平其私。夫私视使目盲，私听使耳聋，私虑使心狂。三者皆私设，精则智无由公。智不公，则福日衰，灾日隆"。

"法天地"，蕴涵"法自然"。这段话又进了一步：由自然讲到理。自然是状态，理是规律。理，是由自然到法的中间环节，必经的环节，再进一步，就由理讲到法。《吕氏春秋·适音》云："胜理以治国则法立，法立则天下服矣。"胜，用也③。用理治国则法立，法立则天下服。这就是秦学。

《序意》这段话中的老子思想，是显然的。"无为而行"，就是无为而

---

① 见《国语·周语上》。

② 韦昭注："唐尚书云：火，当为北。"

③ 《毛诗·商颂·玄鸟》："武王靡不胜。"毛亨传："胜，任也。"任，用也。

无不为[①]。连语言如“使目盲”，“使耳聋”，“使心狂”，亦来自《老子》[②]，也是显然的。由此可见，原来的颛顼之道，发展为后来的老子之道；原来合称“黄帝颛顼之道”，后来就合称“黄老之道”了。由此又可见，楚学通于秦学。楚学主流是道家，秦学主流是法家。楚人与秦人同源于颛顼。楚道家与秦法家亦同源于颛顼之道。它们同源，故可相通。

《吕氏春秋·圜道》云：“天道圜，地道方，圣王法之，所以立上下。”这显然是复述黄帝诲颛顼的那段话。在解释圜道时，此篇引“黄帝曰：‘帝无常处也，有处者乃无处也。’”说明道做圆圈运动不止，不固定在一处。《吕氏春秋·应同》引“黄帝曰：‘芒芒昧昧，因天之威，与天同气。’”[③] 说明法天的极致，是“与天同气”，达到同天。

黄帝之道，流传至今的已经很少了，还可见到重要的两条：一条是“道若川谷之水，其出无已，其行无止”[④]，有形上学的意义；一条是“日中必熭，操刀必割”[⑤]，有历史哲学的意义。道若川谷之水，这个比方，显示道的本体无穷无尽，道的运动无休无止。运动正是“有处乃无处”。“有处”是在那里，“无处”是不在那里，“有处乃无处”是在那里又不在那里。黄帝开创了以水喻道的传统。流水正是“有处乃无处”，在那里又不在那里。在那里，是水流“经”那里；不在那里，是水流“过”那里。

至于“日中必熭，操刀必割”，是说要抓紧时机办事：太阳当顶快晒，持刀在手快割。这是强调一个“时”字，“时”是历史哲学的一个重要范畴。马王堆帛书《十六经·观》云：“当天时，与之皆断，当断不

---

① 见《老子·三十七章》。

② 见《老子·十二章》。

③ 《文子》的《符言》《上仁》引此作“与天同气”。《吕氏春秋》的《应同》，《淮南子》的《缪称训》《泰族训》引此均作“与元同气”。马王堆帛书《十六经·观》引黄帝曰：“圣人不巧”，“与天同道”。作“与天同气”，方合黄帝之道原意。

④ 见贾谊《新书·修政语上》。

⑤ 见贾谊《新书·宗首》。

断，反受其乱。”又《十六经·兵容》亦云：“因天时，与之皆断，当断不断，反受其乱。”正是发挥了黄帝的这个意思。《史记·齐悼惠王世家》有“道家之言：当断不断，反受其乱”；又《春申君列传》有“语曰：当断不断，反受其乱”，可见此语影响。

贾谊《新书·修政语上》云：

> 帝颛顼曰：“至道不可过也，至义不可易也。”是故以后者复迹也。故上缘黄帝之道而行之，学黄帝之道而赏之，加而弗损，天下亦平也。

这是说，颛顼以为，至道是不可超过的，至义是不可改变的。所以后人都是重复前人至道、至义的陈迹。他说的至道、至义，就是黄帝之道。

有个传说：“昔者黄帝十岁，知神农之非，而改其政。”① 黄帝是开创型的改革家，一旦形成“黄帝之道”，其后继者只有缘而行之。所以颛顼是守成主义。

但是，还有另一方面的意义。所谓“不可过”“不可易”，是指不以人心为转移。黄帝之道是至道、至义，不以人心为转移，所以后继者只有缘而行之。这就不是守成主义，而是无为主义。无为主义，必然“加而弗损”。“弗损”是对于不以人心为转移的道无所增损，“加”是创造发明新事物，如《世本·作》篇记载者。

第五节　颛顼论善恶

《新书·修政语上》云：

---

① 《粥子》语，《北堂书钞》第十一卷引，又《太平御览》第七十九卷引。

颛顼曰：功莫美于去恶而为善，罪莫大于去善而为恶。故非吾善善而已也，善缘善也；非［吾］恶恶而已也，恶缘恶也。吾日慎一日，其此已也。

这段话的头两句是常谈，其下文才是创见。他是说，并不是我个人赞成善而为善就完事了，也不是我个人反对恶而不为恶就完事了。绝不是的，这不是个人的问题，而是社会和群体的问题。在社会群体中，因善而生善（“善缘善”），因恶而生恶（“恶缘恶”），现代叫做“扩散”或“连锁反应”。所以我过一天慎重一天，一天比一天谨慎。

这当然不是说，个人为善为恶毫无作用。恰恰相反，社会群体的善恶，都是通过个人实现的，毫无例外。这不过是说，善和恶，作为社会存在，一旦在群体中扩散开来，连锁反应，就不以任何个人的意志为转移了。在颛顼看来，善有善之道，恶有恶之道，其为道也都是“不可过”“不可易”的。

讨论善恶，或着眼于群体影响，或着眼于个体本性，各见真理的一面。后来的楚国是怎样处理这个问题的呢？楚国是既着眼于群体影响，而建立法治；更着眼于个体本性，而追求解放。这是一部丰富的生动的历史辩证法。

第六节　道在丹书

《大戴礼记·武王践阼》云：

武王践阼三日，召士大夫而问焉，曰：“恶有藏之约、行之行，万世可以为子孙常者乎？”诸大夫对曰：“未得闻也！”

然后召师尚父而问焉，曰：“昔帝颛顼[①]之道存乎？意亦忽不可

① “帝颛顼”今本作“黄帝颛顼”。《礼记·学记》“凡学之道，严师为难”章，孔颖达疏云：“今检《大戴礼》，唯云‘帝颛顼之道’，无黄字。”今从之。

得见欤?”师尚父曰：“在丹书，王欲闻之，则齐矣。”

王齐三日，端冕，师尚父亦端冕，奉书而入，负屏而立。王下堂，南面而立。师尚父曰：“先王之道不北面。”王行西，折而南，东面而立。

师尚父西面道书之言曰：“‘敬胜怠者吉，怠胜敬者灭，义胜欲者从，欲胜义者凶。凡事，不强则枉，弗敬则不正，枉者灭废，敬者万世。’藏之约、行之行，可以为子孙常者，此言之谓也。且臣闻之，‘以仁得之，以仁守之，其量百世；以不仁得之，以仁守之，其量十世；以不仁得之，以不仁守之，必及其世。’”

王闻书之言，惕若恐惧，退而为戒书。

这段文献首先提出“师”的地位问题。讲书传道之时，师与王，不是君臣关系，不能王南面而立，师北面而朝；而是师生关系，至少是宾主关系，所以师西面讲书，王东面受教。这个传统，称师为“西席”“西宾”，有人说始于东汉明帝。《后汉书·桓荣传》说，桓荣是明帝的老师，明帝“尝幸太常府，令荣坐东面”。其实在此以前一千多年，周武王、姜太公早已改南北面为东西面了。不要小看这个东西面，它表明了，师与王不是君臣关系，而是师生关系、宾主关系。明确了这一点，才算端正了师的地位，才能发挥师的作用。师尚父姜太公力争“先王之道不北面”，所以师亦不北面，尊师是由于重道。感谢他老人家为中国的师争得一个不是臣仆的西宾地位。后来的《礼记·学记》写道：

凡学之道，严师为难。师严然后道尊。道尊然后民知敬学。是故君之所不臣于其臣者二：当其为尸（郑玄注：尸，主也，为祭主也），则弗臣也；当其为师，则弗臣也。大学之礼，虽诏于天子，无北面，所以尊师也。

进一步确定师“弗臣”“无北面”的合法性。

在帝制时代，忠君、孝亲、尊师，是中国精神文明三大支柱，是礼义之邦的三大特征。孝亲是无条件的，忠君、尊师是有条件的，因为亲无法选择，君、师则可以选择，必须选择。君臣之间，师生之间，经常双向选择。这就是中华帝国的精神文明史。

至于丹书中颛顼之言，是突出一个“敬”字，坚持“敬胜怠”“义胜欲”的原则，以解决敬与怠的矛盾、义与欲的矛盾。这些话，后来成为老生常谈，但其原意不能按后来的老生常谈来理解。它所突出的敬字，原意是敬天敬神。敬字是由宗教领域推广到世俗领域，发展为中国人精神修养的基本原则。这种推广和发展，有一部重要的代表作，就是周公旦的《无逸》。《无逸》是“敬胜怠”“义胜欲”的绝妙注解。关于“敬”与“义”的关系，《周易·坤·文言》说“君子敬以直内，义以方外”，内外结合，恰到好处，敬与义就统一（unity）而且同一（identification）了。这种内外同一，《庄子·天下》称之为“内圣外王”。

敬字“可以为子孙常”，即可以作为子孙万代永保昌盛的常道。老子接着讲恒道①，然而是以恒道为题目，作自己的文章。老子不言敬，《老子》无敬字。就此而言，则老子讲恒道，悉去颛顼之陈言，别开楚学之生面。这就叫创造性的发展。姜太公也不是只炒现饭，他道罢敬字，马上另标仁字。仁的影响日益扩大，成为北方思想的重要观念，孔子思想的最高观念。

第七节　颛顼的历史贡献及在楚史的地位

颛顼“绝地天通”，建设全社会性的巫觋组织，这些宗教职业者，在文化的积累和发展上，有其积极作用。他们是中国历史上第一支专业的文化队伍。

《宋书·志·历中》引东汉蔡邕说：“按历法，黄帝、颛顼、夏、殷、

① 帛书《老子》云：“道，可道也，非恒道也。”今本多作“道可道，非常道”。

周、鲁，各自有元”，是为“古六历”。又说：“汉兴承秦，历用颛顼，元用乙卯”。颛顼历成于战国，源出颛顼。由此可以想见颛顼在历法上的贡献。

《吕氏春秋·古乐》云：“帝颛顼生自若水，实处空桑，乃登为帝。惟天之合，正风乃行，其音若熙熙凄凄锵锵。帝颛顼好其音，乃令飞龙作效八风之音，命之曰《承云》，以祭上帝。乃令鳝先为乐倡，鳝乃偃寝，以其尾鼓其腹，其音英英。”《乐纬·动声仪》云：“颛顼之乐曰《五茎》。”①《拾遗记》云：“及颛顼居位……受文德者，锡以钟磬②……有浮金之钟，沉明之磬，以羽毛拂之，则声振百里。”由此可以想见颛顼在音乐上的贡献。

《国语·周语下》：周景王曰：“七律者何?”伶州鸠对曰：“昔武王伐殷”，“星与日辰之位，皆在北维，颛顼之所建也”。“凡人神以数合之，以声昭之，数合声和，然后可同也。故以七同其数，而以律和其声，于是乎有七律”。此言武王伐殷的年月日时以及姬氏本身，在天上各有相应的星宿，这些星宿的位置皆在北维，北维是颛顼所建。当时的人以为，天的北部为北维，颛顼是建造北维的天帝。屈原《远游》云：“轶迅风于清源兮，从颛顼乎增冰。历玄冥以邪径兮，乘间维以反顾。”王逸注：“过观黑帝之邑宇也。”黑帝是北方之帝。洪兴祖补注：“北方壬癸，其帝颛顼，其神玄冥。太公《金匮》曰：北海之神曰颛顼。”《淮南子·天文训》云：“北方，水也，其帝颛顼，其佐玄冥。”诸说皆同，与伶州鸠之说一致。颛顼建立北维，就是为七律建立前提。有了北维，神才有地方安顿，然后人与神以数相合，以声相和，达到人神同一。这就是音律的功用。由此可以想见颛顼在音律上的贡献。

---

① 又见《周礼·春官·大司乐》贾公彦疏引《乐纬》，又见《文选》左思《魏都赋》“冒六茎”李善注引《乐·动声仪》，又见《文选》傅毅《舞赋》“夫咸池六英”注引《乐·动声仪》。《动声仪》乃《乐纬》篇名，书已失传。《乐纬》有黄奭辑本。

② 《路史·后纪》卷八，谓颛顼“文德锡之钟磬”，所本相同。

《周易·系辞下》云“日中为市”，陆德明《释文》云：“《世本》云‘祝融为市’，宋衷云：‘颛顼臣也。’”今《世本》辑本，如茆泮林本，在《作》篇中，即将“祝融作市”写在颛顼名下，盖归功于颛顼领导。市场的出现，是重大的历史事件，其意义决不限于经济生活。它马上成为文化总体的基础部分。市场是社会群体的创造，但颛顼持肯定态度，其支持、推广、制度化之功，自不可没。

《左传》昭公十七年记郯子之言，谓“昔者黄帝氏以云纪”，“炎帝氏以火纪”，“共工氏以水纪”，“大皞氏以龙纪”，少皞氏以鸟纪，“自颛顼以来，不能纪远，乃纪于近。为民师而命以民事，则不能故也”。颛顼以民事为官名，必是以文字纪。“以云纪”以至“以鸟纪”，皆是以图画纪。《尚书序》孔颖达疏云：“《世本》云：‘仓颉作书。’”许慎《说文解字叙》曰：“黄帝之史仓颉”，“初造书契”。仓颉初造文字；颛顼推广文字，用于官名，是其一例。

由市场、文字的推广，可以想见颛顼在领导上的贡献。

以上可以概见颛顼的历史贡献。

至于颛顼在楚史的地位，则可以说：颛顼是楚人之源，楚文化之源，楚哲学之源。已详上文，无须复述。

第三章　鬻熊

第一节　《鬻子》其书

《汉书·艺文志》"道家"著录"《鬻子》二十二篇"，班固自注："名熊，为周师，自文王以下问焉。"又"小说家"著录"《鬻子说》十九篇"，自注："后世所加。"他鉴定道家著作《鬻子》为真，小说家著作《鬻子说》为伪。这种辨伪工作，早已由刘向、刘歆开始了，《艺文志》就是在刘向父子成就的基础上写成的。

梁代刘勰在《文心雕龙·诸子》中说："至鬻熊知'道'，而文王咨询，余文遗事，录为《鬻子》。子目肇始，莫先于兹。"

唐代柳伯存为《意林》作序，第一句就是"子书起于鬻熊"。

南宋高似孙著《子略》，亦谓子书起于鬻熊。王应麟在《困学纪闻·诸子》中说，鬻熊著书是"诸子之最先者"。

明代宋濂在《诸子辨》中说，《鬻子》"盖子书之始也"。

清代梁章钜在《退庵随笔》中说，"诸子书以《鬻子》为最古"。

诸说皆同。可以断定的是：《鬻子》是中国第一部子书，是中国哲学第一部著作，更是楚国哲学第一部著作，又是道家第一部著作，可谓四个第一。

《四库全书总目》"杂家类"著录"《鬻子》一卷"为第一部，是唐逢行珪注本。由于编《四库全书》时没有见到魏徵主编的《群书治要》，不知逢注本的来历，所以《总目》的此书提要，完全不得要领。除此客观原因，此书提要亦有主观错误。（一）它说："今本（逢注本）所载与贾谊《新书》所引六条（不对，是七条）文格略同，疑即小说家之《鬻子说》也。”其实班固早已在《粥子》下注明“自文王以下问焉”，而《新书》七条皆对答文王、武王、成王之问，与班固注正合，何可疑为《粥子说》？（二）它说：“《汉书》载魏相奏记霍光称：文王见粥子年九十余。”遍查《汉书》无此语。此“奏记”是动词，犹今言“报告”。高似孙《子略》云：“魏相奏记载霍光曰：文王见粥子年九十余。”此“魏相奏记”似书名①，遍查目录无此书。盖《提要》作者袭《子略》之文，又以魏相西汉人，乃妄加“《汉书》载”三字以实之，以讹传讹。

《四库全书》编成之后，嘉庆年间，《群书治要》从日本传回中国②，人们才明白：逢注本是抄撮《治要》摘录的《粥子》。《治要》成书于贞观五年（公元631年）③，逢注本成书于永徽四年（公元653年）④。现在研究《粥子》，《汉书·艺文志》著录本已不可见，与其根据逢注本，还不如根据《治要》的摘录。

由上引班固自注，可知他所著录的《粥子》基本内容是对答“自文王以下问焉”的话。《治要》的摘录仅六百四十四字，都可以是答问的话，由于摘录时掐头去尾，只有一条出现“文王问于粥子曰”，其余各条答谁之问不明。贾谊《新书·修政语下》的七条都分别写明了答谁之问。然《新书》七条，并非出于班固著录的《粥子》。魏徵《群书治要序》云：“本求治要（治国要道），故以《治要》为名。”按此标准，则《新书》七条皆为“治要”，《治要》果然摘录了其中最长的两条（但不编在《粥子》摘录中，而编在《贾子》摘录中），就是证明。

所以本书认为，《粥子》有个写定本，还有个口传本。写定本就是班

---

① 张心澂《伪书通考》引此，即将“魏相奏记”标以书名号。按：《文心雕龙·书记》云：“迄至后汉，稍有名品：公府奏记，而郡将奏笺。”然《汉书》萧望之传有“［郑］朋奏记望之”语，又冯野王传有杜钦“奏记于［王］凤”语，皆前汉事，非迄至后汉始有奏记也。又按：《文选》卷四十有“奏记”一首。

② 据清代阮元《研经室外集·〈群书治要〉五十卷提要》。

③ 宋代王溥《唐会要》云：“贞观五年九月二十七日秘书监魏徵撰《群书治要》上之。”

④ 逢注本《献书表》末署“永徽四年十一月二十六日华州郑县尉臣逢行珪上”。

固著录本，即《治要》摘录的底本。它虽非粥熊本人写定，总也相隔不久。口传本一直到贾谊下放长沙时由他笔之于书，即写入《新书·修政语下》的七条①。他的《新书·大政》（上、下）对这七条进行了解释和发挥，我认为这是他为门人讲粥熊之学的讲义。贾谊是洛阳人，但是精通楚学，这是毫无疑问的。《史记》立《屈原贾生列传》，令贾谊与屈原同《传》，这个安排具有视贾谊为楚学传人的意义，是司马迁“好学深思、心知其意”的一个重要成果。

南宋以来，颇有人说贾谊《新书》是伪书。近人余嘉锡著《四库提要辨证》，对此详加辨证，认为“陈振孙谓决非贾本书，固为无识；即《提要》调停之说，以为不全真亦不全伪者，亦尚考之未详也”，总之决非伪书。余氏之说精确，其书具在，兹不悉引。

此外，尚有粥熊言论，散见于《列子》《北堂书钞》《意林》《太平御览》。

第二节 粥熊其人

本节讨论粥熊其人的三事：（一）“早卒”问题；（二）称“子”问题；（三）为“师”问题。三事合说，以求连贯。

《史记·楚世家》云：“粥熊子事文王，蚤卒。”又云：“楚熊通怒曰：吾先粥熊，文王之师也，蚤终，成王举我先公，乃以子男田令居楚，蛮夷皆率服，而王不加位，我自尊耳!”

“蚤卒”，“蚤终”，若理解为粥熊短寿，则不能成立。上节已论定贾谊《新书》不伪而可信，由其《修政语下》，可知粥熊是文王、武王、成王三朝元老，决非短寿。

所以要另作解释。“粥熊子事文王”的“粥熊子”，可理解为粥熊的

① 清代宋翔凤著《过庭录》，其“粥子”条，不仅肯定这七条是粥熊之言，而且认为《新书·修政语上》中黄帝、颛顼、喾、尧、舜、禹、汤之言，皆粥熊所传，以教周王。这是一个很合理的推测和假定。

儿子。熊通怒斥周王，何必涉及粥熊短寿，“蚤终”二字似是衍文。若非衍文，亦是说“早已死了”，不是说“早年死了”。熊通之时，粥熊当然早已死了，说他早已死了，并不涉及短寿长寿。

其实就本书任务而言，不是非考证粥熊年寿不可。本章任务是讲粥熊哲学，只管根据上节指明的史料讲下去，就可以了。不过还有粥熊高寿及历史背景材料，值得一说。

《意林》第一卷引《粥子》云：

> 昔文王见粥子，年九十（《太平御览》第三八三卷引作“粥子年九十，见文王”）。文王曰：“嘻，老矣。”粥子曰：“若使臣捕虎逐麋，臣已老矣；坐策国事，臣年尚少。”（《太平御览》引此下有“因立为师”）

其时文王亦八十余岁。《史记·周本纪》“武王上祭于毕”张守节《正义》云：

> 《大戴礼》云：“文王十五而生武王。”则武王少文王十四岁矣。《礼记·文王世子》云：“文王九十七而终，武王九十三而终。”按：文王崩时武王已八十三矣。

武王伐纣时已八十五岁，其时粥熊已过百岁。姜太公更是出名的老帅。可见周室不只善于养老，而且更善于用老。与殷商相比，可以说，周用老而殷用少。《诗经·大雅·荡》云：

> 文王曰：咨！咨女殷商。匪上帝不时，殷不用旧。虽无老成人，尚有典刑。曾是莫听，大命以倾。

就是指责殷不用老而用少。《盐铁论·未通》云：

商师若乌，周师若荼。

乌，黑色，比喻黑发。荼，白色，比喻白发。这是形象地说明殷用少而周用老。

鬻熊只提用贤[①]，不提用老或用少。说详第六节。

但周之用老，实际是用贤，故能成就大业。《史记·周本纪》云：

［西伯（文王）］礼下贤者，日中不暇食以待士，士以此多归之。伯夷、叔齐在孤竹，闻西伯善养老，盍往归之。太颠、闳夭、散宜生、鬻子、辛甲大夫之徒皆往归之。

这段文字列举七人，只有两人带头衔：鬻熊称“子”，辛甲称“大夫”。这头衔必是归周以前原有的，必不是归周以后才有的。裴骃《集解》引刘向《别录》云：“辛甲，故殷之臣，事纣，盖七十五谏而不听，去至周。”辛甲是殷朝大夫，则鬻熊是殷代子爵。

要解释这一点，就涉及诸侯五等问题。《孟子·万章下》《礼记·王制》所说的诸侯五等，那样整齐划一，历史上并不存在，不过是北方儒家的规划。但是诸侯的不同称号则是有的。“侯”是通称，“诸侯”是“侯”的复数形式。“侯”字本指箭靶子，立个箭靶子为标志，表示其地有人拥有弓箭武装，割据为侯。可谓箭杆子出诸侯。侯的出现，最初都是自发自立的，不是谁封的。分封诸侯是后来的事，也多是承认现状，追加称号。疆域最初亦未划定，由你去开拓；只定国都，伸至四乡，乡者向也。诸侯之间，有种种关系，历史的，现实的，由此形成彼此公认的特殊称号。如常说的公侯伯子男，这些特殊称号，除侯是通称，其余

① 鬻子对周成王问，有“贤人必用”语，见《新书·修政语下》。

都是源于氏族亲属关系的称谓。现只说殷商后期，有古公亶父、公季①，是诸侯之称公者。纣“以西伯昌、九侯、鄂侯为三公”②，是诸侯之称侯称伯者。至于子男，还可看出有个国外公认与国内自称的区别。子男是国外公认的称号，不是国内自称的称号。国外公认为子男，国内自称为什么，悉听尊便，即使称王，国内谁也管不了。子男有两种情况，一是小国，一是蛮夷。蛮夷，不论大小国，国外皆公认为子男。鬻熊称子，就因为他是蛮夷之长。

从另一方面看，鬻熊归周之时，姬昌尚号西伯，虽已自置百官，不能分封诸侯。周朝分封诸侯，是武王灭纣以后的事。故鬻熊称子，始于殷代。

周朝早期的君王，都是善于学习的。箕子亡国贱俘，而武王求教，著为《洪范》。鬻熊归周蛮夷，而三朝奉之为师。鬻熊为周王之师，各家之说皆同，不必胪列。鬻熊为师，是个备顾问、受尊敬而无实权的差使，远远不及师尚父姜太公的实权地位。但在楚族地位极高：夔子不祀鬻熊，便遭诛灭③。

考虑各方面史料，本书设想鬻熊生卒约为公元前 1180 年—公元前 1060 年。

第三节　论道

《列子・天瑞》云：

> 鬻熊曰：运转亡已，天地密移，畴觉之哉？故物损于彼者盈于此，成于此者亏于彼。损盈成亏，随世（生）随死。往来相接，间不可省。畴觉之哉？

① 见《史记・周本纪》。
② 见《史记・殷本纪》。
③ 见《左传》僖公二十六年。

《列子》是伪造。将其比作机器，是说其“组装”是伪造，不是说其“零件”皆伪造，零件倒有真品。

运转、密移、损盈成亏、生死往来，现代统称为“运动”，古代叫做“行”。古代说的“天地”，相当于现代说的“宇宙”。“运转亡已，天地密移”，可谓“天行”。损盈成亏、生死往来，可谓“物行”。“天行”是成语①，“物行”是我说的，以之与“天行”相对。天行是宇宙总体运动，物行是万物个体运动。天行只有运转、密移，无所谓损盈成亏、生死往来，反正肉烂在锅里。物行才有损盈成亏、生死往来种种形式，才有扯不清、扯不尽的皮。无论天行、物行，谁也不觉得（“畴觉之哉”）。不管人觉得不觉得，它们总是在运动着。这就是说，宇宙总体，万物个体，其运动谁也不觉得，不以人的意志为转移，也谈不上以人的意志为转移。譬如吃饭，碗里“损”了，胃里“盈”了。又如缝衣，“亏”了布料，“成”了衣服。生物体新陈代谢，就是“随生随死”。时间就是“往来相接”。一切文化，既是继往，又是开来。这些对立之间的缝隙是不可觉察的（“间不可省”），因为对立本是统一体的两方面。

可见粥熊说这些话，是在讲“道”。照这个讲法，天地就是天地，并不是道；天地运转、密移，即天行，才是道。万物就是万物，也不是道；万物损盈成亏、生死往来，即物行，才是道。合而言之，行才是道。这个意思，观于以下粥熊的话而益显。

《群书治要》引《粥子》云“君子不与人谋之则已矣，若与人谋之，则非道无由也”，可谓唯道主义。“故非非者行是，而恶恶者行善，而道谕矣。”谁反对非，就行是；谁反对恶，就行善。只有行，道才明白地表现出来。

贾谊《新书·修政语下》记粥子云：“兴国之道，君思善则行之，君闻善则行之，君知善则行之。”行，行，行，道在行中。

① 《周易·乾》象曰“天行健”，即其例。

由此可见，道表现于行，存在于行。更详细些说，道只在行的过程中表现出来，只在行的过程中存在着。就道表现于行来说，行有认识论的意义；就道存在于行来说，行有本体论的意义。

通观现存的粥熊全部言论，其中心观念是“道”。道的本义就是路。只有人在上面行走的时候，路才真正是路，否则不过是一条空着的地面。正如只有火车在上面运行的时候，铁路才真正是铁路，否则不过是两道固定的钢轨。所以“道”的意义，粥熊总是用“行”来规定它。《说文解字·辵部》：“道：所行道也。”亦以“行”说“道”。“行”的另一个说法就是“为”，合称“行为”。所以，后来道家总是将“道”联系着“为”（“为”与“无为”）来讨论。

“道”又是“稻”。《春秋》襄公五年“会吴于善道”①，《公羊传》《谷梁传》皆作“会吴于善稻”，是“道”字与“稻”字通用。但是道与稻哪个早些呢？在亚洲，稻种起源中心为喜马拉雅山南麓，包括中国西南一带。在中国，水稻由南向北传播。浙江余姚河姆渡遗址，发现大量栽培稻遗迹，测定为公元前 4955（±155）年。至于道的观念，传说在黄帝、颛顼时代出现，大约在公元前 2550 年以后。道比稻要晚两三千年。可见是以稻为道。以稻为道，犹以谷为禄，都是农业社会意识形态的表现。

可以假定：稻字以舀为声符，道字本亦以舀为声符。篆体的舀（）与首（）形似，形似而讹，遂致道以首为声符。舀古音读如由②，与首古音同属幽部，可通，故相沿未改。

第四节　道治哲学

贾谊《新书·修政语下》记粥子对周成王问三条：一条讲“道之

---

① 阮升之《南兖州记》云：“盱眙，本吴善道也。”《中国历史地图集》第一册，第25—26 图，绘善道（善稻）于今江苏盱眙东北二十里处。

② 段玉裁说，见《说文解字注》舀字注。

要”，一条讲“兴国之道”，一条讲“治国之道”。合而观之，自成系统。第一章说过粥熊的道治，这三条便是他的道治哲学。文意甚明，无须解释，照抄如下：

周成王曰：“敢问于道之要奈何?”

粥子对曰：“唯。疑（读为拟，下同）请以上世之《政》，诏于君王。《政》曰：为人下者敬而肃，为人上者恭而仁，为人君者敬士爱民，以终其身。此道之要也。”

周成王曰：“受命矣。”

周成王……曰：“敢问兴国之道奈何?”

粥子对曰：“唯。疑请以上世之《政》诏于君王。《政》曰：兴国之道，君思善则行之，君闻善则行之，君知善则行之。位敬而常之，行信而长之，则兴国之道也。”

周成王曰：“受命矣。”

周成王曰：“敢问治国之道若何?”

粥子曰：“唯。疑请以上世之《政》诏于君王。《政》曰：治国之道，上忠于主，而中敬其士，而下爱其民。故上忠其主者，非以道义，则无以入忠也；而中敬其士，不以礼节，[则] 无以谕敬也；下爱其民，非以忠信，则无以谕爱也。故忠信行于民，礼节谕于士，道义入于上，则治国之道也。虽治天下者，由此而已。”

周成王曰：“受命矣。”

有一点仍需解释：各条均有“上世之政”“政曰”，这“政”字指什么?前人猜测，如明代宋濂《诸子辨》说：“或者其徒名‘政’者之所记欤?”以为政是人名，乃粥熊门徒。今按：《修政语下》中这样的“政”字出现十三次，只有理解为旧典之名，才能全部讲通，所以本书抄引时标以书名号。这是《粥子》的一条通例，亦可谓体例。

贾谊《新书·大政》前四段起句都是“闻之于《政》也”，与《粥子》体例相同。据此体例，当然更据其内容，所以我认为《大政》（上、下）是贾谊为其门人讲粥熊之学的讲义。

从粥熊的道治哲学系统，可以看出三点。

第一点，粥熊提出“敬士爱民”的总任务，取代颛顼时代“事神保民”的总任务。在这个系统里，没有神的地位，连一个神字也没有。颛顼被人视若神灵，粥熊被人奉为圣哲。粥熊坐而论道，以道治国，在楚史上结束神治，开创道治。楚人的世界观，从此进入哲学时代。楚人的思维，从此以逻辑思维为主。这是一个伟大的进步，是颛顼以来十三个世纪发展的成果。

第二点，这个系统，由君、士、民三层构成。君与士的关系，处理原则是双向的：君以礼节敬士，士以道义忠君。君与民的关系，处理原则是单向的：只说君以忠信爱民，不说民以什么对君。为什么不说？因为民对君不谈条件。换言之，为君为士要条件，为民不要条件。为民要什么条件！反正是老百姓一个。

所以民有其特殊地位。从上往下看，则民在下。从下往上看，则民为本。在下就是为本。这个“民为本”的道理，贾谊在其讲义《大政》中发挥得淋漓尽致，无以复加。现将其开头四段照抄如下：

> 闻之于《政》也，民无不为本也。国以为本，君以为本，吏以为本。故国以民为安危，君以民为威侮，吏以民为贵贱：此之谓民无不为本也。
>
> 闻之于《政》也，民无不为命也。国以为命，君以为命，吏以为命。故国以民为存亡，君以民为盲明，吏以民为贤不肖：此之谓民无不为命也。
>
> 闻之于《政》也，民无不为功也。国以为功，君以为功，吏以为功。[故] 国以民为兴坏，君以民为强弱，吏以民为能不能：此之

谓民无不为功也。

闻之于《政》也，民无不为力也。故国以为力，君以为力，吏以为力。故夫战之胜也，民欲胜也；攻之得也，民欲得也；守之存也，民欲存也。故率民而守，而民不欲存，则莫能以存矣。故率民而攻，民不欲得，则莫能以得矣。故率民而战，民不欲胜，则莫能以胜矣。

既然都是“闻之于《政》也”，则与《粥子》同出一源，故与《粥子》之意相合。其中有些话，还要经过以下两节的讨论，才能弄明白。

第三点，以民为本，优于以神为本、以巫为本，可谓民本主义。民本主义，并非民主主义，说到底，还是君主主义。“敬士爱民”，优于“事神保民”。敬士爱民：谁来敬？君来敬；谁来爱？君来爱。只要还是君来敬，即使敬士如师，仍是君主，不是民主；只要还是君来爱，即使爱民如子，仍是君主，不是民主。

第五节 论民

《群书治要》引《粥子》云：

民者，至卑也。而使之取吏焉，必取所爱。故十人爱之，则十人之吏也；百人爱之，则百人之吏也；千人爱之，则千人之吏也；万人爱之，则万人之吏也。

又逄注本《粥子》云：

民者，积愚也。虽愚，明主选吏焉，必使民兴焉。民[1]与之，

① “民”字前原有“士”字，与上下文不协，当是衍文，故删去。

明上举之。民[1]苦之，明上去之。故王者取吏，不忘必使民唱，然后和。民者，吏之程也。察吏于民，然后随政。

这是说，民的地位最卑下，是事实；民没有机会受文化教育，智力没有开发，处于愚昧状态，也是事实。粥熊认为，民虽下愚，但是民对吏的判断完全可靠，他完全相信民对吏的判断。民对吏的判断，说到底，并不是一个理论问题，而是一个感受问题。在当时，粥熊要建设的社会和国家，作为理想，民也许不大懂得；作为现实，则民爱之或苦之，完全得自切身感受，用得着多高的文化程度吗？吏，就是这种社会和国家的代表，民爱之或苦之，全凭感受。爱之，苦之，就是感受，可见粥熊就是只提感受，不提理论。你从理论上宣传，某吏多可爱呀，大家要爱他呀，可是此吏做起事来，民皆苦之，则宣传何用，徒起逆反心理耳。在选吏问题上，粥熊如此相信民的感受，实在令人感动。他这些话，千载之下，犹虎虎有生气。他主张通过民考察吏（“察吏于民”），民是吏的标准（“民者，吏之程也”）。官大官小，依爱他的民是多是少而定。王者取吏，要民唱于前，王和于后。这就是“吏以民为贵贱”，“吏以民为贤不肖”，“吏以民为能不能”[2]。这种主张，能实现吗？在人数不多的共同体内，如氏族内，城邦内，早已这样选吏了。

这就是粥熊以民为本的理论。上节说他的道治系统由君、吏、民三层构成。《群书治要》引《粥子》云：“力生于民，而功最（撮）于吏，福归于君。”民出力，吏得功，君享福。又云：

发政施令，为天下福者谓之道。上下相亲谓之和。民不求而得所欲谓之信。除天下之害谓之仁。仁与信，和与道，帝王之器也。凡万物皆有器。故欲有为而不行其器者，不成也。欲王者亦然，不

① “民”字前原有“士”字，与上下文不协，当是衍文，故删去。

② 见贾谊《新书·大政》，上节已引。

用帝王之器者，亦不成也。

这都是以民为本的社会和国家的理想。其中有两句特别值得注意。

一句是“民不求而得所欲谓之信”。民之所欲，不用向吏向君要求，就能得到。这样的君民关系、吏民关系，自然是彼此“信”得过的关系。有了这一条，则“为天下福”，“上下相亲”。但是“民不求而得所欲”的意义尚不止此。民得所欲，是个体的自己得到实现。以民为本，是以个体的自己为本。只要君与吏致力于“民不求而得所欲”，则以民为本，不仅不会使社会和国家解体，而且会建成天下有福、上下相亲的理想的社会和国家。而要君与吏致力于“民不求而得所欲”，就必须实行民取所爱为吏的选吏原则。

另一句是“凡万物皆有器”。联系着“为天下福者谓之道”，已经出现“道”“器”对举。但“为天下福者谓之道”，这个“道”的抽象水平并不高。而“凡万物皆有器”，这个“器”的抽象水平则很高，它是万物的存在形式，也是道的存在形式和表现形式。

第六节　论士

《意林》引《鬻子》云：

圣王在位，百里有一士，犹无有也。王道衰，千里一士，则犹比肩也。

逢注本《鬻子》作：

圣人在上，贤士百里而有一人，则犹无有也。王道衰微，暴乱在上，贤士千里而有一人，则犹比肩也。

“比肩”，即肩挨着肩、人多拥挤的样子。这是说，圣王在上，贤士再多也嫌少，不够用；昏王在上，贤士再少也嫌多，不愿用。“百里一士”，“千里一士”，是贤士的客观存在；“犹无有也”，“犹比肩也”，是君王的主观感受。这样揭示对比和反差，不仅深刻之至，而且幽默之至。

在道治系统的君、吏、民三层结构里，士相当于吏。说得更准确些，士包括在职和不在职，在职谓之吏。君的总任务是“敬士爱民”，敬士与爱民不可分割。

《群书治要》引《鬻子》云：

> 禹之治天下也，以五声听。门悬钟、鼓、铎、磬而置鞀，以待四海之士。为《铭》于筍簴曰：“教寡人以道者，击鼓。教寡人以义者，击钟。教寡人以事者，振铎。告寡人以忧者，击磬。语寡人以狱讼者，挥鞀。”此之谓五声。是以禹尝据一馈而七起，日中而不暇饱食，曰：“吾不恐四海之士留于道路，吾恐其留吾门庭也。”是以四海之士皆至，是以禹朝廷间可以罗雀者。

关键是“听”。听是“听政”之听，也是“听话”之听。听什么话？听士所教、所告、所语的话。如何听？有讲究，总之是听。这才是敬士。敬士并不在于客客气气。当然也不要“轻士谩骂”。即使“轻士谩骂”，如刘邦，在紧要关头听郦生一句话①，亦得敬士之实。

“吾不恐四海之士留于道路，吾恐其留吾门庭也。”这话是说，我完全相信，四海之士不会在路上停留，都会来我这里；我只怕已经来了的在此窝工，没有畅所欲言，挫伤了积极性。所以顾不上吃饭，赶紧听完他们的话。这样做，果然四海之士皆至，门前亦无人窝工，而可罗雀了。

鬻熊强调敬士，实际上是强调用贤。这在当时是有针对性的。第二节说过，殷周之际，殷用少而周用老。《毛诗·小雅·采芑》云：“方叔

① 据《史记·郦生陆贾列传》。

元老，克壮其犹。”可见西周宣王中兴时仍继续坚持用老。粥熊则认为，用老用少，皆不若用贤。只要用贤，自然有老有少，而不偏颇。

问题在于怎样识别贤。周成王向粥熊请教这个问题时，粥熊说：“行者善，则谓之贤人矣；行者恶，则谓之不肖矣”；“贤不肖之人，别其行矣”①。就是说，根据“行”来识别。贤人行善，民的反应是爱之。于是又归结为：取民之所爱为吏。这个意思，先秦各家的君长起源论，国家起源论，都是基本一致的。因为谁也不好意思说取民之所不爱者为吏，更不用说取民之所恶所恨者为吏了，虽然实际上有些君王偏要取民之所恶所恨者为吏。虽然基本一致，但是粥熊的选吏理论却是独一无二的。

粥熊的道治之国，有民、吏、君三个等级。柏拉图的理想国，也有三个等级：农工以生产财富，武士以保卫社稷，圣王（philosopher-king）以管理国家。两者大致对应而且类似。

第七节　论圣贤气象

贾谊《新书·修政语下》云：

周文王问于粥子曰：“敢问：君子将入其职，则其于民也何如？”

粥子对曰：“唯。疑（读作拟）请以上世之《政》，诏于君王。《政》曰：君子将入其职，则其于民也旭旭然如日之始出也。”

周文王曰：“受命矣。”

曰：“君子既入其职，则其于民也何若？”

对曰：“君子既入其职，则其于民也暯暯②然如日之正中。”

周文王曰：“受命矣。”

曰：“君子既去其职，则其于民也何若？”

① 见贾谊《新书·修政语下》。

② 暯暯，原误作暯暯，以意改正。下同。

对曰：“君子既去其职，则其于民也暗暗然如日之已入也。故君子将入而旭旭者，义先闻也；既入而�者，民保其福也；既去而暗暗者，民失其教也。”

周文王曰：“受命矣。”

我以为，这段话是讨论圣贤气象。君子即圣贤。此以日的形象，比喻圣贤气象。圣贤气象问题，是中国哲学独有、西方哲学盖阙的问题。圣贤气象之学，在宋明道学中最为发达。如《二程粹言·圣贤篇》云：“仲尼浑然，乃天地也；颜子粹然，犹和风庆云也；孟子岩岩然，犹泰山北斗也。”又云：“仲尼元气也，颜子犹春生也，孟子则兼秋杀见之矣。”又云：“仲尼无迹，颜子之迹微显，孟子之迹著见。”又云：“学者以颜子为师，则于圣人之气象类矣。”这些说法中所说的问题，就是鬻子对文王所说的问题，都是圣贤气象问题。

鬻子对文王说的这番话，有三层含义：

就第一层说，圣贤的存在皆是个体，皆有其个体的自己，其个体的自己使他成为圣贤。他已成圣贤，则他自身就有圣贤的性质，也就有了“可以”以日为形象的性质。

就第二层说，光凭他自身，他就是实际的圣贤；但是光凭他自身，他还不能实际地以日为形象。他只有与民相对时，才能实际地以日为形象。在这个意义上，圣贤之实际地以日为形象，完全是民所赋予的。

就第三层说，民赋予圣贤以日的形象，是通过圣贤任职的过程，即行的过程。他“将入而旭旭”，“如日之始出”；“既入而暯暯”，“如日之正中”；“既去而暗暗”，“如日之已入”，这是以诗的语言，描写出圣贤气象。经过这样描写，日的形象才转化为圣贤气象。换句话说，只有在任职即行的过程中，圣贤才有以日为形象的圣贤气象。

在第一层，以自为本；在第二层，以民为本；在第三层，以行为本。这三层结构，就是鬻熊哲学的结构。他所描写的圣贤气象，就是按他的哲学而自觉地生活的最高境界。

鬻熊描写的圣贤气象，并非凡圣贤皆有之，而是任职的圣贤才有之。在结构简单、关系简单的社会里，这样规定是可以的。在结构、关系日益复杂的社会里，就不行了。比方说，圣贤没有任职的机会，怎么办？这就是局限性。后来的人就根据不同情况加以处理，能任职如何，不能任职又如何。或干脆否定任职，不予考虑。但不论哪种情况，均能达到最高的精神境界，而有圣贤气象。这就是突破。

第八节　道家的先驱

鬻熊哲学的中心观念是道。鬻熊的道有三本：以行为本，以民为本，以自为本。三本之本，是以自为本。三本不是三元论，而是以自为本的一元论。以行为本，见第三节；以民为本，见第四节；以自为本，本节述之。

《列子·力命》云：

> 鬻熊语文王曰："自长非所增，自短非所损，算之所亡若何？"

《力命》篇引此语，是要说明力不胜命。"自长""自短"是"命"，"算"是"力"，命是力之所无可奈何（"亡若何"）。此篇下文说，鬻熊此语是说"揣利害，不如其已"。"揣利害"是"算"，算也改变不了命，不如不算（"不如其已"）。这是《列子》的理解。

但是，《列子》的理解是一回事，鬻熊的原意又是一回事。传世的鬻熊的话，若只有这一句，是可以作此理解的。无奈另外还有许多句，要联系起来，作为一个整体来理解。而且说话还要与行事联系起来，作为一个整体来理解。鬻熊与周文王的行事，都不是相信力不胜命，正好相反，都是全力与命搏斗而获得胜利[1]。《列子》的引文可用，《列子》的理解不对。

应当怎样理解呢?

从字面上看，粥熊是说，长是自己长，不是外力所增；短是自己短，不是外力所损，这是算计之所无可奈何的。所谓算计，是打算用外力增之损之。

从哲学上看，粥熊是说，一切存在，都是个体，都有其自己（“自”）；一切变化，都是个体自己的变化（“自长”“自短”）。这是从正面说。还要从反面说，要打算否认个体的自己，否认变化是个体自己的变化，也是否认不了的（“算之所亡若何”）。

可见粥熊此语，是说以自为本。以自为本，是粥熊哲学的根本出发点，也是后来老庄哲学的根本出发点。就粥熊哲学本身说，以自为本是根本的出发点；就理解粥熊哲学说，以自为本是根本的前提。

例如，《列子・黄帝》引“粥子曰：欲刚，必以柔守之；欲强，必以弱保之。积于柔，必刚；积于弱，必强。观其所积，以知祸福之乡(向)。强，胜不若己；至于若己者，刚；柔，胜出于己者，其力不可量。”要理解这段话，就必须以“以自为本”为根本前提。比方说，这段话中的“欲”“守”“保”“积”，谁欲?谁守?谁保?谁积?自然是自欲、自守、自保、自积。若不这样理解，岂不成了无头公案吗?这样理解，就是以自为本，就是以“以自为本”为根本前提。这段话中的“不若己”“若己”“出于己”，都是以自己为标准来比较，更是明显的以自为本了。

在以自为本的根本前提下，这段话还有以下的含义。

刚、强是目的，柔、弱是手段，而不是相反。多少年来，许多人总觉得道家教人柔弱，好像柔弱是目的。这是天大的误解。道家是教人以

---

① 周成王问粥熊：“若夫富，则可为也；若夫寿，则不在天乎?”以为富出于力而寿在于命。粥熊回答说，只要圣王在位，则民不死于战斗，不死于冻馁，不死于刑罚，不死于劳役，“民免于四死而得四生”，“故夫富且寿者，圣王之功也”。他认为寿亦人力所致，不在于命。见《新书・修政语下》。

柔弱为手段，去达到刚强之目的。

怎样以柔弱达到刚强呢？在于“积”，就是积蓄力量、积善、积恶的积。观其所积，就知道是向福发展，还是向祸发展。可见粥熊认为，祸福并非命定，而是所积的结果，即人为的结果。

何谓“积于柔”“积于弱”？在语法上，“于柔”“于弱”都是表示地位的状语结构。这是说，在柔弱的地位上积。这里提出一个地位问题，这是一个极端重要、生死攸关的问题。必须清醒地区别：目的要力争刚强，地位要自居柔弱。就目的而言，要努力实现柔弱向刚强的转化；就地位而言，决不可实现柔弱向刚强的转化。就地位而言，应当永远自居柔弱，即使力量积蓄得至刚至强，也应当自居柔弱。就地位而言，如果自居刚强，那就快完蛋了。只有永远自居柔弱，努力积蓄力量，刚强之目的才能达到，达到了才能保住守住。前面说柔弱是手段，这里说柔弱是地位，到底柔弱是手段还是地位？答曰：相对于目的，地位也有手段的意义。

这段话还分析了彼我双方力量的对比，不外三种形势：（一）彼“不若己”（彼弱我强）；（二）彼“若己”（彼我相等）；（三）彼“出于己”（彼强我弱）。这段话还测定了刚道、柔道获胜的概率。刚道在第一种形势下必胜；在第二种形势下，两刚相遇，必有一折，或彼折，或我折，可能性各半；在第三种形势下必不胜。三者总计，获胜概率为百分之五十。柔道能“胜出于己者”，在第三种形势下亦胜，则在第一、第二种形势下更胜，获胜概率为百分之百，所以是常胜之道，“其力不可量”。

粥熊归周，就是积于柔弱。周太王去邠，事獯鬻；文王事昆夷，服事殷[①]，亦是积于柔弱。孟子光是宣扬“文王一怒而安天下之民”，“武王亦一怒而安天下之民”[②]，其实“文王见詈（挨骂）于王门，颜色不变”，“武王之王也，不病詈（不怕骂）”[③]，文王父子都有过硬的硬着头

① 见《孟子·梁惠王下》。
② 见《孟子·梁惠王下》。
③ 见《韩非子·喻老》。

皮挨骂的柔道工夫。

刚不若柔，换个说法，就是严不若和。贾谊《新书·修政语下》云：

> 周武王问于粥子曰："寡人愿守而必存，攻而必得，战而必胜，则吾为此奈何？"
>
> 粥子曰："唯。攻、守而战乎同器，而和与严其备也。故曰：和可以守，而严可以守，而严不若和之固也。和可以攻，而严可以攻，而严不若和之得也。和可以战，而严可以战，而严不若和之胜也。则唯由和而可也。"

这是说，守、攻、战都可以有两种方针、两种做法：一严一和，严不若和。怎样为和呢？下文紧接着说：

> "故诸侯发政施令，政平于人者，谓之文政矣。诸侯接士而使吏，礼恭于人者，谓之文礼矣。诸侯听狱断刑，仁于治，陈于行，其由此，守而不存，攻而不得，战而不胜者，自古而至于今，自天地之辟也，未之尝闻也。今也君王欲守而必存，攻而必得，战而必胜，则唯由此也为可也。"
>
> 周武王曰："受命矣。"

可见和就是文，具体做到文政、文礼之类。这是将军事问题讲成政治问题，表明军事的基础是政治。

总而言之，粥熊是道家先驱。他开创了楚人的哲学世界观和道治文化。与北方相比，粥熊是楚之文王，文王是周之粥熊；与西方相比，粥熊是柏拉图"圣王"理想的超前实现。粥熊的以自为本，以及以民为本、以行为本，是真理长河中永存的水滴。

第四章　法治精神

第一节　法治与法治精神

法治，属于社会；法治精神，属于哲学。法治，是社会史的一部分；法治精神，是哲学史的一部分。法治精神，寓于法治之中。若不寓于法治之中，便是徒托空言，而空言是于事无补的。换个说法，两者相对，法治是实践，法治精神是理论，理论寓于实践之中。再换个说法，两者相对，法治是殊相，法治精神是共相，共相寓于殊相之中。现在根据这个道理，从楚国的法治，探讨楚国的法治精神。这样的探讨，其对象是法治精神，而不是法治。若是写社会史，则有一部分以法治为探讨对象，必须对法治面面俱到，层层俱到。现在是写哲学史，有一部分以法治精神为探讨对象，则不必涉及法治的各层各面，而只要透过法治的某些层面，显现法治精神就行了。简言之，前者要穷尽一切，后者只需举些事例。

第一章说过，从楚武王熊通起，楚国进入法治社会。例如他自称为王，俨然南方天子，从此建立王制，一切按此规格，就是第一号最大的最根本的法制。又如他灭权国以为楚县，设县尹①，或曰县公，由楚王任命，不搞终身制，更不搞世袭制，就是第二号最大的最根本的法制。又如出师而大败，则主帅自杀，群帅自囚以听刑②，就是第三号最大的最根本的法制。不用多举了，有此三项，贯彻执行，是真执行，不是假

① 见《左传》庄公十九年。

② 见《左传》桓公十三年。

执行，则楚王为首的统治层都要守法了，为法所治了。楚王为首的统治层为法所治，被统治层还能逍遥法外么？不待言矣。

在王制之中，武王规定，楚王有过（过，包括罪，下同），亦必受刑，由师保执行。现在就由此说起。

第二节　楚武王　楚文王　葆申

《吕氏春秋·直谏》云：

> 荆文王得茹黄之狗，宛路之矰，以畋于云梦，三月不反；得丹之姬，淫，期年不听朝。葆申曰："先王卜以臣为葆，吉。今王得茹黄之狗，宛路之矰，畋三月不反；得丹之姬，淫，期年不听朝：王之罪当笞！"王曰："不谷免衣襁褓而齿于诸侯，愿请变更而无笞。"葆申曰："臣承先王之令，不敢废也。王不受笞，是废先王之令也。臣宁抵罪于王，毋抵罪于先王。"王曰："敬诺。"引席，王伏。葆申束细荆五十，跪而加之于背，如此者再，谓王："起矣！"王曰："有笞之名一也！遂致之。"申曰："臣闻君子耻之，小人痛之，耻之不变，痛之何益！"葆申趣出，自流于渊[①]，请死罪。文王曰："此不谷之过也，葆申何罪。"王乃变更：召葆申，杀茹黄之狗，析宛路之矰，放丹之姬。后荆国兼国三十九，令荆国广大至于此者，葆申之力也，极言之功也。

葆申说："先王卜以臣为葆，吉。"又说："臣承先王之令，不敢废也。王不受笞，是废先王之令也。""先王"即楚文王熊赀之父——楚武王熊通。可见这个法令，楚王有过受笞的法令，是武王创制的。

楚武王为什么创制这个法令，规定楚王有过受笞？他总应该有个说

① 湖北沙市太师渊，即葆申"自流于渊"处。太师是对葆申的尊称。

明，可惜没有流传下来，文献无征。当然也不是完全无征，尚可从有关文献推测，进行探讨。

请看《史记·楚世家》，楚君熊渠第一个提出“我蛮夷也”，熊通更强调重申“我蛮夷也”并据此称王，建立楚国王制。有人说这是“我蛮夷也主义”①，提到“主义”的高度，虽似调侃，确系实情。“我蛮夷也主义”，是楚国君王奉行的主义，至楚庄王熊侣虽有所转变，依然自居蛮夷②。此是后话。且说熊通的“我蛮夷也主义”。“我蛮夷也”是楚国国情，“我蛮夷也主义”是由楚国国情派生的主义。其哲学含义，就是从实际出发。既然楚国实际是蛮夷，那就从蛮夷这个实际，建设楚国自己的内政、外交、经济、文化。就广义的文化（即所谓“大文化”）而言，“我蛮夷也主义”是建设楚文化的总方针总政策。所以“我蛮夷也主义”实在是指导楚国一切事业的理论基础。所以武王创制楚王有过受笞的法令，其理论基础就是“我蛮夷也主义”。武王对此法的说明，就是其可能的基本内容和基本精神。

我这个推测，与北方周文化一比，就更清楚了。《礼记·文王世子》云：“成王有过，则挞伯禽。”周成王年幼即位，周公旦为师，周公旦之子伯禽伴读。成王有过，伯禽替成王挨打。马克·吐温（Mark Twain，1835—1910）有一篇《王子与贫儿》，说贫儿是王子的 whipping boy（挨打的替身）。伯禽正是成王的 whipping boy，可见地无分中外，时无分古今，总有些相同的宝贝。按照周文化，王有过该打也不能打，只能打替身，这是周文化的“文明”。按照楚文化，王有过该打就打王本人，不打替身，这是楚文化的“野蛮”。这就是“我蛮夷也主义”的真谛和精华。

“成王有过，则挞伯禽”，发展成为周文化的“礼不下庶人，刑不上大夫”③。这就是“礼治”。楚王有过，依法受刑，“王之罪当笞”则笞

---

① 如钱穆《国史大纲》，商务印书馆 1940 年版，第 43 页。

② 直至楚庄王之曾孙昭王熊珍时，楚大夫王孙圉访问晋国，仍自谓“楚虽蛮夷”。见《国语·楚语下》。

③ 见《礼记·曲礼》。

之，从王治起，发展成为楚国得法则治，失法则乱[①]。这就是“法治”。黑格尔的法哲学，以为国家自身是理性[②]。此说不尽正确。若专就楚武王的政绩看，他的确要把楚国建设成为合乎理性的国家。使国家合乎理性，则极为正确。怎样使国家合乎理性？武王的方略是厉行法治。别人有过则受刑，楚王有过不受刑，不合理。高官厚禄，终身享受，世袭享受，不合理。出师大败，阵亡无数，主帅不死，不合理。针对种种不合理，武王立法以治之，使之合理。这就叫合理合法，法令与理性统一，以法令实现理性。在阶级社会，法令有体现统治阶级意志的方面，但任何阶级意志都应受理性指导。厉行合乎理性的法治，此楚国之所以日强也，此北方之所以惧楚也[③]。呜呼！楚国如此，虽欲不强，其可得乎；北方如彼，虽欲不衰，其可得乎？

堂堂楚国元首，开口闭口“我蛮夷也”，在北方文化的眼光里，真是一身蛮气，蛮气十足。其实这才是楚国元首的品格和精神，是认识蛮夷、热爱蛮夷、相信蛮夷的集中表现。在社会地位上，楚国元首与蛮夷群众，大有区别，甚至对立。但在精神境界里，楚国元首与蛮夷群众浑然一体，是一非二。在精神境界里，他“就是”蛮夷，用不着说代表蛮夷，联系蛮夷。如果说他代表蛮夷，联系蛮夷，他就与蛮夷一分为二了。这是楚国元首的精神境界问题，不可与社会地位混为一谈。所以“我蛮夷也”一语，也道出了楚国元首的精神境界，尽管不见得每个元首皆有此境界，有此境界者也不见得常住于此境界。

现在来讨论葆申笞文王的故事。这个故事传为美谈，后来《说苑》《渚宫旧事》纷纷转载了。“葆申”，《说苑·正谏》作“保申”。《汉书·

① 见《战国策·楚策一》“威王问于莫敖子华”章。

② 黑格尔的《法哲学原理》说：“现在这本书是以国家学为内容的，既然如此，它就是把国家作为其自身是一种理性的东西来理解和叙述的尝试，除此以外，它什么也不是。”见此书中译本，商务印书馆 1982 年版，第 12 页。

③ 北方诸国“始惧楚”，见《左传》桓公二年，为楚武王三十一年（公元前 710 年）。

古今人表》“中上”等有“楚保申”。“保”是官职，“申”是人名。《广韵》“皓”韵“保”字注云：“楚有保申，文王傅也。”《淮南子·说山训》作“鲍申”。葆保音同，鲍保音近，故通用。总之，葆申是楚文王的师傅。

楚武王为子择师，在程序上，最后要进行占卜，得吉兆，始定。但《左传》哀公十八年记载，楚惠王与叶公枚卜以子良为令尹，得吉兆，又怕他篡了王位，他日改卜子国而使为令尹。可见虽得吉兆，仍可改卜，卜不过是盖橡皮图章罢了。又《左传》同年引《夏书》云“官占，唯能蔽志，昆命于元龟”，这是说官方占卜，不过是摸透了首长意向，然后表现于龟甲。正像后世瞎子算命，随意奉承。虽然如此，占卜总还是神治残余，仍有神治的残余力量，哪怕是走过场也要走这一步。走了这一步，则王的任命，就由神批准了。所以葆申发话，首先亮出“先王卜以臣为葆，吉”，好比旧日妇女发话，首先亮出“我有三媒六证，是你家用花轿抬来的”，再说正题，腰杆子才硬。葆申亮他为师，是根据武王的提名，由神决定的，所以理直气壮，敢于对楚文王执行笞刑。不过他也作了“抵罪于王”的准备，而且执行笞刑之后，“自流于渊，请死罪”。可见他此次执法，也是冒极大危险，鼓极大勇气的。誓死执法，是葆申的法治精神，他不愧为执法模范。

楚文王没有一脚踢翻此法，倒是确认此法，承认有罪，哀求说，我已不是小孩，好歹也是楚王，情愿改过，不要笞我了。葆申说，这是先王之法，你我都不敢废，我先笞你，你再杀我好了。文王只好“敬诺”。受笞之后，文王趁势撒泼，不愿起来，说反正我有了受笞的名声，你打死我好了，就送上去让他打（“遂致之”）。葆申说，对君子要他害羞，对小人要他怕痛，若不害羞改过，打痛你又有何益？丢下笞具就跑了。文王终于改过，召回葆申，“以成楚国之治”①。虽经反复，文王仍算

① 语出《淮南子·说山训》。又《淮南子·主术训》云：“楚文王好服獬冠，楚国效之。”《后汉书·舆服志》云：“獬豸，神羊，能别曲直，楚王尝获之，故以为冠。”是为“法冠”。这是文王尊法的表现，他改好了，更可见楚法之尊严。

守法。

这个故事够生动的，惟文王狼狈不堪，未遑发挥他的法治议论。这个缺陷，在另外一个地方弥补了。《说苑·至公》云：

> 楚文王伐邓，使王子革、王子灵共捃菜。二子出采，见老丈人载畚，乞焉，不与；搏而夺之。王闻之，令皆拘二子，将杀之。大夫辞曰："取畚信有罪，然杀之非其罪也，君若何杀之?"言卒，丈人造军而言曰："邓为无道，故伐之。今君公之子搏而夺吾畚，无道甚于邓!"呼天而号。君闻之，群臣恐。君见之，曰："讨有罪而横夺，非所以禁暴也。恃力虐老，非所以教幼也。爱子弃法，非所以保国也。私二子，灭三行，非所以从政也。丈人舍之矣。"谢之军门之外耳。

"谢之军门之外"，就是杀二王子于军门之外以谢老丈。二王子抢走老丈的簸箕，老丈来找文王说，你伐邓，是因为邓无道；你王子抢我的簸箕，比邓更无道多了！文王对老丈说了一段话，大发其法治议论。重要的是这两句：

> 爱子弃法，非所以保国也。私二子，灭三行，非所以从政也。

"三行"即上文的"禁暴""教幼""保国"。包庇二王子，这三条都完了，他就不能从政了，即不能当楚王了。最重要的则是这一句：

> 爱子弃法，非所以保国也。

换言之，执法杀子，乃所以保国也。这是从保国的高度看法治。保国，首先是保芈姓政权。但也绝不只是保其政权，而是要保楚国社会和楚国文化，如禁暴、教幼之类。一个国家，若充满暴力掠夺、恃力虐老，则社会解体，文化灭绝，你政权再强再大，又有什么意思。文王有见及此，所以立即执法，辕门斩子。文王实践了他的法治理论，弘扬了楚国法治精神。

楚直躬其父偷羊，他揭发作证[①]，以利执法，他正是在说：爱父弃法，非所以保国也。这种法治精神，武王以来，上下都是一致的。不同的是，直躬并无政权之类要保，他保国就是保羊，若纵容偷羊，他自己的羊也难保。所以归根到底，楚国的法治，是保护以庶农制为基础的私有制。

第三节　楚国王权有限论

上节谈到约束楚王的法令。然约束楚王之法，尚不止此。范文澜说：

> 楚国君臣自称是蛮夷，专力攻伐华夏诸侯，五年不出兵，算是莫大耻辱，死后不得见祖先[②]。

范氏的根据没有交代，当是《左传》襄公十八年楚康王催令尹出师的话。康王说：

> 国人谓不谷主社稷而不出师，死不从礼。不谷即位，于今五年，师徒不出，人其以不谷为自逸而忘先君之业矣。

“死不从礼”，即“死后不得见祖先”。请注意：这是“国人”规定的。“国人”与下文的“人”不同。“人”造舆论，“国人”立法。楚王五年不出师，死后不得见祖先。这又是一条约束楚王之法。

① 见《论语·子路》。

② 范文澜：《中国通史简编》修订本第1编，人民出版社1965年版，第166页。

然约束楚王之法，尚不止此。楚王五年不出师，死后固然不得见祖先；即使出师，如果大败，活着也不得进国都城门。如楚文王，他带兵抵抗巴人伐楚之师，然而大败，“还，鬻拳弗纳”，不让进国都城门；“遂伐黄，败黄师”，打了胜仗，才取得还师入城的资格，可是未及入城就病死了。鬻拳极为悲痛，安葬了文王，就自杀了。楚人尊他为“太伯”，使其子孙主管城门，以表彰和纪念他敢于对楚王执法的法治精神①。

然约束楚王之法，尚不止此。楚王必须五年一出师，也只能五年一出师。所谓“息民五年，而后用师”，可谓“息民之法”，是楚国军民并举、耕战结合的大法，决定着自楚王以至一切楚人的生活方式。这个息民之法，就是当时的楚国五年计划。它使楚人为了一个明确的目标，保持热烈而镇定的情绪，进行紧张而有秩序的工作，富于鲜明而和谐的节奏感，因而充满生活美。《左传》昭公十四年云：

> 楚子（楚平王）使然丹简上国之兵于宗丘，且抚其民。……使屈罢简东国之兵于召陵，亦如之。好于边疆。息民五年，而后用师，礼也。

简兵，是进行军事大检查。“礼也”，是《左传》作者的评语，他是一位北方的历史学家，其评语从思想到用语都是北方的。用《左传》研究楚国，好比探囊取物，乃是探北方之囊而取南方之物，要格外小心。此处的“礼也”，若是楚人自写，当作“法也”。息民之法，由“楚子”（又是北方用语！）推行，亦有约束楚王之效力，除非外国军事入侵，他必须，也只能，五年一用师。《左传》昭公十九年记载楚沈尹戌与楚平王侍者关于“抚民”的辩论：“侍者曰：王施舍不倦，息民五年，可谓抚之矣。”活画出楚王左右对于息民五年，简直是在掰着手指数日子，非常认真。

总起来说，楚国政治权力的分配，可从（一）中央内部，（二）地方

① 事见《左传》庄公十九年。

内部，（三）中央与地方的关系，三个方面考察。在中央内部，有楚王、王室贵族、非王室贵族三股权力，而以楚王为主导。在地方内部，有县公、封君两股权力，而以县公为主导。由于楚王直接任命县公，而县公不是终身制，更非世袭制，这就决定了中央与地方的关系，是中央集权。楚王总揽大权，但不是王权无限，而是王权有限。楚国王权有限，限就限在有种种约束楚王之法，由以上所举实例可见。

再举一例。楚王之骄奢淫逸，莫过于灵王。楚人已有定评，见于谥号。“灵”，是楚王谥号中最恶的恶谥。《史记正义·谥法解》云：“乱而不损曰灵。”张守节自注“不能以治损乱”，即不能以治克乱，就是乱到底，乱透了。但即使是楚灵王，亦有守法表现。灵王建成了章华宫，所用服务人员多是逃亡而来的人，其中就有芋尹无宇守门的人。无宇找灵王要人，说：我楚先君文王，曾作“仆区之法”，惩治窝藏，规定窝藏赃物与盗同罪，现在竟有人窝藏逃亡的人，岂不更要与盗同罪吗！最后灵王说：把你的佣人领走吧（“取而臣以往”）。这就是灵王守法的表现。[①]

楚灵王乾溪之难，万分危急时，右尹子革建议“请待于郊，以听国人”，听候“国人”决定。灵王说：“众怒，不可犯也。”[②]“国人”都很愤怒，不要去碰了，害怕“国人”作出不利于他的决定。可见“国人”有决定谁为楚王的权力。连灵王也怕他们。

上文说过，“国人”有立法权力。这里再指出，“国人”有废立元首的权力。这就有了最高权力，包括司法权力。可见楚国王权受法限制，然“徒法不能以自行”[③]，实际是受制于“国人”。法，可能成为空文，“国人”才是保证法治的社会力量。“国人”如何构成，如何发挥力量，作为实现有限王权的机制，很值得深入研究，我盼望有一篇《楚国“国人”考》出世。

---

① 事详《左传》昭公七年。
② 见《左传》昭公十三年。
③ 语出《孟子·离娄上》。

第四节　楚王、令尹如何对待犯法亲属

楚王是楚国第一号大人物，令尹是楚国第二号大人物，他们如何对待犯法亲属，在通常的司法活动中，可以决定楚国法治的命运。“通常”与“非常”相对。在非常情况下，“国人”出来干预，人民起来造反，也可以决定楚国法治的命运。在现存史料中，没有这样的“非常情况”，只有他们处理犯法亲属的“通常情况”，兹讨论之。

如何对待犯法亲属？或依法处理，或包庇纵容，在实质上只有这两种可能。在现存史料中，没有楚王和令尹包庇纵容犯法亲属的记载，只有他们依法处理犯法亲属的美谈。

这是不是历史学家“为尊者讳”，把坏事隐瞒了？须知“为尊者讳”之类，不过是政府和儒家强调的正面宣传大人物，忌讳写大人物反面的东西，而正直的历史学家从来不买这个账，并形成了一个非常“顽固的”传统。他们当然讲究措词，该委婉些就委婉些，但无论如何，不能抹杀史实，捏造“史实”。南宋文天祥《正气歌》云“在齐太史简，在晋董狐笔”，以为是天地正气的表现。真是英雄识英雄，他是天地正气的表现，故能体会天地正气的表现。不用多说，就说《左传》《史记》，其中有关大人物（无非帝王将相）罪恶、丑闻的记载，淋漓尽致，入木三分，与之相比，包庇亲属是小事一桩，如其有之，何须隐讳。此《史记》之所以为“谤书”也。孔子个人也称赞“董狐，古之良史也：书法不隐”[①]。孔子是个坚持以史书为政治服务的人，亦以“书法不隐”为前提，亦主张秉笔直书，不说假话。中国古代的良史认为，一种政治，史书必须说假话才能为它服务，这种政治就不值得为之服务了；一种政治，史书越说真话，就越能为它服务，这种政治就越值得为之服务。说真话，是中国古代历史学家的“史德”，说假话便是缺德，为良史所不齿。这与为政

① 见《左传》宣公二年。

治（当然是“美政”，如屈原所说）服务是一致的。

现在按时代顺序，举其实例以讨论之。

《说苑·至公》云：

> 楚令尹子文之族，有干法者，廷理拘之，闻其令尹之族也而释之。子文召廷理而责之曰：“凡立廷理者，将以司犯王令，而察触国法也。夫直士持法，柔而不挠，刚而不折。今弃法而背令，而释犯法者，是为理不端，怀心不公也。岂吾有营私之意也？何廷理之驳于法也？吾在上位，以率士民，士民或怨，而吾不能免之于法。今吾族犯法甚明，而使廷理因缘吾心而释之，是吾不公之心，明著于国也。执一国之柄，而以私闻，与吾生不以义，不若吾死也！”遂致其族人于廷理，曰：“不是刑也，吾将死。”廷理惧，遂刑其族人。成王闻之，不及履而至于子文之室，曰：“寡人幼少，置理失其人，以违夫子之意。”于是黜廷理而尊子文，使及内政。国人闻之，曰：“若令尹之公也，吾党何忧乎！”乃相与作歌曰：“子文之族，犯国法程。廷理释之，子文不听。恤顾怨萌，方正公平。”

这个故事的中心思想是一个“公”字，或曰“方正公平”，相当于现代常说的“法律面前人人平等”。“廷理”是楚国中央司法官员，类似《周礼·秋官》的“朝士”。把犯法的人逮起来，这是公；一听说他是令尹亲属就放了，这是不公。由廷理的不公，子文想到自己不公。他想：士民谁有怨言，就被我法办了；我的亲属明明犯法，廷理倒把他放了，这一定是他看出了我的心不公。岂止是他看出了我不公，全国都看出我不公。执掌一国的权柄，却是出名的不公之人，与其不义而生，不如死掉。子文誓死为公，赢得“国人”认同和信任，表现出他们共同的法治精神。

再举一例。《韩非子·外储说右上》云：

> 荆庄王有“茅门之法”曰：“群臣大夫诸公子入朝，马蹄践霤

> 者，廷理斩其辀，戮其御。”于是太子入朝，马蹄践雷，廷理斩其辀，戮其御。太子怒，入为王泣曰：“为我诛戮廷理。”王曰：“法者，所以敬宗庙，尊社稷。故能立法从令尊敬社稷者，社稷之臣也，焉可诛也？夫犯法废令不尊敬社稷者，是臣乘君而下尚（上）校也。臣乘君，则主失威；下尚校，则上位危。威失位危，社稷不守，吾将何以遗子孙？”于是太子乃还走，避舍露宿三日，北面再拜请死罪。
>
> 一曰（关于此事的又一个说法）：楚王急召太子。楚国之法，车不得至于茆门。天雨，廷中有潦，太子遂驱车至于茆门。廷理曰：“车不得至茆门。至茆门，非法也。”太子曰：“王召急，不得须无潦。”遂驱之。廷理举殳而击其马，败其驾。太子入为王泣曰：“廷中多潦，驱车至茆门，廷理曰：‘非法也！’举殳击臣马，败臣驾。王必诛之。”王曰：“前有老主而不逾，后有储主而不属，矜矣！是真吾守法之臣也。”乃益爵二级，而开后门出太子：“勿复过！”

“荆”即楚。以上是同一故事的两个讲法，兹综合利用而讨论之。

在前一个讲法中，雷是屋檐滴水处，是警戒线，辀是辕，马车冲过警戒线，犯了茅门之法，就斩其车辕，杀其车夫。在后一个讲法中，太子有客观原因，不能等到庭院中积水干，就一直奔到茆门，也犯了法，马被击伤，车被打破。两个讲法都是说太子犯法，廷理立即执法，太子向楚王哭诉，楚王坚决支持廷理执法，对太子严肃地进行了法治教育。

楚庄王认为，法是“敬宗庙，尊社稷”的工具。犯法而不执法，就是“不尊敬社稷”，将导致“社稷不守”。所谓宗庙、社稷，都是国家政权的象征和代称。庄王是从巩固政权的高度看待法治的。他认识到，犯法而不执法，他的政权必然完蛋，所以亲如太子，贵如太子，一旦犯法，也要同样执法，不能两样。他的祖父文王早已说过：“爱子弃法，非所以保国也。”都是一个意思。庄王更要让太子懂得，对太子执法，正是为太子保住这份政权遗产，是为了太子好，是太子根本的长远的利益。太子想通了，连忙请罪。

庄王还奖赏了廷理，因为廷理唯法是守，既忠于老王（“不逾”），又不巴结小王（“不属”），可谓贤矣（“矜矣”①），所以全力支持他的工作，毫不护着太子。

再举一例。《史记·循吏列传》云：

> 石奢者，楚昭王相也。坚直廉正，无所阿避。行县，道有杀人者，相追之，乃其父也。纵其父而还自系焉，使人言之王曰：“杀人者，臣之父也。夫以父立政，不孝也；废法纵罪，非忠也；臣罪当死。”王曰：“追而不及，不当伏罪。子其治事矣。”石奢曰：“不私其父，非孝子也；不奉主法，非忠臣也；王赦其罪，上惠也；伏诛而死，臣职也。”遂不受令，自刎而死。

石奢之死，是楚文化与周文化冲突的结果，是周文化冲击的结果。第一章第六节说过，楚文化与周文化根本不同，表现在处理事父与事君的矛盾上，楚文化的原则是事父服从事君，故为法治；周文化的原则是事君服从事父，故为孝治。周文化向南扩散，最初是典籍，然后是大师。楚昭王与孔子同时，孔子与其主要弟子曾到过楚国，于是带来周文化冲击。事父与事君的矛盾，是客观矛盾，乃南北之所同。如何处理，楚人奉行法治原则，周人奉行孝治原则，本是井水不犯河水。可是周文化的扩散，给楚人送来了孝治原则，而与楚人原有的法治原则相对立，形成楚人的主观矛盾。主观矛盾发作了，激化了，是要死人的，石奢果然死了。

石奢，作为令尹，位极人臣，责任至大。面对法治原则与孝治原则的冲突，他必须表态，必须选择，责无旁贷。他没有选择法治，也没有

---

① 朱骏声《说文通训定声·坤部》“矜”字云：“借为贤”，“从矛，令声。作从今者，误”。尽管朱说如此，仍通行从今，而二体通用矣。

选择孝治，他选择了死亡。他选择了死亡，也就既选择了法治，又选择了孝治。因为他一死了之，从楚文化的眼光看，他伏法了；从周文化的眼光看，他行孝了。虽然如此，这总是没有办法的办法，不足为训，难以推广。但无论如何，这位令尹总不算完全包庇犯法亲属吧，这当然还是可以讨论的。

第五节　法治社会与哲学

从武王起，楚国渐入法治社会，渐臻得法则治、失法则乱的完备之境，如《战国策·楚策一》所说。此“策”还说，蒙谷抢救法典，献出法典，使“百姓大治。此蒙谷之功，多与存国相若”。则楚法功用，不仅关系楚国治乱，而且关系楚国存亡。这与文王、庄王等人对法治的估价是一致的，都是法治保国论。

不过楚法虽然关系楚国的治乱存亡，却无法过问楚人的安身立命。楚法只能解决社会问题，不能解决心灵问题。就说解决社会问题，也是解决了旧问题，又带来了新问题。带来了什么问题？举例来说，就是带来了楚材晋用问题。《左传》襄公二十六年记声子之言曰：

> 今楚多淫刑，其大夫逃死于四方，而为之谋主，以害楚国，不可救疗。

接着列举：析公奔晋，在晋楚绕角之役为晋谋主；雍子奔晋，在晋楚彭城之役为晋谋主；子灵奔晋，在通吴伐楚之中为晋谋主；贲皇奔晋，在晋楚鄢陵之役为晋谋主。这一切都使楚国败兵折将，疲于奔命，害得楚国好苦。

这些人都是所谓“去楚孤臣”。他们若继续在楚，就不能安“身”立命。但是绝大多数人没有“去楚”，只能在楚寻求安“心”立命之地。这个安“心”立命之地，不是山水田园，不是通都大邑，乃是各人自己的心灵。这个安“心”立命之地，只有观念的形态，其最高层次便是哲学，或是诗。这些寻求安“心”立命之地的个人心灵，既是哲学或诗的主体，又是哲学或诗的目的，还是哲学或诗的手段。这个意思，用英文表示，就是

Philosophy/Poetry is *of* the mind, *for* the mind, and *by* the mind.

真正的哲学可通于诗，真正的诗可通于哲学。《老子》就是这样的哲学诗。《庄子》就是这样的诗哲学。不过本书并不论诗，只论其哲学。

只论其哲学，也有两种论法。一种是论哲学的“哲学”，一种是论哲学的“历史”。比方说，某种社会，是否“必然”产生某种哲学，若提出这样的问题，就是论哲学的哲学，本书不提出，更不讨论这样的问题。本书只讨论，楚国的法治社会“已然”产生老庄哲学这样的事实，由“已然”亦见“必然”，但不是以“必然”为对象，而是以“已然”为对象，这就是论哲学的历史。

只讲哲学的历史，便可见《老子》哲学是对法治的否定，其五十七章云“法令滋彰，盗贼多有”，可证。又可见，《老子》哲学是对孝治的否定，其十八章云“六亲不和有孝慈”，可证。《老子》当时的具体历史，有法治与孝治的对立，它不是用法治否定孝治，也不是用孝治否定法治，而是既否定法治，又否定孝治，这就是否定治。这个治，是“治理”之治，不是“治乱”之治。就是说，它不是否定某一种治，肯定另一种治，而是否定一切治。治是为，否定治，就是“无为”。其五十七章云“我无为而民自化”，正谓此。“无为”否定了一切治，也就超越了社会层面，进入了心灵层面；超越了社会问题，而解决心灵问题；超越了治乱存亡，而解决安“心”立命。

法治与孝治的互相否定，是在同一层面即社会层面上的互相否定。无为对法治与孝治的否定，就不是在同一层面上的互相否定，而是心灵

层面对社会层面的否定。不在同一层面上，能有否定关系吗？能，因为它们是人生总体即文化总体中的两个层面。

说到这里，才可以确定本书两个术语的含义：同一层面上的互相否定，谓之“否定”；较高层面否定较低层面，谓之“超越”。“否定”是同一层面上的关系，“超越”是高低层面间的关系。按照这样的含义，则《老子》对法治与孝治的否定，就不是否定，而是超越。但上文亦不必修改，因为是必要的先行步骤。正是在这样的含义上，可以称《老子》为超越哲学，更可以称《庄子》为超越哲学。

按照这样的含义，则辩证法的否定，应是超越。就是说，应是较高层面对较低层面的否定。如果都在同一层面，则互相否定，虽然拼个你死我活，也是一场混战，恶性循环，以暴易暴，而不是螺旋上升，因为根本没有上升。

所以法治与孝治碰撞时，法治否定孝治，孝治否定法治，谁是谁非，《庄子》以为“是非之涂，樊然殽乱”①，这样的互相否定是没有出路的。唯有以无为超越法治与孝治，才是出路。此乃逻辑的必然，即辩证的发展之必然。可见在楚国法治社会产生老庄的超越哲学，乃历史之已然，亦逻辑之必然。由于这个必然，所以老庄的超越哲学，是楚国法治社会所有的哲学之中的主流。它继承了颛顼、粥熊的精神，超越时论，达到新的层面的新高度，重新回答了各种问题，这也就更加强了它的主流地位。

说老庄哲学在楚国哲学中占主流地位，并不意味着楚国只有老庄哲学，更不意味着老庄哲学在楚国钦定独尊。恰恰相反，楚国还有其他哲学，简直应有尽有，而且平等相处。这也是法治社会使然。在法治社会，对于犯法者是严厉的，对于不犯法者是宽容的。在法治保国论者的心目中，保国首先是保权，只要对芈姓政权没有危害，皆可宽容。老庄哲学，既然超越社会，随他讲吧。儒家、墨家任其输入，兼收并蓄，齐放争鸣。

① 见《庄子·齐物论》。

这种态度和政策，楚人视为当然而又自然，不在话下，从未发生争论，用不着反复强调。一切都是行若无事，瓜熟蒂落，水到渠成。冲突是有的，那是客观进程。在主观方面，总是“于无声处听惊雷”。不声不响的楚人，自有惊人的自信力、生命力、创造力。楚人是吸收外来文化的模范，后来的唐人风度庶几近之。

第五章　楚庄王（附：孙叔敖）

第一节　历史地位

楚庄王熊旅①，公元前613年至公元前591年在位。

楚庄王是春秋五霸之一。五霸名单有两种：一种见于《荀子·王霸》，一种见于《孟子·告子下》赵岐注，互有出入，但两种名单上都有楚庄王，他这个地位是公认的，这是他在全中国历史中的地位。至于他在楚国历史中的地位就更高了。司马迁在《史记·太史公自序》中说明他作《史记》各篇的主旨，为各篇写了一个“赞”②，其《楚世家》赞独称“庄王之贤”，最后说他“嘉庄王之义，作《楚世家》”。他的意思是，一篇《楚世家》就是为赞扬庄王而作。他认为，楚国元首以庄王为第一。司马迁的这个意思，反映出庄王在楚国历史中的地位。

不妨借用昔日王霸之辨的名词来说，楚庄王是中国之“霸”，楚国之“王”。

楚国元首，自熊渠楬橥“我蛮夷也”以来，历代奉行这个主义。庄王不说这个话，实现了一个大转变。庄王的思想，不仅弘扬了楚人精神，而且吸收了北方文化。于下可见。

---

① 《春秋》作“旅”，《谷梁传》作“吕”，《史记》作“侣”，音同通用。

② 关于《史记·太史公自序》“作吕太后本纪”的那段四言韵文，司马贞《索隐》说“此赞”云云，称之为“赞”。

第二节　综合哲学

治理一国，面临多方面、多层次、多阶段的问题，真是千头万绪，光靠一家之言怎么行。所以一国元首，如果贤能而有哲学，其哲学必是综合型、实用型、开放型的，可简称综合型。这样的综合哲学，若用九流十家的名称，就是“杂家”。杂家并非全无主旨，像个拼盘。即使像个拼盘，依然尽在盘中，不在盘外，这个盘仍是主旨。高明的杂家，使许多明珠共落一盘，极“珠走玉盘”之妙。若无主旨，则是杂而不家，算不上杂“家”。这个主旨就是利于治国。

庄王哲学，说它是综合型，是因为兼有道家传统、儒家成分、法家成分。照本书所讲，粥熊的道治，已是道家，故《汉书·艺文志》将“《粥子》二十二篇”列入道家。春秋时代之前已有儒家，孔子自称“述而不作”，是个实话。法家亦然，上一章讲的法治精神，就是法家精神。所以庄王有可能综合利用它们。

庄王哲学，说它是实用型，是因为它完全为了解决当时的实际问题。董仲舒《春秋繁露·俞序》云：“见之空言，不如行事博深切明。”“空言”是抽象理论，“行事”是具体实践。实用型哲学，决不徒托空言，只有见于行事。所以现在要知道庄王哲学，也只有主要地向其行事中寻求。不光对庄王，对一切实用型哲学，莫不如此。这是一个方法论问题。至于说它是开放型，是因为它对外向北方文化开放，对内向各种不同的意见开放。

第三节　道家传统

《韩非子·喻老》云：

楚庄王莅政三年，无令发，无政为也。右司马御座而与王隐曰：

“有鸟止南方之阜，三年不翅不飞不鸣，嘿然无声，此为何名？”王曰：“三年不翅，将以长羽翼。不飞不鸣，将以观民则。虽无飞，飞必冲天；虽无鸣，鸣必惊人。子释之，不谷知之矣。”处半年，乃自听政，所废者十，所起者九，诛大臣五，举处士六，而邦大治。举兵诛齐，败之徐州，胜晋于河雍，合诸侯于宋，遂霸天下。庄王不为小害善，故有大名；不蚤见示，故有大功。故曰：“大器晚成，大音希声。”

最后两句是《老子·四十一章》中的话，马王堆汉墓帛书《老子》作“大器免成”，此处一口气说出“大方无禺（隅），大器免成，大音希声，天象无刑（形），道褒无名”五句，这五句句法结构相同，“免”“希”亦表示否定，犹言大器无成，大音无声。不过韩非的意思，确是“大器晚成”，晚是“早晚”之晚，是个时间概念，与上文“三年”“半年”呼应。或可说，“无成”与“晚成”不同，此不同正是《老子》与《韩非子》的不同：无成是无为；晚成虽晚，却是有为。其实不然。无成是就逻辑说，是逻辑上的否定；晚成是就历史说，是历史中的成就。否定表现在时间之中当然晚于原先的肯定。所以逻辑上的“无”表现为历史中的“晚”，无成与晚成所指的是一回事，在这一点上《韩非子》与《老子》并无不同。

这个故事的意义，相当于后人说的“后发制人”。《老子》《庄子》《韩非子》都没有“后发制人”这句话，而都有这个意思：《老子·六十七章》的“不敢为天下先”；《庄子·刻意》的“不为福先”；《韩非子·解老》的“不敢为天下先，则事无不事，功无不功”，都可以逻辑地推出这个意思。

韩非的意思是说，这个故事可以作为《老子》这两句话的例证，庄王的行事合乎《老子》的意思。他并不是说，庄王根据《老子》行事，因为老子其人其书都在庄王之后。庄王不可能根据《老子》行事，而是根据道家传统行事。道家传统，如本书前面所述，可以上溯到粥熊、颛项、黄帝。《老子》也是来自这个传统，所以庄王行事可能与之相合。道家传统，至粥熊而后，就是楚学传统。

顺便指出，韩非的《解老》《喻老》是现存最早的“《老子》注”，《解老》是用抽象思维，《喻老》是用形象思维。抽象思维用概念，形象思维用故事。抽象思维讲抽象理论，即“空言”；形象思维讲具体实践，即“行事”。韩非暗示：讲实用型的哲学，可以求之于行事，采用《喻老》的方法。

第四节　早年遭遇

庄王的道家哲学，源出楚学传统，又源出早年遭遇。上节提到的庄王即位三年不发令、不为政的故事，只讲了表面，未讲到深层。

原来庄王即位之初，早已受人挟制，以致一度被人劫持出都北奔，遇救而返。劫持首犯被杀，形势有所缓解，然庄王无权的状态，一拖就是三年。处境如此，自然“不飞不鸣”。他也就干脆恣意狩猎，让群臣充分表演，他都看在眼里，记在心中。一旦实权在手，就新账老账一齐算：杀的杀，降的降，各当其罪，同时提拔重用一批贤能，“遂霸天下”。所以他的后发制人，实际是他早年遭遇逼成的。

不过光是遭遇也不行。遭遇是客观条件，还要有主观条件，这就是继承和发扬以柔弱胜刚强的粥熊哲学传统。

是谁挟制、劫持庄王？是他的师、傅。二人在庄王为太子时便任此职，都是不学无术的军人和野心家。所以庄王亲政，对其太子教育厉行改革：审定课程，慎选师傅（详见第六章第二节）。

上述遭遇的原始史料，见于《国语·楚语上》蔡声子论楚材晋用章“昔庄王方弱”节，《左传》文公十四年“楚庄王立”节。将这些史料连贯起来，方能考见庄王三年不飞不鸣之故。庄王是个有心人，到处留心。就拿他好猎来说，他说“吾猎，将以求士也”，是要在打猎中了解士之力与勇，在分配猎物时了解士之仁。他“因是道也，而得三士焉，楚国以安”，事见《说苑·君道》。这三士及其功勋就是《说苑·尊贤》所说的：“楚庄王用孙叔敖、司马子反、将军子重，征陈，从郑，败强晋，无敌于天下。”这正是上节“举处士”“霸天下”的注解。

第五节　庄王与孙叔敖

现在只讲庄王与孙叔敖的关系，以见他们君臣相处，合乎道家原则。《吕氏春秋·情欲》云：

> 世人之事君者，皆以孙叔敖之遇荆庄王为幸。自有道者论之则不然，此荆国之幸。荆庄王好周游田猎，驰骋弋射，欢乐无遗，尽傅其境内之劳与诸侯之忧于孙叔敖。孙叔敖日夜不息，不得以便生为故。故使庄王功迹著乎竹帛，传乎后世。

“不得以便生为故”即不得以养生为事。孙叔敖日夜操劳，简直要累死了。此楚国之幸，而孙叔敖之不幸。但从哲学看，这正是君无为而臣有为。庄王正是无为，而无不为：“功迹著乎竹帛，传乎后世。”这是道家基本原则，楚道家、齐道家均讲之。如《管子·心术上》亦云：“毋代马走，使尽其力。毋代鸟飞，使弊其羽翼。”若庄王包办代替，则群臣（以孙叔敖为首）何能尽其力，徒敝其羽翼耳。《淮南子·泛论训》云：“楚庄王专任孙叔敖而霸，有术以御之也。”其御之之术盖如此。

《韩非子·喻老》云：

> 楚庄王既胜狩于河雍，归而赏孙叔敖，孙叔敖请汉间之地，沙石之处。楚邦之法，禄臣再世而收地，唯孙叔敖独在。此不以其邦为收者，瘠也，故九世而祀不绝。故曰：“善建不拔，善抱不脱，子孙以其祭祀世世不辍。”孙叔敖之谓也。

这个故事是说，孙叔敖在接受庄王赏地时，自择瘠地，很合乎《老子·五十四章》的话。《吕氏春秋·异宝》《淮南子·人间训》《列子·说符》俱载此事，文字大同小异。可见孙叔敖处理和庄王的关系时，不仅合乎《老子·五十四章》的话，而且合乎《老子·八章》“处众人之所恶”的话，达到了《老子·四十二章》所说“损之而益”的目的。

《列子·说符》还说：

> 孙叔敖曰：吾爵益高，吾志益下；吾官益大，吾心益小；吾禄益厚，吾施益博。以是免于三怨，可乎？

“三怨”是：（一）“爵高者，人妒之”；（二）“官大者，主恶之”；（三）“禄厚者，怨逮之”，俱见《说符》。孙叔敖此言，与《老子·七章》“后其身而身先，外其身而身存”之意正合。

第六节　几个故事

《淮南子·道应训》讲了楚庄王的几个故事，并认为各自合乎《老子》的某句话。

其一是：

> 楚庄王问詹何曰：“治国奈何？”对曰：“何明于治身，而不明于治国。”楚王曰：“寡人得立宗庙社稷，愿学所以守之。”詹何对曰：“臣未尝闻身治而国乱者也，未尝闻身乱而国治者也。故本在于身[①]，不敢对以末。”楚王曰：“善！”故老子曰：“修之身，其德乃真也。”

---

① 原文为“本任于身”，作者认为改“本在于身”更合文意。

所引老子的话见于《老子·五十四章》。

其二是：

> 令尹子佩请饮庄王，庄王许诺。［子佩期之于京台，庄王不往。明日（据《太平御览》引文补）］子佩疏揖，北面立于殿下，曰："昔者君王许之，今不果往。意者，臣有罪乎?"庄王曰："吾闻子具于京台[①]。京台者，南望料山，以临方皇，左江而右淮，其乐忘死。若吾薄德之人，不可以当此乐也。恐留而不能反。"［故］老子曰："不见可欲，使心不乱。"

所引老子的话见于《老子·三章》。

其三是：

> 晋伐楚，三舍不止。大夫请击之。庄王曰："先君之时，晋不伐楚，及孤之身而晋伐楚，是孤之过也。若何其辱群大夫?"曰："先臣之时，晋不伐楚，今臣之身而晋伐楚，此臣之罪也。请［王］击之。"王俯而泣涕沾襟，起而拜群大夫。晋人闻之曰："君臣争以过为在己，且轻下其臣，不可伐也。"夜还师而归。［故］老子曰："能受国之垢，是谓社稷主。"

所引老子的话见于《老子·七十八章》。晋公子重耳流亡过楚，曾与楚成王约，将来晋楚交兵，晋军退避三舍。《国语·晋语四》韦昭注引《司马法》云："进退不过三舍：礼也。"这个礼，是当时的"国际法"。此次晋人不管这些，来势汹汹。楚王与群臣却"争以过为在己"，庄王首先自我批评，担担子。这个场面很动人。这样就增强了向心力、凝聚力，不战而退晋师。如果有功是我的，有过是你的，拿人家作替罪羊，必然众叛

① 有的版本作"强台"。据《太平御览》，"京台"即"强台"。

亲离。反过来，有功是你的，有过是我的，这叫做“受国之垢”，人家就真心拥护你为“社稷主”了。

第七节　“绝缨”事件

《韩诗外传》第七卷第十四章云：

> 楚庄王赐其群臣酒，日暮酒酣，左右皆醉。殿上烛灭，有牵王后衣者，后扢冠缨而绝之，言于王曰：“今烛灭，有牵妾衣者，妾扢其缨而绝之，愿趣火视绝缨者。”王曰：“止！”立出令曰：“与寡人饮，不绝缨者不为乐也！”于是冠缨无完者，不知王后所绝冠缨者谁。于是王遂与群臣欢饮乃罢。
>
> 后吴兴师攻楚，有人常为应行，合战者五，陷阵却敌，遂取大军之首而献之。王怪而问之曰：“寡人未尝有异于子，子何为于寡人厚也？”对曰：“臣先殿上绝缨者也。当时宜以肝胆涂地。负日久矣，未有所效。今幸得用，于臣之义，尚可为王破吴而强楚。”
>
> 《诗》曰：“有漼者渊，萑苇淠淠。”言大者无不容也。

韩婴认为，小雅《小弁》这两句的意义是说，大者无不容也。“漼”，深的样子；“淠淠”，众多的样子。深渊容下众多萑苇，是大者无不容的形象，正如庄王容忍有人调戏王后，是大者无不容的形象。可用庄王的形象解《诗》，更可用庄王的形象解《老》。

《老子·二十五章》云：“道大，天大，地大，王亦大。国中有四大，而王居一焉。”① 道贯天地人，王是人之大，而与道天地并为四大。所以王之大不在于权大势大架子大，而在于与道与天与地同其大。

“大”的定义是“无不容”，即容下一切。《老子·十六章》云：“容

① “王亦大”，傅奕本、范应元本“王”均作“人”。依帛书作“王亦大”。

乃公，公乃王。"《说文·宀部》"古文容，从公"，与《老子》此意相通。《老子·二十八章》云"圣人""为天下谷"，"圣人"指王。《说文·宀部》"容"字徐铉本作"从宀谷"，段玉裁注：谷"所以盛受也"。"受"之极致，便是"受国之垢""受国不祥"。《老子·七十八章》云："受国之垢，是谓社稷主。受国不祥，是为天下王。"

你讲这些，与"绝缨"事件有什么相干？请看：

楚庄王是"王"，所以是"大"；

有人牵王后之衣，要让他戴绿帽子，这样的"垢"，这样的"不祥"，他都"受"，所以是"无不容"；

所以绝缨事件中庄王的行事，正与上述《老子》之意相合。

必须指明：《老子》这是就"王"而言，至于就"民"而言，是否应受这些，它并未涉及。

如果"无不容"是善，必须有力以为之。有力为恶而不为恶，方是真善；无力为恶而未为恶，未必真善。庄王完全有力杀掉绝缨者，而不杀之，反而容之，所以他的"无不容"，是真正的"无不容"，真正的"大"。

专就绝缨事件说，楚庄王之能容，似与楚文化的原始婚姻观有关。三百年后的屈原，是楚文化最高阶段的代表了，其《离骚》之于女性，简直是走一路爱一路，见一个爱一个。论亲属关系，则或是屈原的远祖奶奶，或是他的姑祖奶奶。这只能是反映了群婚制（group marriage）乃至血族婚（consanguine family）的遗风。文学中有此情节而不受非难，视为当然，而且风行，正可见楚文化的确与周文化异源。则楚庄王"无不容"之文化背景，从可知矣。由此说来，牵王后之衣，对于庄王亦无所谓"垢"和"不祥"了，但总算足以引发人类乃至高等动物"性嫉妒"的事，而庄王能容之说仍可成立。

附带一说，秦汉经师，为经作传，也有类似韩非《解老》《喻老》的两条路子：一条类似《解老》，是抽象思维，用概念，如《易传》；一条类似《喻老》，是形象思维，用故事，如《韩诗外传》。大概与老子、孔子同时，古希腊有个伊索，讲了许多寓言故事，每个故事最后都有一两句话，英译本称之为 moral 或 lesson①，都可译为“教训”，实即主旨。这种体例，与《喻老》和《韩诗外传》不约而同。《淮南子·道应训》之喻《老》，由五十二事组成，更是如此。

第八节　儒家成分

兹以《左传》宣公十二年的资料为主要依据而讨论之。

鲁宣公十二年（公元前 597 年），为楚庄王十七年，晋景公三年，夏六月，楚晋战于邲，楚大胜。邲是郑地，在今河南荥阳北，楚晋两强在第三国境内作战，好比 1904 年日俄两强在我国东北地区作战。

楚既胜，有人建议“收晋尸以为京观”（杜预注：“积尸封土其上，谓之京观。”），理由是“克敌必示子孙，以无忘武功”。楚庄王驳他说“非尔所知也”，你根本不懂。接着讲了一大篇道理，论证此次不算“武功”，连“武”都算不上，哪可以为京观？讲话全文如下：

> 夫文，止戈为武。武王克商，作《颂》曰：“载戢干戈，载櫜弓矢，我求懿德，肆于时《夏》，允王保之。”又作《武》，其卒章曰：“耆定尔功。”其三曰：“铺时绎思，我徂维求定。”其六曰：“绥万邦，屡丰年。”夫武，禁暴、戢兵、保大、定功、安民、和众、丰财者也，故使子孙无忘其章。今我使二国暴骨，暴矣；观兵以威诸侯，兵不戢矣；暴而不戢，安能保大？犹有晋在，焉得定功？所违民欲犹多，民何安焉？无德而强争诸侯，何以和众？利人之几，而安人之乱，以为己荣，何以丰财？武有七德，我无一焉，何以示子孙？其为先君宫，告成事而已，武非吾功也。古者明王伐不敬，取其鲸鲵而封之，以为大戮，于是乎有京观以惩淫慝。今罪无所，而民皆

① 见“企鹅丛书”1956 年版 Handford 英译本《伊索寓言》引言。

尽忠以死君命，又可以为京观乎？

这篇讲话内容丰富，貌似复杂，实则中心突出，层次分明。它集中地表现了庄王综合哲学中的儒家成分。下文试作分析和解释。

第九节　止戈为武

“夫文，止戈为武”，是楚庄王一大发明，一大贡献，其意义可从哲学、“小学”两方面看。在哲学方面，“止戈为武”是一个成熟的道家命题，而为儒家所赞成、所发挥。在“小学”方面，儒家的经师采用“止戈为武”作为“武”字的说解，作为六书会意的范例。

后来的《老子》提出“正言若反”[①]。“止戈为武”正是若反的正言。《老子》说：“为道日损，损之又损，以至于无为，无为而无不为。”[②]“止戈为武”正是无为的损道。这种损道的损，就是否定，然而是辩证法的否定，不是形式逻辑的否定。按形式逻辑，止戈是戈的否定，否定了就完事，没有下文。按辩证法，止戈是戈的否定，而又解决了戈要解决的问题，实现了真正的武。按形式逻辑，只能说止戈非武。按辩证法，才能说止戈为武。《孟子·公孙丑下》有“威天下不以兵革之利”云云。“不以兵革之利”即“止戈”，“威天下”即“为武”。这个例子可以代表儒家对“止戈为武”的认同和发展。用当代的眼光看，“止戈为武”意味着：战争的目的在于消灭战争。这是“止戈为武”的哲学意义。

再说其“小学”意义。“夫文，止戈为武”，就是从讲“文”的小学出发。小学作为解经的工具之学，历来附属于经学，到了近代现代发展为独立的语文学（philology）和语言学（linguistics）。经学是儒家专业，所以“止戈为武”又有儒家经学的意义。曾是小学第二权威[③]的《说文

① 《老子·七十八章》。
② 《老子·四十八章》。
③ 小学第一权威是《尔雅》。

解字》，其戈部“武”字的说解全文就是：“楚庄王曰：夫武定功戢兵，故止戈为武。”《说文解字序》讲“六书”，即以止戈为武之“武”为“会意”范例。先秦的天子、诸侯王，在《说文解字》中有如此记载者，只有楚庄王一人，再无别人。《说文解字》成书于东汉永元十二年（公元100年），在此以前的秦汉皇帝、诸侯王，只有淮南王刘安，《说文解字》引用过他的话，此外亦无别人。刘安是西汉的楚人。著《说文解字》的许慎是东汉的楚人。他们在小学上的贡献，是楚文化的光荣、楚人的骄傲。至于现代甲骨文研究，发现“武”字本义并非“止戈为武”，“止”是脚趾，不是停止，“武”字是表示挥戈前进：这也许是今人超过古人之处，但这也是另一回事了。楚庄王“止戈为武”之说，仍有其历史上的意义。

第十节　武有七德

楚庄王指出“武有七德”：“禁暴、戢兵、保大、定功、安民、和众、丰财。”并分别提出文献上的根据。

第一是“禁暴”，根据是“文”的“止戈为武”，止戈就是禁止使用暴力。

第二是“戢兵”，根据是“载戢干戈，载櫜弓矢”，今在《周颂·时迈》。“载……载……”是复合联词，连接同时发生的事，如“载歌载舞”。这两句是说，把干戈弓矢一齐收起来，也就是“戢兵”，兵指兵器。

第三是“保大”，根据是“我求懿德，肆于时《夏》，允王保之”，亦在《周颂·时迈》。肆，故也；于时，于是也；夏，大也。这三句是说，我追求戢兵的美德，故于是大功告成，准能王天下而保天下。此之谓“保大”。

第四是“定功”，根据是“耆定尔功”，今在《周颂·武》。耆，致也。这句是说，使你的功业巩固下来。

第五是“安民”，根据是“铺时绎思，我徂维求定”，今在《周颂·

赉》。铺，布也；时，是（此）也；绎，寻也。上文言文王之德，这两句是说，宣传文王此德，令人寻思怀念，我采取行动，惟求安定而已。这就是“安民”。

第六是“和众”，根据是“绥万邦”，今在《周颂·桓》。

第七是“丰财”，根据是“屡丰年”，即屡获丰收，今亦在《周颂·桓》。

楚庄王在此大掉书袋，俨然宿儒。武之七德，本是他建构的理论，可是讲得古意盎然，条条有据，头头是道。可见他对《诗》很熟。当此之时，《诗》已是南北共同必修课程，而讲《诗》之业仍是儒者专利，大概尚未下放到民间。庄王对于《诗》显然下过功夫。他所说的章次与现存《毛诗》略有出入，这就不必细讲了。

楚庄王借《诗》句发挥他自己的“武有七德”理论，再联系他自己此次邲之战的实际，逐条对照检查，结论是“我无一焉”，一德也不德。这种做法，与后来孔子的以述为作，曾子的三省吾身，颇为合拍，似有儒家特色。通过检查，认识到“今我使二国暴骨”以至“利人之几，而安人之乱，以为己荣”这一连串不义的暴行，而有与孟子“春秋无义战”[①] 之说相通的体验，更有儒家特色。用当代的标准，楚庄王也够得上勇于自我批评、自我剖析、自我否定。他这样做的结果，并未招致失败，而是赢得了成功。

虽然不义，照样胜利，历史常常如此。这并无逻辑矛盾，因为在逻辑上不义只与义矛盾，胜利只与不胜矛盾，不义与胜利并不构成矛盾，倒是在事实上常常组合在一起。你说无义战，他还是照样战，而且战胜了。《韩非子·有度》云：“荆庄王并国二十六，开地三千里。”这个局面就是这样开创的。

蔡邕《独断》引王充曰：“君子无幸而有不幸，小人有幸而无不幸。”《论衡·幸偶》以此言为“孔子曰”，其文不及《独断》工整。韩愈《与

① 见《孟子·尽心下》。

卫中行书》广此意云："君子得祸为不幸，而小人得祸为恒；君子得福为恒，而小人得福为不幸。"这些话里，君子是行义的人，小人是不义的人；胜利是福、是幸，失败是祸、是不幸。孔子说："不义而富且贵，于我如浮云。"[①] 这是说，当小人再享福我也不干。"幸偶"是指人生实际机会，在这方面，大量的事实是君子不幸而小人幸，这是孔子、王充、蔡邕、韩愈都承认的。这样说，未免太泄气了。于是韩愈出来圆场，提出一个"恒"（常）字。他的新意是：小人得福不是常（恒）道，君子得福才是恒（常）道；君子得祸不是恒（常）道，小人得祸才是恒（常）道。[②] 话是这样说，但于现实无补。虽无补现实，但可慰人心，可安社会，这正是儒家哲学的特征和妙用之一。

常道与现实矛盾。楚庄王讲的武之七德是常道，他在邲之战的行为是现实。常道是"禁暴"云云，现实是"使二国暴骨"等等。这矛盾在他的思想感情中造成激烈冲突，由此产生的，固有胜利的欢乐，更有不义的内疚，灵魂不得安宁，痛苦极了。但这种痛苦，却具有壮烈（sublime）美，只有楚庄王这类人才能感受到。这类人嗜之成癖，有如上瘾，明知不义，仍然一犯再犯，终身不改。就哲学说，这种心态，就是他的哲学本身。换言之，这心态就是他的活哲学（living philosophy）。只有吃透他的活哲学，楚庄王在我们面前才是有爱有恨、有苦有乐、有善有恶的活生生的人。用形象表现之，是文学艺术的事；用概念表现之，是哲学史的事。

第十一节　学习周礼

"周礼"泛指北方周文化的礼制，不专指《周礼》一书。

第八节所引楚庄王的讲话中，有一道命令："其为先君宫，告成事。"

---

① 见《论语·述而》。

② 《困学纪闻·卷六·左氏传》："韩文公谓：君子得祸为不幸，而小人得祸为常；君子得福为常，而小人得福为不幸。"

修祖庙，向先君报告胜利。这种祖宗崇拜，是先民共有的，但此次采用的礼制，则是北方扩散来的。

《史记·周本纪》说周武王伐纣，“为文王木主，载以车，中军”，胜利后，“命宗祝享祠于军，乃罢兵西归”。“祠”，犹“先君宫”。楚庄王此时搞的正是这一套。

后来的《礼记·曾子问》将这一套理论化：“曾子问曰：‘古者师行，必以迁庙主行乎？’孔子曰：‘天子巡守，以迁庙主行，载于齐[①]车，言必有尊也。’”“反必告，设奠。”出师时载着祖宗牌位同行，表示尊敬祖宗意志，不敢自专。还师时向祖宗牌位报告胜利，举行祭奠。理论的核心是“必有尊”，此儒家精神所在。楚庄王有此精神，是其思想中的儒家成分。

不过这里却有一个带根本性的大问题。出师载牌位等礼制，是天子用的，你楚庄王也用，岂非自居天子，岂非僭越？

自“周”礼看，周天子之礼，楚王越是采用，就越是僭越。换言之，楚王越有礼，则越无礼。

自“楚”礼看，就根本没有这个问题。从楚武王到楚庄王，久已是南方一个楚王，北方一个周王，环顾宇内，别无王者。周王是北方天子，楚王是南方天子，这早已是既成事实。南方天子用北方天子之礼，有何不可，这叫做善于向北方学习，勇于对北方开放。这也是楚国发展和进步的重要原因之一。周礼一经楚人采用，不就是楚礼吗？所以孔子一生都不说楚王僭越。

楚庄王的命令“其为先君宫”的“其”字，有特殊意义，古今无人注意，值得附带一谈。作“释‘其’”。

此“其”字是楚语，是命令发语词。

---

① 《周礼·夏官·齐右》：“掌祭祀会同宾客前齐车。”郑玄注：“齐车，金路。王自整齐之车也。”孙诒让正义：“《叙官·齐仆》注云：‘古者王将朝觐会同必齐。’是齐车以齐戒为名。”

《史记·高祖本纪》“其以沛为朕汤沐邑”①，裴骃《集解》云：“《风俗通义》曰：‘《汉书注》，沛人语初发声皆言“其”。其者，楚言也。高祖始登帝位，教令言“其”，后以为常耳。’”《集解》此说，最可贵者是指明“其”为楚语，但认为“其”字如此用法始于刘邦称帝之后则不准确。楚庄王“其为先君宫”的“其”字就是如此用法，早多了。

皇帝诏书，总是首先摆事实，讲道理，最后下命令，命令以“其”字开始，表示“其”字以下是命令正文。中国第一个皇帝是秦始皇，秦始皇第一道诏书的命令是“其议帝号”②，“其”字就是如此用法，并不始于汉高祖。以后历代皇帝，直至清代皇帝，诏书的命令正文都以“其”字开始，如此用法，使“其”字起到标点符号的作用。

这样用的“其”字，是一个发源于楚语、融合于汉语的特殊语言现象，应当取名为“命令发语词”，这个词名在西方语言中没有与之相当的词名，不可能、也不应当削足适履，硬套上什么“命令副词”之类的词名。它根本不属于副词，它只属于发语词。严格地说，任何语种，若要精密描写，就要用一套只适合此语种而不适合其他语种的名词术语（terminology）。各语种是有共性的，但共性来自个性，个性才有实在形态。

第十二节　“问鼎”事件

在学习周礼的过程中，楚庄王闹出一个“问鼎”事件，震动了北方。

《史记·楚世家》说，庄王“八年（公元前606年），伐陆浑戎，遂至洛，观兵于周郊。周定王使王孙满劳楚王。楚王问鼎小大轻重，对曰：‘在德不在鼎。’庄王曰：‘子无阻九鼎！楚国折钩之喙，足以为九鼎！’”

---

① 此句林语堂英译为 let Paih be designated as my resort town，又译“其各凛遵”为 let all obey this order carefully。林氏释“其”字此义为（Imperative）in an order，like English “let”。见林氏《当代汉英词典》244页A6行以下。

② 见《史记·秦始皇本纪》。

庄王何尝不知道九鼎是天子重器、王权象征，只因他自己既以天子自居，自然想仿造一套。他问鼎之小大轻重，不过是想搞到一套铸鼎的资料，如同现在的图纸，回去自己铸造。王孙满答非所问，惹火了庄王，说，我也不是要你的，你干吗打岔？你九鼎有什么了不起，我们把戟上的钩尖折下来，就足够铸一套。折钩足以为鼎，犹言投鞭足以断流①。王孙满打击了庄王学习北方的积极性。把问鼎看得很严重，为之震动，是周文化心理使然。庄王把它看成普普通通，若无事然，是楚文化心理表现。

问鼎周室，只能是楚文化造就的行为，并不是武力和霸道造就的行为。若论武力和霸道，则齐桓、晋文极盛之时，不下于楚庄，齐桓、晋文怎么不问鼎呢？此无它，就因为齐桓、晋文是周文化的产儿，具有周文化心理。春秋之世，问鼎事件，只有楚庄一起，从这一个侧面正好也说明楚文化不同于周文化。到了战国时代，如《战国策》第一章所记，秦、齐、梁、楚皆欲得周室九鼎，说明周文化心理已在崩溃，由于楚文化的扩散和冲击，二者已在融合成为一种新的文化心理，后来成为汉文化心理。

第十三节　对外三事

《史记·太史公自序》“楚世家赞”中说，“庄王之贤，乃复国陈，既赦郑伯，班师华元”，这三事体现“庄王之义”。其实这三事是体现庄王处理对外关系时接受儒家哲学的证明。兹逐一讨论之。

第一件，处理陈国问题。

《左传》宣公十一年、《史记·楚世家》都记载，楚庄王十六年（公元前 598 年）灭陈，以为楚县。申叔时说，你率诸侯消灭陈国的弑君自立的叛逆，这是义；却乘势灭陈以为楚县，是不义。申叔时是儒家在楚

---

① 见《晋书·苻坚载记》，苻坚曰：“以吾之众旅，投鞭于江，足断其流。”

国的主要代表人物，将于第六章中再讲他。庄王接受了申叔时的意见，恢复了陈国，立被弑的陈侯之子为新的陈侯。

陈国发生弑君事件，周天子无力管，北方诸侯不愿管，倒是南方的楚庄王出来管，管下来了。所以在诸侯间出足了风头，改善了楚国形象，赢得了满分[①]。北方的鲁史《春秋》一反故态，大书“楚子入陈”，《左传》解释说这是“书有礼也”，反映了当时盛况。

《史记·陈杞世家》云：“孔子读史记至楚复陈，曰：‘贤哉楚庄王！轻千乘之国而重一言。’”显然是当作“兴灭国，继绝世”[②] 的范例了。

第二件，处理郑国问题。

《史记·楚世家》云：“十七年（公元前 597 年）春，楚庄王围郑，三月克之。入自皇门，郑伯肉袒牵羊以逆”，哀求“不绝其社稷”。“楚群臣曰：‘王勿许。’庄王曰：‘其君能下人，必能信用其民，庸可绝乎！’”“遂许之平。”《史记·郑世家》云：“庄王曰：‘所为伐，伐不服也，今已服，尚何求乎？’”颇合“不为已甚”[③] 的中庸之道。这是上年接受申叔时儒家精神的后劲。

第三件，处理宋国问题。

《史记·楚世家》云，楚庄王二十年（公元前 594 年），“围宋五月，城中食尽，易子而食，析骨而炊。宋华元出，告以情。庄王曰：‘君子哉！’遂罢兵去”。

《吕氏春秋》（《慎势》《行论》）与《左传》《公羊传》宣公十五年皆记此事，稍有出入，但有一点都一致，就是宋人对楚人讲了真话，感动了楚国将帅以至庄王。历来兵不厌诈，怎么会向敌人讲真话？又怎么会相信敌人讲的是真话而为之感动？专就这一点说，只能认为，此事双方都富于儒家精神。

---

① 《淮南子·人间训》说楚庄王“罢陈之戍，立陈之后，诸侯闻之皆朝于楚”，可证。

② 见《论语·尧曰》。

③ 《孟子·离娄下》：“孟子曰：仲尼不为已甚者。”

由此看来，楚王的“我蛮夷也”精神，至庄王大有改变，原因就在于思想中有了儒家成分。《左传》成公二年记载，楚令尹子重公布了庄王遗言：“无德以及远方，莫如惠恤其民，而善用之。”仁者之言蔼如也，亦儒家风范。对于庄王遗言，楚君臣不是说说而已，而是采取措施，贯彻执行：“乃大户（清理户口以为依据），已责（停止索还所欠国家债款），逮鳏（将补贴发到老而无妻的人手里），救乏（救济贫困户），赦罪。”则楚之强盛，不亦宜乎，良有以也。

第十四节　法家成分

《左传》宣公十二年记载，晋国随武子对楚国有一大段评论，是邲之战之前的国情分析，通过具体分析，断言楚国“德立、刑行，政成、事时，典从、礼顺，若之何敌之”，认为楚国“不可敌也”，主张不打。这是楚庄王在位时的国情，是德、刑、政、事、典、礼的综合，有多种成分，从指导思想讲，其中显然有后来名为儒家的成分，和后来名为法家的成分。本节讲它的法家成分。

邲之战序幕拉开之际，晋国栾武子说：“楚自克庸（事在庄王三年）以来，其君无日不讨国人而训之于民生之不易、祸至之无日、戒惧之不可以怠；在军，无日不讨军实而申儆之于胜之不可保、纣之百克而卒无后，训之以若敖、蚡冒筚路蓝缕以启山林，箴之曰‘民生在勤，勤则不匮’。”①

此言出自敌国，当非溢美之词。若专从精神上用两字概括，就是“无逸”；若专从实践上也用两字概括，就是“耕战”。“无逸”作为《周书》一篇的精神，为儒家所推崇，但非儒家所独有。“耕战”作为行动纲领，则为法家所坚持，儒家所不齿②。不过儒法的对立是后来的事，在

---

① 见《左传》宣公十二年。

② 孔子以为治国“焉用稼”（《论语·子路》），又不答理“军旅之事”（《论语·卫灵公》），开创了儒家不齿耕战的传统。

楚庄王这里它们是统一的："无逸"精神化为"耕战"实践。也就是，儒家成分化为法家成分。也就是说，栾武子说的楚庄王无日不做的这些事，在落实的层次上化为法家成分。

庄王的箴言突出"勤"字。只有勤，才能释放人的能量，实现人的价值，达到最大限度。他还力行"俭"字。《国语·楚语上》伍举曰"先君庄王为匏居之台，高不过望国氛，大不过容宴豆"，言其不高不大，与其不肖之孙灵王所修高大豪华的章华之台形成极大反差。附带提到，"孙叔敖为令尹，粝饭菜羹"[①]，君相带头节俭，对于积蓄民力国力的作用实难估量。

此可谓勤俭教育，还有传统教育、形势教育。楚之先君"筚路蓝缕"的传统，栾武子是晋人，只说到若敖、蚡冒，不很准确。《左传》昭公十二年楚右尹子革说"昔我先王熊绎辟在荆山，筚路蓝缕，以处草莽"，上溯到熊绎，到底还是楚人自己搞得更清楚。其形势教育，说的是真话，出之以危言，不打永远胜利的保票。你看他训的首先是破头话，讲反面而获得正面效果。多说破头话，多想破头事，才能不做破头事，反而实际上不破头。人也是"贱"，只有危机感，悲剧心理，才能迸发出生命活力，拼命挣扎，转危为安。往美处说，这是人性的壮烈美。

本书第四章第四节讨论到楚庄王坚持茅门之法的意义，意犹未尽。在处理此事时，庄王对太子讲了一篇大道理，其中有云："夫犯法废令不尊敬社稷者，是臣乘君而下尚校也。臣乘君，则主失威；下尚校，则上位危。威失位危，社稷不守，吾将何以遗子孙？""乘"即"乘马""乘车"之乘，"乘君"犹言将君当马骑，当车坐，当然君主失其威。"下尚校"的"尚"通"上"。上，是极少数统治者；下，是广大群众。一较量，上就垮，所以不准下与上较量。"上位危"即君主之位不保。要避免这些危险，他以为只有立法执法，否则"社稷不守"，即丧失政权。话说得极其坦率，简直是赤裸裸的：一切为了保住他的政权。他将那位坚决

① 《初学记·卷二十六》注引。

执法的廷理马上提升二级（一说三级）[1]，这是因为他认为这位廷理是他的政权卫士。爵禄只赏给政权卫士，不赏给别种人。《淮南子·缪称训》云："楚庄谓共雍曰：'有德者受吾爵禄，有功者受吾田宅。是二者，女无一焉，吾无以与女！'"共雍向庄王伸手，被庄王断然拒绝。《缪称训》对此的解释是："明主之赏罚，非以为己也，以为国也。"为国就是为政权。像廷理那样就是有德有功，故应受赏，但只赏本人，子孙不能靠血统袭赏。《韩非子·喻老》云"楚邦之法，禄臣再世而收地"，即谓此。凡此皆庄王思想中合乎法家的成分。

第十五节　认识方法

《说苑·奉使》云：

> 楚庄王欲伐晋，使豚尹观焉。反，曰："不可伐也。其忧在上，其乐在下。且贤臣在焉，曰沈驹。"明年，又使豚尹观。反，曰："可矣。初之贤人死矣，谄谀多在君之庐者，其君好乐而无礼，其下危处以怨上。上下离心，兴师伐之，其民必反。"庄王从之，果如其言矣。

《说苑·权谋》云：

> 楚庄王欲伐陈，使人视之。使者曰："陈不可伐也。"庄王曰："何故？"对曰："其城郭高，沟壑深，畜（蓄）积多，其国宁也。"王曰："陈可伐也。夫陈，小国也，而畜（蓄）积多，畜（蓄）积多则赋敛重，赋敛重则民怨上矣；城郭高，沟壑深，则民力罢（疲）

① 《太平御览·卷六三六》引此作"益爵三级"。

矣。”兴兵伐之，遂取陈。①

“使豚尹观焉”，“使人视之”，“观”和“视”都是实地观察，调查。调查是多方面的，有物的方面，有人的方面。调查是多层次的，如上下，君臣，君民。调查是多阶段的，如上年如何，下年如何。总之，调查是周密的，静态、动态都有了。

然后进行研究。以研究陈国为例，使者的方法是形式逻辑，庄王的方法是辩证法。庄王看出，小国而蓄积多，必然赋敛重而民怨上；小国而城高池深，必然民力疲惫不堪。他能看正面反面，从正面看出反面，这不是辩证法又是什么呢？庄王之所以能够这样辩证地看问题，是由于他的心态，总是想着民心民力。豚尹倒是也能这样，他抓住了晋国的下怨上、上下离心这个要害，预料“兴师伐之，其民必反”，所以“庄王从之”。

通过调查研究，形成认识，再付诸实践，“果如其言”，“遂取陈”，达到预期目的，这个认识过程便完成了。这就是楚庄王的认识方法。

第十六节　认识自己

楚庄王的认识方法，包括如何认识外界和如何认识自己。上节讨论了前者，本节来讨论后者。

庄王认识自己的方法是自我批评。本章第十节已提到庄王自我批评之一例。庄王又尝以为自己是下等国君，其说详备，见于贾谊《新书·先醒》，录之如下：

故世主有先醒者，有后醒者，有不醒者。

昔楚庄王即位，自静三年，以讲得失（宋淳祐八年长沙刻本“得失”作“其失”。按：作“其失”是也，但“讲”应作“构”，繁体

① 这个故事最初见于《吕氏春秋·似顺》。

"講"与"構"形近而讹。"以构其失"者，言庄王三年无所作为，让群臣表演，造成其错误也)。乃退僻邪，而进忠正，能者任事，而后在高位。内领国政治，而外施教百姓，富民恒一，路不拾遗，国无狱讼。

当是时也，周室坏微，天子失制，宋、郑无道，欺昧诸侯，庄王围宋伐郑，郑伯肉袒牵羊，奉簪而献国。庄王曰："古之伐者，乱则整之，服则舍之，非利之也。"遂弗受。乃南与晋人战于两棠，大克晋人。会诸侯于汉阳，申天子之辟禁，而诸侯说（悦）服。

庄王归，过申侯之邑。申侯进饭，日中，而王不食。申侯请罪曰："臣斋而具食，甚洁，日中而王不饭，臣敢请罪。"庄王喟然叹曰："非子之罪也。吾闻之曰：其君贤君也，而又有师者：王；其君中君也，而有师者：伯（霸）；其君下君也，而群臣又莫若者：亡。今我下君也，而群臣又莫若不谷，不谷恐亡无日也。吾闻之，世不绝贤，天下有贤，而我独不得。若吾生者，何以食为！"

故庄王战服大国，义从诸侯，戚然忧恐；圣智在身，而自错（措）不肖；思得贤佐，日中忘饭：可谓明君矣。谓先寤所以存亡，此先醒也。

下文讲后醒、不醒之例，从略。

这个故事的核心部分，最早见于《荀子·尧问》：

楚庄王谋事而当，群臣莫逮，退朝有忧色。申公巫臣进，问曰："王朝而有忧色，何也?"庄王曰："不谷谋事而当，群臣莫能逮，是以忧也。其在中蘬（即仲虺，汤之左相）之言也，曰'诸侯自为得师者王，得友者霸，得疑（通"擬"，简体作"拟"，与自己可以比拟即同等之人）者存，自为谋而莫己若者亡'。今以不谷之不肖，而群臣莫吾逮，吾国几于亡乎！是以忧也。"

又见于《吕氏春秋·骄恣》《韩诗外传·卷六》《新序·卷一》。一事而五见于秦汉之书，言之凿凿。以贾谊所说最详，兹据之以讨论。

讨论集中在一点：楚庄王自谓“我下君也”，而贾谊谓他“圣智在身，而自措不肖”。

这里有三种可能的情况：

一种是圣智在身而自措不肖。这种人的器宇，好比一口空水缸。

一种是圣智在身而自措圣智。这种人的器宇，好比一口满水缸。

一种是不肖在身而自措圣智。这种人的器宇，好比一口扑着的水缸。水缸扑着，底朝上，口朝下，绝对封闭，滴水不进了。

或可说：圣智在身而自措圣智，才是实事求是；圣智在身而自措不肖，不肖在身而自措圣智，都不是实事求是。特别是明君如楚庄王，圣智在身而自措不肖，岂不抹杀了自己的正确和伟大？

对此，本书的回答是：如果“圣智在身”，就说“圣智在身”，是实事求是；如果“不肖在身”，就说“不肖在身”，也是实事求是。但是现在的问题是“自措”，什么是“自措”？就是自己把自己摆在哪里。这显然是另外一个问题。专就“自措”说，“圣智在身”而“自措不肖”，是辩证法；“圣智在身”而“自措圣智”，是形式逻辑；“不肖在身”而“自措圣智”，是荒谬绝伦。

人人都是，明君也是，圣智与不肖的统一。在这个统一中，你如何自措？是自措于圣智，还是自措于不肖？你自措于不肖，才可能向圣智迈进再迈进，像一口空水缸，只管往内装水。你自措于圣智，就不用向圣智前进，像一口满水缸，或一口扑着的水缸。如何自措，完全由自己选择，这个选择，人人有完全的意志自由。

本书第三章讲鬻熊哲学，其第八节曾指出要自居柔弱。自居与自措同义。庄王的即使圣智也自措不肖，与鬻熊的即使刚强也自居柔弱，是一脉相承的。

庄王“自措不肖”的另一个说法就是“我下君也”。他是明君而自措下君。只有如此，才有可能自我批评，才有可能接受批评。只有如此，才有可能认识自己。认识自己，对于一位君王，不只是认识他自己本人，还包括认识他那个统治集团，也就是认识他本人和群臣。楚庄王认为，群臣不及他本人，以此为忧，深恐亡国。其实群臣何尝都是饭桶？庄王一人再怎么行，哪能办成许多大事？庄王是希望群臣比他本人强，至少有少数人比他本人强，堪为他本人之师。另一方面，他不自封他那个统治集团如何“圣智”，倒是“恐亡无日”，如此留有余地，反而有利于他那个统治集团的自我改善，终庄王之世，进行着成功的统治。

本节只讨论了自我批评、认识自己的前提。有此前提，庄王果然能够自我批评，认识自己。

第十七节　令尹子文、孙叔敖合论

楚国有两位三仕三去的令尹：子文、孙叔敖。子文是成王的令尹，孙叔敖是庄王的令尹，子文早于孙叔敖半个多世纪。“三”字言其多，说三仕三去，犹言几起几落。有人说，三仕三去令尹是子文的事，孙叔敖无此事。这是假定三仕三去的令尹只有一人，此假定不能成立，古今政府首脑几起几落者不乏其人。

《论语·公冶长》：“子张问曰：‘令尹子文三仕为令尹，无喜色；三已之，无愠色。旧令尹之政，必以告新令尹。何如？’子曰：‘忠矣。’曰：‘仁矣乎？’曰：‘未知，焉得仁？’”孔子许其“忠”而未许其“仁”。南方的道德以“忠”为首，评论南人则用南方标准，这是孔子实事求是之处。“仁”在北方盛行，而在南方屈原、宋玉作品中只出现过一次（《九章·怀沙》“重仁袭义兮，谨厚以为丰”，言下颇有后人“儒冠误我”[①] 之叹）。孔子许子文为“忠”，这是按南方标准的最高评价。

① 见《中州乐府》之金·折元礼词《望海潮·从军舟中作》：“地雄河岳，疆分韩晋，重关高压秦头。山倚断霞，江吞绝壁，野烟萦带沧州。虎旆拥貔貅。看阵云截岸，霜气横秋。千雉严城，五更残角月如钩。　　西风晓入貂裘，恨儒冠误我，却羡兜鍪。六郡少年，三明老将，贺兰烽火新收。天外岳莲楼。想断云横晓，谁识归舟？剩着黄金换酒，羯鼓醉凉州。”

《庄子·田子方》："肩吾问于孙叔敖曰：子三为令尹而不荣华，三去之而无忧色。"《吕氏春秋·知分》："孙叔敖三为令尹而不喜，三去令尹而不忧。"《淮南子·泛论训》："孙叔敖三去令尹而无忧色。"《史记·循吏列传》孙叔敖传：孙叔敖"三得相而不喜"，"三去相而不悔"。皆孙叔敖三仕三去令尹之证。

子文出身公族，姓"鬬"，名"穀於菟"，音 gòuwūtú，乃楚音楚语：穀是乳，於菟是虎。盖子文出生后，外婆弃之于草泽之中，有虎乳之，遂被收回，而取此名，事详《左传》宣公四年。孙叔敖出身平民，其姓名，自东汉服虔以后，被弄成与蒍艾猎、蒍敖为一人，近人陈奇猷考证孙叔敖与蒍氏无关，其说甚是，详所著《吕氏春秋校释》《情欲》篇注四二。

令尹子文的"忠"，体现他的人生哲学。他出任令尹，时值楚国王室发生严重危机，由于他毁家纾难，物望咸归，事见《左传》庄公三十年。他灭弦伐随，战功卓著。惟三仕三去令尹时间不详，只知最后一次去职，是在楚成王三十五年，让位于一位有大功的武将。有人不赞成，子文说："吾以靖国也。夫有大功而无贵仕，其人能靖者与有几？"意思是说，我这是为求国家安定啊，有大功的人，若不得高官，有几人能安分不作乱？子文懂得枪杆子与政权的关系，为了国家安定，他把政权让给枪杆子了，事详《左传》僖公二十三年。子文一生节俭爱民，《国语·楚语下》云：

> 昔鬬子文三舍令尹，无一日之积，恤民之故也。成王闻子文之朝不及夕也，于是乎每朝设脯一束、糗一筐，以羞子文，至于今秩之。成王每出子文之禄，必逃；王止而后复。人谓子文曰："人生求富，而子逃之，何也？"对曰："夫从政者，以庇民也。民多旷者，而我取富焉，是勤民以自封也，死无日矣。我逃死，非逃富也。"

这是说，子文最后一次去职时，连一天的生活费也没有积蓄，因为他太爱惜百姓了。成王听说他吃了上顿没下顿，于是乎每天早上将一束干肉、一筐冷粥送给子文，至今以为常规。每逢成王要增加子文的俸禄，子文就逃走，直到成王说不增加了才回来。有人问子文：“人生求富，您却逃富，为什么呢?”子文回答说：“要人做官，是为了护民。现在民多贫穷，我若取富，就是损民以肥己，这就是找死，不知道要死在哪一天呢！我是逃死，不是逃富啊。”这段话感人至深，道出了子文的“忠”，以忠于民为根本。这也就是他的人生哲学。别看他讲得很朴素，没有思辨的高度，更没有逻辑的运算，可是做官的只要有这么一点点人生哲学，也就国泰民安了。

孙叔敖的哲学思想，本章第五节围绕着处理他与庄王的关系问题，已讲了一些。现在再就他的生平与思想作些补充。

《荀子·非相》：“楚之孙叔敖，期思之鄙人也，突秃长左，轩较之下，而以楚霸。”《吕氏春秋·赞能》亦言孙叔敖为“期思之鄙人”。期思，楚邑名，其地在今河南省信阳市淮滨县期思镇。鄙人，犹今言乡下人。《史记·循吏列传》之首为孙叔敖传，说“孙叔敖者，楚之处士也”，处士和鄙人皆言其不是公族。“突秃长左”是说短发秃顶，左手（一说左足）长些。“轩较之下”云云是说他在车上指挥若定，楚国遂霸。时无照相术，赖《荀子》数语，写照其容貌风采。

《淮南子·人间训》：“孙叔敖决期思之水（《太平御览》引作“作期思之陂”），而灌雩娄之野，庄王知其可以为令尹也”，这是说他主持修了一个水库，以今地言之，从固始、淮滨一带灌溉到商城，可谓大矣。沈尹茎曾向庄王推荐说“期思之鄙人有孙叔敖者，圣人也，王必用之”①，庄王固然听信这个话，但是更要看他的实际成绩。

《淮南子·主术训》“昔孙叔敖恬卧，而郢人无所害其锋”，高诱注：“孙叔敖，楚大夫也，盖乘马三年，不知其牝牡，言其贤也；但恬卧养德，折冲千里之外，敌国不敢犯害，故郢人不举兵出伐，无所害其锋于四方也。”“害”字，王念孙谓是“用”字之误，俞樾谓是“容”字之误，

---

① 见《吕氏春秋·赞能》。

容亦用也，《老子·五十章》“兵无所容其刃”，盖此语所本。《史记·循吏列传》孙叔敖传，总结孙叔敖为政的原则是“不教而民从其化：近者视而效之，远者四面望而法之”，也就是“恬卧”而治之，靠典型示范，扩散影响。汉武帝时“学黄老之言”的汲黯，“卧而治之”[①]，与孙叔敖一脉相通。

不过这绝不是一味睡大觉。在邲之战的关键时刻，令尹孙叔敖下令：“进之！宁我薄人，无人薄我！”薄，迫也。如闻其声高喊：冲呀！冲得敌军抢船渡过黄河北退，先上船者斩断攀船者手指，“舟中之指可掬也”[②]，俨然一位杀气腾腾、威风凛凛的统帅。

关于孙叔敖三仕三去令尹的心态，即其哲学，《庄子·田子方》中讲得极好，虽非可信的史实，然为最好的哲学，可谓“代圣人（沈尹茎谓孙叔敖“圣人也”）立言”[③]，录之如下：

> 肩吾问于孙叔敖曰：“子三为令尹而不荣华，三去之而无忧色。吾始也疑子，今视子之鼻间栩栩然，子之用心独奈何？”
>
> 孙叔敖曰：“吾何以过人哉！吾以其来不可却也，其去不可止也，吾以为得失之非我也，而无忧色而已矣。我何以过人哉！且不知其在彼乎？其在我乎？其在彼邪，亡乎我；其在我邪，亡乎彼。方将踌躇，方将四顾，何暇至乎人贵人贱哉！”

肩吾所问就是问三仕三去（主要是三去）令尹时心态如何。听说您不喜不忧，最初我不信，现在看来竟是真的，您心里怎么想的？想必有过人之处。孙叔敖说，我有什么过人之处，我只觉得令尹之职，其来不

① 见《史记·汲郑列传》。

② 见《左传》宣公十二年。

③ 韩愈《拘幽操·文王羑里作》末句“臣罪当诛兮天王圣明”，程颐谓此句“道文王意中事，前后人道不到此”。我亦谓《庄子·田子方》道孙叔敖意中事，前后人道不到此。

可却之，其去不可止之，得之失之，皆不在我，所以没有忧色，如此而已，有什么过人之处呢。见到得失不在我，固可无忧，但又引发一个新的问题，即一个进一层的问题，就是在我还是在彼。若在彼，就不在我；若在我，就不在彼。到底在我在彼，不得而知，只有不在我亦不在彼，这才干干净净，没有问题了。不在我亦不在彼，云云，原文字面上没有，意思上则有，可以逻辑地推出。有见及此，顿觉自我满足。《庄子·养生主》描写庖丁解牛后的神情“为之四顾，为之踌躇满志”，与此“方将踌躇，方将四顾”正同。用现代的话，其实是用西方的话来说，这段话是寻求存在的确定性（certainty），其答案是否定的。再看接着的一段：

> 仲尼闻之曰：“古之真人，知者不得说，美人不得滥，盗人不得劫，伏戏黄帝不得友。死生亦大矣，而无变乎己，况爵禄乎！若然者，其神经乎大山而无介，入乎渊泉而不濡，处卑细而不惫，充满天地，既以与人己愈有。”

这段话是借孔子之口对上一段的发挥。关于存在的确定性，这段话是肯定之而又超越之，超越智愚，超越美丑，超越善恶，超越敌友，以至超越死生，由于超越一切，所以充满天地，给予万物，而万物都是存在确定性自身。借用黑格尔的术语，对存在确定性问题的答案，上段的“否定”是 thesis，此段的“肯定”是 antithesis，此段的“超越”是 synthesis。既然如此，什么令尹之职，肥饶之地，一切荣华富贵，自然不在话下了。所以“楚相孙叔敖持廉至死”，“妻子穷困负薪而食”[①]，也就是很自然了。顺便说一句，《史记》孙叔敖传之末，裴骃《集解》引“《皇览》曰：孙叔敖冢在南郡江陵故城中白土里”，即在今沙市中山公园东北角。

---

① 见《史记·滑稽列传》优孟传。

第六章　申叔时（附：士亹）

第一节　楚儒家与鲁儒家

据《汉书·艺文志》著录，楚道家始于粥熊；本书寻其根源，至于颛顼。现在讲楚儒家。上一章说楚庄王哲学有儒家成分，已见端倪。据《国语·楚语上》，在春秋时代中期，楚庄王年间，楚国已出现“春秋”“世”“诗”“礼”“乐”“令”“语”“故志”等课程和典籍，以及讲授这些课程和典籍并自成体系的专家，以申叔时为代表，这就是楚儒家。再过一个多世纪，到春秋时代晚期，北方才出现以孔子为代表的鲁儒家。楚儒家比鲁儒家至少早出现一百年。

什么是儒家？这个问题，只应，也只能，以南北儒家共同之点来回答。从南北儒家出现的历史和逻辑看，都有三个阶段，也是三个层次，也可以说是三个条件，这就是：

第一，出现典籍，先是口传的、韵语的，后是书面的、散文的，从而出现口传的、书面的、韵语的、散文的典籍并存之局；

第二，出现管理和传授这些典籍的专业人员，是为“儒”，但是“儒”尚非“儒家”；

第三，出现讲授这些典籍而自成体系的专家，关键在于自成体系，这才是“儒家”。

儒与儒家的不同之处在于儒单纯传授，自无体系，完全述而不作；儒家则通过讲授而自成体系，实乃以述为作。

儒家与其他各家，虽皆自有体系，然儒家祖述典籍，以述为作；其他各家只讲自己的一套，作而不述。

楚儒家与鲁儒家，虽皆自有体系，虽皆致力实践，然相比之下，申叔时更重实践，竟能使楚庄王采用他的儒家思想来处理问题，楚王传统因而发生方向性变化，这种实践效果是孔子所没有的；孔子则较重理论，开创儒家思想体系新局面，奠定尔后全中国儒家的基本规模，这种理论影响是申叔时所没有的。更有不同者，申叔时影响仅限于王官，孔子影响则深入平民，这一点特别重要。这些不同之处，正显示出：从全中国的儒家历史看，楚儒家为第一阶段，鲁儒家为第二阶段。

楚庄王时出现第一代楚儒家申叔时；楚灵王时出现能读三坟、五典、八索、九丘的楚儒家左史倚相；楚昭王时出现精通巫史和祭礼的楚儒家观射父，其学在本章和下章讨论之。至于楚人而为鲁儒的馯臂子弓①、任不齐②、秦商③等人则仅存姓名，别无资料，其学无从讨论。

楚昭王即位两月，周朝的王子朝“奉周之典籍以奔楚”④，这是周文化向楚的一次大扩散，楚儒学当亦因此大为丰富。楚昭王晚期，孔子率主要弟子入楚活动；楚考烈王时，荀子为楚兰陵令，然后定居，著作终老。孔子、荀子是在楚扩散影响的北方儒家大师。

第二节　士亹的教育哲学

讨论申叔时的哲学，须从士亹讲起。《国语·楚语上》云：

庄王使士亹傅太子箴，辞曰：“臣不才，无能益焉。”王曰：“赖子之善善之也。”对曰：“夫善在太子，太子欲善，善人将至；若不欲善，善则不用。故尧有丹朱，舜有商均，启有五观，汤有太甲，

---

① 《史记·仲尼弟子列传》谓孔子传《易》于商瞿，“瞿传楚人馯臂子弘”。《史记》此文下注二按：“儒林传、荀卿子及汉书皆云馯臂字子弓，今此独作‘弘’，盖误耳。应劭云：子弓是子夏门人。”

② 《史记·仲尼弟子列传》裴骃《集解》引“郑玄曰楚人”。

③ 《史记·仲尼弟子列传》裴骃《集解》引“郑玄曰楚人”。

④ 见《左传》昭公二十六年。

文王有管、蔡。是五王者，皆有元德也，而有奸子。夫岂不欲其善，不能故也。若民烦，可教训。蛮、夷、戎、狄，其不宾也久矣，中国所不能用也。”王卒使傅之。

第五章第四节提到，楚庄王弱冠即位，受其师傅劫持而流亡，事平之后仍无实权，三年未发号令。庄王的师傅是他为太子时配备的，配备太子的师傅，既有教育太子的意义，更有为下代楚王组织班底的意义。鉴于自己的沉痛教训，庄王改革太子教育，首先是配备好师傅。他选中士亹。韦昭注：“士亹，楚大夫。”士亹推辞说，他不才。庄王说，不靠才，要靠善；靠你的善，使太子也善。士亹反驳说，善在太子自己，别人不能使他善。他的论证，前几句乃粥熊旧说，“故尧有丹朱”以下有他的新见。“欲善，善人将至”，即《粥子》的“‘吾不恐四海之士留于道路，吾恐其留吾门庭也。’是以四海之士皆至”；“不欲善，善则不用”即《粥子》的“暴乱在上，贤士千里而有一人，则犹比肩也”。“故尧有丹朱”以下，他列举五王，皆有元德，可谓至善；然皆不能使其子亦善，而皆有奸子。此五王尚且如此，其他人更不待言。他的结论是：“夫岂不欲其善，不能故也。”此就太子而言。若就民而言，则中国之民善，蛮、夷、戎、狄之民奸。中国之民虽惹麻烦，尚可教训；蛮、夷、戎、狄久已不服中国，中国毫无办法。他这番话没有说服庄王，庄王还是要他当了太子师傅。

士亹的新见，是他明确地断言“岂不欲其善，不能故也”，可谓教育无用论。其深层意蕴，则上承粥熊，下启老、庄。其上承粥熊，略引如上。其下启老、庄，略述于下。

盖道家深层意蕴，不仅认为教育无用，而且认为文明无用；不是无用，而是有害。其所以无用而有害，是因为违反自然。“元德”是善德，“奸子”有恶德，不论善德恶德，都是自然，即自己如此。既是自己如此，就不可能以教育改变它。既不“能”以教育改变它，也就不“应”以教育改变它。善德不应以教育改变它，犹可说也；恶德也不应以教育改变它吗？岂有此理？老、庄正是讲此理。《老子》说："善者吾善之，不善者吾亦善之。"[1] 又说："善人者，不善人之师；不善人者，善人之资。"[2] 明白地说出这种"非常异义可怪之论"。当然老子并非为恶高喊万岁，而是让恶自然发展，自己走向自己的反面，即自我否定。《老子》说："希言自然。故飘风不终朝，骤雨不终日。孰为此者？天地。天地尚不能久，而况于人乎！"[3] 就含有这个意思。所以老子的深意是：不主张以教育改变恶，而主张让自然改变恶。换言之，让恶自己消灭自己。自己消灭自己，才是真正的消灭。否则总是"野火烧不尽，春风吹又生"。显然，这里已经包含有"名教"与"自然"的矛盾。

庄子则更深一层。所谓善恶，属于是非，从自然的观点看，万事万物就是万事万物，这是这，那是那，各是各，其间无所谓谁是谁非。庄子常以儒与墨为例。从自然的观点看，儒是儒，墨是墨，儒墨之间无所谓是非。只有从儒的观点看，儒才是儒而非墨；也只有从墨的观点看，墨才是墨而非儒。庄子主张从自然的观点看事物，反对从儒从墨从某一个别事物的观点看事物。从自然的观点看，只有事物而无是非。你要谈是非随你的便，但请说明你是从某一个别事物的观点看出来的。不从自然的观点看，也就是违反自然，所以惹出是非，没完没了。庄子反对从儒或从墨的观点看事物，但并不否认儒墨是非所指的事实。庄子完全承认它们所指的事实，不过他是承认作为事实的存在，不是承认作为是非的存在。庄子虽不承认是非的存在，倒是指出了产生是非的原因：是非是从某一个别事物的观点看出来的。庄子这一套说法，本书讲庄子时另有详论，见于第十六章第三节，此处只联系士亹的教育哲学讲这一点点。

---

① 《老子·四十九章》。
② 《老子·二十七章》。
③ 《老子·二十三章》。

第三节　申叔时的教育哲学

士亹的教育哲学如此，庄王却坚持要他当太子师傅，他自然感到困惑，于是向申叔时请教。《国语·楚语上》云：

> 问于申叔时，叔时曰："教之春秋，而为之耸善而抑恶焉，以戒劝其心；教之世，而为之昭明德而废幽昏焉，以休惧其动；教之诗，而为之导广显德，以耀明其志；教之礼，使知上下之则；教之乐，以疏其秽而镇其浮；教之令，使访物官；教之语，使明其德，而知先王之务用明德于民也；教之故志，使知废兴者而戒惧焉；教之训典，使知族类，行比义焉。……"

申叔时的话尚未引完，先讲这一段。

申叔时不从自然的观点看，而从教育太子这件事的观点看，所以不是认为无所谓善恶，而是首先强调区别善恶，强调崇善抑恶，以戒劝太子之心。戒是儆戒，劝是勉励。为达到此目标，必须教之"春秋"。此"春秋"是一门课程的通称，把它当作教材的典籍就是国史。两个世纪后的孟子说："晋之《乘》，楚之《梼杌》，鲁之《春秋》：一也。"① "一也"是说三者都是各该国的历史。此处不说"梼杌"，而说"春秋"，可能是由于《楚语》作者不用楚语而用雅言即普通话；也可能是由于这门课程的典籍已不限于楚史，还包括北方各国尤其是鲁国的历史。孟子还说："孔子成《春秋》而乱臣贼子惧。"② 孔子完成《春秋》，若真有其事，其事在申叔时之后约一个世纪。作为典籍，它不是申叔时所说的；作为课程，它正是申叔时所说的。"乱臣贼子惧"，正是崇善抑恶、戒劝人心的

① 见《孟子·离娄下》。
② 见《孟子·滕文公下》。

效果，正是设置“春秋”这门课程的目标。此南北儒家之所同。

申叔时说出了一系列的课程：“春秋”“世”“诗”“礼”“乐”“令”“语”“故志”“训典”。这些课程时已南北通行，各有教材，就是典籍，由来已久。如《左传》成公十五年：“前《志》有之，曰：圣达节，次守节，下失节。”又如《左传》昭公十二年：“仲尼曰：古也有《志》：‘克己复礼，仁也。’信善哉!”所引前《志》、古《志》，就是“故志”一门的典籍。这些课程和典籍，后来经过鲁儒家的整理，将“世”“令”“语”“故志”或合并为“书”，或并入其他课程。例如“世”，韦昭注“谓先王之世系也”，盖如《大戴礼记·帝系》之类是；又如“令”①，韦昭注“谓先王之官法、时令也”，盖如《礼记·月令》之类是；这些多并入“礼”了，所以章太炎主张《大戴礼记》应与小戴《礼记》同样称“经”。韦昭还注云：“语，治国之善语”，“故志，谓所记前世成败之书”，“训典，五帝之书”。盖典、谟、训、诰之类，这些多合并为“书”了。由此看来，申叔时说的这一系列课程和典籍，正是后来鲁儒家所定诸“艺”、诸“经”的前身。此又南北儒家之所同。申叔时未说“易”，可能因为卜筮别有专司，对太子不必教之。亦可见其时楚国王权与宗教分离，《易》书纯属卜筮之书。

孔子讲诗书礼乐，见于《论语》者，多是遇啥说啥，就事论事，其体系是潜伏着的，可谓“隐体系”（implicit system），不似申叔时这段话全面而集中。全面，是说各课程都讲到了；集中，是说只围绕太子教育这一个中心。它全面、集中，而又步步深入，构成体系，其体系是明摆着的，可谓“显体系”（explicit system）。体系或隐或显，都自有体系，此又南北儒家之所同。以下解释申叔时体系的建构是怎样步步深入的。

第一步是“戒劝其心”，解决心的问题。内容是崇善抑恶，为此先要区别善恶，念念不忘，时时警惕，养成并保持一种心态，这就是周公倡导的“无逸”，后儒谓之为“主敬”。这一步要“教之春秋”。

第二步是“休惧其动”，解决行动问题。这一步要“教之世”。有明

① 《史记·儒林列传》“太史公曰：余读功令”云云，“功令”盖即“令”之类。

德之世，有幽昏之世，要向太子表彰明德，批判幽昏，使他行动时想到明德就喜欢，想到幽昏就害怕，于是从理智修养进入情感修养。

第三步是“耀明其志”，解决情感问题。这一步要“教之诗”。照亚里士多德《诗学》所说，诗可使人情感净化（catharsis）。儒家默契此说，但认为这不在话下，不用强调，需要强调的是借此“导广显德”，“耀明其志”，这正是《尚书·尧典》楬橥的“诗言志”传统。“显德”即明德，教之诗以引导开拓明德之心胸。如此说来，志以情感为体，却又是理智的。这与近现代西方的意志哲学将志讲成非理性的（irrational），甚至反理性的（anti-rational），迥异其趣。

在申叔时教育哲学体系中，这三步是纲领性的，原则性的。其余都是实用性的，知识性的。

在论述这些实用性、知识性的要素时，文章的笔法也变了，都是“使”字起头：“使知上下之则”，“使（原作“以”）疏其秽而镇其浮”，“使访物官”，“使明其德，而知先王之务用明德于民也”，“使知废兴者而戒惧焉”，“使知族类，行比义焉”。这六句有四句明白写出“知”字；“使访物官”也是求“知”，惟有“教之乐”的“疏其秽而镇其浮”，作为“知”与其他的“知”有所不同，它表现为感化。“疏”和“镇”在此都是消除的意思，通过乐的感化，消除秽气和浮气。秽气泛指邪恶；浮气犹言浮躁，韩愈《荐士诗》云“杳然粹而清，可以镇浮躁”，其“镇浮躁”盖本此“镇其浮”。

申叔时继续对士亹说：

> 若是而不从，动而不悛，则文咏物以行之，求贤良以翼之。悛而不摄，则身勤之，多训典刑以纳之，务慎惇笃以固之。摄而不彻，则明施舍以导之忠，明久长以导之信，明度量以导之义，明等级以导之礼，明恭俭以导之孝，明敬戒以导之事，明慈爱以导之仁，明昭利以导之文，明除害以导之武，明精意以导之罚，明正德以导之赏，明齐肃以耀之临。若是而不济，不可为也。

前一段是说教这，教那，可谓“教”型教育；这一段是说这样导，那样导，可谓“导”型教育。教与导不能截然分开，一刀两断，但教型以教为主，导型以导为主。教型是按课程以教之，导型是用实践以导之。太子若不接受教型那一套，就要换用导型这一套。

导型教育的体系建构也是步步深入，也有三步：第一步解决“动而不悛”，第二步解决“悛而不摄”，第三步解决“摄而不彻”。

“动而不悛”，是太子不按课程所教而动，犯了错误还不改。怎么办？师傅就要用文词咏物以打动之，求贤良之士以辅佐之。后者易懂，前者可举例以明之。《史记·楚世家》：“庄王即位三年，不出号令”，伍举曰：“有鸟在于阜，三年不蜚不鸣，是何鸟也？”庄王曰：“吾知之矣。”伍举说有鸟如何，就是以文词咏物，产生了打动庄王的效果。

“悛而不摄”，韦昭注：“摄，固也。”太子有错能改，但不巩固，怎么办？师傅就要亲自抓紧，不让他懈怠，对他多讲典刑（楚国是个太子犯法照样治罪的法治国家，见第四章），把他纳入正轨。务必谨慎地扎实地巩固他的进步。

“摄而不彻”，是说太子能巩固他的进步，但思想并没有真通。把太子思想真正搞通，才是导型教育的根本任务。怎么办？申叔时用“明某某以导之某”的公式，一连提出十二条具体任务。这个公式就是通过某种实践搞通某个问题。各种实践，可能是太子自己的实践，也可能主要是前人的实践。公式中的“明”不是讲明，若是讲明，又是教型了；此“明”是在实践中体会而明。十二条具体任务逐条解释如下：

第一，通过“施舍”的实践，搞通“忠”的问题。民之所欲则施之，民所不欲则舍之，通过这种实践，让太子搞通什么是忠。

第二，通过“久长”的实践，搞通“信”的问题。好政策，好作风，都要长久坚持，才能取信于民。通过这种实践，让太子搞通什么是信。

第三，通过“度量”的实践，搞通“义”的问题。义者事之宜也，怎样才算适宜、恰到好处，要靠反复度量。通过这种实践，让太子搞通什么是义。

第四，通过“等级”的实践，让太子搞通“礼”的问题。

第五，通过“恭俭”的实践，让太子搞通“孝”的问题。太子的孝，是孝其前王。不恭是不孝，不俭也是不孝。尤其是不俭，耗尽民脂民膏，必致亡国，不保社稷宗庙，不孝之大，莫过于此。

第六，通过“敬戒”的实践，让太子搞通“事”理。只有永不懈怠，戒慎恐惧，临事而惧，好谋而成，才能担当大任。

第七，通过“慈爱”的实践，让太子搞通“仁”的问题。

第八，通过“昭利”的实践，让太子搞通“文”的问题。“昭利”是阐明利益的意义。“文”是文章，其广义为形式。实际利益，要用文章阐明之，要有形式表示之，文之用在此。如此论文，太功利了，但适合太子身份。

第九，通过“除害”的实践，让太子搞通“武”的问题。

第十，通过“精意”的实践，让太子搞通“罚”的问题。不论立法司法，都应是“精意”的实践过程，来不得半点粗心大意。赏还好说，罚而不当，有害无利，故更应精意行之。

第十一，通过“正德”的实践，让太子搞通“赏”的问题。正德的反面是偏爱，在实践中坚持正德，克服偏爱，学会怎样行赏。

第十二，“明齐肃以耀之临”，这一条是宗教遗风。通过斋戒肃敬，隆重迎接神的降临，以求保佑。无论信不信神，太子都要会做这一套，登上王位后更要会用这一套。这一条也要搞通一个思想问题，不是关于信神的问题，而是关于开展敬神活动的问题。换言之，太子要搞通，即使他根本不信神，他也要学会敬神①。

---

① 美国第一任总统“乔治·华盛顿——不论他自己信什么——充当了圣公会的台柱。他经常参加宗教活动，长期担任教区委员，尽管人们从未见过他领受过圣餐。他在《告别演说》中说：‘宗教和道德’是‘政治繁荣不可或缺的支柱’，表达的正是他把宗教视为公共秩序一部分的思想。”（参见贝拉等著《心灵的习性》中译本，三联书店1991年版，第334页）可见华盛顿自己并不信神，但为了治国大敬其神，是申叔时此说的一个好例。

如果这一套导型教育也不为太子所接受，那就不要当太子师傅了。

申叔时继续对士亹说：

> 且夫诵诗以辅相之，威仪以先后之，体貌以左右之，明行以宣翼之，制节义以动行之，恭敬以临监之，勤勉以劝之，孝顺以纳之，忠信以发之，德音以扬之，教备而不从者，非人也。其可兴乎！夫子践位则退，自退则敬，否则赧。

这段结束语中提出“诵诗以辅相之”等十项措施，教、导二型都适用。用尽这一切，谓之“教备”，太子若还是不接受，那就不是人了，扶不起来了。最后的忠告是“不论太子是否接受教育，太子（“夫子”，疑当作“太子”）即位后师傅就退下来好了，自己退下来会受到敬重，不然就会红脸”。这中间包含有庄王的师傅二人被杀的教训。

申叔时的教育哲学有如上述。这个体系是为太子教育建构的，这是其特殊意义。亦有其一般意义，如区分教型教育和导型教育，教型教育的三步，导型教育的三步，教育有用而非万能，等等论述，其适用范围显然不限于太子。

上文有几处点明南北儒家之所同。这里再着重指出，南北儒家之所同的最根本之点，是以共性为本，无视个性。道家则正好相反，以个性为本，无视共性。这反映出：在哲学的最高层次，即形上学层次，处理殊相与共相的关系，道家以殊相为本，儒家以共相为本。申叔时讲了这许多话，有一字一句谈到培养和发展太子箴的个性吗？没有。就凭这一点，就可以断定他是儒家。你可以说，共性与个性，是类与其分子之间才有的问题，但楚国太子只有一个，不是一类，所以没有共性与个性的问题，若非说共性个性不可，则其共性与其个性是一件事：其共性即其个性，其个性即其共性。对此，我要说，申叔时的体系并非专为“太子箴”一人建构的，也是为“楚太子”类建构的，也是为“太子”类建构的，乃至是为更大的类建构的。申叔时是要把“太子箴”教成“太子”，不是要把“太子箴”教成“太子箴”。前者是变殊相为共相，后者是殊相自我实现。

上文也提到申叔时与孔子之不同。这里再着重指出，在申叔时体系中，忠、信、义、礼、孝、仁、文、武、罚、赏诸端，平列杂陈，不知哪是中心，此建构体系之大忌。不若孔子体系中，内仁外礼，统率诸端，中心可得而知。所以无论从历史发展看，还是从逻辑结构看，孔子都是后来居上。

第四节　申叔时的政治思想

《左传》宣公十一年云：

> 申叔时使于齐，反，复命而退。王使让之，曰：“夏征舒为不道，弑其君，寡人以诸侯讨而戮之，诸侯、县公皆庆寡人，女独不庆寡人，何故？”对曰：“犹可辞乎？”王曰：“可哉。”曰：“夏征舒弑其君，其罪大矣；讨而戮之，君之义也。抑人亦有言曰：‘牵牛以蹊人之田，而夺之牛。’牵牛以蹊者，信有罪矣；而夺之牛，罚已重矣。诸侯之从也，曰讨有罪也。今县陈，贪其富也。以讨召诸侯，而以贪归之，无乃不可乎？”王曰：“善哉！吾未之闻也。反之，可乎？”对曰：“吾侪小人所谓‘取诸其怀而与之也’。”乃复封陈。

这是一个生动的故事。在其中，申叔时既提出了问题，又提出了处理问题的办法，并各用一句俗语表现之。他认为当时的问题好比是“牵牛以蹊人之田，而夺之牛”。牵着牛抄近路打别人田中走，践踏了庄稼，是牵牛者的过错，这好比陈国事件是夏征舒的过错。但是田主就把牛夺去了，这就罚得太重了，这好比处理陈国事件，顺势吞并陈国以为楚县，罚得太重了。这就不是为陈国戡乱，而是贪陈国财富，各国都会不服。可是已经宣布以陈为楚县了，怎么办呢？这就用得着另一句俗语“取诸其怀而与之”。你先从他怀里夺走财宝，然后你又送给他，财宝本是他自己的，却成了你送给他的（美国将庚子赔款给中国人办文教事业，正是如此！）。只要恢复陈国，陈国本是陈国的，此时却成了楚国恩赐的，楚国就落得做个大好人！这果然博得楚庄王听从，果然赢得诸侯的喝彩。楚庄王由南方蛮夷之长一跃而成为全中国的霸主！

于此反映出的申叔时的政治思想，后来《论语·尧曰》的“兴灭国，继绝世”，正与之相合。《孔子家语·好生》云：“孔子读史至楚复陈，喟然叹曰：‘贤哉楚王！轻千乘之国，而重一言之信。匪申叔之信，不能达其义；匪庄王之贤，不能受其训。’”

第五节　申叔时的军事思想

《左传》成公十五年云：

> 楚将北师，子囊曰：“新与晋盟而背之，无乃不可乎？”子反曰：“敌利则进，何盟之有？”申叔时老矣，在申闻之，曰：“子反必不免。信以守礼，礼以庇身，信、礼之亡，欲免，得乎？”

子囊主张遵守楚晋盟约。子反说：只要晋国出现对楚国有利的情况，楚国就应当进攻，管它什么盟约！已经还乡养老的申叔时听到这些话，就说：子反必定不免杀身之祸，因为信是用以守礼的，礼是用以保身的，子反无信无礼，想要免祸，办得到吗？

次年楚国三军北进，子反统帅中军，路过申地，亲自到申叔时家中看望，问他对此次楚国出师的看法。申叔时讲了一套道理，比去年讲的更为完备，《左传》成公十六年记之如下：

> 德、刑、详（祥）、义、礼、信，战之器也。德以施惠，刑以正

邪，详（祥）以事神[1]，义以建利，礼以顺时，信以守物。

申叔时列举六个“战之器”，逐一规定其功能。德、义、礼、信是伦理问题，刑是法制问题，祥是宗教问题（祥是祥和，是人在事神时应有的态度）。申叔时列举的“战之器”，惟独没有兵器，兵器当时称为“兵”；他论战而不言兵，请问这个仗用什么打？且听他接着说：

> 民生厚而德正，用利而事节，时顺而物成，上下和睦，周旋不逆，求无不具，各知其极。故《诗》曰：“立我烝民，莫匪尔极。”是以神降之福，时无灾害，民生敦厖，和同以听，莫不尽力以从上命，致死以补其阙，此战之所由克也。

这段论证的中心论题是：“民生厚而德正”则战必胜。“用利而事节”犹今言“节约”，“时顺而物成”犹今言“增产”，如此则“民生厚”。“上下和睦，周旋不逆，求无不具，各知其极”，是说上下关系理顺了，彼此有求必应，各自知道本分的极限而不越过，这就是“德正”。以上是就人说，下文再就神说。神对于造就“民生厚而德正”之局的人，降之以福，使之“民生敦厖（即“民生厚”），和同以听（即“德正”，听是顺从而听话）”。这就造就有神保佑的“民生厚而德正”之局，比人造就的“民生厚而德正”之局多了一个保证，即神的保佑。这是人神共建的，双料的“民生厚而德正”之局。有了这种局面，就没有人不尽力执行上头的命令，打起仗来就不怕牺牲，前仆后继，这才是战而能胜的缘由。

申叔时接着说：

> 今楚内弃其民，而外绝其好；渎齐盟，而食话言；奸时以动，

---

① 详通祥。“详以事神”，与《淮南子·泛论训》“祥于鬼神”同义。

而疲民以逞。民不知信，进退罪也。人恤所厎，其谁致死？子其勉之，吾不复见子矣。

申叔时指责此次楚国出师，完全丧失了“战之器”，完全违反了“民生厚而德正”才能战胜的原理，预言楚师必败，子反必死。后来都应验了。

上述申叔时的思想，属于军事思想，可以分三层评说。

第一层，一般地说，申叔时认为，战争是双方综合国力（包括物质的、精神的）总较量，不单是武力问题。他是从经济的、政治的、文化的总体看战争，不是单纯从军事看战争。这是当时最高水平的战争观，千载之下，依然令人感到它的宏大气魄。

第二层，特殊地说，申叔时之言是针对子反这样的武夫而发，针对楚国的实际而发，所以言不及兵器。申叔时何尝不知打仗要用兵器，但楚国兵器甲天下，用不着说了。楚国的矿冶锻造，创始之早，水平之高，文献文物足证，本书不必赘述。楚国武将多是兵器专家，他们不缺这个，他们缺的是兵器以外的“战之器”，缺的是“民生厚而德正”才能战胜的思想，所以要一个劲地对他们强调他们所缺的东西。卫灵公问阵于孔子，孔子对曰：“俎豆之事，则尝闻之矣；军旅之事，未之学也。”[①] 孔子这是委婉地抵制单纯军事观点，与申叔时一脉相承。

第三层，个别地说，在具体情况下，申叔时是很有军事谋略的。《左传》宣公十五年记载：楚庄王自去年率师围宋，围了九个月而未下，决定撤退。一员大将对庄王说：我不怕死，我要完成大王克宋计划，可是您自己说话不算话！庄王无言可答。当时申叔时为庄王驾车，立即献计，说：“筑室，反耕者！宋必听命。”庄王采用了，果然“宋人惧”，出城求和。沿包围圈修建房屋，叫种田的人回来住下种田，此谓“筑室反耕”之计。此计的理论实质和厉害之处，正是将战役胜利建立在战地的经济

① 见《论语·卫灵公》。

政治基础上。而且此计言不及兵器，又正是申叔时的个人特色。后世行“筑室反耕”之计者，仅《晋书·载记》中便有三例，一见于《石勒载记下》[1]，一见于《慕容儁载记》[2]，一见于《秃发傉檀载记》[3]。此计的发展便是“屯田”[4]，可见影响之深远。

① 见《晋书》，中华书局标点本，1975 年版，第 2739 页。
② 见《晋书》，中华书局标点本，1975 年版，第 2837 页。
③ 见《晋书》，中华书局标点本，1975 年版，第 3154 页。
④ 始见于《汉书·昭帝纪》始元二年冬“调故吏将屯田”。

第七章　左史倚相　观射父

第一节　楚之所宝

据《国语·楚语下》记载，楚昭王年间，楚大夫王孙圉到晋国访问，晋侯设宴，席间有人问及楚国的“白珩”（佩玉上面的横玉），这种宝价值几何。王孙圉断然回答说：

> “未尝为宝！楚之所宝者，曰观射父，能作训辞，以行事于诸侯，使无以寡君为口实。又有左史倚相，能道训典，以叙百物，以朝夕献善败于寡君，使寡君无忘先王之业；又能上下说于鬼神，顺道其欲恶，使神无有怨痛于楚国。”“此楚国之宝也。若夫白珩，先王之玩也，何宝之焉?”

这是说，白珩不过是玩物，楚国根本不拿它当宝。楚国之宝是两个“人”：观射父、左史倚相。观射父善为说辞，与各国诸侯交接，使诸侯觉得楚王真是没有说的。左史倚相善于事君，又善于事神。就事君说，他能讲训典，使民众顺从；又能将其中善恶成败的教训献给楚王，使楚王不忘先王之业。就事神说，他能取悦于上天下地的鬼神，顺着鬼神的好恶加以疏导，使鬼神对楚国没有怨恨。这二人，才是楚国之宝。

这是王孙圉对这二人的总评，可以代表楚国官方的意见。可惜现存的史料，不足以具体证实这个总评。本书只能就现存的史料，有啥说啥，是啥说啥，发掘其中的哲学意蕴。

据现存的史料，左史倚相历事灵王、平王、昭王，可能于惠王时尚存；观射父则仅出现于昭王之世。所以本章先讲左史倚相。

第二节　左史倚相与三坟、五典、八索、九丘

“左史”是史官职称，“倚相”是这位左史的名字。《左传》昭公十二年记载，楚灵王与右尹子革谈话，倚相打一旁恭敬地快步走过之后，灵王对子革说：“是良史也，子善视之！是能读三坟、五典、八索、九丘。”灵王这话颇有尊重知识、爱惜人才的意思。灵王要子革好生照顾倚相。倚相能读这些典籍，所以王孙圉说倚相“能道训典”。这个“训典”，就是第六章申叔时所说“教之训典”的训典。

“三坟”等等是什么典籍？历来的解释皆为臆说，而以魏晋学者托名西汉孔安国的《尚书序》所说较为圆通。伪孔《序》说：“伏牺、神农、黄帝之书，谓之三坟，言大道也。少昊、颛顼、高辛、唐、虞之书，谓之五典，言常道也。”“八卦之说，谓之八索，求其义也。九州之志，谓之九丘。丘，聚也，言九州所有，土地所生，风气所宜，皆聚此书也。《春秋左氏传》曰‘楚左史倚相，能读三坟、五典、八索、九丘’，即谓上世帝王遗书也。”

若依此说，则三坟乃三皇之书，其中如黄帝之书，尚有残存于其他古书者；五典乃五帝之书，其中如唐、虞之书，尚存于《书》；八索尚存于《易》；九丘类似《禹贡》。而这些名称，或有楚语成分，然皆无确凿证据，所以笼统称为“上世帝王遗书”保险些。

再与第六章申叔时所说的那些课程和教材联系起来看，则三坟等等与那些教材属于同类。申叔时已举出那些教材，则半世纪后楚灵王又举出三坟等等，亦不足怪。

第三节　左史倚相的哲学思想

《国语·楚语上》云：

> 左史倚相往（原作“廷”，依王引之《经义述闻》改）见申公子亹，子亹不出，左史谤之，举伯以告。子亹怒而出，曰：“女无亦谓我老耄而舍我，而又谤我！”
>
> 左史倚相曰：“唯子老耄，故欲见以交儆子。若子方壮，能经营百事，倚相将奔走承序，于是不给，而何暇得见？昔卫武公年数九十有五矣，犹箴儆于国，曰：‘自卿以下至于师长士，苟在朝者，无谓我老耄而舍我，必恭恪于朝，朝夕以交戒我；闻一二之言，必诵志而纳之，以训导我。’在舆有旅贲之规，位宁有官师之典，倚几有诵训之谏，居寝有亵御之箴，临事有瞽史之导，宴居有师工之诵。史不失书，矇不失诵，以训御之，于是乎作《懿》戒以自儆也。及其没也，谓之睿圣武公。子实不睿圣，于倚相何害。《周书》曰：‘文王至于日中昃，不皇暇食，惠于小民，唯政之恭。’文王犹不敢骄。今子老楚国而欲自安也，以御数者，王将何为？若常如此，楚其难哉！”子亹惧，曰：“老之过也。”乃骤见左史。

左史倚相的长篇大论，中心意思只有一点：要子亹（申公史老）接受儆戒。为了这么一点意思，却引述了卫武公、周文王的典故，而主要是卫武公的典故，不厌其详。可见他熟读典籍，以述为作，这正是儒家作风。现在着重发掘卫武公典故的哲学意蕴，以见左史倚相主张的哲学。

卫武公于公元前812年至公元前758年在位。他的这一类儆戒措施，在他以前和以后都有人讲。卫武公即位以前，公元前845年，邵公（韦昭注：邵穆公名虎）曾说：

> 天子听政，使公卿至于列士献诗，瞽献曲，史献书，师箴，瞍赋，蒙诵，百工谏，庶人传语，近臣尽规，亲戚补察，瞽、史教诲，

者艾修之，而后王斟酌焉，是以事行而不悖。①

卫武公去世后两个世纪，公元前559年，晋国音乐家师旷也说：

> 天子有公，诸侯有卿，卿置侧室，大夫有贰宗，士有朋友，庶人工商皂隶牧圉皆有亲昵，以相辅佐也。善则赏之，过则匡之，患则救之，失则革之。自王以下，各有父兄子弟，以补察其政。史为书，瞽为诗，工诵箴谏，大夫规诲，士传言，庶人谤，商旅于市，百工献艺。故《夏书》曰："遒人以木铎徇于路，官师相规，工执艺事以谏。"正月孟春，于是乎有之，谏失常也。②

所讲的儆戒措施大致相同。它们出现的时间和地方，显示此说扩散的轨迹是，自周而卫而晋而楚。从这一点上，亦可看出左史倚相是周文化在楚国的传人。

此说的哲学意蕴主要有两点。

第一点，它为君主的活动，在各个环节设置儆戒，其理想状态，可使君主处处得到调整，保证活动的正常和正确。它的哲学假设，是在本体论上，认为存在的运动是有秩序的，或可能是有秩序的。

第二点，它为君主活动的各个环节设置的儆戒，表面是警告，实质是信息及其处理原则方法。它的哲学假设，是在认识论上，认为主体可能通过各个环节获得信息，运用各种方式处理信息，保证认识的正常和正确。

这两点都依存于同一机制。这种机制，显然是君主专制的工具，运

① 见《国语·周语上》。《史记·周本纪》照抄此段，说是周厉王三十四年所说。周厉王三十七年奔彘，翦伯赞等所编《中外历史年表》说"奔彘"于公元前842年，则厉王三十四年为公元前845年。翦氏等是根据《史记·鲁世家》推算，与《周本纪》有出入，姑不置辩。

② 见《左传》襄公十四年。

转起来，可以避免君主专制的失误，维持君主专制的统治。进入民主社会，当然不要这种机制了，惟儆戒功能仍不可少，而民主机制自有其儆戒功能，由公民投票来发挥。人们再也不用向统治者痛哭牵衣进谏了，倒是从政者必须揣摩民意，为民服务。

左史倚相运用北方古老学说解决楚国当前现实问题。申公史老不论资历多老，年纪多大，都不应拒绝儆戒。史老果然认错，说“老之过也”。倚相还引用《周书》“文王犹不敢骄”的精神，打掉楚国君臣的骄气。左史倚相祖述典籍，讲出自己的意思，解决楚国的问题。若止于祖述典籍，就只是“儒”；能讲出自己的意思，解决实际问题，才是“儒家”；能解决楚国的问题，就是“楚儒家”。

《国语・楚语上》又云：

> 司马子期欲以妾为内子，访之左史倚相，曰：“吾有妾而愿，欲笄之，其可乎？”对曰：“昔先大夫子囊违王之命谥；子夕嗜芰，子木有羊馈而无芰荐。君子曰：违而道。谷阳竖爱子反之劳也，而献饮焉，以毙于鄢；芋尹申亥从灵王之欲，以陨于乾溪。君子曰：从而逆。君子之行，欲其道也，故进退周旋，唯道是从。夫子木能违若敖之欲，以之道而去芰荐，吾子经营楚国，而欲荐芰以干之，其可乎？”子期乃止。①

司马是仅次于令尹的军方首脑。以妾为妻，这样的事也要请教左史倚相，足见倚相德高望重，人们信奉他为人生导师。不过这也是卿大夫之家的大事，许多重大问题都要根据婚姻关系、宗法地位决定，关系着家内权力的继承和分配，关系着一家的兴亡。须知当时的家很大，北方的大夫之家是一级政权机构和经济实体，楚国虽不然，可也不止夫妻加一个孩

---

① 《孟子・告子下》说齐桓葵丘之盟约第一条有“无以妾为妻”之禁，则此亦大事，宜其访诸左史倚相也。

子。当时子期对倚相说：我有个妾，人很诚实，我想梳拢她为妻，可以吗？倚相没有正面回答可不可以。在字面上，他简直是答非所问。他只列举楚国近现代（对他的时代而言）史上的四件事，前两件是违命而合道，后两件是从命而违道，前两件后来载于《国语·楚语上》，后两件分别载于《左传》成公十六年、昭公十三年。其情节大致是：

楚王熊箴临终说他有罪过，可谥他为“灵”为“厉”，这都是恶谥。他死后，令尹子囊认为，王的功绩是第一位的，错误是第二位的，而且自知其过，应谥之为“恭”，这是美谥。子囊违恭王遗命而合道。

楚大夫子夕爱吃菱角（芰），临终吩咐，祭他一定用菱角。死后设祭，其子子木坚持“祭典”规定，祭大夫用羊，于是用羊祭他，不用菱角。子木违其父遗命而合道。

楚司马子反随楚王战于鄢陵，仆人怜惜子反劳累，献酒他喝，喝得大醉。楚王紧急召见，子反醉不能见，王曰“天败楚也夫！余不可以待”，乃宵遁。贻误戎机，子反自杀。仆人爱之适以害之，故谓“从而逆”。

楚芋尹申亥之父申无宇抗拒楚灵王之命，找灵王索回逃奴，王不加责。申亥唯知感恩，不加匡正，卒致灵王死于乾溪而不能救。心肠虽好，效果不好，故亦谓“从而逆”。

如果止于述说历史事件，就只是“儒”。倚相不止于此，进而讲出自己的意思：“君子之行，欲其道也，故进退周旋，唯道是从。”这就是“儒家”。他更进一步联系实际，解决子期“经营楚国”的问题，这就是“楚儒家”。

关键在于“唯道是从”。就构成体系的观念而言，“道”是倚相体系的中心观念、最高观念。倚相有了突出的最高的中心观念，这就比申叔时前进了一大步，这一大步足足有十万八千里。再就楚国思想的发展而言，“唯道是从”，正是继承颛顼、粥熊论道的传统。再就辞令而言，子期所问是妻妾问题，倚相所答无妻妾字样，这倒不是“博士买驴，书券三纸，未有驴字”①，而是烘云托月，不画月而月自见，可谓负的方法，由此下启老庄的哲学方法、屈原的“娴于辞令”②。可见倚相的儒学，既是北方的，更是楚国的。

倚相的意思是，君子之行，皆欲行其道，从违进退，一概以道为准。只要合乎道，从命也可，违命也可，出仕也可，不仕也可。后来孔子自谓“无可无不可”③，正谓此。孟子发挥说：“可以仕则仕，可以止则止，可以久则久，可以速则速，孔子也。”④ 孔孟此言，都蕴涵一个前提：唯道是从。无此前提，则是十足的“机会主义”小人了，还谈什么圣贤君子。

倚相最后说，子木能违反其父的遗愿，唯道是从，遵照祭典，不用菱角祭他；司马经营楚国，更要唯道是从，若要做出类似用菱角违反祭典的事⑤，难道可以吗？子期一听就明白，于是以妾为妻的打算作罢。

《朱子语类·卷第八十三》有两条记载，都是朱熹论《左传》作者的话：

（一）“或云左氏是楚左史倚相之后，故载楚史较详。”

（二）“左氏乃楚左史倚相之后，故载楚史极详。”

两条内容相同，但前一条是引他人之说，未下断语；后一条是朱熹自己所说，甚为肯定。此说可否成立，姑不置论。此言虽是说倚相的后代，然亦可见倚相在朱熹心目中的地位。由此可见左史倚相影响之一斑。

第四节　观射父论巫教和祭礼

据《国语·楚语下》韦昭注，观射父是楚大夫。据现存史料，观射

① 见颜之推《颜氏家训·勉学篇》。

② 见《史记·屈原贾生列传》。

③ 见《论语·微子》。

④ 见《孟子·公孙丑上》。

⑤ 韦昭注云：“言以妾为妻，犹以芰当祭。”

父是一位巫教史和祭礼史的大专家。巫教史、祭礼史，都不属于本书讨论范围，而观射父对巫教史、祭礼史的论述又甚少哲学的兴趣，故本书只就以下几点略予讨论。

第一点：楚王学北方典籍。

《国语·楚语下》："昭王问于观射父曰：'《周书》所谓重、黎寔（实）使天地不通者，何也？……'"可见楚昭王对《周书》的深入钻研。昭王的曾祖父庄王善言《诗》，见《左传》宣公十二年。昭王的胞叔父灵王，虽极骄奢，亦知坟典，见《左传》昭公十二年。北方诸侯王呢？历稽载籍，不见此类史料。北方典籍，讲天子、诸侯、世子学习问题者甚多，惟不见他们钻研讨论的记载。是失载吗？何如此干净？《庄子·天道》有个"桓公读书于堂上"的故事，读的是"圣人之言"。陆德明《释文》，成玄英《疏》，都说是"齐"桓公，若然，则北方诸侯亦有读典籍者。但《韩诗外传·卷五》也有这个故事，情节完全相同，却说是"楚成王读书于殿上"。成王是庄王的祖父，则楚王读典籍更早了。在这一点上，南北亦有鲜明反差。

第二点：观射父对巫教史的贡献及其影响。

本书第一章第三节全文抄引了楚昭王与观射父关于"绝地天通"的讨论。观射父说，"古者民神不杂"，由专职巫觋包办民神之间的交通；九黎打乱了这个局面，实行"民神杂糅"，"夫人作享，家为巫史"，即由民与神直接交通；到了颛顼，乃命"重司天以属神"，又命"黎司地以属民"，恢复"民神不杂"，"是谓'绝地天通'"。"绝地天通"就是断绝地下的民与天上的神直接交通。昭王问的"天地不通"这句话中，"天"指天上的神，"地"指地下的民。民神之间才有个交通问题，自然界的天与地之间无所谓通不通。"其后三苗复九黎之德"，恢复九黎的"民神杂糅"；尧起用重、黎的后代，重新厉行"民神不杂"，重新"绝地天通"。观射父关于"民神不杂"与"民神杂糅"斗争过程的论述，是对于巫教史独一无二的贡献，没有第二个人作出过这样的贡献。它的影响，请看《史记·律书》《汉书·郊祀志上》，以及《宋书·律历志中》，都是暗用观射父之说。再看《十三经注疏》的《尚书·吕刑》“乃命重、黎绝地天通”孔颖达《疏》，乃明引观射父之说，且别无他说。由此可见它对于经史的影响。

在宗教发展史上，“民神杂糅”属于自发阶段，“民神不杂”属于人为阶段，前者早于后者。九黎、三苗坚持“民神杂糅”，颛顼和尧坚持“民神不杂”，他们的不同，是发展阶段早晚的不同。两者根本不同之处，在于有无专职巫觋。“民神杂糅”的特征是“夫人作享，家为巫史”，即人人直接通神，没有专职巫觋为中介。人人直接通神，就是个人通神自由。专职巫觋包办通神，就只有巫觋说了算。在文化史上，专职神职人员有其贡献，亦有其流弊。主要是包办通神，往往沦为统治工具。所以路德（Martin Luther）改革宗教，不废神职人员，但强调人人直接通神。在这个意义上，路德正是在更高阶段上恢复“民神杂糅”。

第三点：观射父关于祭礼的思想。

据《国语·楚语下》，楚昭王还向观射父问过一系列祭礼问题。在对答中，观射父列举天子、诸侯、卿、大夫、士、庶人在祭祀时各用不同的牺牲，说这是为了“上下有序，则民不慢”。又说“夫神以精明临民者也，故求备物，不求丰大”，以免“民力不堪”。这与孔子的“约之以礼，亦可以弗畔矣夫”①，“礼，与其奢也，宁俭”② 之说相合，但比孔子说得更加神乎其神。

楚昭王也许是嫌麻烦，问他：“祀不可以已乎？”祭祀可以不搞吗？这是楚文化本能对于周文化的抗拒。观射父对曰：“祀，所以昭孝息民，抚国家，定百姓也，不可以已。”又说，祀“上所以教民虔也，下所以昭事上也”，自天子至于庶人，“其谁敢不战战兢兢，以事百神”，“其谁敢不齐肃恭敬，致力于神！民所以摄固者也，若之何其舍之也？”说得很透彻，归结到“摄固”斯民，摄亦固也，上文已说“定百姓”，这是要把百

① 见《论语·雍也》。

② 见《论语·八佾》。

姓定得固上加固。这么好的宝贝，为什么丢掉它呢？所以祀“不可以已”。这一套说法与北方儒家相同。

其实，楚昭王并不是不考虑搞祭祀，而是考虑不按观射父说的北方这一套祭礼，即周礼，搞祭祀。《汉书・地理志下》说，楚人“信巫鬼，重淫祀”。所谓“淫祀”，就是不按北方祭礼而祀。为了说服昭王接受北方祭礼，观射父将祭祀场面作了更加神乎其神的描绘，如“日月会于龙尾，土气含收，天明昌作，百嘉备舍，群神频行”，令人联想起楚辞《九歌》的风情，这是楚儒家特有的风采。

第八章　伍子胥与复仇哲学

伍子胥（约公元前559年—公元前484年）名员，又称伍胥，奔吴封于申，又称申胥。《史记》有《伍子胥列传》。

第一节　家学渊源

伍子胥的曾祖父伍参，是楚庄王的“嬖人”，即宠臣。在晋、楚邲之战（公元前597年）决战前夕，双方最高决策集团中，都发生过一场是战还是不战的争论。在楚国方面，庄王与令尹孙叔敖皆不欲战，而“嬖人伍参欲战”，孙叔敖说：“战而不捷，参之肉其足食乎？”伍参说：“若事之捷，孙叔为无谋矣；不捷，参之肉将在晋军，可得食乎？”大敌当前，讨论军机大事，言谈如此幽默，可见楚人风度。伍参真是滑稽可爱，难怪成为宠臣。可是他并非低级下流的宠臣，他接着分析晋军形势：主帅新上任，“未能行令”；副帅“刚愎不仁，未肯用命”；三位将帅谁也不能做主，晋侯又不在前敌，“众谁适从”？此战“晋师必败”。说服了庄王和孙叔敖，决心一战，果获全胜。事详《左传》宣公十二年。可见伍参盖后来东方朔一流人物。

伍子胥的祖父伍举，是楚大夫[①]。楚灵王修成章华台，携伍举同登，问道：“台美夫？”伍举发了一篇议论，批评了灵王，主要论点是：“夫美也者，上下、内外、小大、远近，皆无害焉，故曰美。”“无害”是否定式，其肯定式应是“和谐”。语见《国语·楚语上》，颇有美学意义。在

① 《国语·楚语上》“椒举娶于申公子牟”韦昭注：“椒举，楚大夫，伍参之子、伍奢之父伍举也。”

此以前，在楚康王时，伍举曾受岳父家牵连而奔郑，后被令尹子木召回复职[①]。他是一个经历坎坷而仍敢犯颜直谏的有学问的人。楚灵王初年内政外交都倚重他[②]。

伍子胥的父亲伍奢，为楚连尹[③]，是楚平王的太子建之师。自庄王根据自己曾受师傅挟持的痛苦经验，改革对太子的教育制度以来，楚国对太子之师的挑选一直很严格，伍奢出任此职，可以想见其品格与学问。伍奢之学，文献无征；伍奢品格，则彪炳史册。《左传》昭公二十年云，有人向楚平王进谗言，说太子建与伍奢要造反，“王信之，问伍奢。伍奢对曰：‘君一过多矣，何信于谗？’”所谓“一过”，是指平王夺太子建未婚妻秦女嬴氏为夫人。其实这种事在宫廷之内，算得了什么。鲁惠公（公元前768年—公元前723年在位）夺其子息未婚妻宋女而自妻之[④]，卫宣公（公元前718年—公元前700年在位）夺太子伋未婚妻齐女而自娶之[⑤]。孔子曰：“鲁、卫之政，兄弟也。”[⑥]在夺子之妻这一点上，鲁、卫亦堪称兄弟。鲁、卫皆堂堂姬姓宗邦，鲁国更独得周礼嫡传，行犹如此，况荆蛮乎。伍奢对此斤斤计较，不亦迂乎，真腐儒矣。然生死关头，犹专揭平王痛处，直犯逆鳞，置死亡于度外。被杀之前，犹殷殷以子胥出亡、“楚国君臣且苦兵矣”[⑦]为念。何等忠直！其受之于伍举、传之于子胥者，盖昭昭矣。又料其二子曰：“尚为人仁，呼必来。员为人刚戾忍訽，能成大事，彼见来之并禽，其势必不来。”[⑧]皆如所料，真有知人之明矣。伍子胥之料事，亦有乃父风。

① 见《左传》襄公二十六年，《国语·楚语上》。
② 详见《左传》昭公四年。
③ 《吕氏春秋·慎行》说荆平王“杀连尹奢”，奢即伍奢。
④ 见《史记·鲁周公世家》。
⑤ 见《史记·卫康叔世家》。
⑥ 见《论语·子路》。
⑦ 见《史记·伍子胥列传》。
⑧ 见《史记·伍子胥列传》。

伍举又称“椒举”，韦昭注：“椒，邑也。”[①] 楚国椒邑，当即今之安徽省东部全椒县。此伍子胥之祖籍。至于伍子胥本人，《监利县志》说他是监利人。我在二十世纪五十年代到湖北光化县旧城，见一雨淋碑，两人高，上刻“伍子胥故里”五个大字，则说是光化人。总之是楚国人。

第二节　祭江上丈人的祝词

《史记·伍子胥列传》说，楚平王“使人召二子曰：‘来，吾生汝父；不来，今杀奢也。’伍尚欲往，员曰：‘楚之召我兄弟，非欲以生我父也，恐有脱者后生患，故以父为质，诈召二子。二子到，则父子俱死，何益父之死？往而令仇不得报耳。不如奔他国，借力以雪父之耻，俱灭，无为也。’伍尚曰：‘我知往终不能全父命。然恨父召我以求生而不往，后不能雪耻，终为天下笑耳。’谓员：‘可去矣！汝能报杀父之仇，我将归死。’”兄弟二人作了伤心而壮烈的分工。伍子胥从此开始了复仇的事业。

有人说：《越绝书》，“复仇之书也”[②]。对于《伍子胥列传》，更可以如此说。通观全《传》，只做成一件事：复仇。他还想做另一件事：灭越。不仅没有做成，反而因此杀身。

《吕氏春秋·异宝》说：“五（伍）员亡，荆急求之”，伍子胥经过郑、许而往吴，“过于荆，至江上，欲涉，见一丈人，刺小船，方将渔，从而请焉。丈人度之，绝江，问其名族，则不肯告。解其剑以予丈人，曰：‘此千金之剑也，愿献之丈人。’丈人不肯受，曰：‘荆国之法，得五员者，爵执圭，禄万檐（担），金千镒。昔者子胥过，吾犹不取，今我何以子之千金剑为乎？’五员过于吴，使人求之江上，则不能得也，每食必祭之，祝曰：‘江上之丈人！天地至大矣，至众矣，将奚不有为也？而无

---

① 《国语·楚语上》“灵王为章华之台，与伍举升焉”注。

② 《越绝书·跋》，未著姓名年代，《四库全书总目》云：“详其词意，或南宋人所题耶？”

以为。为矣，而无以为之；名不可得而闻，身不可得而见：其惟江上之丈人乎！’”

江上丈人这是第二次渡伍子胥，他认出伍子胥，伍子胥没有认出他。他是说，上次渡伍子胥，没有拿他去取楚国的重赏，现在要你的剑干什么。伍子胥的祝词，是对江上丈人的理解和赞美。通过对江上丈人的理解和赞美，伍子胥说出了他自己的天道观和人道观。祝词的前一半说天道，后一半说人道，总的是说江上丈人以天道为其人道，就是“为矣，而无以为之”①。

祝词所说的“天地”，可简称“天”，相当于现在所说的“宇宙”。宇宙是“至大”，它包括万物，又是“至众”。“将奚不有为也?”天地怎么会不有为呢？万物皆天地所为。天地无不为。但又“无以为”。“以”字指“所为（去声）”。“无以为”就是“无所为（去声）而为”。天地有为而无以为；或说天地无不为，而又无所为（去声）而为，这就是天道。也只有天道是这样。这是因为，根据定义，天指宇宙全体。宇宙无外。宇宙之外（姑且说“宇宙之外”）无物。若说宇宙之外有物，则此物仍须在宇宙内，或此所说“宇宙”并非宇宙，因为尚有物在外。所以，宇宙之外有物，是一个逻辑上（不是事实上，因为无此事实）矛盾的观念，不能成立。凡是有所为（去声）而为之，必是甲为（去声）乙而为之，甲是为的主体，乙是为的目的，乙在甲之外，为是达到目的之手段。若甲、乙为二物，可能有这样的关系。若甲为宇宙，则其外无物，即无乙可言，而不可能有这样的关系。所以宇宙（或曰天地，或曰天）不可能有所为（去声）而为之，只可能无所为（去声）而为之。

伍子胥理解这个天道。天道如此，是自然如此。至于人，作为宇宙之一物，经常以另一物为目的而为之，即有所为（去声）而为之。人要能无所为（去声）而为之，则必须向天学习，以天道为人道。这显然不是自然如此，但通过学习，可以如此。人为何向天学习，人如何向天学

① 帛书《老子·三十八章》（“德”首章）：“上仁为之，而无以为也。”与此相合。

习，这涉及天人关系问题，是中国哲学特别是楚国哲学所讨论的一个根本问题。伍子胥虽未具体论述，但其答案都是肯定的，因为有江上丈人为证。

伍子胥理解江上丈人以天道为其人道。他两渡子胥而不取楚国重赏，不受千金之剑，其不为利是显然的。他不为利，亦不为名，以至“名不可得而闻”；亦不为身，以至“身不可得而见”。他真正是“为矣，而无以为之”。伍子胥认为，江上丈人真正是“德配天地”。这是最深的理解，也是最高的赞美。

粥子云：“去名者无忧。”[①]《老子·三十二章》云：“道常无名。”又第十三章云：“吾所以有大患者，为吾有身，及吾无身，吾有何患！”又第三十七章云：“道常无为而无不为。”又第三十八章云：“上德无为而无以为。”“上仁为之而无以为。”这些说法，与以上反映出的伍子胥的天道观和人道观是一致的。

“其惟江上之丈人乎！”伍子胥是在赞叹，也是在慨叹。他慨叹自己知道这个道理，却不能这样做。我们讲哲学史，则不能因为伍子胥没有这样做，就认为他不知道这个道理，没有这样的哲学。

第三节　“天命有反”

关于天道，伍子胥还说“天命有反”[②]，临死前更明确地说：“盈必毁，天之道也。”[③] 楚国的《老子》，北方的《易传》，也有相似的说法。《老子·四十章》云“反者道之动”；《周易·谦·彖》曰“天道亏盈而益谦”，又《损·彖》曰“损益盈虚，与时偕行”，皆其例也。《老子》《易传》成书年代晚于伍子胥，而其中的说法有的可能很早。到底哪个先说，难以考定。不过即使是伍子胥后说，他也不是依傍抄袭，而是自己对历

① 见《列子·杨朱》。
② 见《国语·吴语》。
③ 见《左传》哀公十一年。

史经验的体会。

照《国语·吴语》所记，伍子胥说“天命有反”的根据，主要是吴越关系的历史经验；其次是吴楚关系的历史经验，尤其是楚灵王的历史经验。

公元前496年，越败吴[①]；公元前494年，吴败越[②]，这是反。“今越王勾践恐惧，而改其谋，舍其愆令（废止其错误的法令），轻其征赋，施民所善，去民所恶，身自约也（自己过苦日子），裕其众庶（让民众富起来），其民殷众，以多甲兵”，“不忘败吴”，“服士以伺吾间（养兵以伺我可乘之机）”；而“吴民离矣（吴民与吴王离心离德），体有所倾（局势有所不稳），譬如群兽然，一个负矢，将百群皆奔，王其无方收也（无法收拾），越人必来袭我”[③]。预见越灭吴，又是反的趋势。

公元前538年，楚伐吴[④]；公元前506年，吴入楚[⑤]，这是反。楚灵王筑章华之台，翠被而豹舄，“逾诸夏（灭陈蔡）而图东国（征徐夷），三岁于沮汾以服吴越”[⑥]，可谓泰矣；而“其民不忍饥劳之殃，三军叛王于乾溪”[⑦]，三日无食，自缢而死。这是反。

正是从历史的这些反复，伍子胥得出了“天命有反”的规律性认识。至于他又说“盈必毁，天之道也”，这与“天命有反”说的是一回事：“盈必毁”就是“反”。当时勾践来朝，伐齐获胜，吴可谓“盈”之极矣；后三年而吴弱，再十年而吴亡，由盈而毁，也就是反。当然，对于“盈必毁”的“必”，伍子胥并未作命定论的理解。他另有一套“持盈以没（始终保持完满）”“救倾以时（及时挽救倾覆）”[⑧] 的理论和方法，其

① 檇李之役，详见《左传》定公十四年。
② 夫椒之役，详见《左传》哀公元年。
③ 见《国语·吴语》。
④ 朱方之役，详见《左传》昭公四年。
⑤ 柏举之役，详见《左传》《公羊传》《谷梁传》定公四年。
⑥ 见《国语·吴语》。
⑦ 见《国语·吴语》。
⑧ 见《国语·吴语》。

奈吴王夫差不听何！

伍子胥的这一套理论和方法，在夫差面前根本没有机会展开，我们现在无由了解其具体内容。幸好有另一位楚人范蠡，在越王勾践面前，大讲“夫国家之事，有持盈，有定倾，有节事”这一套理论和方法，详见《国语·越语下》。其“持盈”“定倾”，正与伍子胥说的“持盈以没”“救倾以时”，至少在题目上完全相同。我推测，在内容上亦必大致相同。他们都是外流的楚国人才，都得到楚学真传。根本问题是持盈，和《老子》联系起来，便可看出，伍子胥讲的是根本问题，范蠡讲的是具体内容，《老子》讲的是哲学原理。伍子胥讲的有哲学，范蠡讲的很哲学，《老子》讲的最哲学。他们所讲的是一套，不是两套，构成了楚学的重要内容。

“天命有反”“盈必毁”，就是常说的物极必反，作为规律，是人力不能改变的。人力不能改变规律，却能利用规律。利用规律，就是利用规律的不可改变性。规律若没有不可改变性，人就不能利用了。人可以利用“盈必毁”的规律，讲求“持盈”的理论和方法，达到“持盈以没”的目的。这就不是命定论，而是发挥人的主观能动性了。也只有如此，才能发挥人的主观能动性。在这方面，范蠡比伍子胥高明得多，成功得多。但是伍子胥和范蠡一样，承认天命，不承认命定，是可取的。同是天命论，有的是命定论，有的不是命定论。这个区别很有意义，要注意这个区别。

第四节　汉简《盖庐》中的申胥思想

湖北江陵张家山出土的西汉初竹简《盖庐》，是一篇“申胥对盖庐问”。申胥即伍子胥，盖庐即吴王阖庐。由这篇《盖庐》，我们感到，阖庐对伍子胥的情谊，与其子夫差对伍子胥的态度，截然不同。不过我们要讨论的不是这个，而是其中的申胥的思想。

《盖庐》云：

> 盖庐问申胥曰："凡有天下，何毁何举（兴）[①]？何上何下？治民之道，何慎何守？使民之方，何矮何长？循天之则，何去何服？行地之德，何□何极？用兵之极何服？"申胥曰："凡有天下，无道则毁，有道则兴；行义则上，废义则下。治民之道，食为大葆（宝），刑罚为求（末），德正（政）为首。使民之方，安之则昌，危之则亡，利之则富，害之有央（殃）。循天之时[②]，逆之有祸，顺之有福。行地之德：得时，则岁年孰（熟），百生（姓）饱食；失时，则危其国，顷（倾）其社稷。"[③]

问语的句型，与《天问》的问语句型相同。对最后一问"用兵之极何服"未答，当是由于此篇大部分是讲用兵，亦足以答；兹不具引。值得注意的是，申胥之言突出"道"字，不提"仁"字。这是楚国哲学与孔子哲学不同的主要特征。

申胥反复强调食为大宝、百姓饱食，是一个真正懂得人要吃饭这个真理的人。他曾经吹箫乞食，所以真正懂得这个真理。他真正懂得粮食的重要性，甚至以粮食为政治斗争的法宝，在越国大饥荒时，反对将吴国粮食输入越国。[④]

关于"有天下"者的治天下之道，申胥更有说明。《盖庐》云："黄帝之正（征）天下也，大（太）上用意，其次用色，其次用德，其下用兵革，而天下人民禽兽皆服。建埶（势）四辅，及皮（彼）大（太）极，行皮（彼）四时，环皮（彼）五德。"

治天下用什么？申胥分为几个层次。请对照帛书《老子·十七章》："大（太）上，下知有之；其次亲誉之；其次畏之；其下母（侮）之。"

---

① 下文答曰："无道则毁，有道则兴。"可见改"举"为"兴"，于意为长。

② 上文问"循天之则，何去何服？"此下"循天之时"云云就是答案。

③ 各简有编号，兹未注。惟本段引文中，有 N54、N55 二简，编号应互换。

④ 见《吕氏春秋·长攻》。

上用意、用名而治，则下知有之。所谓知有之，就是知道上的存在，有这么一回事，实则与下无干，“帝力于我何有哉”。上用德而治，则下亲誉之。上用兵革而治，则下畏之，发展到下侮之，即反抗而推翻之。恰好大致层层对应。《盖庐》是就上面的措施说的，《老子》是就下面的反应说的。再就上面的目的说，则是“天下人民禽兽皆服”。可见在上面的眼里，人民与禽兽同列，只有“服”的份儿。由此可见，《盖庐》是站在上面的立场，《老子》是站在下面的立场。

申胥指出，不论上面用什么措施，都要落实到行其四时，环其五德。“行”与“环”对举，意思都是环行，即循环。四时是春夏秋冬，五德是水火木金土。四时由阴阳变化而成。水火木金土即五行。所以四时五德，就是阴阳五行。在北方，言五行者，如《洪范》，未言阴阳；言阴阳者，如《易传》，未言五行。而申胥在此，则综合阴阳五行为言矣。[①] 阴阳五行本身，是自然，是天道。而以阴阳五行为政，则是人事，是以天道为人道。

试引其详。《盖庐》云：

> 盖庐曰：“凡攻之道，何如而喜？何如而有咎？”申胥曰：“凡攻之道，德义是守。星辰日月，更胜为右。四时五行，周而更始。大白（太白）金也，秋金强可以攻木；岁星木强，可以攻土；填（填）星土也，六月土强，可以攻水；相星水也，冬水强，可以攻火；营或（荧惑）火也，四月火强，可以攻金：此用五行之道也。□[②]生阳也，木死阴也，秋可以攻其左；春生阳也，金死阴也，春可以攻其右；冬生阳也，火死阴也，冬可以攻其表；夏生阳也，水死阴也，夏可以攻其里：此用四时之道也。”

---

① 此处将《洪范》《易传》《盖庐》作共时比较，不涉及历时关系，即不涉及谁先谁后。

② 宜补“秋”字。

又云：

> 皮（彼）兴之以金，吾击之以火；皮（彼）兴以火，吾击之以水；皮（彼）兴以水，吾击之以土；皮（彼）兴之以土，吾击之以木；皮（彼）兴以木，吾击之以金：此用五行胜也。春击其右，夏击其里，秋击其左，冬击其表：此胃（谓）倍（背）生击死，此四时胜也。

所言具体意义，不必深究。只要知道《盖庐》中的申胥是一位阴阳五行家，也就够了。

第五节　论吴越势不两立

《吕氏春秋·知化》云：

> 吴王夫差将伐齐，子胥曰："不可。夫齐之与吴也，习俗不同，言语不通，我得其地不能处，得其民不得使。夫吴之与越也，接土邻境，壤交通属，习俗同，言语通，我得其地能处之，得其民能使之。越于我亦然。夫吴越之势不两立。越之于吴也，譬若心腹之疾也，虽无作，其伤深而在内也。夫齐之于吴也，疥癣之病也，不苦其已也，且其无伤也。今释越而伐齐，譬之犹惧虎而刺猏①，虽胜之，其后患未央。"太宰嚭曰："不可。君王之令所以不行于上国者，齐、晋也。君王若伐齐而胜之，徙其兵以临晋，晋必听命矣，是君王一举而服两国也，君王之令必行于上国。"夫差以为然，不听子胥之言，而用太宰嚭之谋。

① 猏，《康熙字典·巳集下·犬字部·八画》：《广韵》古贤切，《集韵》经天切，《广韵》俗"豣"字。古同"豣"，指三岁的猪；亦泛指大猪、大兽，如《诗·豳风·七月》："献豣于公。"《吕氏春秋》："惧虎而刺猏。"

现在讨论这段话里的观点、方法：伍子胥着眼于文化，着眼于内外，是从实际出发的，而太宰嚭是从愿望出发的。

伍子胥观察吴齐关系、吴越关系，首先着眼于文化。他看出，吴与齐文化不同，吴与越文化相同。他没有说出“文化”这个名词，但说的是文化这个东西。文化不同，即使伐而胜之，也不能立即用之，还要经过同化而用之。《左传》哀公十一年记子胥谏曰：“得志于齐，犹获石田也，无所用之。”正是此意，只不过说得更形象化些。文化相同，则无须同化，可以立即用之。吴得越，越得吴，皆可立即用之，就看谁先下手，势不两立，根据就在此。

文化相同为内，文化不同为外。内患如心腹之疾，虽未发作，“其伤深而在内”；外患如疥癣之疾，不怕它厉害，其伤轻而在外。这就由着眼于文化，过渡到着眼于内外。既着眼于内外，虽文化相同，亦有内外之分。有内患，有外患，内患更能致命。孔子说：“吾恐季孙之忧，不在颛臾，而在萧墙之内也。”[①] 也是这样看问题。这个道理，就是所谓“堡垒容易从内部攻破”，所以安内先于攘外。

由此可见，伍子胥主张吴只应伐越，不应伐齐，乃客观形势所迫。他对吴越齐三国形势作了具体分析，是从实际出发的。太宰伯嚭则是迎合夫差称霸中原的愿望，投其所好，编造理由，所以毫无实际情况的具体分析，只能从愿望出发。

第六节　彻底性与灵活性

伍子胥一生，立志做两件大事：一是复仇，一是灭越。主意一定，便贯彻到底，表现出极端的彻底性。但他临机应变，又有高度的灵活性。

《韩非子·说林下》云：“阖庐攻郢，战三胜，问子胥曰：‘可以退

① 见《论语·季氏》。

乎?’子胥对曰：‘溺人者一饮而止，则无遂者，以其不休也。不如乘之以沉之!’”这是说，譬如要把人淹死，只让他喝一口水就罢手，一定淹不死他。不能停顿，要一股劲儿地把他沉下去!

《左传》定公四年说吴“五战，及郢”，《吕氏春秋·简选》说吴“五战五胜，遂有郢”，贾谊《新书·耳痹》说阖庐“伐楚，五战而五胜”，《淮南子·泰族训》说阖庐“伐楚，五战入郢”，《史记·伍子胥列传》说“吴乘胜而前，五战，遂至郢”，可见阖庐接受了伍子胥的意见，没有三胜而退。若不是伍子胥坚持，阖庐很可能三胜而退，不会五战入郢了。

关于灭越，伍子胥力求灭尽、灭早。《左传》哀公元年说他反对夫差接受勾践的求和，引用《泰誓》的“树德务滋，除恶务本”为理论根据。《左传》哀公十一年说他主张对越要像《盘庚之诰》说的那样：“其有颠越不共，则劓殄无遗育，无俾易种于兹邑!”（沈玉成《左传译文》译为：“如果有猖狂捣乱不听话的，就统统砍了不留后代，不要让他们在这里留下逆种!”）这是要灭尽。《国语·吴语》说他谏夫差曰：“及吾犹可以战也，为虺（小蛇）弗摧，为蛇将若何!”这是说，趁吴国还能战胜的时候伐越吧，蛇小时不打死，长大了怎么办!这是要灭早。他对越，是要坚决、彻底、干净、全部、尽早地消灭之。

由以上可见，伍子胥的战略方针是坚定不移的。可是他的战术设计又是灵活机智的，由以下可见。

《左传》昭公三十年云阖庐问伍子胥：“伐楚何如?”子胥对曰：“楚执政众而乖（执政的人多而不团结），莫适任患（谁也不承担责任），若为三师以肄（扰乱）焉，一师至，彼必皆出。彼出则归，彼归则出，楚必道敝（疲于道路）。亟肄以罢（疲）之，多方以误之。既罢（疲）而后以三军继之，必大克之。”阖庐从之。这套战术，就是敌驻我扰，敌疲我打。他首先着眼于政治，把这套战术建立在对方执政者不团结的基础上。由于不团结，怕负责，所以我一扰而“彼必皆出”，生怕别人夺去战功，又怕不出受到追究。如是彼出我归，彼归我出，使之疲于奔命，这就是“亟肄以罢之”。还要“多方以误之”，千方百计使敌人犯错误。敌驻我扰，是“三师”的任务；敌疲我打，是“三军”（全部主力）的任务。这一套就是柏举之役吴军的战术基础。

《韩非子·内储说下》云：“吴政（征）荆，子胥使人宣言于荆曰：‘子期用，将击之；子常用，将去（退走）之。’荆人闻之，因用子常而退子期也。吴人击之，遂胜之。”《韩非子》此篇有许多设计离间对方而成功的故事，此其一也。子期即公子结，甚贤。子常即囊瓦，出奇地贪暴。《左传》定公三年说，子常为楚令尹，来访的蔡昭侯有好佩、好裘，唐成公有好马，子常见了就要，他们不给，子常就扣留他们三年。《国语·楚语下》云：“斗且廷见令尹子常，子常与之语，问蓄货聚马。归以语其弟，曰：‘楚其亡乎！不然，令尹其不免乎！吾见令尹，令尹问蓄聚积实，如饿豺狼焉，殆必亡者也。’”用这条饿豺狼挂帅，哪能不败。《左传》定公四年云：“吴子及楚人战于柏举，楚师败绩，楚囊瓦出奔郑。”楚用囊瓦挂帅，照《韩非子》所说，是中了子胥之计。

伍子胥还有些小计，也很顶用。《韩非子·说林上》云：“子胥出走，边候得之。子胥曰：‘上索我者，以我有美珠也。今我已亡之矣，我且曰子取吞之。’候因释之。”伍子胥被边防哨兵捉住了，急中生智，也许是早已想好了，就讹诈哨兵说：我要一口咬定你把我的美珠吞了，楚王非找你要不可。“吞”有二义：一是吞到肚里，一是吞入私囊。此处是第一义。古有剖腹“藏”珠之说[①]，则亦有剖腹“取”珠之人。楚王拿哨兵来剖腹取珠，是完全可能的。哨兵害怕剖腹，就把他放了。子胥是利用楚王的淫威和哨兵的恐惧，保全了自己。以这个故事为素材，可以写一篇宣扬生存主义（existentialism）的小说。

第七节　处宫辱墓考

春秋时代，有一件震动南北的大事：“吴入郢”。时在公元前 506 年，

① 见《幼学故事琼林·珍宝》。

吴王阖庐九年，楚昭王十年。

吴入郢，对群众秋毫无犯，史料中找不出任何侵犯群众的记载，其矛头只指向楚王及统治集团，干了两件事："以班处宫"，"辱平王之墓"。

《左传》定公四年云："吴入郢，以班处宫。"何谓以班处宫？就是《公羊传》同年说的："君舍于君室，大夫舍于大夫室，盖妻楚王之母也。"《谷梁传》同年说得更明白："君居其君之寝而妻其君之妻，大夫居其大夫之寝而妻其大夫之妻，盖有欲妻楚王之母者。"可见"以班"是按照级别，"处宫"是居其居而妻其妻。

关于君、大夫，所说相同。关于楚王之母，则有两说："妻"，"欲妻"。今按："欲妻"是也，欲而未遂也。楚王之母乃秦女嬴氏，十七年前是太子建未婚妻，这时不到四十岁，故有欲之者。但按照级别，无人与她同级，故未遂也。可怜的女人！是级别限制救了你啊。

但是吴人处而不安。贾谊《新书·谕诚》说，此时"阖闾（庐）一夕而五徙卧"，是因为有曾受楚昭王恩赐的人们骚扰。但主要是吴人内部争宫，造成动乱。《左传》定公四年云："子山处令尹之宫，夫概王欲攻之，惧而去之，夫概王入之。"子山是阖庐之子，夫概王是阖庐之弟，这两代王子，与令尹级别相当，争处令尹之宫而相攻。这是最突出的一例。《左传》定公五年有鬭辛对"吴人之争宫"的评论，可见并不止上述这一起。

处宫的记载，见于两汉之书者，有《淮南子·泰族训》"阖闾伐楚"，"舍昭王之宫"；《春秋繁露·王道》吴王"举兵加楚，大败之，君舍乎君室，大夫舍大夫室，妻楚王之母"；《越绝书·吴内传》"君舍君室，大夫舍大夫室，盖有妻楚王母者"，其《篇叙外传记》更说"子胥妻楚王母"；《吴越春秋·阖闾内传》则说"阖闾妻昭王夫人，伍胥、孙武、白喜（伯嚭）亦妻子常（囊瓦）、司马戌（沈尹戌）之妻"。惟《史记》的《吴太伯世家》《楚世家》《伍子胥列传》皆无处宫之说。

关于辱平王之墓，《左传》无此说，《公羊传》亦无此说。《谷梁传》定公四年云："挞平王之墓。"《吕氏春秋·首时》云："鞭荆平之坟三百。”贾谊《新书·耳痹》云：“挞平王之墓。”《淮南子·泰族训》云：“鞭荆平王之墓。”《史记·季布栾布列传》云“夫忌壮士以资敌国，此伍子胥所以鞭平王之墓也”；而《伍子胥列传》云“掘楚平王墓，出其尸，鞭之三百然后已”；又《吴太伯世家》云“子胥、伯嚭鞭平王之尸”；《楚世家》则云“辱平王之墓，以伍子胥故也”。《说苑·奉使》云：“子胥亲射宫门，掘平王冢，笞其坟。”《越绝书·荆平王内传》云子胥“操鞭捶笞平王之墓”；又《吴内传》同；又《外传纪策考》云子胥“笞平王墓”；又《篇叙外传记》云“子胥兵笞平王之墓”。《吴越春秋·阖闾内传》云：“伍胥以不得昭王，乃掘平王之墓，出其尸，鞭之三百。”《论衡·定贤》云：“伍子胥鞭笞平王尸。”或言鞭墓，或言鞭尸，只好用《楚世家》“辱平王之墓”这个笼统些的说法来总括了。

根据上述史料，本书肯定处宫、辱墓皆有其事，既不以《左传》无辱墓之说而否定辱墓，亦不以《史记》无处宫之说而否定处宫。否则，对其余大量史料怎么交代？动不动使用“默证”[①]（argument from silence）是不对的。至于诸说细节之不同，乃大同之小异，在本书讨论的范围内，可以略而不计。

第八节　鲁《春秋》的反应

对于吴入郢这件大事，南北反应不同。这种不同，反映南北文化及其哲学不同。兹先说北人反应，以鲁《春秋左传》为代表。然后说楚人反应。

《左传》定公四年云：“冬十有一月庚午，蔡侯以吴子及楚人战于柏举，楚师败绩，楚囊瓦出奔郑。庚辰，吴入郢。”

怎么前面称“吴子”，后面不称“吴子”而称“吴”呢？照《公羊

① 1925年张荫麟著文批评顾颉刚误用“默证”，后收入顾氏所编《古史辨》（2），上海古籍出版社1982年版，第272页。

传》《谷梁传》所说，这是“称子”“不称子”的不同，这就是书法的不同，其中有微言大义。

关于称子。《公羊传》说：“吴何以称子？夷狄也而忧中国。”《谷梁传》说：“吴，其称子何也？”“吴信（伸）中国而攘夷狄，吴进矣。”《公羊传》是说，吴本是“夷狄”，这次却操心“中国”的事，所以称子。《谷梁传》是说，吴此次伸张“中国”正义而攘“夷狄”之楚，这是一大进步，所以称子。

关于不称子。《公羊传》说：“吴何以不称子？反夷狄也。其反夷狄奈何？君舍于君室，大夫舍于大夫室，盖妻楚王之母也。”《谷梁传》说：“何以谓之‘吴’也？狄之也。何谓狄之也？君居其君之寝而妻其君之妻，大夫居其大夫之寝而妻其大夫之妻，盖有欲妻楚王之母者。”两《传》都认为，以班处宫是夷狄之行，也就是现代所说的兽行。为了表明吴是夷狄（“狄之”），表示反对夷狄（“反夷狄”）所以不称子。

可见两《传》认为，称子和不称子这两种书法，其微言大义是：严“中国”与“夷狄”之辨。区别就在一个“子”字上。称子，是“中国”之；不称子，是“夷狄”之。称子是褒，不称子是贬。一字之褒，荣于华衮；一字之贬，严于斧钺。①

这里所说的“中国”，不是地理概念，不是政治概念，不是种族概念，而是文化概念。所说的“夷狄”亦然。虽是文化概念，却将地理内容、政治内容、种族内容，还有经济内容以至狭义的文化内容，统统包括在内了。换句话说，“中国”相当于现代所说的“文明”，“夷狄”相当于现代所说的“野蛮”。一部《春秋》，以及后来历代《春秋》之学，不论何家何派，千言万语，苦心孤诣，说到底，只有一条：教导中国人要保持和发展文明，不要沦落为野蛮。这一条，难道应该抛弃，而不应该发扬吗？

---

① 范宁《春秋谷梁传序》云：“一字之褒，宠逾华衮之赠；片言之贬，辱过市朝之挞。”

孔子说："微管仲，吾其被发左衽矣。"[1] 这是说，"中国"可变为"夷狄"，文明可变为野蛮。他又说："夷狄之有君，不如诸夏之亡（无）也。"[2] 这是说，"夷狄"可变为"中国"，野蛮可变为文明。孔子能从文化看"中国"和"夷狄"，承认二者双向变化，使人们提高警惕，这是很可取的。这与前面第五节讲的伍子胥从文化看齐吴越的异同，在哲学上属于同类，但伍子胥不太看重其双向变化。

由以上可见，《春秋》及两《传》对于吴入郢，是分两个阶段来评价的。对于入郢以前的伐楚，称子以褒之；对于入郢以后的行为，不称子以贬之。就是对于入郢以后的行为，也是分两个方面来评价的。对于辱墓，有条件地褒之[3]；对于处宫，无条件地贬之。其褒贬的具体结论[4]，姑且不论，其褒贬的分析方法，甚为可取。它们对此事不是囫囵吞枣，而是分阶段、分方面进行评价。这就是具体分析具体情况。从哲学上看，这是一个很重要的方法论。

第九节 《公羊传》论复仇

《公羊传》有四处说到复仇。

（一）《公羊传》隐公十一年云："君弑，臣不讨贼，非臣也；子不复仇，非子也。"君被杀，其臣必须讨贼，其子必须复仇。不是君的人被杀呢？未说。

（二）《公羊传》庄公四年云："'九世犹可以复仇乎？''虽百世可也。''家亦可否？'曰：'不可。''国何以可？''国、君一体也。'"这就

① 见《论语·宪问》。

② 见《论语·八佾》。

③ 《公羊传》未言辱墓，但提出了子可复仇的条件，对于复仇，有条件地褒之。辱墓是复仇的一部分，则亦有条件地褒之。《谷梁传》谓"挞平王之墓"为"易无楚"，是说吴入楚如入无人之境，太容易了。这是讥贬楚王无力保护祖坟，则褒吴之意，隐约可见。

④ 《越绝书·篇叙外传记》概括为"贤其复仇，恶其妻楚王母"。

明确地说，只有“国”可以复仇，“家”不可复仇。“家”指大夫之家，大夫尚不可复仇，则平民更不用说了。此处提出“国、君一体”之说，以为“弑君”之仇是国仇，不要说过了九代，就是过了一百代也可以复仇。这个“国、君一体”之说，不知愚弄了多少人，包庇了多少昏君。这宝贝西方也有，法王路易十四就扬言“朕即国家”。也有人不信这一套，齐国的晏子①，楚国的蒙谷②，都将国与君区别开来，认为对国负责的是“社稷之臣”，对君个人负责的是“人臣”。

（三）《公羊传》庄公九年云：“曷为不与公复仇？复仇者在下也。”为什么不赞许鲁庄公复仇？因为他这次复仇是大夫们出的主意。连复仇的主意也必须是国君自己出，以防复仇的大权旁落。

（四）《公羊传》定公四年云：“曰：‘事君犹事父也。此其为可以复仇，奈何？’曰：‘父不受诛，子复仇可也。父受诛，子复仇，推刃之道也，复仇不除害，朋友相卫而不相迿，古之道也。’”这是一个大突破，突破了只复国仇的限制，可以有条件地复父仇了，条件是“父不受诛”，即无应诛之罪而被诛。这是伍子胥复仇造成的吴入郢台风冲击的结果。伍奢无罪被诛，其子子胥可以复仇。若父有应诛之罪，而子复仇，则势必你杀过来，我杀过去，好像拉锯（“推刃”）。这样的复仇不能除掉祸根（“不除害”）。唐代柳宗元有一篇《驳复仇议》，将这段复仇理论当作法律运用，是《春秋》断狱的著名实例。清代末年，人们开始谈论中国应当有宪法。梁启超说：中国怎么没有宪法？《春秋》就是宪法。清代初年，多尔衮与史可法来往信件，就是打《春秋》仗，引用《春秋》打对方。可见影响之深远。

《公羊传》定公四年的这个大突破，是违反初衷的。它的初衷是通过伍子胥宣扬“事君犹事父”。这是君父一体论。既然君父一体，当然不能向君复父之仇。不过事实太不听话。这时伍子胥已是阖庐的臣，阖庐

---

① 详见《左传》襄公二十五年。

② 详见《战国策·楚策一》。

“将为之兴师而复仇于楚”。但这是“为匹夫兴师”，违反了“诸侯不为匹夫兴师”的原则，即“亏君之义”。伍子胥说：“亏君之义，复父之仇，臣不为也。”① 于是作罢，一直等到有了救蔡为借口才伐楚。正因为有救蔡之名，所以《春秋》称“吴子”以褒之。若将“事君犹事父”贯彻到底，则兴师伐楚，不能有丝毫为父复仇的成分。但此次伐楚，明明白白有这个成分，完完全全是这个成分，怎么说得通？于是只好网开一面，突破成说，而违反宣扬“事君犹事父”的初衷。这是因为，“事君犹事父”，不过是公羊家的《春秋》之义，并不是楚人处理事君与事父的关系的原则。公羊家想将楚人的原则纳入他的轨道，好比以襟掩肘，终于捉襟见肘，露出一副窘相。

第十节 楚人的两项原则

楚人处理事君与事父的关系，有两项原则：（一）在一般情况下，当事君与事父矛盾时，事父服从事君；（二）在特殊情况下，父被杀则复仇，事君服从事父。第二项原则源出原始社会的血亲复仇（blood revenge），可称为“血亲复仇原则”。

先举第一项原则的例证。

第一章第六节引过，《论语・子路》云：“叶公语孔子曰：‘吾党有直躬者，其父攘羊，而子证之。’孔子曰：‘吾党之直者异于是。父为子隐，子为父隐，直在其中矣。’”叶公是楚国叶县的长官，直躬是其乡党中人。直躬的父亲偷羊，直躬出面证实。证实偷羊，以利执行国法，属于事君行为。这是事父服从事君。孔子的驳斥，反映了北方文化与楚文化的不同。楚人的这两项原则，与公羊家《春秋》之义的不同，反映了楚文化与北方文化的不同。这是观察楚人原则的总观点，贯穿于所有例证。直躬的故事很著名，《吕氏春秋・当务》《淮南子・泛论训》，都讲到它。

① 引语均见《公羊传》定公四年。

《说苑·立节》云：

> 楚有士申鸣者，在家而养其父，孝闻于楚国。王欲授之相，申鸣辞不受。其父曰："王欲相汝，汝何不受乎？"申鸣对曰："舍父之孝子而为王之忠臣，何也？"其父曰："使有禄于国，立义于庭，汝乐吾无忧矣。吾欲汝之相也。"申鸣曰："诺。"遂入朝，楚王因授之相。居三年，白公为乱，杀司马子期，申鸣将往死之，父止之，曰："弃父而死，其可乎？"申鸣曰："闻夫仕者身归于君，而禄归于亲。今既去子事君，得无死其难乎？"遂辞而往。

这也是事父服从事君。这个故事又见于《韩诗外传·十》《渚宫旧事·二》。

《韩诗外传·一》云：

> 楚白公之难，有仕之善者，辞其母，将死君。其母曰："弃母而死君，可乎？"曰："闻事君者，内其禄而外其身。今之所以养母者，君之禄也。请往死之。"

这是事母服从事君。这个故事又见于《新序·义勇》，谓此人姓名为庄善。

再举血亲复仇原则的例证。

与伍子胥合作复仇的伯嚭，是楚太宰伯州犁之孙。《左传》成公十五年云："晋三郤害伯宗，谮而杀之"，伯宗之子"伯州犁奔楚"。伯宗曾说"天方授楚，未可与争"，又说"川泽纳污，山薮藏疾，瑾瑜匿瑕，国君含垢：天之道也"①，是一个政治上亲楚、哲学上合乎"老"学即楚学的人，故其子奔楚，楚亦重用之。《左传》昭公元年云：楚公子围（后为灵

① 均见《左传》宣公十五年。

王）“杀大宰伯州犁”，伯州犁做了宫廷政变的牺牲。《史记·吴太伯世家》云：“楚诛伯州犁，其孙伯嚭亡奔吴。”伯嚭与伍子胥虽是政敌，但在伐楚复仇上完全一致。《吴太伯世家》又云“吴兵遂入郢，子胥、伯嚭鞭平王之尸”，可见二人行动之一致。

申公巫臣，是比伍子胥、伯嚭早八十年利用吴伐楚为其血亲复仇的楚人。他是庄王时的申公，在楚廷工作。后来拐带夏姬到晋，晋使为邢大夫，定居于晋。楚共王即位，子反、子重杀巫臣之族而分其财。巫臣决心复仇，请求晋侯派他使吴，带去兵车三十辆，以一半连车带人送给吴，“教吴乘车，教之战陈，教之叛楚。置其子狐庸焉，使为行人于吴。吴始伐楚、伐巢、伐徐，子重奔命。马陵之会，吴入州来，子重自郑奔命。子重、子反于是乎一岁七奔命。蛮夷属于楚者，吴尽取之”[1]。巫臣本人回晋，将儿子扎根于吴，借吴复仇。他看准了吴作为基地，为伍子胥、伯嚭提供了经验。

还有观从。楚康王“轘观起于四竟”[2]，观起是观从之父。“轘”是车裂，分尸之后还要示众于四境，可谓惨酷。后来观从利用楚康王兄弟争立的矛盾，发动了一场武装斗争，使楚王兄弟互相残杀，达到为观起复仇的目的。[3]

还有白公胜。其事详见《左传》哀公十六年，以及《史记·伍子胥列传》。他是楚平王太子建之子。平王派人杀太子建，太子建出奔，在郑被杀，但祸根在楚。白公胜为了复仇，《伍子胥列传》说他“好勇而阴求死士”，《淮南子·人间训》更说他“卑身下士，不敢骄贤；其家无管籥之信，关楗之固；大斗斛以出（大斗出，小斗进）；轻斤两以内（小秤进，大秤出）”，作了充分的积累力量、争取民心的工作。终于在公元前479年发动了复仇事变。

但是最致命的是白起，其事详下。

---

① 见《左传》成公七年。上文参见《左传》成公二年。

② 见《左传》襄公二十二年。

③ 见《左传》宣公十三年。

第十一节　白起复仇考

公元前279年、公元前278年，秦将白起两次攻楚，楚王东迁不返，一蹶不起。人们很熟悉此事，却不大注意这是白起为其祖先复仇的意义。现在分三点来考察。

（一）白起是楚白公胜之后。

唐代白居易《故巩县令白府君事状》云："白氏芈姓，楚公族也。楚熊居太子建奔郑。建之子胜，居于吴楚间，号白公，因氏焉。楚杀白公，其子奔秦，代为名将，乙丙已降是也。裔孙曰起，有大功于秦，封武安君。后非其罪，赐死杜邮，秦人怜之，立祠庙于咸阳，至今存焉。"顾炎武《日知录》"氏族相传之讹"条驳之云："按：白乙丙见于僖之三十二年（公元前628年），白公之死则哀之十六年（公元前479年），后白乙丙一百四十八年。曾谓乐天而不考古一至此哉！"驳得很对。然顾氏之驳只此一点，并不是说全文都错了。所以我主张删去"乙丙已降是也"六字而用之。删去此六字，此《状》仍为信史：你能说，它说的楚太子建奔郑，建之子胜为白公，楚杀白公，一直到下文历代先人的名讳、官职、年寿、葬地，都不可信吗？梨子烂了一点，剜掉就是了，还可以吃，若因此整个丢掉，不太可惜了点吗？

《战国策·赵策一·秦王谓公子他》篇中说："秦王怒，令公孙起、王齮以兵遇赵于长平。"这个公孙起是谁？《史记·白起王翦列传》云："乃阴使武安君白起为上将军，而王龁为尉裨将。"则公孙起即白起。王齮即王龁。白起虽是秦之武安君，而不是秦之公孙，然则此称公孙者，盖谓楚之公孙也。

附带说一下，唐代李吉甫著《元和郡县图志》，成书于宪宗元和八年（公元813年），时任宰相。其"咸阳县"条下云："本秦旧县也"，"秦自孝公、惠文、悼武、昭襄、庄襄王、始皇、胡亥并都之"。唐高祖"武德元年（公元618年）置白起堡"，又云"白起祠在县城中"，可证《故巩县令白府君事状》所说为白起“立祠庙于咸阳，至今存焉”是确实的。唐人如此推崇白起，在重视出身谱系（“阀阅”）的唐代，亦是白氏乐于追认白起为祖先的一个原因。

（二）白起是秦廷“楚裔集团”的骨干。

秦昭王时，秦廷有一个掌权集团，其中都是楚裔，我名之为“楚裔集团”。为首的是宣太后①，原号“芈八子”，“八子”是秦宫后妃第七等称号②。她是垂帘听政的祖宗③，总揽大权。其次是宣太后之弟魏冉，掌政权④。再次是白起，掌军权。这个集团的事迹散见于《战国策》和《史记》，而以《史记·穰侯列传》为最详。由白起在此集团中的地位和作用，更可确知他是楚裔。我这样说，显然犯了证明中的丐词（begging the question）错误。但我并非在此证明，而是在此重复和强调。为了重复和强调，故意使用丐词，也是一法。

《史记·穰侯列传》云：“穰侯魏冉者，秦昭王母宣太后弟也，其先

---

① 《史记·秦本纪》云：“昭襄母楚人，姓芈氏，号宣太后。”《战国策·秦策五》秦文王后“曰：吾楚人也”，后为华阳太后，是宣太后的孙媳。可想见秦宫楚裔之盛。文王后念楚情深，将王子异人改名“楚”以为己子，即庄襄王，为始皇之“父”。

② 《汉书·外戚传》云：“汉兴，因秦之称号，帝母称皇太后，祖母称太皇太后，嫡称皇后，妾皆称夫人，又有美人、良人、八子、七子、长使、少使之号焉”，“八子视千石，比中更”。据颜师古注，八子之禄，每月为九十斛小米；八子之爵，套“中更”级，为十三级。又《汉书·高五王传》云“诸侯王以令置八子，秩比六百石”，如淳曰：“八子，妾号。”

③ 《战国策·赵策四》“赵太后新用事”始于公元前265年。而秦“宣太后自治”（见《史记·穰侯列传》）始于公元前306年，比赵太后用事早四十一年。且“自治”等于自己为王，非“用事”可比。《史记·匈奴列传》说她“诈而杀义渠戎王”，确实厉害。《战国策·秦策二》“秦宣太后爱魏丑夫”，庸芮面数其过，她竟能接受而改正。

④ 《史记·秦本纪》秦昭王十二年，“魏冉为相，予楚粟五万石”，可见对楚的优惠，是此年唯一的大事。又《秦始皇本纪》九年“令相国昌平君”司马贞《索隐》云：“昌平君，楚之公子，立以为相，后徙于郢，项燕立为荆王，史失其名。”可想见秦廷楚裔之盛。至于李斯，虽是楚人，然起自小吏，而为客卿，不在此数。

楚人，姓芈氏。”“宣太后二弟：其异父长弟曰穰侯，姓魏氏，名冉；同父弟曰芈戎，为华阳君。”① “而魏冉最贤，自惠王、武王时任职用事。武王卒，诸弟争立，唯魏冉力为能立昭王。昭王即位，以冉为将军，卫咸阳”，“威振秦国。昭王少，宣太后自治，任魏冉为政”。“魏冉举白起，使代向寿将”，“使白起拔楚之郢，秦置南郡，乃封白起为武安君。白起者，穰侯之所任举也，相善”。通观此《传》及全部《史记》《战国策》，魏冉一生只任举白起一人；他历次出征都是单干，唯有一次例外，与另一人合攻三晋，此人却是白起的客卿，名叫胡阳。白起与魏冉的亲密关系，再清楚不过了。此《传》未说魏冉为什么任举白起。但有一个明摆着的关系：同属芈姓，使他们与宣太后凝聚起来。

（三）白起拔郢有复仇的目的。

《史记·白起王翦列传》有以下记载：

白起“攻韩、魏于伊阙，斩首二十四万”。

“白起攻魏，拔华阳，走芒卯，而虏三晋将，斩首十三万。与赵将贾偃战，沉其卒二万人于河中。”

“白起攻韩陉城，拔五城，斩首五万。”

长平之战，赵“卒四十万人降”白起，白起“乃挟诈而尽坑杀之”，“前后斩首虏四十五万人”。

将这些记载与以下记载相比：

“白起攻楚，拔鄢、邓五城。其明年，攻楚，拔郢，烧夷陵。”

再参照《史记·楚世家》云：“秦将白起遂拔我郢，烧先王墓夷陵。”②

再参照《战国策·秦策四》顷襄王二十年云：“秦白起拔楚西陵，或

① 宣太后姓芈，其同父弟姓芈，则其父姓芈。其异父长弟姓魏，则宣太后之母再嫁魏某，冉为魏某长子，而幼于芈戎。若谓冉长于戎，则必须其母先嫁芈某，生宣太后；再嫁魏某，生冉；复婚芈某，生戎。不知孰是。但以后者可能性大，因为只有其母复婚芈某，才把冉带回芈家养大，而与宣太后形成有如同姓之亲。

② 司马贞《索隐》云：“夷陵，陵名，后为县。”《国语·齐语》“陵为之终”韦昭注“以为葬地”，是即陵墓。则《齐语》已有此用法，不始于汉。

拔鄢、郢、夷陵，烧先王之墓。”《战国策·中山策·昭王既息民缮兵》云：白起“率数万之众入楚，拔鄢、郢，焚其庙”。

由上可以看出：白起攻楚，未大批杀人，只烧其王墓，焚其宗庙；白起攻其他各国，只大批杀人，而未烧其王墓，焚其宗庙。这是一个鲜明的对比。这个对比说明了什么呢？它只能说明一点：白起攻楚，抱有复仇的目的。他要找楚国先王报祖先被害之仇，所以烧其墓，焚其庙。他对楚人，包括放下武器的士卒，有同胞的情感，所以决不大批屠杀。伍子胥入郢复仇的行动，原则上也是如此。在这个意义上，完全可以说，白起用的是伍子胥模式。

第十二节　楚人的行动反应

现在说楚人对于吴入郢的反应。从现有史料看，楚人有三种行动反应，另外还有三种理论反应。本节讲行动反应，下节讲理论反应。

三种行动反应，各有不同的出发点，或从血亲出发，或从社稷出发，或从报恩出发。其中各有一定的哲学意义。

从血亲出发者，如申包胥。吴入郢，他就到秦搬救兵，打败吴兵[①]。《战国策·楚策一》说他“赢粮潜行，上峥山，逾深溪，跖穿膝暴，七日而薄秦王之朝。雀立不转，昼吟宵哭。七日不得告。水浆无入口，瘨而殚闷，旄不知人”，感动秦王发救兵，但其姓名却写成“棼冒勃苏”。南宋王应麟《困学纪闻·卷六》“左氏”云：“棼冒勃苏，即申包胥也，岂棼冒之裔，楚之同姓欤？”元代吴师道《战国策补注》注云：“棼冒，即蚡冒。勃苏、包胥声近。”[②] 可知申包胥乃蚡冒（公元前757年—公元前741年在位）后代。故越王勾践称申包胥为“王孙包胥”[③]。则申包胥之

① 见《史记》的《秦本纪》《楚世家》《伍子胥列传》。

② 清代钱大昕说：“棼者，楚之讹。冒者，[illegible]之讹，即古文申字。勃苏与包胥声相近。”则“棼冒勃苏”即“楚申包胥”。可备一说。

③ 见《国语·吴语》。

存楚，伍子胥之覆楚①，各为其血亲也。申包胥相信："人众者胜天，天定亦能破人。"② 这是天人互胜的哲学，含有人力胜天的一面。为了血亲，而又相信人力胜天，所以能在秦廷坚持七日七夜。

从社稷出发者，如蒙谷。吴入郢，他为将在外，闻讯赶回，不是与吴兵厮杀，而是"入大宫，负离次之典以浮于江，逃于云梦之中。昭王反郢，五官失法，百姓昏乱。蒙谷献典，五官得法，而百姓大治。此蒙谷之功，多与存国相若。封之执圭，田六百畛。蒙谷怒曰：'谷非人臣，社稷之臣！苟社稷血食，余岂患无君乎？'遂自弃于磨山之中"③。当时守典的官员已经逃离职守，故曰"离次"之典。从作用上比较，申包胥如韩信，蒙谷如萧何。《史记·萧相国世家》云："沛公（刘邦）至咸阳，诸将皆争走金帛财物之府分之，［萧］何独先入收秦丞相御史律令图书藏之。沛公为汉王，以何为丞相"，"汉王所以具知天下厄塞、户口多少强弱之处，民所疾苦者，以何具得秦图书也"。"图书"是现在的"档案"，所以后来刘邦评萧何为"功人"，诸将为"功狗"。同是功臣，而有人、狗之分。试想楚昭王重返郢都，一切乱了套，两眼一抹黑，若非"蒙谷献典"，烂摊子如何收拾！蒙谷与萧何的可贵之处，在于在认识论上，理解信息的价值。他们懂得，要治天下，必先知天下；要知天下，必先有信息。否则，正像盲人骑瞎马，夜半临深池。所以蒙谷之功，等于存国，受到重赏。可是他以为，赏他就是以"人"臣待他，是对他的莫大污辱，大怒而去。他要求以"社稷"之臣待他，因为他的出发点是为了社稷。他能区分国与君，认为只要有国，"岂患无君"，从而区分对君个人负责的人臣，与对国家负责的社稷之臣。照他的逻辑，则只要有国，不论哪个为君，他都会献出档案，以利治国。这已经不是血缘政治，而是地缘政治了。《后汉书》"李通传论"称赞"蒙谷负书，不徇楚难"。所谓"不

---

① 《史记·伍子胥列传》云："始伍员与申包胥为交，员之亡也，谓包胥曰：'我必覆楚。'包胥曰：'我必存之。'"

② 见《史记·伍子胥列传》。

③ 见《战国策·楚策一》。

徇楚难”，犹晏子不死君难，心存社稷。[①] 从社稷出发，比从血亲出发，在政治哲学思想上进了一步。

从报恩出发者，如受楚昭王当房之赐的百姓。贾谊《新书·谕诫》云：

> 楚昭王当房而立，愀然有寒色，曰："寡人朝饥时，酒二觛，重裘而立，犹憯然有寒气，将奈我元元之百姓何！"是日也，出府之裘以衣寒者，出仓之粟以振饥者。居二年，阖闾袭郢，昭王奔隋。诸当房之赐者请还，致死于寇。阖闾一夕而五徙卧，不能赖楚，曳师而去。昭王乃复，当房之德也。

老百姓是最知好歹的。这些饥寒交迫的人，从报恩出发，行动起来，这种平民意识，与王孙忧患，官僚哀乐，全不相干。他们养成了道德直觉：有恩必报。《楚辞》说："孰无施而有报兮，孰不实（与"施"同音而义双关）而有获。"[②] 卫国民歌说："投我以木桃，报之以琼瑶。"[③] 前者就施恩说，后者就报恩说，都是老百姓的心声。这是真正的实践理性，使人间有人情味。对于人，它的价值是一切哲学空谈、政治空谈根本不能相比的。我在光山、罗田常闻民谚云"敬我一尺，还人一丈"，"借人家牛，还人家马"，可见老百姓是永远一脉相承的。

第十三节　楚人的理论反应

上节讲行动反应，其中有理论；本节讲理论反应，落实在行动。

《国语·楚语下》云：

---

① 见《左传》襄公二十五年。

② 见《九章·抽思》。

③ 见《毛诗·卫风·木瓜》。

> 吴人入楚，昭王奔郧。郧公之弟怀将弑王，郧公辛止之。怀曰："平王杀吾父，在国则君，在外则仇也。见仇弗杀，非人也。"郧公曰："夫事君者，不为外内行，不为丰约（盛衰）举。苟君之，尊卑一也。且夫自敌以下则有仇，非是不仇。下虐上为弑，上虐下为讨，而况君乎！君而讨臣，何仇之为？若皆仇君，则何上下之有乎？吾先人以善事君，成名于诸侯，自鬬伯比以来，未之失也。今尔以是殃之，不可。"怀弗听，曰："吾思父，不能顾矣。"郧公以王奔随。王归而赏及郧、怀。子西谏曰："君有二臣，或可赏也，或可戮也。君王均之，群臣惧矣。"王曰："夫子期之二子耶？吾知之矣。或礼于君，或礼于父，均之，不亦可乎！"

鬬辛、鬬怀、昭王各有一种理论反应。三人都说的是关于向君复父之仇的问题，都是吴入郢引起的反应。吴入郢的实质是向君复父之仇，所以三人所说的实质上是对于吴入郢的反应。

鬬辛、鬬怀的父亲子期，被楚平王杀了。平王的儿子昭王这时逃难，到了郧邑。鬬怀认为，王在郢都，为"在国"，即在内，不可向他复父之仇；王逃到郧邑，为"在外"，丧失君的资格，就可以而且应当向他复仇。这是以王在外或在内为标准，来划分可否向君复父之仇。这是一种理论。

鬬辛的理论，首先驳斥以内外为标准。他认为，事君之道，应当在内在外一个样，盛时衰时一个样。地有内外，时有盛衰，但不论如何，君都是尊，臣都是卑，事君的"行"为、"举"动都应当一个样。为什么？他作了进一步的解释和论证。照他说，人际关系，有同级（"敌"，匹敌，同等）的，有上下的；同级关系可以构成仇，上下关系不能构成仇。上与下，只有"讨"与"弑"，无所谓"仇"。他这样说，则"仇君"之说根本不能成立。他这样说，接近于用逻辑解决问题。

这样用逻辑解决问题，以前叫做"名教"。人也好，事也好，都从人际关系上立个"名"。同是人也，从人际关系上区别，或名为"君"，或名为“臣”。同是事也，例如杀，从人际关系上区别，或名为“讨”，或名为“弑”；又如仇，从人际关系上区别，同级可名为“仇”，上下不可名为“仇”。与拜物教相比，这是拜名教，简称名教。《春秋》称子，不称子，死扣“子”这个名，是名教。联合国辩论“侵略”的定义，死扣“侵略”这个名，也是名教。名教之名已过时，不用了；名教之实则尚存，还在搞。

搞名教，往好处说，是循名责实。例如为君的人，其实际表现，应用君的条件对照检查，如有不合，即应改正，如不改正，则其“实”不合君之“名”，发展下去，就会只合“独夫”“民贼”之“名”。孟子说“闻诛一夫纣矣，未闻弑君也”①，说得那么激烈、庄严，就是根据名教。

搞名教，往坏处说，是以名杀人。光扣帽子，不问实际，不知扼杀了多少英雄好汉，包庇了多少昏君奸臣。

鬭辛的论证，不仅包庇了楚王，而且经不起质问，若问他：为什么上下关系不能构成“仇”？他的答案只能是：就因为是上下关系。如此循环，永无止境。在他的系统中，这是一个最根本的假定，不能再当作问题来质问。他的这个假定，有个潜台词，就是属于上下关系的人，没有平等的人格。上下关系的人，不是不能为仇，而是不配为仇。现在看来，人际关系的总和，只要还是三维六面体，就总是有前后左右（都是同级）上下关系（至于古今一维两面关系，略去未计）。同级关系的人有平等的人格，上下关系的人也有平等的人格，这是近代人与古代人的一个根本区别。要做一个现代人，就更要在这一点上与鬭辛划清界限。虽然如此，我们仍然应当肯定：鬭辛的论证方法接近于用逻辑解决问题，有比较高的哲学思辨水平。

昭王的理论只讲一个“礼”。“礼于君”“礼于父”，都是礼。鬭辛礼于君，鬭怀礼于父，故均赏之；则鬭辛的理论，鬭怀的理论，亦均存之。这种“均之”的态度，是聪明的君主的态度。

---

① 见《孟子·梁惠王下》。

本书第五章讲楚庄王哲学时说过，凡是聪明的君主，其哲学多有杂家色彩，是复合型的，不搞清一色。这样的杂家是有其主旨的，就是为其统治服务。楚昭王赏鬬怀，与汉高祖封雍齿为侯①，晋惠帝用嵇绍为侍中②，唐武后用上官婉儿为贴身助手③，是一脉相承的帝王之术。他们以恩化仇，化仇为亲，产生了对他们很有利的效果。

斯宾诺莎《伦理学》第三部分，命题四十三云："恨由于互相的恨而增加，但可为爱所消灭。"命题四十四云："为爱所完全征服的恨，将变成爱，而这种爱将比此前未曾经历过恨时为更大。"斯宾诺莎的话很可以用来解释上述效果中的情感变化。不过要指明一个条件，就是施恩的一方必须已经控制对方，或至少不受对方控制。肯定这一条，是本书与基督教义之不同。

由以上论述可知：鬬怀的理论，体现了楚人的复仇精神；鬬辛的理论，体现了儒家的正名主义；昭王的理论，体现了两者均存。

楚昭王赏鬬怀，显然是对楚人复仇精神的认同。伍子胥更是"礼于父"了，纵然使楚国天翻地覆，使昭王颠沛流离，昭王也没有怨恨子胥的话，可见连子胥复仇也认了，虽然也没有要赏子胥的话。楚人的复仇精神，气势磅礴，充塞于楚国朝野之间。请看《史记·楚世家》顷襄王十八年，有一楚人，自称"小臣"，史无其名，他对顷襄王说，"'夫先王（怀王）为秦所欺而客死于外，怨莫大焉。今以匹夫有怨，尚有报万乘，白公、子胥是也。今楚之地，方五千里，带甲百万，犹足以踊跃中野（中原）也，而坐受困，臣窃为大王弗取也！'于是顷襄王遣使于诸侯，

① 见《史记·留侯世家》。汉初定天下，诸将争功，相聚谋反。为稳定局势，刘邦用张良之计，封与他积怨最久最深的雍齿为侯，诸将皆喜，曰："雍齿尚为侯，我辈无患矣。"遂相安无事。

② 见《晋书》嵇康传，嵇绍传。司马昭杀嵇康，其子嵇绍时年十岁。后为惠帝侍中。公元304年，"王师败绩于荡阴，百官及侍卫莫不散溃，唯绍俨然端冕，以身捍卫，兵交御辇，飞箭雨集，绍遂被害于帝侧，血溅御服"，见本传。

③ 见《新唐书》韦皇后传附上官昭容传，上官仪传。武后杀上官仪，而信用其孙女上官婉儿，位至昭容、婕妤。

复为从，欲以伐秦”。他在楚王面前，公然表扬白公胜、伍子胥向楚王复仇的行为，强烈要求楚王向白公胜、伍子胥学习，而楚王也竟毫无反感，完全接受，被他发动起来，决定伐秦复仇。这一段史料，可以充分证明：楚人的复仇精神，的确气势磅礴，充塞于楚国朝野之间。所以“楚虽三户，亡秦必楚”①，而项羽、刘邦的起事，都贯注着楚人的复仇精神。只有把握住楚人的复仇精神，才能理解屈原对伍子胥的评价。

第十四节　屈原对伍子胥的评价

楚昭王说的“礼于君”“礼于父”，概括了人在道德方面的两种类型。昭王与孔子同时，孔子说的“事君尽礼”②，就是昭王说的“礼于君”。孔子说的“生，事之以礼；死，葬之以礼，祭之以礼”③，就是昭王说的“礼于父”。所以孔子称赞“楚昭王知大道矣”④。而“楚昭王兴师迎孔子”，又“将以书社地七百里封孔子”⑤。二人的交谊，是南北文化交融史上的一段佳话。

“礼于君”“礼于父”，怎么能概括了人在道德方面的类型呢？这是因为，它们恰好对应于古代社会道德生活的两个根本问题：事君和事父。处理这两个根本问题，都要用“礼”，这是共同的方面；但毕竟又是两个问题，又有其不同的方面。所以在“为国以礼”⑥ 的共同前提下，仍有“礼于君”和“礼于父”两种类型。而且从根本上看，也不外乎这两种类型。

伍子胥是什么类型呢？就楚国而言，他“礼于父”；就吴国而言，他“礼于君”。所以对于伍子胥，可以从“礼于父”来评价，也可以从“礼

① 见《史记·项羽本纪》范增引楚南公语。
② 见《论语·八佾》。
③ 见《论语·为政》。
④ 见《左传》哀公六年。
⑤ 见《史记·孔子世家》。
⑥ 见《论语·先进》。

于君”来评价。

屈原是什么类型呢？他显然是“礼于君”型的。所以屈原只从“礼于君”评价伍子胥。在屈原作品中，共有三处说到伍子胥，均见于《九章》。

《涉江》云：

> 忠不必用兮，贤不必以。伍子逢殃兮，比干菹醢。与前世而皆然兮，吾又何怨乎今之人！余将董道而不豫兮，固将重昏而终身。

《惜往日》云：

> 吴信谗而弗味兮，子胥死而后忧……或忠信而死节兮，或訑谩而不疑。弗省察而按实兮，听谗人之虚辞。

《悲回风》云：

> 浮江淮而入海兮，从子胥而自适。望大河之洲渚兮，悲申徒之抗迹[①]。骤谏君而不听兮，任重石之何益！

将伍子胥与比干并提，这是“礼于君”者可能得到的最高评价。孔子说比干是“殷有三仁”[②] 之一。“仁”是孔子对人的最高评价。屈原的心态是：北方有个比干，南方也有个伍子胥，遥相辉映，平起平坐。这是南方文化代表人物的自尊心和自豪感的流露。屈原虽将伍子胥举得极高，但并不以“仁”称之，而以“忠”“贤”“忠信”称之。这是南北文

① 《庄子·盗跖》：“申徒狄谏而（朱熹《楚辞集注》引“而”作“纣”）不听，负石自投于河。”屈原亦言此事。下文“任重石之何益”，“任”即“负”，言负石自沉无益于事。

② 见《论语·微子》。

化及其道德系统不同的反映。

《庄子·盗跖》云：“世之所谓忠臣者，莫若王子比干、伍子胥”，而“比干剖心，子胥抉眼，忠之祸也”。李斯云：“昔者桀杀关龙逄，纣杀王子比干，吴王夫差杀伍子胥。此三臣者，岂不忠哉？然而不免于死，身死而所忠者非也。”[①] 楚人的这些议论，在以伍子胥与比干并提这一点上，皆与屈原同调。惟宋玉不言伍子胥而美申包胥，其《九辩》云：“窃美申包胥之气盛兮，恐时世之不固”，俨然以申包胥自命，似是反调。

值得注意的是“从子胥而自适”。下文明说负石自沉无益，而且子胥亦未尝自沉，则“从子胥”并不是要投水。上文有“听潮水之相击”句，子胥死为潮神之说[②]或已传来，“从子胥”乃随子胥弄潮耳。屈原是以文学的语言，说他正在走伍子胥的路。

还有一点值得注意的是，屈原只字未提伍子胥复仇。有人根据这一点，还根据《左传》，说没有子胥复仇这回事。这是滥用默证。默证固然不对，但仍须作出解释。

第十五节　屈原为何不提伍子胥复仇

我现在试作解释。

屈原不是零度风格（zero style）的人，他如果提这件事，则或者赞成，或者反对。如果赞成，则赞成吴人以班处楚宫，辱楚王之墓。要屈原赞成这些，简直不可想象。如果反对，则将谓伍子胥行同禽兽，岂能与比干相提并论。如果反对，则反对充塞于楚国朝野的复仇精神，而这种精神同样充塞于屈原之心，并非“众人皆醉我独醒”[③]，而是与众人同其醒醉，反对它就是反对自己。由此可见，赞成也不是，反对也不是，

---

① 见《史记·李斯列传》。

② 《论衡·书虚》云：“传书言：吴王夫差杀伍子胥”，“子胥恚恨，驱水为涛”，“今时会稽丹徒大江、钱唐浙江，皆立子胥之庙”。

③ 见《渔父》。

不如干脆不提。

屈原的心态如果的确如此，则在逻辑上犯了一个毛病。伍子胥的“忠”，其外延意义或特殊意义是“忠于吴”，其内涵意义或一般意义才是“忠”。伍子胥的“复仇”，其外延意义或特殊意义是“向楚复仇”，其内涵意义或一般意义才是“复仇”。屈原于“忠”是取其内涵意义或一般意义，而于“复仇”则取其外延意义或特殊意义。这是一个矛盾。

以上的讨论，是作为文明思维来进行的。我们还可以上溯一个阶段，作为原始思维来讨论。文明思维是原始思维的发展，其中遗存着某些原始思维的成分，是自然的。所以作为原始思维来讨论，并非降低屈原及其时代的文化的水平，相反，倒是能找出其渊源所在。

在原始社会，某一氏族有人被外族所杀，则全族为之复仇，谓之“血亲复仇”。一人被杀，全族人在思维上唯知复仇，无所选择，这就是原始思维的方式。第十三节引过鬬怀的话：“吾思父，不能顾矣。”这句话就是标准的原始思维。关于血亲复仇，摩尔根（L. H. Morgan）的《古代社会》（Ancient Society，1877），罗维（R. H. Lowie）的《原始社会》（Primitive Society，1920），都曾谈到过。他们描述的事实，有助于我们想象中国原始社会也有类似的事实。包尔森（F. Paulsen）的《伦理系统》[①] 指出，“血亲复仇是法律发展中的一个必要阶段”。这个阶段的原始思维，要为血亲复仇，并非选择的结果。在这里没有选择的活动。既无选择，也就无赞成与反对之分。可见屈原的不表赞成，不表反对，正是关于血亲复仇的原始思维遗风。溯源至此，便没有文明思维的那个逻辑矛盾了。其实，岂只对于血亲复仇，对于一切自然而然的事，都用不着提出来表示赞成或反对。比方说，人人长了两只耳朵，这是自然而然的事情，如果有个人郑重地提出你长了两只耳朵，表示赞成或反对，你不认为他是疯子吗？

自屈原被评为爱国诗人以来，人们一直为这个问题困惑着：既然屈

---

① 此书原文是德文，F. Thilly 英译为 A System of Ethics，引文见英译本第 21 页。

原热爱楚国，为什么对楚人伍子胥的攻楚复仇一字不提，毫无谴责，反而对伍子胥其人评价极高？我的解释如上，中心意思是屈原尚有血亲复仇的原始思维遗风。所以他以为血亲复仇乃自然而然的事情，不在话下。谓余不信，请看《九章·哀郢》。现在公认《哀郢》是屈原在白起拔郢后所作。通观全篇，有一字一句谴责白起吗？没有。由此又可以反过来证明，白起拔郢确实是为血亲复仇。

第十六节　余论

北方诸子，对伍子胥评价很高。《墨子·所染》云："吴阖闾染于伍员文义"，"所染当，故霸诸侯"。以为阖庐霸业，由他受伍子胥熏陶渐染而来。《荀子·大略》云："比干、子胥忠而君不用。"其《宥坐》云："女以知者为必用邪？王子比干不见剖心乎！女以忠者为必用邪？关龙逢不见刑乎！女以谏者为必用邪？吴子胥不磔姑苏东门外乎！"其《臣道》云："若周公之于成王也，可谓大忠矣；若管仲之于桓公，可谓次忠矣；若子胥之于夫差，可谓下忠矣。"准此以观之，则比干、关龙逢亦下忠矣。荀子如此说，并非出于以成败论英雄的势利眼，而是因为他是一个主张动机与效果统一的唯物论者。《吕氏春秋·贵直》云："殷有比干，吴有子胥。"《韩非子·饰邪》云"称比干、子胥之忠而见杀"；其《说林下》云"比干、子胥知其君之必亡也，而不知身之死也"。其《人主》以关龙逢、比干、子胥并提；其《难言》且以管仲、孔子、子胥并提。总的看来，以子胥与比干并提，最为稳定地占有优势。

北方诸子，谁也没有评论伍子胥的复仇。只有《春秋》的《公羊传》专就伍子胥论复仇。其历史意义，是将原始血亲复仇"现代化"，其社会意义，是将血亲复仇道德法律化。血亲复仇要以其父"不受诛"即无应诛之罪为限，而无应诛之罪是法律确定的，这就是法律化。道德与法律，既有一致性，又有矛盾性。《公羊传》的社会目的，是将复仇的道德与法律一致起来。当然这是就其最广义而言。

包尔森的《伦理系统》说："血亲复仇是反抗侵犯的最原始的形式；氏族对其每个成员的行为负责"；"由血亲复仇发展而来的家族世仇是违反民族利益的，它削弱了民族对付外敌的力量，扰乱了民族内部的和平生活"；所以要加以法律限制，通过法律解决问题[①]。《公羊传》正是反映了这种趋势。

历史的发展是：在最初，南北都盛行血亲复仇。到春秋初期，北方只可复君仇，不可复父仇；南方无此限制，仍然盛行血亲复仇。到春秋后期，由于南方伍子胥的台风冲击，北方也可以有条件地复父仇了。

这里有必要提一下汉代公羊学大师董仲舒的意见。他在《春秋繁露·王道》中说："楚平王行无度，杀伍子胥父兄。蔡昭公朝之，因请其裘，昭公不与。吴王非之，举兵加楚，大败之，君舍乎君室，大夫舍乎大夫室，妻楚王之母：贪暴之所致也。"董仲舒是将楚平王与令尹囊瓦的贪暴说在一起了。用现在的话说，他是说楚王为首的统治集团的贪暴。他认为，是这种贪暴招致吴王攻楚，以班处宫。他只责备贪暴，毫不责备以班处宫。董仲舒把《公羊传》贬以班处宫的旧案，一脚踢翻了。

① 参见此书英译本第 605 页。

第九章　范蠡　文种

第一节　吴越霸业是楚文化和哲学的延伸

第四章第五节讲过楚国人才外流的问题。外流的主要去向：北方是晋，南方是吴、越。外流晋国的，如申公巫臣，却将车战连车带人传入吴国，为吴国组建了第一支车战部队，是吴国实现国防“现代化”的重要一步。文化外流也总是流向最需要它的地方，若不需要，就流不去，即使流去了也会干涸，不会形成波澜，更不会造成惊涛骇浪。

人才外流，就是文化扩散。如果说，申公巫臣扩散的是科技，那么，外流吴越的伍子胥和范蠡、文种，则扩散的是哲学。

春秋后期，吴越强盛起来，吴王、越王相继成为中国霸主。这些霸主，都有“摇鹅毛扇”的军师，如吴王阖庐的伍子胥，越王勾践的范蠡、文种，他们都起了决定性的指导作用。他们使吴王、越王“染”[①] 上了楚文化和哲学，而吴王、越王或不自知。他们都是外流的楚国人才，是楚文化和哲学的扩散者。在这个意义上，吴越霸业实质上是楚文化和哲学的延伸。

第二节　两位佐越灭吴的楚人

《史记·越王勾践世家》张守节《正义》引《会稽典录》云：

① 《墨子·所染》，《吕氏春秋·当染》，都是讲“染”的理论，后者照抄前者，皆举他们为例。

范蠡字少伯，越之上将军也，本是楚宛三户人。

又引《吴越春秋》云：

大夫种姓文，名种，字子禽，荆平王时为宛令。

《史记·吴太伯世家》司马贞《索隐》云：

大夫，官也；种，名也。《吴越春秋》以为种姓文，而刘氏云“姓大夫”，非也。

《墨子·所染》高诱注云[①]：

范蠡，楚三户人也，字少伯。大夫种，文氏，字子禽，楚之邹（当从毕沅校改为郢）人。

《太平寰宇记》“江陵府人物”云：

文种，楚南郢人。

据以上资料，知范蠡、文种皆楚人。范蠡原籍是现在的河南南阳，文种原籍是现在的湖北江陵。范蠡在楚未仕，文种却仕至宛令，“宛令”相当于“申公”。楚之申公，如申公斗班，申公子仪，申公巫臣，类皆声势煊赫，至少也是方面大员，而“申公”文种却被范蠡一席话说动，相

① 《墨子·所染第三》毕沅注云：“《吕氏春秋》有《当染》篇，文略同。”又云：“高诱注《吕氏春秋》云：‘大夫种，文氏，字子禽，楚之邹人。’”

偕去楚，同往吴越，事见《越绝书》卷七《外传记范伯》，云：

> 昔者范蠡其始居楚，曰范伯。自谓衰贱，未尝世禄，故自菲薄。饮食则甘天下之无味，居则安天下之贱位。复被发佯狂，不与于世，谓大夫种曰："三王则三皇之苗裔也，五伯乃五帝之末世也。天运历纪，千岁一至。黄帝之元，执辰破巳。霸王之气，见于地户。子胥以是挟弓干吴王。"于是要大夫种入吴。

范蠡对文种说，当前的霸王之气在吴，我们赶快入吴大干一番。既入吴，"伍子胥在，自与不能关其辞。蠡曰：'吴越二邦，同气共俗，地户之位，非吴则越。'乃入越"。可见范蠡善于根据情况变化，及时调整他的理论和行动。这两步：去楚入吴，去吴入越，文种都跟着范蠡走，走对了。后来范蠡去越入齐，劝文种也走，并且发出鸟尽弓藏、兔死狗烹的严重警告，文种不走，遂遭杀害。

据《史记·越王勾践世家》，范蠡曾对勾践说"兵甲之事，种不如蠡；填抚国家，亲附百姓，蠡不如种"，可见相知之深。勾践于是以范蠡治军，以文种治国，果然达到灭吴之目的。

第三节 范蠡论天地人

范蠡的哲学言论，具见于《国语·越语下》，颇有空言，实非空言，皆为行事而发。范蠡在越行事的全部内容，是处理越吴关系。其行事的中心是伐吴，其行事的目的是灭吴。

伐吴是一个军事问题，又不只是一个军事问题。军事问题讲到根本，就是哲学问题。以下引《越语下》之文以讲范蠡哲学，不再注出处。

范蠡说："夫国家之事，有持盈，有定倾，有节事。"这是一个总纲。他解释说："持盈者与天，定倾者与人，节事者与地。"韦昭注"与天，法天也"，"与地，法地也"，都很对；但又注"与人，取人之心也"，就不对。今按此三“与”字同义，不应异训，故“与人”应注作“法人也”。范蠡在下文说“天道”如何如何。盖天有天道，地有地道，人有人道。范蠡之意，乃谓持盈者遵循天道，节事者遵循地道，定倾者遵循人道。

关于天，范蠡说：“天道盈而不溢，盛而不骄，劳而不矜其功。”这与《老子·九章》“持而盈之，不如其已……富贵而骄，自遗其咎；功遂身退，天之道”，意思相同。《老子》说的“持而盈之，不如其已”，是说要保持满盈，不如停止注入，才能免得溢出。这正是“盈而不溢”之道，即“持盈”之道。范蠡接着说：“夫圣人随时以行，是谓守时。天时不作，弗为人客。”讲天而拈出“时”字加以强调，就是重在“天时”，认识到天不是死的、静止的，而是活的、运动的，即在时间中变化的。天“随时以行”，圣人作为人的最高代表，也“随时以行”，这就是“与天”，即法天。在此意义上，随时以行，即法天而行。随时以行，亦即“守时”。守时，就要“天时不作，弗为人客”。天时还不到时候，不要进攻别人。古代说法是，攻者为客，守者为主。落实到当时行事，就是劝阻越王勾践此时伐吴。他说：“今君王未盈而溢，未盛而骄，不劳而矜其功，天时不作而先为人客，人事不起而创为之始，此逆于天而不和于人。王若行之，将妨于国家，靡王躬身。”他这套理论，看似玄远，实极切近，就是教导勾践和越人正确选择伐吴的时机。

关于地，范蠡说：“节事者与地。唯地能包万物以为一，其事不失。生万物，容畜禽兽，然后受其名而兼其利。美恶皆成，以养其生。时不至，不可强生；事不究，不可强成。”所谓“节事”，就是办事。办什么事？一是生产，二是国务，国务为生产服务，以生产为根本。就生产说，“时不至，不可强生”；就国务说，“事不究，不可强成”。这个原则，即由“与地”（法地，遵循地道）而来。

地上的万物，当然只有地能够包之以为一，万无一失。包万物以为一，不是使万物为一物，而是以万物为一个大集合（set）。万物仍是万物，又是大集合的元素（element），虽是大集合的元素，并不因为是大集合元素而获得新的性质，亦不因此而丧失原有性质，故曰“其事不失”。而且就地本身而言，地上的事只有发生（occurrence），无所谓失落（loss），故曰“其事不失”。这些意思，可谓道家传统之精髓。

农业社会的人，自然认定地生万物，地养万物，地容万物。万物产生的名利，也就由地兼而受之。盖一切归之于地，别无所归。然就地本身而言，物即物，无所谓美恶。美恶是对人而言的，对人言而有其美恶，则美恶亦有其客观根据。就地本身而言，无论对人是美是恶，均成就之，均生之养之容之。《老子·四十九章》说“善者吾善之，不善者吾亦善之”，正谓此。然物对人无论美恶，均可“以养生”。恶物亦可养人，此中含有转化、利用的意思。

最重要的是坚持“时不至，不可强生；事不究，不可强成”的原则。其所以应当而又可能坚持这项原则，是因为“时将有反，事将有间”。必须坚信时将有反，事将有间。时将有反，必有时至之时；事将有间，必有事究之时。间，隙也，犹今言“空子”。有间即不是铁板一块，有隙可乘，有空子可钻。究，意谓条件成熟。时至而事究，“乃可以有天下之成利”。“事无间，时无反，则抚民保教以须之”，须，待也，但不是坐待，而是“抚民保教”，即充分利用地力，“同男女之功，除民之害，以避天殃；田野开辟，府仓实，民众殷；无旷其众，以为乱梯”。他的这套理论，亦不玄远，而极切近，就是教导勾践和越人，在伐吴时机未到时，努力创造条件，积极进行准备。

关于人，范蠡说：“夫人事必将与天地相参，然后乃可以成功”；“必有以知天地之恒制，乃可以有天下之成利”；“因阴阳之恒，顺天地之常。柔而不屈，强而不刚”；“天因人，圣人因天。人自生之，天地形之，圣人因而成之”。

很明显，这里有人与天地参的思想。人与天地参，这种思想，《易传》《中庸》皆有之，然晚于范蠡此言。范蠡这些话是说，人事必须与天地配合，然后才能成功。要配合，人首先须“知天地之恒制”。“天地之恒制”即“天地之常”，“天地之常”即“阴阳之恒”。这些名词，在范蠡心目中，具有自然规律这个名词在我们心目中的意义。“因阴阳之恒，顺天地之常”，在范蠡心目中，已有了我们所说的遵循自然规律的意义。这样，“乃可以有天下之成利”，也就是“乃可以成功”。由此看来，范蠡的确懂得，只有遵循自然规律，才能享有自然成果。不过他对自然规律的论述，只是如他所说的“天道皇皇，日月以为常”，“阳至而阴，阴至而阳，日困而还，月盈而匡”，这样的直接观察的感性知识，但既然讲到阴阳，讲到阳至而阴、阴至而阳（至：至具极端）这样的辩证法观念，便是已有了对立及其转化的理性认识。凭着这些知识和认识，范蠡形成了一套观点和方法，使他在越获得伐吴的胜利，去越获得经商的成功。

“柔而不屈，强而不刚”，这是从一个根本方面表述了道家传统的理想人格，也是万物最佳状态的一个根本方面。对于只懂英文的人，要告诉他们这话的意思是：Be soft yet not yielding，and strong yet not hard. 附带说到，曾有人形容某人书法如“绵里包针”，也有人以此语形容某人作风。但绵里包针，包得再好，绵与针仍是两个东西，未若柔而不屈、强而不刚之可谓亦绵亦针也。

总起来说，关于天地人之间的关系，是“天因人，圣人因天。人自生之，天地形之，圣人因而成之”。三个“因”字，都是“依”的意思。天依人，是说天让人自己发展。圣人依天，依天就是上文所说的“与天”，即法天，遵循天道。最可注意的是提出“人自生之”。上文说地生万物，万物“容畜禽兽”，不包括人。这是给人以异于禽兽的特殊地位：人不是地生的，不是神造的，而是“自生”的，这个思想太可贵了。所谓“自生”，是说生命是自己固有的。至于形体，则是天地提供条件而发展的，例如天地提供营养以长身体，这就是“天地形之”。“圣人因而成之”，是说圣人依自己的生命和天地的条件而发展自己，完成自己。可见圣人是人道的最高发展。

人道的最高发展，是人道内容的精华，不是人道内容的全部。人道还有其他内容，亦客观存在，如喜欢“卑辞尊礼，玩好女乐”之类是。遇到这样的人，只有从他这样的实际出发以对待之。这也是“与人”，即法人，即遵循人道的一个方面。所谓“定倾者与人”，就是说，使我倾危的人，此人亦自有其规律，遵循其规律以对待之，即可达到“定倾”之目的。联系当时的实际可以看得更清楚。勾践不听范蠡劝阻，伐吴大败，倾危已极，乃“召范蠡而问焉，曰：‘吾不用子之言，以至于此，为之奈何？’”范蠡对他重申“定倾者与人”之说，从吴王夫差本人的实际规律出发，不惜“卑辞尊礼，玩好女乐，尊之以名”；不惜勾践“身与之市”，亲身与之做政治交易；不惜以大夫、士之女为质，“随之以国家之重器”；不惜交出越国钥匙，勾践“以身随之”，由吴国“君王制之”。夫差经过如此“与之”，果然解除了对越国的戒备，遣送勾践君臣回国。越国果然达到定倾之目的，成为再举伐吴而灭吴的前奏。

或可问：若吴王夫差不吃这一套，则范蠡此计岂不成了投降主义？讲历史，不可假设情况如何。但此问不是问历史，而是问此计，既是问此计，当然可以讨论各种可能性。所以此问甚好，可以引人揭示范蠡此计与投降主义的本质区别。但这种揭示，仍须根据历史。历史显示，范蠡此计与投降主义的本质区别在于，有文种留守治国、积蓄力量为后盾的安排。倘此计不成，仍有文种积蓄国力足恃，所以不是投降主义。正如周文王事殷，虽然被囚于羑里，仍有武王在其根据地积蓄力量足恃，所以不是投降主义。对于范蠡此计，文王事殷，都不可以脱离他们同时在本国积蓄力量的战略部署而孤立地观察之，否则必然会抹杀它们与投降主义的本质区别。这是本书持论与前人不同之处之一。

只要如此观察，则范蠡此计的成功，不仅是其“定倾者与人”学说的好例，而且是道家以柔克刚传统的好例。如果说，文王事殷，是粥熊哲学的历史根据之一，则可说，范蠡此计，是老子哲学的现实根据之一。

第四节　范蠡论用兵

《国语·越语下》记载范蠡曰：

古之善用兵者，因天地之常，与之俱行。

这一句是总纲，意思是：遵循天地之常道，跟着它一道走。接着说它的具体内容：

后则用阴，先则用阳；近则用柔，远则用刚。后无阴蔽，先无阳察（察：古读若祭），用人无艺。

后，先，近，远，皆用兵者所处之形势；阴，阳，柔，刚，皆天地之常道而与此诸形势依次对应为用者。就是说，处于后的形势，则用天道的阴；处于先的形势，则用天道的阳；余类推。但也不可机械执行，后则用阴，也不是完全隐蔽；先则用阳，也不是完全暴露，此即“用人无艺”。“用人”即用兵，“无艺”是没有固定的技巧。《庄子·天地》“能有所艺者，技也”，艺即技巧。在道家用语里，技、巧、艺都是与道相对的。《庄子·养生主》“臣之所好者道也，进乎技矣”，技与道相对。又《知北游》“子巧欤？有道欤？”巧与道相对。又《在宥》“说圣邪？是相于艺也”，艺与圣相对，即与道相对。与“无艺”相对是“有道”。“用人无艺”是说用兵不可停留在艺的水平，而要上升到道的水平，达到“用人有道”（此四字恕我杜撰）。“无艺”并不是取消艺，艺何可取消，而是要超越艺，达到道的水平。道的水平，就是“因天地之常，与之俱行”的水平。

范蠡接着说：

往从其所，刚强以御，阳节不尽，不死其野。彼来从我，固守勿与。若将与之，必因天地之灾，又观其民之饥饱劳逸以参之；尽其阳节、盈吾阴节而夺之。

“往从其所”谓进攻敌国，敌国刚强地抵御我，若其“阳节不尽”，未可即灭之。“阳节”犹言阳气。“彼来从我”谓敌来攻我，则应固守勿与之战。若将与之战，必须趁敌国发生天灾人祸：其民饥而不饱，或因天灾；劳而无逸，就是人祸。天灾是天地因素，人祸是人的因素，天地人凑在一起，是谓“参（三）之”。敌国的天灾人祸耗尽其阳气（敌来攻我，则敌为阳，我为阴），就相对增强我之阴气，还要绝对增强我之阴气，然后夺取敌国。

范蠡接着说：

> 宜为人客，刚强而力疾，阳节不尽，轻而不可取。宜为人主，安徐而重固，阴节不尽，柔而不可迫。

古代说法是，攻者为客，守者为主；攻者为阳，守者为阴。范蠡这是说：宜取攻势时，要速战速决，留有余力，机动灵活，变化莫测；宜取守势时，要岿然不动，留有余力，近则用柔，从容不迫。

范蠡接着总结说：

> 凡陈（阵）之道，设右以为牝，益左以为牡，蚤晏无失，必顺天道，周旋无究。

中心意思是“必顺天道”。左右是阴阳之位，牝牡是阴阳之象。总而言之，战阵之道，在于阴阳配合，不早不晚，恰合时机，顺天道以周旋，无穷无尽。

范蠡接着联系当时越师伐吴，“吴人闻之，出而挑战”的形势，作出判断，说：

> 今其来也，刚强而力疾，王姑待之。

越师伐吴，在战略上越为客而吴为主。但吴师挑战，在战术上吴为客而越为主。在战术上吴师反主为客，故有“阳节”，而又“刚强而力疾”，来势迅猛，故越师应“固守勿与”，等待时机。

范蠡的用兵之道还有非常重要的两点：（一）在总体上，认为“兵者，凶器也”，“先行此者，不利”；（二）在行动上，坚持“守时”。

关于第一点，《国语·越语下》记范蠡之言曰：

> 夫勇者，逆德也；兵者，凶器也；争者，事之末也。阴谋逆德，好用凶器，始于人者，人之所卒也；淫佚之事，上帝之禁也，先行此者，不利。

《老子·三十一章》云：

> 兵者，不祥之器，非君子之器，不得已而用之。

与此同调。“不祥之器”即“凶器”；“不得已而用之”，并非绝对不用，不得已时还是要用。“始于人者，人之所卒也”，韦昭注：“始以伐人，人终害之。”所以“先行此者，不利”。“先行此者”意谓“始于人者”，“不利”意谓“人之所卒也”，犹言人之所灭也。“淫佚之事”在此特指超出不得已之范围之事。若非不得已而用兵，则是后世所谓穷兵黩武，乃“上帝之禁也”，因为违反天道。范蠡所言天道，虽是自然规律；其言上帝，则谓上帝有意志作为。这种矛盾，牛顿尚不能免，况早于牛顿两千年之范蠡乎？

最重要的是不可“先行”用兵。后人所说的后发制人，不开第一枪，不首先使用核武器，云云，皆与此一脉相通。

关于第二点，范蠡说：

> 夫圣人随时以行，是谓守时。天时不作，弗为人客；人事不起，弗为之始。

此所谓“天时”“人事”，特指敌国天灾人祸；“为人客”“为之始”特指进攻挑衅。所谓“随时以行”的“守时”，就是抓住时机，乘敌之危。他又说：

圣人之功，时为之庸（用）。得时不成，天有还形。天节不远，五年复反。

此谓圣人成功，在于及时，即守时。得时而不成其功，则天时转向反面了。“天节”是天时的阶段，据他说是五年一转。他还说：

时反是守：强索者不祥；得时不成，反受其殃。

这把正反两面都讲了：时不至不可强求；时既至不可放过。放过时机，反受其殃。他还说：

得时无怠，时不再来，天予不取，反为之灾。赢缩转化，反将悔之。天节固然。

所以要抓住时机，又曰“从时”，他说：

从时者，犹救火、追亡人也。蹶而趋之，唯恐弗及。

从时如救火、追捕，跌倒了就爬起来快赶，唯恐赶不上。

范蠡所说“得时不成，反受其殃”，“天予不取，反为之灾”，都是直接经验之谈。他对吴王夫差求和的使者说：

昔者上天降祸于越，委制于吴，而吴不受。今将反此义以报此祸：吾王敢无听天之命，而听君王之命乎？

“吾王”指勾践，“君王”指夫差。范蠡这是说：当初越败于吴，是天以越授吴，而吴不受，允许越王求和。现在吴败于越，是天以吴授越，越就要听从天命而受之，不允许吴王求和了，这就叫“反此义以报此祸”。这不是太不仗义了吗？所以吴王的使者当面骂他“助天为虐”。范蠡坦率地回答：

余虽䩄然而人面哉，吾犹禽兽也，又安知是谖谖者乎？

这是说：别看我䩄然一张人脸，其实我像禽兽一样，哪能理会你那些“助天为虐”的废话！这话有两层意思：一层是，范蠡自信是“听天之命”，不是“助天为虐”；一层是，他以越人祖先与蛮夷结合自豪，实则以楚人祖先与蛮夷结合自豪（越楚同为芈姓）。总之在此关键时刻，他决不重蹈吴王许越求和的覆辙，甚至不顾越王犹豫不决的表现，不向越王报告，自己决定“击鼓兴师”，“遂灭吴”。这是用兵“守时”“从时”的范例。

第五节　范蠡论经商

《史记·越王勾践世家》说，灭吴之后，“范蠡浮海出齐，变姓名，自谓鸱夷子皮”。起这个假名，显然是以伍子胥为鉴戒。伍子胥功成不去，为吴王夫差所杀，以鸱夷（皮囊）盛其尸，投于江中。按当时名字款式，当是名鸱夷，字子皮。他是要牢记伍子胥的惨痛教训。

《越王勾践世家》接着说，范蠡在齐“耕于海畔，苦身戮力，父子治产。居无几何，致产数十万。齐人闻其贤，以为相。范蠡喟然叹曰：‘居家则致千金，居官则至卿相，此布衣之极也。久受尊名，不祥。’乃归相印，尽散其财，以分与知友乡党，而怀其重宝，间行以去，止于陶，以为此天下之中，交易有无之路通，为生可以致富矣，于是自谓陶朱公。复约要父子耕畜，废居，候时转物，逐什一之利。居无何，则致赀累巨万。天下称陶朱公”。

可见范蠡在齐尚未经商，靠农业生产发家致富，父子都参加农业生产劳动，亦未闻雇工，则范家是自耕农而已。范蠡曾为齐相，只有此处记载，当在齐平公时。其时田常专齐之政，《史记·齐太公世家》集解徐广曰：“年表云平公之时，齐自是称田氏。”然名义上田氏仍为相，则范蠡相位必在田氏之下①，小媳妇难当，所以一走了之。

范蠡看中了陶（在今山东定陶西北）是当时商业和交通中心，于是住下来开始经商，改用第二个假名：陶朱公。另据《史记·货殖列传》，则是改姓名为朱公，人称他为陶朱公，将地名冠上了，盖谓陶之朱公也。

中国商人而有一套生意经体系者，范蠡是第一人。《史记·货殖列传》的传主列他为首。《货殖列传》云：“范蠡既雪会稽之耻，乃喟然而叹曰：‘计然之策七，越用其五而得意。既已施于国，吾欲用之家。’”可见范蠡的生意经就是计然之策。所以本书就用计然之策的资料来讲范蠡的生意经。就本书而言，这样办是可以的。至于“计然”是人名还是书名，就本书而言，无关宏旨。

《史记·货殖列传》记载计然曰：

> 知斗则修备，时用则知物，二者形则万货之情可得而观已。

“知斗”是深知斗争形势。于是努力准备（“则修备”）。“时用”，用亦备也，言及时准备。由此而知各物的实际情况（“则知物”）。联系起来是说：深知斗争形势，乃努力准备；通过及时准备，乃深知物情。如此，则一切货物的实情都可以观测而知矣。下文接着说：

---

① 《墨子·非儒下》“乃树鸱夷子皮于田常之门”，《韩非子·说林上》“鸱夷子皮事田成子”。皆可证鸱夷子皮位在田氏之下，皆未肯定他亦为相。

> 故岁在金，穰；水，毁；木，饥；火，旱。旱则资舟，水则资车：物之理也。六岁穰，六岁旱，十二岁一大饥。

这就是观测而知的生产形势。做生意本是流通领域之事，而其生意经却从生产领域讲起，这是何等了不起的眼光！生产是源，生意是流，没有源你流什么？当时是农业社会，生产是农业生产。农业生产产生五行学说。岁在金有丰收，岁在水有水灾，岁在木有饥荒，岁在火有旱灾。岁在金，过五年，到第六年又在金，又有丰收，故曰“六岁穰”。其他照此推算，直至“六岁旱”。现在看来，这实在太整齐了，太机械了，但在当时却有其权威性和神秘性。而在事实上，多年的统计平均数也许与此近似，反映了农业生产的周期性和不稳定性。由此令人联想到伍子胥的“四时五行，周而复始”之说（详见本书第八章第四节）。又令人联想到继承楚学的贾谊，在其《六术》中阐述“以六为度”，在其《道德说》中阐述“德有六理”，都是对于基数“六”的发挥（详见贾谊《新书》卷八）。可见计然之策的上述学说有其普遍性。

虽是刻板的推算，却含有活泼的辩证法：“旱则资舟，水则资车：物之理也。”其详见《国语·越语上》所载大夫种曰：“贾人夏则资皮，冬则资絺，旱则资舟，水则资车，以待乏也。”韦昭注：“资，取也。”这是说，商人进货，夏季进冬季穿的皮毛，冬季进夏季穿的葛布，大旱时买进船，大水时买进车，都是淡季为旺季办货，闲时买进急时卖，“以待乏也”，等到缺乏此货时涨价赚钱。这种“物之理”就是通过供求关系表现的价值规律。

农业社会的商业，就是农（包括农林牧副渔）产品的流通运动。根据上文表述的生产形势和规律，下文提出具体的价格政策，以粮食价格为代表：

> 夫粜，二十病农，九十病末。末病则财不出，农病则草不辟矣。上不过八十，下不减三十，则农末俱利，平粜齐物，关市不乏，治

国之道也。

这些数字，都是单位粮食的单位货币价格。粮食价格，二十太低，害了农民；九十太高，害了商人。商人受害，则粮食无人运出；农民受害，则荒地无人开垦。高不过八十，低不过三十，则农商两利，公平合理，供销两旺，此“治国之道也”。下文接着说：

积著之理，务完物，无息币。以物相贸，易腐败而食之货勿留，无敢居贵。论其有余不足，则知贵贱。贵上极则反贱，贱下极则反贵。贵出如粪土，贱取如珠玉。财币欲其行如流水。

“积著”即积储，今言囤积。囤积货物，务必保存完好，不可长期积压资金。以货物交换时，不要留下容易腐烂的食物。虽未说囤积居奇，但力戒囤积居贵，因为贵极必贱。贵贱取决于供求关系：供不应求（“不足”）则贵，供过于求（“有余”）则贱。这里讲的贵贱是个价格问题，没有涉及价值问题。由于深知价格贵极必贱、贱极必贵的辩证法，所以主张在价格贵时要当作粪土似的抛售，在价格贱时要当作珠宝似的多进。希望货物货币通畅其流，搞活得像流水一般。

这一套生意经使化名陶朱公的范蠡大发其财，《货殖列传》说他“十九年之中三致千金，再分散与贫交、疏昆弟。此所谓富好行其德者也。后年衰老而听子孙，子孙修业而息之，遂至巨万”。就是说，他在十九年中三度成为千金户，两度分财与穷朋友和远房兄弟。年老后让子孙经营发展，富至万万。

第六节　文种的辩证法

《史记·越王勾践世家》云：

> 勾践之困会稽也，喟然叹曰：“吾终于此乎?”种曰：“汤系夏台，文王囚羑里，晋重耳奔翟，齐小白奔莒，其卒王霸。由是观之，何遽不为福乎?”

在勾践大祸临头，最困难的时候，文种却说：“何遽不为福乎?”以问句形式表示肯定判断：怎见得不是福呢？一定是福!《老子·五十八章》云“祸兮福之所倚”，这种辩证法正合文种的思想方法。文种此说是从商汤、周文王、晋文公、齐桓公的历史经验总结出来的，所以讲起来更为雄辩而有说服力。勾践悲观失望了，亏得文种为他指出光明，提高勇气。否则，他那篇卧薪尝胆、灭吴复仇的大文章就无从做起了。由此可见文种这种辩证法对于勾践事业的意义。

《国语·越语上》云：

> 越王勾践栖于会稽之上，乃号令于三军曰：“凡我父兄昆弟及国子姓，有能助寡人谋而退吴者，吾与之共知越国之政。”大夫种进对曰：“臣闻之：贾人夏则资皮，冬则资絺，旱则资舟，水则资车，以待乏也。夫虽无四方之忧，然谋臣与爪牙之士，不可不养而择也。譬如蓑笠，时雨既至必求之。今君王既栖于会稽之上，然后乃求谋臣，无乃后乎?”勾践曰：“苟得闻子大夫之言，何后之有?”执其手而与之谋。

“夏则资皮，冬则资絺，旱则资舟，水则资车”，在上节已讲过这些话的生意经意义，其实它们含有比生意经意义远为普遍的辩证法意义。它们是文种从商人学来的辩证法。现今还有这样的谚语：“晴带雨伞，饱带饥粮。”也是这一类的辩证法，即生活的智慧。

《国语·吴语》云：

> 吴王夫差起师伐越，越王勾践起师逆之。大夫种乃献谋曰：“夫

吴之与越，唯天所授，王其无庸战。……王不如设戎，约辞行成，以喜其民，以广侈吴王之心。吾以卜之于天，天若弃吴，必许吾成而不吾足也，将必宽然有伯诸侯之心焉。既罢弊其民，而天夺之食，安受其烬，乃无有命矣。”

文种这番话强调天命，强调利用吴国天灾人祸的时机，这都是与范蠡一致的。文种的创见，在于培养吴王吴民的骄傲：“以广侈吴王之心”，“以喜其民”。所谓天命，不由我控制，但培养敌国的骄傲，属于人事，至少有一半由我控制，我可以千方百计地做，拼命地做，勾践君臣也就果然做了。天命渺茫，而培养敌国的骄傲情绪，则最实在，最厉害。这一套当然瞒不过伍子胥，他对夫差说：“夫越非实忠心好吴也，又非慑畏吾兵甲之强也。大夫种勇而善谋，将还玩吴国于股掌之上，以得其志。夫固知君王之盖威以好胜也，故婉约其辞，以从逸王志，使淫乐于诸夏之国，以自伤也。使吾甲兵钝弊，民人离落，而日以憔悴，然后安受吾烬。”云云。话是说透了，其奈夫差不听何。

培养吴国骄傲的情绪，在文种心目中，是促使吴国由胜而败，越国因祸得福的中心环节，也就是他的辩证法在实践中的中心环节。他的辩证法不是说说而已，而是要真做实干的。

战国晚期，蔡泽总结说：“大夫种为越王深谋远计，免会稽之危，以亡为存，因辱为荣，垦草入邑，辟地殖谷，率四方之士，专上下之力，辅勾践之贤，报夫差之仇，卒擒劲吴，令越成霸。功已彰而信矣，勾践终负而杀之”，盖“功成不去，祸至于此”[1]。《老子·五十八章》云“祸兮福之所倚”，可是还有一句“福兮祸之所伏”。文种只知其一，未知其二，惜哉！

---

① 见《史记·范睢蔡泽列传》。

第七节　怎样对待成功和功臣

《史记·越王勾践世家》云：

> 范蠡事越王勾践，既苦身戮力，与勾践深谋二十余年，竟灭吴，报会稽之耻，北渡兵于淮以临齐、晋，号令中国，以尊周室，勾践以霸，而范蠡称上将军。还反国，范蠡以为大名之下，难以久居，且勾践为人可与同患，难与处安……乃装其轻宝珠玉，自与其私徒属乘舟浮海以行，终不反。

又云：

> 范蠡遂去，自齐遗大夫种书曰："蜚鸟尽，良弓藏；狡兔死，走狗烹。越王为人长颈鸟喙，可与共患难，不可与共乐。子何不去？"种见书，称病不朝。人或谗种且作乱，越王乃赐种剑曰："子教寡人伐吴七术，寡人用其三而败吴，其四在子，子为我从先王试之。"种遂自杀。

《老子·二章》云"成功而弗居"；《老子·九章》云"功遂身退，天之道"，简直就像是范蠡、文种经验教训的总结。

任何事物，若存在，必有其根据和价值。其根据是其对立面，其价值是与其对立面对立。其对立面没有了，其存在的根据和价值也就没有了。良弓存在的根据是有飞鸟，存在的价值是射飞鸟。飞鸟没有了，良弓也就没有存在的根据和价值了，就该收藏了。走狗存在的根据是有狡兔，存在的价值是捉狡兔。狡兔没有了，走狗也就没有存在的根据和价值了，就该烹掉了。范蠡懂得这条"天之道"而自觉地身退，与文种的下场也就相反。

《史记·淮阴侯列传》记载韩信最后也曾说："果若人言：'狡兔死，良狗烹；高鸟尽，良弓藏；敌国破，谋臣亡。'天下已定，我固当烹!"也算实践出真知，韩信真正知道了，然而晚了。

凡建立新的王朝，都有一个怎样处理功臣的问题。特别是处理军事功臣，其方式，后来有"刘邦·韩信"模式，杀掉；又有"赵匡胤·石守信"模式，养起来。无非这么两手；或两手兼用，有所侧重。

第十章 老子（上）

第一节 老子其人其书

《史记·老子韩非列传》云：

> 老子者，楚苦县厉乡曲仁里人也，姓李氏，名耳，字聃，周守藏室之史也。

不仅写明是楚人，而且详及县名、乡名、里名。在《史记》中，另外只有《孔子世家》云“孔子生鲁昌平乡陬邑”，亦详及国名、邑名、乡名。这种写法，若也意味着“待遇”，则可见在司马迁心目中，老子与孔子“同级”而略高，高“半级”吧：多个里名。司马谈、司马迁父子都是道家，特尊老子；司马迁顺应独尊儒术的诏令，列孔子于世家。

“老子”之称，始见于《庄子·天道》。又有“老聃”之称，始见于《礼记·曾子问》，在《庄子》则始见于《养生主》。都是对李耳的尊称。“老”指年高德劭之人，字前缀老，乃为“老聃”（依现时惯例，应称“聃老”）。再虚化而为“老子”，不道姓名，犹后世“赞拜不名”①，尊之至也。“老子”犹言“老夫子”“老先生”。人称孔丘为“子”，而称李耳为“老子”，多一“老”字，可见更为尊敬。

老子故里，本属陈国。《左传》宣公十一年云，楚庄王此年（公元前598年）灭陈为县，旋纳申叔时之谏，恢复陈国，陈国已属楚国势力范

① 见《隋书·高祖纪上》周帝大象二年十二月甲子诏。

围。《左传》昭公八年（公元前534年），记载楚公子弃疾（后为平王）灭陈，“使穿封戌为陈公”，杜预注：“戌，楚大夫。灭陈为县，使戌为县公。”公元前529年，楚又恢复陈国，陈侯实为傀儡，事见《左传》昭公十三年。最后灭陈而不恢复其国，事见《左传》哀公十七年。楚灵王曾“大城陈蔡”，“赋皆千乘”；楚平王曾自任蔡公，他们亲自经营陈蔡一带，事见《左传》昭公十一年、十二年。这个时期，陈蔡名虽存而实已亡于楚，属于楚文化氛围。老子就是在楚文化氛围中生长起来的。

《水经注·卷二十三》云：“（涡）水又东南屈，经苦县故城南”，“又东北屈至赖（“赖”古通“厉”）乡”，“又北经老子庙东”，汉桓帝“永兴元年（公元153年）谯令王阜所立碑云‘老子生于曲涡间’”。今河南省鹿邑县东，安徽省亳州市西，有涡水自西北来，转南，转东，又转北，再向东南流。此转南、转东又转北的水湾，就是“曲涡”。今鹿邑县城东十里尚有太清宫，为老子故里标志。

《庄子·天道》说“周之征藏史有老聃者”，则守藏史就是征藏史。成玄英疏：“征藏史，犹今之秘书官，职典坟籍。”盖中央图书档案馆馆长也。

《史记·老子韩非列传》又云：“孔子适周，将问礼于老子。老子曰：‘子所言者，其人与骨皆已朽矣，独其言在耳。且君子得其时则驾，不得其时则蓬累而行。吾闻之，良贾深藏若虚，君子盛德，容貌若愚。去子之骄气与多欲，态色与淫志，是皆无益于子之身。吾所以告子，若是而已。’孔子去，谓弟子曰：‘鸟，吾知其能飞；鱼，吾知其能游；兽，吾知其能走。走者可以为罔，游者可以为纶，飞者可以为矰。至于龙吾不能知，其乘风云而上天。吾今日见老子，其犹龙邪?’”

这就是孔子问礼于老子的佳话。关于礼，可以讲两层：一层是业务知识，一层是精神境界。这两层，孔与老本已各有造诣。惟此次会见，老子只讲精神境界，其中心是“若虚”“若愚”。为此，必须去掉以骄气为主要表现的“态色”，去掉以多欲为主要表现的“淫志”。骄气、多欲，只有礼才能辨别，才能克服。这样，礼的修养，就成了“修道而养寿”。

（《史记·老子韩非列传》有云："盖老子百有六十余岁，或言二百余岁，以其修道而养寿也。"）所以孔子领悟到：走兽可以网捕，游鱼可以纶钓，飞鸟可以矰射，惟有飞龙在天，什么也不能伤害它，可以全生，可以自由：礼之至也。

老子当然也讲礼的业务知识。照《礼记·曾子问》所记，在此篇中，老子就礼的业务对孔子指教了五点之多。

总之，《吕氏春秋·当染》说"孔子学于老聃"，《史记·仲尼弟子列传》说孔子严事老子，这类记载，当是历史事实。

《史记·老子韩非列传》又云："老子修道德，其学以自隐无名为务。居周久之，见周之衰，乃遂去。至关，关令尹喜曰：'子将隐矣，强为我著书。'于是老子乃著书上下篇，言道德之意五千余言而去，莫知其所终。"

《庄子·养生主》则有"老聃死，秦失吊之"的记载。当时"老者哭之，如哭其子；少者哭之，如哭其母"，感人至深。唐僧道宣在《广弘明集》的《辨惑篇序》中说："李叟……生于厉乡，死于槐里，庄生可为实录，秦佚诚非妄论。"《水经注·卷十九》云：渭"水出南山就谷，北经大陵西，世谓之老子陵"。由其上下文可知此陵在槐里县故城南，周至县故城西。槐里在今陕西省兴平市境内。吊丧的"秦失"，盖"秦"地"失"名之士。

一般认为，老子比孔子年长约二十岁，生于公元前约570年，完全可能活到战国时代前期。

《史记·老子韩非列传》又云："世之学老子者则绌儒学，儒学亦绌老子。'道不同不相为谋'，岂谓是邪？李耳无为自化，清静自正。"指出老子主张"自化""自正"，以"自"为主体，真是从根本上透视出老学的精髓。具体到民，老子是主张民自化自正，儒学是主张君子化民正民。老子以民为化的主体、正的主体，儒学以民为化的对象、正的对象。所以儒老互"绌"是必然的。虽然在社会功能上，儒老有一些互补作用，但在这个根本点上只能互绌，无法互补。在这个根本点上，儒老哲学是对立的，南北文化是对立的。这是一个涉及民为主为客乃至为主为奴的根本问题。

照以上所说，老子其人的面貌是清楚的，或有模糊之处，无论如何，并不存在老子是另外一个人的问题。但《史记·老子韩非列传》插了一笔："或曰：老莱子亦楚人也，著书十五篇，言道家之用，与孔子同时云。"这是一则附传，附于老子传，并没有以为老莱子和老子是一个人的意思。所以讨论老莱子和老子是否为一个人的问题，纯属自找麻烦。但《史记·老子韩非列传》又有一段："自孔子死之后百二十九年，而史记周太史儋见秦献公曰：'始秦与周合，合五百岁而离，离七十岁而霸王者出焉。'或曰儋即老子，或曰非也，世莫知其然否。老子，隐君子也。"这倒是提出了太史儋是不是老子的问题。对这个问题，"世莫知其然否"，而司马迁已知其"否"，根据是"老子，隐君子也"。老子出关入秦，太史儋亦出关入秦，但太史儋去见秦献公，而老子是隐君子，入秦隐居，不去见秦君，因知老子不是太史儋。

老子其人如上述。其书乃出关时应关令之请而勉强写的，大约就是鲁迅在《故事新编·出关》中再现的那种情况。当然不能看作是此时一挥而就。即使是此时一挥而就，也是先有平生积思。老子的智慧，楚人的智慧，中国的智慧，经过长期积累，才在这部书中表现出来。

《老子》一书是老子写的。这句平淡的话中有两层意思：（一）《老子》是老子自己写于春秋时代后期，在《论语》编集以前。（二）《老子》是老子自己写于春秋时代后期，在战国时代有人增益，所以有战国才有的成分。

关于（二），乃是古书通例，容易说通想通。关于（一），则有"《论语》之前无私人著作"说反对。怎么没有？《老子》就是《论语》之前的私人著作。持此说者认为：《老子》不算，一定要除开《老子》，另找一部。其理由是，为了证明《老子》，不能用《老子》作证据。按这个章程，则第一部私人著作一定要至少有两部，若只有一部，即永无被人承认的可能。但若有两部以上，还能算"第一部"吗？可见若持此说，则不是“证明”《老子》不是第一部私人著作，而是“证明”不可能有任何第一部私人著作。

本书主张，讨论老子哲学，不以其人为本位，而以其书为本位。讨论庄子哲学也一样。其书具在，把其中的哲学思想搞清楚就行了。至于其书每一部分的作者到底是谁，能弄清楚固然好，弄不清楚也无关宏旨。

南宋末年，彭耜纂集《道德真经集注杂说》，最后一条全文云：

> 观复高士谢守灏曰：
>
> 《道德经》，唐傅奕考核众本，勘数其字，云：
>
> 项羽妾本：齐武平五年（公元 574 年），彭城人开项羽妾冢得之。
>
> 安丘望之本：魏太和中，道士寇谦之得之。
>
> 河上丈人本：齐处士仇岳传之。
>
> 三家本有五千七百二十二字，与韩非《喻老》相参。
>
> 又洛阳有官本，五千六百三十五字。
>
> 王弼本，有五千六百八十三字，或五千六百一十字。
>
> 河上公本，有五千三百五十五字，或五千五百九十字。
>
> 并诸家之注，多少参差。然历年既久，各信所传。或以他本相参，故舛戾不一。《史记》司马迁云：“老子著书，言道德之意，五千余言。”但不满六千，则是五千余矣。今道家相传，谓老子为五千文，盖举其全数也。（原注：见《老君实录》）①

此外，傅奕本有五千五百五十六字，敦煌所出唐写本有四千九百九十九字。长沙马王堆汉墓帛书《老子》乙本正文后有“德三千卌一”和“道二千四百廿六”字样，是乙本有五千四百六十七字。各本字数虽有出入，仍不妨通称五千言。

① 见《正统道藏》，台北艺文印书馆印行，第 22 册，第 17345 页。

帛书《老子》甲本、乙本，是现在能够见到的《老子》最古本子。有人说，最古本子并不等于最好本子。是的，帛书抄写者的文化水平和书法水平都不高，写了一些错别字，不能都解释为正常的“通假”，这是事实。但这不是主要的，主要的是它具有今本所没有的价值，例如《德》篇在前，《道》篇在后；第一章（依今本章次）“两者同出，异名同谓”之文；第二章将“有无相生”等六语总括为“恒也”，今本皆无此“恒也”二字；皆是也。即在句读方面，如今本“常无欲以观其妙，常有欲以观其徼”，有人在“无”字“有”字下点断，有人在二“欲”字下点断，都可通，这是个问题；帛书在二“欲”字下皆有“也”字，“也”字相当于逗号，解决了问题。所以本书引文，尽量用帛书。至于分章，仍用今本章次，以便指明出处。

元代嗣天师张与材在大德乙巳年（公元 1305 年）序杜道坚《道德玄经原旨》时说：“《道德》八十一章，注者三千余家。”[①] 自此至今又将近七百年，作新注者又不知凡几。注《老子》者，以韩非最早，以王弼影响最大。

唐代陆德明作《经典释文》，其中《老子德经音义》，开端是“应”条，直至“故去”条，是释第三十八章。下接“无丧”条，直至“远”条，共二十条，皆与第三十九章无关。再往下接“裂”条等才是释第三十九章。帛书出土后，可证“故去”条直接“裂”条，其中间的二十条释文当是由别处窜来的，有待考查。今本《经典释文》，已非陆氏之旧，亦不足怪。

最后说一说老子书名。《史记·儒林列传》云“窦太后好老子书”，此“老子”是人名抑书名？难以确定。《汉书·景十三王传》说河间献王得“《周官》《尚书》《礼》《礼记》《孟子》《老子》之属”，此“老子”必是书名，是此时老子之书名为《老子》。《汉书·艺文志》“道家”著录“《老子邻氏经传》四篇”，“《老子傅氏经说》三十七篇”，“《老子徐氏经

① 见《正统道藏》，台北艺文印书馆印行，第 21 册，第 16731 页。

说》六篇”，“刘向《说老子》四篇”，其中“老子”皆书名，前三种已称《老子》为“经”矣，然当称为“老子经”，而非“道德经”也。《太平御览》第一九一卷引“扬雄《蜀王本纪》曰：‘老子为关尹喜著《道德经》’”，此为《道德经》一名出现的现存最早资料。

要而言之，《老子》一名表示此书在诸子中的地位，《道德经》一名表示此书在道教中的地位。随着道教的发展，《老子》逐步升级，被尊称为“经”，为“真经”，为“玄经”。本书以老子之书为诸子之一而讲之，故仍称之为“《老子》”。

第二节　“道法自然”——《老子》的特色和精华

《老子》讲“道”，讲“德”，所以从汉代开始，被称为“道德家”，简称“道家”。道家讲“道”，但讲“道”非即道家。先秦诸子，九流十家，无不讲“道”。他们讲“道”，道其所谓道，尽管不同，但“道”字都有他们各自认为的道路、规律、本体、真理、学说之类的意义。若讲“道”即道家，则先秦诸子都是“道家”。所以只凭讲“道”这一条，不能把老子与先秦其他诸子区别开来。换言之，讲“道”并不是《老子》的特色，也不是道家的特色。

《老子·二十五章》有云：“道法自然。”“道法自然”，才是《老子》的特色，也是《老子》的精华。这个论断，是本书关于《老子》的根本论断。本节就讨论“道法自然”的意义。

《老子》中“道”字的意义，下节讨论。在“道法自然”这句话中，“道”字指主观世界，“自然”这个词组指客观世界，“法”字表示主观世界与客观世界的关系：主观世界以客观世界为法。“自然”是主谓词组，主词是“自”，谓词是“然”，“自然”的意思是自己如此。万物都是自己如此，所以用“自然”指万物组成的客观世界。“法”字作为动词，有模仿、遵照的意思。

“道法自然”这句话有两层意思：（一）道由模仿自然而来，回答了道的来源问题；（二）道遵照万物之自然，回答了道的规定问题。

《老子》说，“万物将自化”①，“万物将自宾”②，万物“莫之命而常自然”③，“民莫之令而自均”④。自化、自宾、自均，都是自然。又说，“故圣人云：我无为而民自化，我好静而民自正，我无事而民自富，我无欲而民自朴”⑤，“天下将自定”⑥。“天下”就是社会，“圣人”代表国家。社会、国家，作为集体，其意义在于实现民自化，民自正，民自富，民自朴。好静、无事、无欲，都是无为；自化、自正、自富、自朴，都是自然。总之是圣人无为而民自然。圣人无为是圣人之自然。

万物（包括人［包括民和圣］）都是自己如此，因为万物的实际存在，都是一个一个的个体存在。种类亦然。如物种，其实际存在，都是此种物一个一个的个体存在。如人类，其实际存在，都是一个一个的个体存在。每个存在，都是一个“自”。每个存在的状态和变化，都是“自然”。上文说：“社会、国家，作为集体，其意义在于实现民自化，民自正，民自富，民自朴。”简而言之：集体的意义在于实现个体。这是《老子》的主张。

北方的学者，包括儒家、墨家、法家，则不然，他们主张，个体的意义在于实现集体。在他们看来，个体都属于某类。有类乃有“名”。如人类，人是类名，张三、李四是私名。他们只考虑类名。在人际关系中，个人可以属于许多类，而有许多名。对于其臣，他是君，属于君类，而有“君”之名。对于其君，他是臣，属于臣类，而有“臣”之名。对于其子，他是父，属于父类，而有“父”之名。对于其父，他是子，属于子类，而有“子”之名。如此等等。每个类名都有其规定，个体的意义在于实现其类名的规定。也就是：个体的意义在于实现集体。

---

① 见《老子·三十七章》。
② 见《老子·三十二章》。
③ 见《老子·五十一章》。
④ 见《老子·三十二章》。
⑤ 见《老子·五十七章》。
⑥ 见《老子·三十七章》。

所以北方学者反对自化，主张风化，风化是他化。孔子说："君子之德风，小人之德草，草上之风必偃。"[1] 君子好比风，小人好比草，风吹草必倒。依《老子》来看，风吹是有为，这是一错；不说草"自偃"，这是二错：孔子错光了。

更为严重的是，北方学者害了恐"自"病。你把"自然"举到至高无上，我就偏偏不用"自然"一语。《论语》不用，《墨子》不用，《孟子》《荀子》不用，以至《周易》经传、《春秋》经传、《管子》、《礼记》都不用。像《周易》的《系辞传》那些高谈天道的段落，明明是说"自然"，该用"自然"一语了，可就是不用。就连《管子》的《心术》（上、下）、《白心》、《内业》等四篇齐道家之作，亦竟不用"自然"一语。难道以周王为首的北方国家，真的发了宣传指示，规定不用"自然"一语吗？何其舆论之一律也？

以上情况，是本书用穷尽的统计（exhaustive statistics）方法，考察语词分布（distribution）时发现的。

用不用"自然"一语，竟成为区别南北著作的语言标记（linguistic indicator）之一。其文化意义是，是否主张以"自"为本。其哲学形上学的意义是，是否主张以殊相为本。

"自然"一语，始见于《老子》，大用于《庄子》，亦见于《楚辞》。又大用于西汉前期的《淮南子》，此书乃先秦楚学末代，将窦太后的文化主张哲学化，而与后来汉武帝的以及汉武帝式的文化主张对立。就楚地而言，此书乃先秦楚学的终结；就中国而言，此书乃先秦子学的终结：其文化、哲学意义如此，本书附带交代于此。

《韩非子》借用并改建了《老子》哲学，用"自然"一语达八次，但不是以自为本，以个体为本，以殊相为本。它主张"循名而责实"[2]，"以名为首，名正物定，名倚物徙"[3]，是以名为本，以集体为本，以共

① 见《论语·颜渊》。
② 见《韩非子·定法》。
③ 见《韩非子·扬权》

相为本。

至于《吕氏春秋》，其中道家言亦用“自然”一语达三次，然皆狐裘一腋，没有文化、哲学总体的意义。

宇宙本是一个世界，有了人，乃有主观世界和客观世界。两个世界的关系，《老子》认为是主观世界“法”客观世界。既然主观世界“应当”法客观世界，则客观世界是第一性的，主观世界是第二性的。既然主观世界“能够”法客观世界，则主观世界体现人的主观能动性，使人不同于禽兽。既然万物（包括人）都是自己如此，都是以自为本，集体的意义是实现个体，则文化应以自为本，以个体为本，哲学形上学应以殊相为本。这些论断，都是“道法自然”一语的意蕴，都是《老子》的特色和精华。

有文化主张，有文化现实。文化现实，实现着许多文化主张。上文都是说文化主张。而楚国文化现实，亦不独实现《老子》文化主张；北方文化现实，亦不独实现北学文化主张。在南北文化现实中，所实现的文化主张，是南北双向扩散的。在文化现实中，总有某种文化主张占优势，如果真有，就要努力把它找出来。本书找出来了：楚文化现实，是颛顼—粥熊—老子—庄子—屈原一脉相承的文化主张占优势。这当然是就文化深层而言的，因为在文化表层，老庄在楚并没有法定的优势地位。法定的优势地位，属于文化表层的政治安排，并不能决定文化深层的哲学思想。所以就哲学思想而言，有无法定的优势地位，实在无关宏旨。

《老子》言“自然”，其内容还包括“不自见”，“不自是”，“不自伐”，“不自矜”，而且“自胜者强”，“强行者有志”[①]，可见对自我不是放任自流。孔子言“克己”，亦《老子》“自胜”之余绪耳。

第三节　《老子》中“道”的地位

在“道法自然”这句话里，“道”是范畴，“自然”不是范畴，“自

① 引文见《老子》二十二章、三十三章。

然”是意谓客观世界的词组，是代表客观世界的符号。范畴是构成主观世界的最基本最概括的概念，属于主观世界。在《老子》诸范畴中，“道”是最高范畴，这就是《老子》中“道”的地位，由第三十八章可见，帛书此章全文云：

> 上德不德，是以有德。下德不失德，是以无德。上德无为而无以为也。上仁为之而无以为也。上义为之而有以为也。上礼为之而莫之应也，则攘臂而乃（扔）之。
>
> 故失道而后德，失德而后仁，失仁而后义，失义而后礼。
>
> 夫礼者，忠信之泊（薄）也，而乱之首也；前识者，道之华也，而愚之首也。是以大丈夫居其厚，而不居其泊（薄），居其实，而不居其华，故去皮（彼）而取此。

在讨论之前，先要说明，这一章是《老子》开宗明义第一章。1973年长沙马王堆三号汉墓出土的帛书《老子》，甲本、乙本皆以此章为首。《韩非子》的《解老》《喻老》是现存的最早的“《老子》注”，所解的首先是此章，可见韩非注本亦以此章为首。王弼注《老子》，以此章注文最长，长达一千零八十七字，而且全章一注到底，总论全局，其他章则句下插注，只注本句，则王弼注本亦以此章为首。中国著书通例，最重“开宗明义章第一”。司马光为《资治通鉴》写了许多“臣光曰”，以其第一则“臣光曰”最长最重要。由此可以反过来看出，王弼此章之注，当是首章之注。

以上是要说明，《老子》今本第三十八章，应是原本第一章，具有最大的重要性。此章最系统，最全面，最完整，最严密，一层推出一层，一环扣住一环。要把握《老子》系统的总体，要了解《老子》系统的结构，皆舍此无由矣。

此章表明，《老子》系统是五“元”（element）结构：

道→德→仁→义→礼

每元各有自己的规定，按“失甲而后乙”的规则联系起来，这就是《老子》系统的内部结构。

各元的规定是“上德无为而无以为也”等四句。没有“上道”的规定。《老子》无“上道”一词，比照此四句，则应有之。“上道”相当于今本第一章的“常道”，帛书作“恒道”。《一章》云：“道，可道，非常道。”可见常道不可道，故无常道的规定，即无上道的规定。四句规定之中有三项特征：（一）是否“为之”，（二）是否“有以为”①，（三）是否“扔之”②。今以“＋”“－”表示“是”“否”，可得下表：

	为之	有以为	扔之
上德	－	－	（－）
上仁	＋	－	（－）
上义	＋	＋	（－）
上礼	＋	（＋）	＋

有圆括号者皆依文意所补。此表表明，上德丧失特征“无为”，变成“为之”，就成为上仁。上仁丧失特征“无以为”，变成“有以为”，就成为上义。上义本不“扔之”，丧失此特征而变成要“扔之”，就成为上礼。至于上道，是一片空白，一入形象，就成为上德。各元关系是：上元转换而生成下元，即失甲而后乙。所以可以称为转换生成结构(transformational generative structure)。

上道，常道，恒道，均可简称“道”。由以上的结构分析，可见“道”在《老子》系统中的最高地位。

礼要扔之，扔则争，争则乱，所以礼是乱之首。下文接着说：“前识

① “为”读去声。“有以为”即“有所为”；“无以为”即“无所为”。

② 《老子·六十九章》云“攘无臂”“扔无敌”“扔”是敌对行动。此章言“攘臂而扔之”，则“扔”是强制。

者，道之华也，而愚之首也。”“前识者”的意思是：前面所说的[①]。在礼的前面所说的就是德、仁、义，它们都是道之华，不是道之实。道之实就是“常道”，而“道恒无名”[②]，从德开始，才“始制有名”[③]。无名，则无所谓区别；有名，名的本身就是区别，从而产生包括智与愚的区别在内的各种区别，才有所谓愚，所以德、仁、义是愚之首。

最后说：“是以大丈夫居其厚，而不居其薄，居其实，而不居其华，故去彼而取此。”上文说：“夫礼者，忠信之薄也。”则厚是忠、信，礼是薄。上面已说实是道，华是德、仁、义。倘若与道相比，则忠、信也是华。所谓“居其厚，而不居其薄”，是说居忠、信而不居礼；所谓“居其实，而不居其华”，是说居道而不居德、仁、义、忠、信。可见这是两层：第一层达到忠信，第二层超过忠信（否定忠信）而达到道。总而言之，得道才是大丈夫。大丈夫是得道之人，也就是“法自然”之人，也就是照自己的样子实现自己的人。

再回到此章开头的四句。仍看上表，上德的三项特征都是“一”，这是“不德（得）”，然而构成了上德的规定，所以有德。下德统指仁、义、礼，它们的特征开始有“＋”，以至全部是“＋”，这是“不失德（得）”，然而构成了下德的规定，所以无德。

由此章全文可见，《老子》的结构是由两个小结构（substructure）构成的：一个是“道·德”结构，一个是“仁·义·礼”结构。道·德结构，可简称道结构，是道家结构，本书上溯其源，达到黄帝、颛顼。仁·义·礼结构，可简称仁结构，是儒家结构，若上溯其源，可达到尧、

① 从《韩非子·解老》开始，许多人都将“前识”解作先见之明之类的意思，盖泥于字面而忽其语脉（context）矣。突然插入先见之明的话，节外生枝，根本不通。

② 《老子·三十七章》首句，帛书甲本乙本均如此，而今本作“道常无为”，误矣。

③ 见《老子·三十二章》。

舜[①]。这两个小结构并存已久，此时的代表分别为老子、孔子。《老子》的结构是对此并存局面的总结，是两个小结构的融合。融合不是凑合，而是以道结构为主体，吸收仁结构。在吸收时，对于仁义礼，遂将儒家的解释否定，予以道家的解释。在吸收后，关于仁义礼，两家只在词义（verbal meaning）上相同，而在义理（theoretical meaning）上不同。所谓“将儒家的解释否定”，并非简单地抛弃之，而是超越之而又包含之，这个问题将在下章第二节中讨论。

第四节　《老子》论道

“道”字在《老子》中出现七十六次。除在第一章“可道也”中是动词以外，都是名词，或有本体义，指宇宙最初的本体；或有知识义，指人类最高的知识；或本体义和知识义兼而有之。

《老子》第一章，帛书全文如下：

> 道，可道也，非恒道也。名，可名也，非恒名也。无，名万物之始也。有，名万物之母也。故恒无欲也，以观其眇；恒有欲也，以观其所噭。两者同出，异名同胃（谓），玄之又玄，众眇之门。

此章是《老子》论道的总纲。“道”与“恒道”不同：道是可说的，恒道是不可说的。《老子》只在第一章作此区分，在其他章，有的道亦指恒道，乃恒道简称，如第二十五章的道，“不知其名”，“强为之名”，便是不可说的恒道。

恒道为什么不可说呢？这就先要回答：什么是“恒”？对这个问题，只有帛书提供了答案：

① 《中庸》云：“仲尼祖述尧舜”。《孟子·滕文公上》云：孟子“言必称尧舜”。《庄子·大宗师》云：意而子见许由，许由曰：“尧何以资汝？”意而子曰：“尧谓我：汝必躬服仁义而明言是非。”这是尧主仁义的传说。

有无之相生也，难易之相成也，长短之相刑（形）也，高下之相盈也，音声之相和也，先后之相隋（随）[也]：恒也。[1]

最后作为总括的“恒也”二字，今本皆脱，而“有无之相生也”等六语乃“恒也”之义遂晦。所以只有帛书，包括甲本和乙本，回答了这个问题。太可贵了！

脱漏“恒也”二字，造成更严重的损失是，埋没了《老子》下定义的独特方式。“恒”是类名，有其内涵和外延，内涵是其类的共相，外延是其类的分子即殊相。由以上引文可知，“恒”的内涵，就是现在常说的对立统一。有无，难易，长短，高下，音声，先后，都是对立。相生，相成，相形，相盈，相和，相随，都是统一。“恒”的外延，就是有无相生、难易相成等等具体现象。下定义，可以只用内涵，下的是内涵定义，说的是其类的共相；也可以只用外延，下的是外延定义，说的是其类的分子即殊相；也可以兼用内涵和外延，说的是具体共相。从帛书才知道《老子》为“恒”下的是外延定义，由此才恍然大悟：《老子》为“道”下的也是外延定义。由此才发现：下外延定义，是《老子》下定义的独特方式。这种独特方式，其哲学形上学的意义，便是以殊相为本。

多少年来，人们很熟悉的一件事实是：关于“道”，《老子》不是用概念下定义，而是用形象打比方。后来知道这是形象思维方式。后来更知道这是原始思维遗风。现在才发现，这是《老子》下定义的独特方式。在这个意义上，《老子·一章》就是道的外延定义：你看它根本不讲道的内涵的抽象概念，完全是讲道的外延，诸如“万物之始”，“万物之母”，“眇”和“噭”这些具体东西。

让我们再回到恒道不可说的问题。既然“恒”是对立统一，则“恒道”是对立统一的道。《老子》的“名”，在语言中就是“词”。要用一个

---

① 见帛书《老子·二章》。

"名"表示对立统一的道，就要用一个"词"表示两个相反的意思，这在语言中是不可能的，所以不可说。德语有个词"aufheben"兼有"扬"和"弃"两个相反的意思，黑格尔很喜欢这个词，并根据这个词夸耀德语是真正的哲学语种，他说："我们必须承认德国语言富有思辨的精神，它超出了单纯理智的非此即彼的抽象方式。"① 其实这样的词，德语中又有几个？而且就按黑格尔所举的例句，在一句中此词也只能侧重一义，而不能同时并重相反的二义。汉语亦然，如"置"字有立、废二义，"乱"字有治、乱二义，都是相反的二义，然在一句中亦只能用一义，不能兼用相反的二义。这样的字在汉语中也没有几个，光凭它们也不能决定汉语有无某种属性。

"恒名"之所以不可名，理由相似。

但是，语言的"词"办不到的事，语言的"句"可以办到。在语言行为过程中，词必须遵守"甲是甲"的原则，否则会造成混乱，达不到交际的目的。句一般能够转换为"甲是乙"（S是P）的形式，而且必须遵守"甲是乙"的原则。句子若仍为"甲是甲"，老是说"天是天"，"地是地"，"人是人"，这样的句子当然永远正确，只是说了等于没说，不起交际作用。"甲是乙"就是对立统一。所以句子能够而且必须表达对立统一，如《老子·二章》"有无之相生也"等六句都是表达对立统一的。

这就是要突破"词"的局限性而发展到"句"。在《老子》中就是要突破"名"的局限性而发展到"言"。帛书《老子·十九章》云"绝圣弃知，民利百倍。绝仁弃义，民复孝慈。绝巧弃利，盗贼无有。此三言也"，"此三言"指上文的三句，可证《老子》以"言"为"句"。帛书甲本、乙本均作"此三言也"，但今本皆作"此三者"，而《老子》以"言"为"句"之义遂晦。第七十八章的"正言若反"，第八十一章的"信言不美，美言不信。善言不辩，辩言不善"，这些"言"字都是指的句子。所以不说正"名"若反，不说信"名"不美，等等。当然，以"言"为

① 黑格尔《小逻辑》§96"附释"中语，见商务印书馆1980年第2版，第213页。

“句”，是《老子》的独特用法，与先秦一般用法不同。但为了理解《老子》，就必须力求把握《老子》的独特用法。

《老子》没有明说，“恒道”能够以“言”道之，其实际做法是以“言”道之。《老子》有许多“正言若反”，如第四十一章的“明道若昧”等十二句，皆以“言”道出“恒道”之证。此章从“明道若昧”到“大象无形”，句句都是对立统一的恒道，不是用句子说得清清楚楚吗？

多谢帛书保存的信息，使我们知道“恒”指对立统一，“言”是句子。凭这两点，我们可以进一步知道，《老子》所说的“恒道”不可道，是说不可以“名”道之，但可以“言”道之。因为“名”是一个词，一个词不能同时表示对立统一的二义；但句子可以表示对立统一的二义，而且句子本身就是对立统一。如此说来，《老子》所说的就是普普通通的大实话，并无神秘之处。

《老子》说“道，可道也”“名，可名也”，意思是说，道，人可道也；名，人可名也。作为动词的道和名，其主体是人，不是天，不是神，不是鬼。道又是人可道的对象，名又是人可名的对象。这样来看，所说的就是知识论问题[①]。这里有两个问题：（一）主体与对象的关系；（二）道与名的关系。

关于主体与对象的关系。像《老子・一章》这样的潜在主语“人”字，还可在别章中找到，除开这样的潜在“人”字不计，已经明显出现的“人”字、“我”字、“自”字、“已”字，即足以显示《老子》脱离了原始思维的浑同状态，不是天人浑同、物我浑同、人我浑同，而是明确地划清了主体与对象的界线，又明确地肯定了主体与对象的联系，更有惊人的自我主体意识。不这样也是不可能的，否则无法想象，《老子》怎么能主张文化以个体为本，哲学形上学以殊相为本呢？

在《老子》中，“人”字出现八十五次，其中作为“圣人”出现三十

① 但是，作为知识系统最高范畴的道，又有其所指，其所指乃宇宙最初的本体，于是转入本体论问题。所以说，《老子・一章》的道，兼有本体义和知识义。将分别在本章第五节、第十二章第六节讨论之。

一次，作为“众人”出现四次，作为“善人”出现四次，作为“不善人”出现三次，作为“俗人”出现两次，作为“愚人”出现一次，都是主体的意义；其余乃以“人”出现，亦皆主体的意义，大都在句子中充当主语，个别的充当宾语。

“我”字出现十九次，其中十六次作主语，三次作宾语。

“自”字出现三十三次，除第二十一章“自古及今”以外，都是“自己”的意思。

“己”字出现两次，皆“自己”的意思，皆作主语。

第二十三章“天地尚不能久，而况于人乎”，第五十九章“治人事天莫若啬”，划清了人与天地的界线。第六十章“非其鬼不神，其神不伤人”，划清了人与鬼神的界线。第二十章“我独异于人”，划清了人与我的界线。

第二十五章“人法地，地法天”，第十二章“五色令人目盲，五音令人耳聋，五味令人口爽”，第八十一章“既以为人己愈有，既以与人己愈多”，又肯定主体与对象的联系。

至于第二十五章“道法自然”，第三十七章“万物将自化”，“天下将自定”，第三十三章“自知者明”，“自胜者强”，第五十七章强调“民自化”，“民自正”，“民自富”，“民自朴”，则是从宇宙、社会、自己、他人各层次各方面确立自我主体性。

关于道与名的关系。《老子·一章》，第一句讲“道”，第二句讲“名”，可见道与名有密切的关系，但未讲明是什么关系。帛书第二十一章云：“其名不去，以顺众父。”《老子》在别处以母喻道，在此处以父喻道，既云“众父”，则是道的外延。“顺”字很重要，表示顺从。这是说名从道。但今本“顺”字作“阅”字，而名从道之义遂晦。《谷梁传》常讲“名从主人”①，道正是名的主人。所以用“名”表示“道”，用“恒名”表示“恒道”，以便成龙配套。不过“阅”字也有妙处：“其名不去，

① 见《谷梁传》桓公二年，襄公五年，昭公元年、五年。

以阅众甫”，阅是看见，“众甫”即“众父”，是说由名以见众父，就是以名表示众道，也就是众道皆有名以表示之。不论是道的本体义或知识义，皆用名表示之。前一段说“恒道”不可以“名”道之，而可以“言”道之。在此再补充说，“言”是用“名”按语法构成的，故亦称“名言”。故亦可说，“恒道”不可以“名”道之，而可以“名言”道之[①]。

《庄子·天下》说老聃“建之以常、无、有”。“常”“无”“有”皆见于今本《老子·一章》。惟帛书第一章“常”作“恒”。帛书“恒”字出现二十四次，“常”字出现七次。今本避汉文帝刘恒的名讳，改“恒”为“常”，因脱漏第二章的“恒也”，故只有三十个“常”字，而无“恒”字。《庄子》说的“常”“无”“有”，就是帛书《老子·一章》的“恒”“无”“有”。

《庄子》“常”“无”“有”的“常”，若是《老子》原有的，不是由“恒”字改成的，其意义亦无根本的不同。帛书《老子·十六章》云：万物归根，“是谓复命。复命，常也。知常，明也。不知常，妄。妄作，凶。知常，容”。又帛书第五十二章云“是谓袭常”，此五个“常”字皆谓规律。又帛书第五十五章云：“和曰常，知常曰明。”与第二章比较，则“有无之相生也”等六语，何一而非“和”？何一而非规律？此“恒”“常”之根本相通也。

帛书《老子·一章》在“道”“名”二句后接着说：“无，名万物之始也。有，名万物之母也。”这是提出“无”“有”，作为二名，以名“万物之始”“万物之母”。也就是只在“名”的外延中取出“无”“有”二名，而不讲“名”的内涵如何。“无”“有”二名，对于“名”的共相，则为殊相，这又是只讲殊相。

《老子·四十章》云：“天下万物生于有，有生于无。”“有，名万物

---

① 此“名言”不是“名人名言”的“名言”。兹举一用例。冯友兰在《新理学》绪论中说：“哲学乃自纯思之观点，对于经验作理智底分析、总括及解释，而又以名言说出之者。”（见《三松堂全集》第4卷，河南人民出版社2001年版，第6页）此“名言”就是语句。谓之“名言”，盖着眼于逻辑功能耳。

之母也”，故谓“天下万物生于有”；“无，名万物之始也”，故谓“有生于无”。

“万物之母”还有母吗？追问下去，一直追到“万物之始”为止。此时“万物之母”就是“万物之始”，成了一个东西。但“万物之母”之名是“有”，“万物之始”之名是“无”，故说是“异名”。“万物之母”既已就是“万物之始”，故“有”“无”虽“异名”而“同谓”，都是意谓同一个东西。

有无同谓，在汉字中有其根据。

《毛诗·鲁颂·闷宫》：“遂荒大东。”毛亨传：“荒，有也。”表示“有”的“荒”字含有“亡”（无）形。《尔雅·释诂上》：“幠，有也。”《广雅·释诂》：“抚，有也。”表示“有”的“幠”字、“抚”字都含有“无”形。

《说文·攴部》：“𢻫，抚也，从攴，亡声，读与抚同。”可见含有“亡”形、“无”形的字，以“亡”“无”为声符。《说文·舛部》“古文舞，从羽亡”，段玉裁注：“亡，声也。攴部曰：𢻫，读与抚同。然则以亡为无也古矣。”可见表示“有”的“𢻫”字、“抚”字以亡、无为声，其中又以亡为无。

《谷梁传》庄公十八年、二十九年和昭公十七年、二十五年，均有“一有一亡曰有”一语，表明“有”字兼有“有”“亡”（无）二义。

《说文·有部》：“有，不宜有也。”《尔雅翼》卷三“菊”引蔡邕《月令章句》：“有者，非所有也。”则“有”字表示有之否定。

以上由字形、字音、字义说明有无同谓。《老子》的有无“异名同谓”之说可能与此同源，正如亚里士多德的逻辑学受古希腊语影响一样。

用语义学（semantics）的眼光看，当初汉语中有和无之所指（reference）是一个东西。这个东西，说它是“有”，却也只有一项规定，即存在；说它是“无”，却也不是什么都没有，而是“非有”，非有也有一项规定，即存在。既然都只有一项规定即存在，所以有无同谓这个东西。

帛书《老子·一章》云："故恒无欲也，以观其眇；恒有欲也，以观其所噭。"今本无二"也"字，引起断句问题。如河上公本、王弼本，均在"欲"字下断句。自王安石《老子注》开始，有些人在"欲"字之上断句，一直到陈荣捷编译《A Source Book in Chinese Philosophy》（《中国哲学原著选》）也是如此，理由是避免此章思想被"欲"字别生枝节地干扰。帛书出土，才知道原来有此二"也"字，则当在"也"字下断句无疑，而河上公本、王弼本与之一致。

关键就在于引进"欲"字。引进"欲"字，所讲的才是人的殊相，不是人的共相；才是具体的人，不是抽象的人；才是存在的人，不是不存在的人。此处引进"欲"字，是讲人的殊相的必然要求，非引进不可。

具体存在的人，是个体的人，他在物质上有肉体，在精神上有自我，合起来是"有身"①。《尔雅·释诂下》："躬，身也"，"身，我也"。"躬"是肉体，"我"是自我，"身"是二者合一。他的存在，就是实现他自身，就是保存和发展他自身。他的理想是，"每个人的自由发展是一切人的自由发展的条件"②。由此可见，人的存在本身就是"欲"。不引进"欲"就无由以见人的存在。

所以《老子》在物质上主张"实其腹"③，"甘其食，美其服，安其居"④；在精神上主张"民自化"，"民自正"，"民自朴"⑤。《老子》首先肯定"欲"，这是第一个层次。然后在当时的现实条件下，主张寡欲以至无欲，这是第二个层次。必须看到这两个层次，方得《老子》之全。

帛书《老子·一章》明确地将"无欲""有欲"作为"观其眇""观

---

① "有身"见《老子·十三章》。

② 马克思、恩格斯《共产党宣言》中的话，见《马克思恩格斯选集》第1卷，人民出版社1972年版，第273页。

③ 见《老子·三章》。

④ 见《老子·八十章》。

⑤ 见《老子·五十七章》。

其噭”[1] 的条件，即必要而充足的条件。“观”是认识。“眇”和“噭”合为本体。这是从认识本体的高度看“欲”的意义。

《广雅·释诂》：“眇，小也。”《说文·口部》“噭，吼也”，段玉裁改“吼”为“口”，似不必改，盖“吼”应为“口孔”二字，“口孔”犹今言“口腔”。眇、噭之所指，与古希腊哲学的原子、虚空之所指相当。眇在噭中，犹原子在虚空中。这一点，由“无欲”“有欲”二句相连的语序暗示出来，有齐道家的精气说阐明和发挥。

这里有一个问题：物质的结构，宇宙的本体，即就唯物主义而言，也是两个不同的东西和概念。若讲物质的结构，则只讲原子就行了。若讲宇宙的本体，则只讲原子就不行，因为，你能把原子之间的空隙排斥在宇宙之外吗？所以，讲宇宙的本体，就得将原子和虚空统一起来讲。

《老子》正是将眇和噭统一起来作为宇宙的本体而观之。人必须无欲以观眇，又必须有欲以观噭。人必须无欲而又有欲，以观本体的眇和噭统一之全。

帛书第三十四章云：“恒无欲也，可名于小。”第五十二章云：“见小曰明。”这些话都是说无欲以观眇。这两个“小”字都是指“眇”[2]。这是《老子》用字的独特含意。“眇”字后来转写为“妙”字。“可名于小”就是可名为眇，也就是可名为妙。现代人不懂“可名为眇”的意思，但能懂“可名为妙”的意思。

第十一章云：“当其无”，而有“车之用”“器之用”“室之用”。此“无”是虚空，虚空有用，如室之虚空可住人，器之虚空可盛物，车轮中心之虚空可插轴。此章最后说“无之以为用”，是说虚空有用，可以满足人欲。反过来就可以说，由于满足人欲，才看出虚空的作用和意义。噭有虚空，这些话正是形象地说明有欲以观噭。

---

① 帛书作“恒有欲也，以观其所噭”。“以观其所噭”是由“以观其所”和“以观其噭”合成的。“所”和“噭”皆指“眇”活动的场所。为免于重复，只讲“以观其噭”。

② “眇，小也”，又见《方言》《释名》。

《老子》无欲观眇、有欲观曒的思想，齐国稷下道家独得其传，具体化为精气说，见于《管子》的《心术》（上、下）、《白心》、《内业》等四篇。屈原出使齐国，又将精气说传回楚国，见于《楚辞》的《远游》。

眇和曒在上述《管子》四篇中都具体化了，眇化为“精气”，曒化为“精舍”。人无欲，“时仿佛以遥见兮，精皎皎以往来”[①]，这就是无欲以观眇。人有欲，就不见精气，只见精舍，这就是有欲以观曒。精舍本是道家名词，后来儒家讲学，佛家修行，皆称其所为精舍，可见影响深远。

《老子·一章》和《管子》四篇都提示：要看到眇和曒统一的本体，必须实行无欲和有欲的统一。《老子·三章》说“虚其心，实其腹”，就是无欲和有欲的统一。只有无欲而又有欲，观眇而又观曒，才算达到对立统一的“恒道”水平，相当于近代西方哲学所说的“理性”水平。若只是无欲以观眇，或只是有欲以观曒，都只能看到本体的片面，相当于近代西方哲学所说的“知性”水平。

可见眇和曒，也是“两者同出，异名同谓”。同出于本体，同谓本体。而观眇、观曒则是认识，由此而得知识。它不是一般物体，而是宇宙本体；这不是一般知识，而是最高的恒道。如此非同一般，真乃“玄之又玄”（“玄”字本义见下节）。

但是，什么是“众眇之门”？“众眇”是眇的处延，眇的殊相，这又是以殊相为本位。“门”的意思，也要在下一节才能说清楚。

第五节　《老子》的本体论史

西方哲学所讲的本体论（ontology）、宇宙生成论（cosmology），作为类来看，《老子》都讲到了，虽然没有用这两个名词。

本体论最基本的类型有两种：一种是他生型，其公式是“甲生乙”，甲是本体；一种是自生型，其公式是“乙生乙”，乙是自生，自为本体，

① 见屈原《远游》。

别无本体。

他生型的本体论，所讲的本体，就是宇宙生成论所讲的生成过程的最初环节。如《老子·四十二章》云："道生一，一生二，二生三，三生万物。"这是讲宇宙生成过程，其中有道、一、二、三、万物等环节，而道是最初环节，所以道是本体。讨论这个全过程及其各个环节，就是宇宙生成论，简称宇宙论，或简称生成论。不讨论过程及其环节，只讨论最初的道，就是本体论。但是道的本体地位，是在生成过程中确定的，而他生型的本体地位，也只有在生成过程中才能够确定。也就是说，他生型的本体，是生成过程的最初环节。由此可见本体论与宇宙生成论关系之密切。

在《老子》中，硬是有一部本体论发展史：第一阶段是"玄牝"所生说；第二阶段是"有生于无"说；第三阶段是有无"异名同谓"说。第一阶段、第二阶段是他生型，第三阶段是自生型。但第一阶段是原始的前逻辑思维；第二阶段是文明的逻辑思维；第三阶段是文明的后逻辑思维。用另一套术语说，又可依次名为神话思维、科学思维、元学[①]思维；又可依次名为感性思维、知性思维、理性思维。

一、第一阶段

先讨论第一阶段。

《老子·六章》云："谷神不死，是谓玄牝。玄牝之门，是谓天地根。绵绵若存，用之不勤。"《列子·天瑞》引此文而谓为"黄帝书曰"。马叙伦云："《老子》五千文中'谷神不死'四语，伪《列子》引为黄帝书。黄帝虽无书而古来传有此说，后人仰录为书，则许有之。故《吕氏春秋》《贾谊新书》皆有引也。"[②] 清代辨伪大师惠栋，说得更肯定："此老子所

① metaphysics，或译形上学，或译玄学，金岳霖称之为元学，于此从之。

② 见《老子、老莱子、周太史儋、老彭非一人考》，载于马氏《老子校诂》卷首。

述也。老子之学本黄帝，故汉世称黄老。”[①] 则《老子》此章，盖传述上古神话无疑。照此神话，“谷神”之谷，形如牝门，神与玄对应，谷与牝对应，故为“玄牝”[②]。此玄牝之门，生出天地，故谓之天地之根。就像雌兽生殖器，生出小兽，绵绵不尽。第一章末句“众眇之门”，亦此玄牝之门，生出众眇，绵绵不尽。第十章云：“天门开阖，能为雌乎？”为雌之天门，亦此玄牝之门。以为天地万物皆玄牝所生，显然是上古生殖器崇拜的原始思维，来自对雌兽生子的感性直观和神化想象，属于原始的前逻辑思维。

自新石器时代制作陶器以来，人们常见以盅盛水，于是有人产生联想，以此喻道。如《老子·四章》云：“道——盅，而用之又不满，渊兮似万物之宗。”[③] 第四十五章云：“大满若盅，其用不穷。”[④] 皆此类。后来干脆撇开盅，光以水喻道。第八章云“上善若水”，水“几于道”。第七十八章云“天下莫柔弱于水，而攻坚，强者莫之能先，以其无以易之也”，没有能替换水的了。

到了用鼓风箱冶炼的铜器时代以后，人们想象，宇宙像个鼓风箱：在空箱里，万物都像气一样藏在里面；鼓动起来，万物就像风一样吹了出来，越吹越多。《老子·五章》云：“天地之间其犹橐籥（鼓风箱）乎？虚而不屈，动而愈出。”就是这种想象。它已经没有玄牝的神性，只有风箱的机械性。后来干脆撇开风箱，光以气喻道。水无定形，但尚可见；气亦无定形，但不可见。若以喻道，则气更佳于水。

盅水之喻，风箱之喻，比玄牝之说有所前进，但仍属于原始的前逻辑思维。三者的共同之点是：尚无“有”“无”的概念，只有“有”“无”的形象。牝门、盅、风箱的内空，都是“无”的形象。牝门生的天地，

---

① 见《松崖笔记》。惠氏《古文尚书考》，考定《古文尚书》乃晋人伪造，堪称辨伪大师之一。

② 《论语·尧曰》引《商书·汤诰》有“玄牡”，与“玄牝”配对，皆生殖器崇拜。

③ 据傅奕本《老子》。

④ 据傅奕本《老子》。

盅盛的水，风箱鼓的风，都是“有”的形象。三者都是用形象表示有生于无。这是又一个共同之点，也是最根本的共同之点，只有这一点才是三者共有的本体论意义。因为尚无“有”“无”的概念，所以还不是逻辑思维；因为已有“有”“无”的形象表示有生于无，所以毕竟还是前逻辑思维，它再前进一步，有了“有”“无”的概念，就是逻辑思维了。

二、第二阶段

再讨论第二阶段。

帛书《老子·四十章》云：“天下之物生于有，有生于无。”这里已有“有”“无”的概念，已是文明的逻辑思维了。但何以“有生于无”，则决不靠第一阶段的形象显示，只能靠本阶段的逻辑推理。靠逻辑推理，是本阶段的本质特征，若无此本质特征，本阶段就不成其为本阶段了。

千万不要小看“有”“无”这两个概念。“有”“无”的概念乃是对天地万物总括到顶了的、空灵至极的、纯粹的逻辑概念。这是《老子》哲学在中国思辨水平上的空前成就，而且直至今日在世界范围内无人超过。萨特（Jean-Paul Sartre）的主要著作《L’être et le Néant》，书名英译为“Being and Nothingness”，若用中文表示，仍为《有与无》或《有无论》，别的中译名就不免增加或转移义素（sememe）①，以致与原义不相等。这不是证明萨特的书名出于《老子》，而是证明“有”“无”的概念万寿无疆。《庄子·天下》拈出“有”“无”作为老聃道术的特色，真乃中国第一位哲学史家的卓识。

本阶段要讨论的是：（一）《老子》论本体是“道”，道就是“无”。关于这个问题的论述，《老子》基本上还是用形象思维，所以具有第一阶段向第二阶段过渡的性质，可谓过渡阶段。（二）为什么“有生于无”。解决这个问题只用逻辑推理，这才是第二阶段的核心。以下依次讨论之。

---

① 《Encyclopaedia Britannica》（《不列颠百科全书》）第 15 版（1980 年印行）的 Linguistics（语言学）条，其术语有 morpheme（形素）、phoneme（音素）、sememe（义素）之分，与中国“小学”传统甚合，兹采用之。

《老子·五十一章》反复说“道生之”。第二十五章更详细地说：

> 有物混成，先天地生。寂兮寥兮，独立而不改，周行而不殆，可以为天地母。吾不知其名，强字之曰“道”。

这是说，宇宙的最初本体，乃混成之物。别无他物，故寂寥，故独立。守恒，故不改。循环往复运动，故不息。可以为天地母，故为宇宙生成的本体。不知其名，不是有名而不知，而是本来无名，所以只好勉强起个外号叫做“道”。第三十二章云：“道恒无名。”第四十一章云：“道隐无名。”皆谓此。在《老子》里，“无名”也就是“无”。

“有物混成”，是由什么混成的？第十四章回答说：“视之不见名曰夷，听之不闻名曰希，搏之不得名曰微：此三者不可致诘，故混而为一。”有物混成，即此三者混成的，则此混成之物，也是看不见、听不到、摸不着的。此三者不可致诘，是说靠看、听、摸的感官不可得知。

夷、希、微三者是指什么？曾有西方传教士将三者的拉丁文拼音 I-Hsi-Wei 的第一个字母联成 IHW，与 Yahweh（耶和华）中的 YHW 对应，“证明”夷、希、微就是耶和华（上帝）。这显然是文化交流中的笑谈。今考帛书以视之不见名曰微，以搏之不得名曰夷，可见视与夷、搏与微并无固定搭配关系。可肯定者只有一点：三者都不是感官可得而知。今按：“夷”通“彝”，常也[①]；“希”通“昕”，明也[②]。《老子·十六章》、帛书第五十五章皆言“知常曰明”。第三十六章谓“将欲歙之，必固张之”等语为“微明”。是《老子》盖谓三者乃常、明、微，皆道之精微奥妙，须心领神会，非感官可得而知，此其夷、希、微三语之深意欤。

第十四章还说：夷、希、微“混而为一。其上不皦，其下不昧，绳绳兮不可名，复归于无物。是谓无状之状，无物之象，是谓惚恍。迎之

---

① 《孟子·告子上》引《诗》曰“民之秉彝”，赵岐注为“民之秉夷。夷，常也”。

② 《说文·日部》：昕，读若希。《广雅·释诂》：“昕，明也。”见王念孙疏证本卷四上。

不见其首，随之不见其后”。这是接着说，混成之后又怎样。照这所说，混而为一的一，让它上天它不亮，让它下地它不暗，让人叫它它无名。这是从天、地、人三方面说明，无物如此，故是无物。故其形状和形象，可谓无状之状，无物之象。所以不论就本体的本身而言，还是就人对本体的认识而言，都是恍恍惚惚的。恍恍惚惚，是对《老子》的“道”的精确描写。惚恍，或恍惚，精确地描写出《老子》的“道”，无所规定，而又不是一无所有，它还是个一，但不是普通的一，而是生一的一，可谓太一，又写作“太乙”。旧时尊称老爷之父为老太爷，太一之太，正如老太爷之太。可见《老子》的道，作为“无”，只是无有，即非有（non-being）。到《庄子》才讲到“无无”[①]，而与佛家讲的“空”，层次相当。“迎之不见其首，随之不见其后”，是重申无物，虽首尾莫辨，然犹见其恍惚也。《老子·二十一章》“道之为物，惟恍惟惚”云云，都是这个意思。

以上所论，皆形象思维，皆《老子》断言，不讲道理。要讲道理，《老子》只讲了一条，就是第四十章的“天下之物生于有，有生于无”。这一条是真正的逻辑推理。通过讨论，希望能够阐明其逻辑意义，看《老子》是怎样逻辑地处理这个问题的。

帛书第四十章云：“天下之物生于有，有生于无。”傅奕本同。“天下之物”，河上公本、王弼本均作“天下万物”，一字之差，意义重大。“天下之物”的概念可以不周延，相当于 something；“天下万物”的概念一定周延，相当于 all things 或 everything。好在还是“天下万物”，不是“天地万物”。若作“天地万物”就说得更绝了，不能再往下说了。

这是抠字眼儿，但非抠不可。若连这一点也不抠，还讲什么哲学。因为在古汉语中，“天地”犹今言“宇宙”，“天下”则仄多了，限于人类空间。若作“天地万物生于有”，则“有”即宇宙最初本体，就不能再说，也不用再说“有生于无”了。但作“天下万物生于有”，则“有”不

① 《庄子·知北游》：光曜自谓“未能无无”。“无无”问题，到庄子章再讨论。

一定是宇宙最初本体；而作“天下之物生于有”，则“有”一定不是宇宙最初本体。所以都需要，也可能，进一步说“有生于无”。

“天下之物生于有”，这是说，天下之物总有个物生它，这是眼一睁就能见到的事实，无须证明。问题在于，生天下之物的“有”，还可以问它是谁所生，对生“有”者还可以问它是谁所生，对生“生‘有’者”还可以问它是谁所生，如此问下去，无穷无尽，因为生天下之物的过程，追溯上去，乃是无限数列。要寻求宇宙最初本体，这条路（approach）虽不一定走不通，但一定走不完。走不完，就达不到宇宙最初本体。所以在实际效果上，走不完等于走不通。这是一条事实的路。

事实的路走不通，那就换一条路：逻辑的路。这条逻辑的路，就是“有生于无”。无就是无，再不能问无是谁所生了。这不是用事实解决问题，而是用逻辑解决问题。进一步说，这不是用逻辑解决问题，而是用逻辑取消问题。不能再问无是谁所生了，这就是取消了问题。不能再问无是谁生的，无便是宇宙最初本体了。果然达到宇宙最初本体，这条路走通了。得来全不费功夫，一转念间，慈航便到彼岸。这是第二阶段的成就。到第三阶段才知道：此岸就是彼岸。

以无为本体，是本体论的一大进步，也是人类思维的一大进步。这个进步，在中国是老子造成的；在古希腊是阿那克西曼德（Anaximander）造成的。二人同时而老子稍晚，大约晚四十年吧。阿那克西曼德以“无限”为原则，相当于以“无”为本体。黑格尔评论说：“把原则规定为‘无限’，所造成的进步，在于绝对本质不再是一个单纯的东西，而是一个否定的东西、普遍性，一种对有限者的否定。”“阿那克西曼德取消了水这一元素的个别性。”① 他造成的进步，正是老子造成的进步。他取消了水的个别性，老子则继续以水喻道，利用水的个别性以加强《老子》形上学的殊相本位。

---

① 见黑格尔《哲学史讲演录》中译本，商务印书馆 1983 年版，第一卷，第 195 页。

关于“有生于无”的讨论到此为止。以下附记两条关于“有生于无”的暗示。

第一条，《老子·四十二章》云：“道生一，一生二，二生三，三生万物。”这个序列是：

道，一，二，三，……，万

与数列

0， 1， 2， 3，……， n

对应，“道”相当于“0”，暗示道是无。

第二条，《老子·三十八章》列举“上德”“上仁”“上义”“上礼”的规定，没有道的规定，亦暗示道是无。

这两条都暗示有生于无。

三、第三阶段

最后讨论第三阶段。

《老子》中本体论史的第三阶段，即最后阶段，亦最高阶段。所立之论，一言以蔽之，就是有无“异名同谓”，简言之，有无同谓。兹分三点讨论之：（一）有无同谓，是后逻辑思维；（二）有无同谓，是同谓什么；（三）有无同谓的本体论意义。

先说第一点。

前面说过，第一阶段是前逻辑思维，第二阶段是逻辑思维，第三阶段是后逻辑思维。凡此所说逻辑，皆取狭义，特指形式逻辑。若取广义，则前逻辑、后逻辑亦各有逻辑，因为亦各有其规则，并非乱弹琴。

逻辑思维的根本规则是“甲是甲”。后逻辑思维的根本规则是“甲是甲而又非甲”。以甲为有，以非甲为无，则“甲是甲而又非甲”就是有无同谓。可见有无同谓是后逻辑思维。

前逻辑思维是原始思维，用原始思维的人在切身范围的实践中萌发逻辑思维。逻辑思维的发展，导致否定它自身，变成后逻辑思维。后逻辑思维否定逻辑思维，否定之不是简单地抛弃之，而是通过之、超越之而又包含之，但性质是超越之。从后逻辑思维的根本规则“甲是甲而又非甲”便可看出，其中“甲是甲”就是通过而又包含逻辑思维，其中“甲是非甲”就是超越逻辑思维，即突破逻辑思维的“甲是甲”，使逻辑思维发生性质的变化，变成后逻辑思维。

惯用逻辑思维的人，自然地具有逻辑感（sense of logic）。他读经典的神话著作，感到反常之处，那大概就是前逻辑思维；他读经典的哲学著作，感到反常之处，那大概就是后逻辑思维。这是一个虽不精确但很实用的鉴别方法。

楚国哲学，中国哲学，论其总体，只有到了《老子》才算进入后逻辑思维阶段。在这个意义上，《老子》是楚国的也是中国的第一部正式哲学著作，老子是楚国的也是中国的第一位正式的哲学家。

再说第二点。

帛书《老子·一章》末尾说：“两者同出，异名同谓，玄之又玄，众眇之门。”查《正统道藏》所收三十一种版本的《老子》皆作“此两者同出而异名，同谓之玄，玄之又玄，众妙之门”，而“异名同谓”之义遂晦。兹据帛书讨论之。

“两者”指上文的“有”“无”。“同出”是同出于道，“同谓”也是同谓道。“玄”，自《说文解字》以至段玉裁、桂馥、朱骏声诸家的解释，都是着眼于颜色，其实应着眼于大小。今查“玄”字从“入”从“幺”。“楚人谓小为幺”[①]。《庄子·天下》引惠施曰：“至小无内，谓之小一。”玄字既为入幺，即入小之内，能入于小，可谓至小矣，此玄字本义。至于黑色义、奥妙义，皆引申义，不详说了。故“玄之又玄”乃言上文之“眇”，“众眇之门”乃言上文之“曒”（眇是“有”的殊相，曒是“无”的殊相），皆申言有无的殊相，而与上文所言不同者，则上文是分而言之，此是合而言之，以明同出、同谓皆是同一。

有无同谓，是同谓道，即同谓本体。如此达到本体，不仅不走有生

① 见桂馥《说文解字义证》“幺”字的义证。

于有的路子，而且不走有生于无的路子。有生于无，超越了有生于有。有无同谓，超越了有生于无。超越了有生于无，就超越了谁生谁的关系，也就没有谁生谁的问题了。所以以有无同谓为特性的第三阶段，本身没有谁生谁的问题。若比照前两阶段，还是要问谁生谁，那就只有说自己生自己。这是比照前两阶段的问题而提出的问题，也是比照前两阶段的答案而作出的答案。这个问题既然不是第三阶段本身固有的，所以是第三阶段的假问题（pseudo problem）。虽是假问题，却由于与前两阶段比照而显出本阶段的本体论是“自生型”的，这是这个假问题的真意义。

最后说第三点。

既然有无同谓是同谓本体，则本体不假外求，不用有外求无，不用由有到无。本书在讨论第二阶段时曾说，就达到本体而言，有生于无，是由此岸到了彼岸。现在讨论第三阶段的有无同谓，这才明白：此岸就是彼岸。没有黄河为界，根本不用过河。

在前两阶段，本体是能生，万物是所生；本体是无，万物是有，本体是道，万物是德（德的问题在此不谈）。在前两阶段，《老子》将道生万物比作母生子①。母子不论多亲密，总不能达到“同谓”的程度，故母子是二非一。到第三阶段有无同谓，则是一非二矣。这里要区别事物和概念：有无同谓是就事物言，有无异名是就概念言。就事物言，则甲是甲而又非甲；就概念言，则只能甲是甲。所以有无同谓，只是说有无二概念同谓一事物，绝非说有无二概念同谓一概念。所以有无同谓，必是同谓事物，而道是事物的集合。道是事物的集合，就是殊相的集合。由此可见道与万物同一，没有能生、所生之分，自事物观之，自道观之，皆为自生。这才是独立自足的本体论。《老子》言“独立”②，言“知足”③，其根据就是这个独立自足的本体论。

① 《老子·六章》言玄牝生天地；第五十二章说“天下有始，以为天下母。既得其母，以知其子。既知其子，复守其母”，皆以母生子比喻道生万物。

② 见《老子·二十五章》。

③ 见《老子》三十三章、四十四章、四十六章。

自生型的本体论，独立于生成论而自足。他生型的本体论，不过是生成论的附庸，其本体不过是宇宙生成序列的首项，离开生成序列便丧失其首项地位，没有本体资格了。所以只有自生型的本体论，才是真正的本体论。

有无同谓既是同谓事物，就是同谓殊相，确立殊相为本的地位，排除造物者的地位。怎么是排除造物者的地位呢？请看，如果停留在第二阶段的“有生于无”，则不管对“无”怎样解释，无所占的地位，总是造物者①的地位。《老子·二十五章》说“天法道”，排除了“天”是造物者。第六十章说“以道莅天下，其鬼不神”；第三十九章说“神得一以灵”，“神无以灵将恐歇”，排除了鬼神是造物者。虽然《老子》的具体论断排除了天和鬼神的造物者地位，而以道代之，仍是以道为造物者，仍是保留造物者地位，这终究是个隐患。一旦超越有生于无，达到有无同谓，这才彻底排除了造物者地位。万物自生，要什么造物者！请想想看，在当时条件下达到有无同谓这一点，该要有多么大的理论勇气和哲学智慧！

〔**附注**〕《老子·七章》说“天地所以能长且久者，以其不自生，故能长生”，这个“不自生”，是说不自私而生。所以下文说“是以圣人后其身而身先，外②其身而身存。不以其无私邪？故能成其私”。可见所说的不是本体论，也不是生成论。

① 《老子》尚无“造物者”一词，《庄子》则有之，凡七见：《大宗师》中四见，《应帝王》《列御寇》《天下》中各一见。

② 《庄子·大宗师》：“能外天下。”郭象注：“外，犹遗也。”成玄英疏：“外，遗忘也。”

第六节　《老子》“天”字考

《老子》中“天”字凡九十一见。其中作为单音词者十二见，全引如下：

第七章：“天长地久。”

第十六章：“知常容。容乃公，公乃全，全乃天，天乃道，道乃久，没身不殆。”

第二十五章：“故道大，天大，地大，人亦大。”“人法地，地法天，天法道，道法自然。”

第三十九章：“天得一以清。”“天无以清，将恐裂。”

第五十九章：“治人事天莫若啬。”

第六十七章：“天将救之，以慈卫之。”

第六十八章：“是谓用人之力，是谓配天，古之极也。”

第七十三章：“天之所恶，孰知其故？”

“天将救之”，“天之所恶”，这两个天字是指有人格、有意志的天。从这两句看，应如此断定，但从《老子》全书看，未必如此。说详后。

其余十个天字皆指自然之天。已有“事天”的提法，早于《孟子·尽心上》的“存其心，养其性，所以事天也”。又已有“配天”的提法。《尚书·君奭》早已有“配天”之说，那是说殷王死后上天的政治待遇；《老子》此章则是说用兵的配合自然条件。后来《中庸》也说圣人“高明配天”。再看《老子·二十五章》所说的天地人关系，俨然就是《中庸》的人“与天地参”[①] 之说的先声。由此可见《老子》向儒学扩散影响之一斑。

另外七十九个天字皆与别的字连用，构成双音词或词组。例如第五章的“天地不仁”，天与地连用而构成词组，意谓天和地都不仁。此语有

---

① 朱熹注：“与天地参，谓与天地并立为三也。”

两个可能的意思。一个是：天和地本不能仁，故不仁。一个是：天地本能仁，而故意不仁。若是前者，就是自然的天；若是后者，就是有人格、有意志的天。到底是哪一个意思，光靠这一句不能断定，要靠全书来断定。

《老子》中有“天地”词组的句子全引如下：

第五章：“天地不仁，以万物为刍狗。”“天地之间其犹橐龠乎？”

第六章：“玄牝之门，是谓天地之根。”

第七章：“天地所以能长且久者，以其不自生，故能长生。”

第二十三章：“希言自然。故飘风不终朝，骤雨不终日。孰为此者？天地。天地尚不能久，而况于人乎？”

第二十五章：“有物混成，先天地生。寂兮寥兮，独立而不改，周行而不殆，可以为天地母。吾不知其名，强字之曰‘道’。”

第三十二章：“天地相合，以降甘露，民莫之令而自均。”

句句都说的是自然的天地。再拿有疑问的“天地不仁”来看，既然下文说天地像个风箱，无人格，无意志，难道同一章之内的“天地不仁”的天地，竟然有人格、有意志，恰恰相反吗？揆诸事理文理，不通，不通。所以“天地不仁”的意思，是两个可能的意思的前一个。

与地字连用的天字皆指自然的天，有如上述。与别的字连用的天字又怎样呢？

《老子》中天字与别的字连用者有“天下”“天门”“天道”“天子”“天网”。

“天下”“天子”都是双音词，天字在其中已无独立的意义，只起词素（morpheme）的作用。“天下”一词凡六十一见，指社会者五十三见，指宇宙者七见。“天子”一词只一见，指当时中国各诸侯国的共主。两词在《老子》中都按约定俗成之义使用，没有《老子》独特的含义，不是提炼《老子》思想的资源。

“天门”“天网”各一见，都是词组，等于天之门、天之网。倒过来说，以《山海经》为例，《南山经》的“招摇之山”“丽麂之水”等于招摇山、丽麂水。这种“之”字，没有意义，加上它也不算“添字解经”。虽无意义，却有英文“of”的表示同格关系的作用，如 the city of Rome，照《山海经》模式，就是“罗马之城”，照普通说法，就是“罗马城”。天与门、网同格，也就与门、网一样无人格、无意志了。

剩下“天道”，凡二见。

第四十七章：“不窥牖，见天道。”

第七十九章：“天道无亲，常与善人。”

天道是词组，又作“天之道”，“天之道”凡五见。

第九章：“功遂身退，天之道也。”

第七十三章：“天之道：不争而善胜，不言而善应，不召而自来，坦然而善谋。”

第七十七章：“天之道，其犹张弓欤？”“天之道，损有余而补不足；人之道，则不然，损不足以奉有余。”

第八十一章：“天之道，利而不害；人之道，为而不争。”

天指自然，天道、天之道皆自然之道。天之道与人之道对举，此义尤为明显。这不仅是《老子》的通则，而且是《庄子》和其他道家著作的通则。可见与别的字连用的天字，除“天下”“天子”不须考虑外，其余都是指自然的天。

最后回到“天将救之”“天之所恶”。这两个天字，是不是也和其他的天字一致，也指自然的天呢？如果也指自然的天，则无人格、无意志的主体怎么能“救”能“恶”呢？这是一个理性陷入矛盾的问题，是一个逻辑思维无能为力的问题。碰到这种问题，《老子》就用形象思维（imagination），用自由联想（free association）。其中有一个方法，就是拟人法（anthropomorphosis）。用拟人法，无人格、无意志的天，也就能救能恶了。此乃前逻辑思维之遗绪，而后逻辑思维之先声，固不可囿于逻辑思维而讶其荒诞也。

故本考断定：《老子》的天字指自然的天。

第十一章　老子（中）

第一节　《老子》论德

帛书甲本《老子·五十一章》有两个分章符号“·”，可见此章帛书甲本分为两章，兹以 51（A）、51（B）表示之。51（A）云：

> 道生之而德畜之，物刑（形）之而器成之。是以万物尊道而贵［德］。［道］之尊，德之贵也，夫莫之爵而恒自然也。

下接 51（B）云：

> 道生之，畜之，长之，遂之，亭之，［毒］之，［养之，覆之。生而］弗有也，为而弗寺（恃）也，长而勿宰也：此之谓玄德。

此二章论德，其意义价值相当于第一章论道。此二章论德，第一章论道，第三十八章论总体结构，合而观之，则《老子》纲领悉备，便可提纲挈领矣。作为《老子》特色和精华的“道法自然”之旨，亦在 51（A）的“恒自然”一语之中。

历来的讲法是，《老子》的德是得之于道者，即个体得之于本体者。这样讲虽不错，但还是有生于无的水平，未到有无同谓的水平，或者说，还是有生于无的模式，不是有无同谓的模式。若是有无同谓的水平和模式，则有无同一，即眇曒同一，原子虚空同一，本体个体同一，总而言之：道德同一。

这些同一都同一于事物个体之中，每个同一的双方不能分开而无先后。但是人思之说之，就要将事物个体中诸同一的双方分个先后。因为思维的运作用概念，语言的运作用语词，它们运作起来都是“线性序”(linear order)：只能一个接一个，不能同时思两个概念，不能同时说两个语词。旧小说有句套话：一支笔不能写两行字，一张嘴不能说两处话。正谓此。这是事物与思维、语言的矛盾。思维、语言只能线性运作，这是思维、语言的机制本身决定的，实在没有别的办法。不过事物与思维、语言若像照镜子那样直接完全一致，那就用不着研究科学和哲学了。事物与思维、语言的矛盾导致出现这种状况：尽管道德同一于事物个体，尽管认识到有无同谓的模式，而讲起道德来，还是要分个先后，讲成“道生之而德畜之”。

当年朱熹讲理气，也是碰到这个矛盾。《朱子语类》卷第一《理气上·太极天地上》有一条云：

> 问：“先有理，抑先有气?”……曰：“此本无先后之可言。然必欲推其所从来，则须说先有是理。然理又非别为一物，即存乎是气之中；无是气，则是理亦无挂搭处。……”(万人杰记录)

理气存于事物，“本无先后”；理气见于言说，则有先后。明乎此，有助于理解《老子》的深意：道德存于事物，本无先后；道德见于言说，则有先后。此处相通者，是事物与言说的关系。至于理气关系，道德关系，并不相通，更不相同，不可比附。

根据以上讨论，我提醒读者：请注意本节下文对 51（A）和 51（B）的讨论，凡涉及先后，都是思维、语言的先后，不是事物本身的先后。在此一句管总，不再分别指明。

51（A）说“道生之而德畜之，物形之而器成之”，是说道经过德而形成物和器（即物体个体）。物和器有两点不同：（一）物有可能（不一定）指类，器一定指个体；（二）物是自然的，器是人为的，第十一章

“埏埴以为器”可证。虽有不同，但物和器仍统指物体个体。可见在《老子》中，道经过德而成个体，个体经过德而得道，德是仅次于道的范畴。

51（A）接着说“是以万物尊道而贵德”，万物皆个体，道和德同一于个体，形成个体，故尊道而贵德。尊和贵亦有不同。比方说，天子是至尊，杜甫诗“淡扫蛾眉朝至尊”①，是说朝天子。而宰相是至贵，不是至尊。这也是说，德是仅次于道的范畴。

51（A）接着说“道之尊，德之贵也，夫莫之爵而恒自然也”，是说，道之尊，德之贵，不是谁赐予的爵禄，而是经常自己如此。谁有赐予爵禄的权威？神权时代说是神，王权时代说是王。《老子》的道和德，其尊贵皆是自然，即自己如此，即自尊自贵，“莫之爵”，则一切神权王权外在权威，扫地以尽，无所用其伎俩矣。如此讲道讲德，正是自生型的本体论。

51（B）在“畜之”后加上“长之，遂之，亭之，毒之，养之，覆之”，详尽地描述了德对个体的作用，惟“亭”“毒”二字费解。今按《史记·秦始皇本纪》“决河亭水”张守节《正义》云：“亭，平也。”又《汉书·张汤传》“平亭疑法”李奇注：“亭，亦平也”；颜师古注：“亭，均也，调也”。则亭字是指一平二调，搞平均主义，以实现“损有余而补不足”的“天之道”②。至于毒字，李桢③根据《说文·土部》“坶，保也”，“读若毒”，认为毒与坶同音通用。则毒亦保也，此保字今作“堡”，起保卫作用。所以“亭之”即“平之”，“毒之”即“保之”。

怎见得“长之”至“覆之”是说德的作用？请看下文有一句总括性的话：“此之谓玄德”，便知都是说德的。不仅“长之”至“覆之”是说德的作用，而且“生而弗有也，为而弗恃也，长而勿宰也”是说德的含义。德的含义不是德，而是玄德。

关键在于51（A）和51（B）都属于自生型的“有无同谓”模式，

---

① 见《虢国夫人》。一说张祜诗。

② 帛书《老子·七十七章》：“天之道，损有余而补不足。”

③ 属草时未记出处，定稿时遍查未得，惟此公姓名不误。

不属于他生型的“有生于无”模式。若属于“有生于无”模式，则有谁生谁的关系。有谁生谁的关系，就会带来谁占有谁的关系。于是不可能“生而弗有”，相反会生而必有。以此为本源，还会派生出：为而必恃，长而必宰。惟其属于“有无同谓”模式，就没有谁生谁的关系。没有谁生谁的关系，也就没有谁占有谁的关系。于是只可能“生而弗有”，因为生是自生，难道要自己占有自己吗？以此为本源，就会派生出：“为而弗恃”，“长而勿宰”。因为为是自为，难道要自己对自己自恃有功吗？长是自长，难道要自己宰制自己吗？打个比方吧，一位长官，若是自觉他个人是官与民的同一，他就没有官气，决不宰制民众，因为宰制民众就是宰制自己。所以严复的《老子道德经评点》至此写道：“夫黄老之道，民主之国之所用也，故能‘长而不宰’。”

帛书《老子》是今人所见《老子》写本中错误较少、后人改篡最少、内容最优的版本。由于帛书残断破损，补遗训诂，仁者见仁，智者见智。以义训文，余意帛书《老子·五十一章》可训作：

> 道生之，德畜之，物形之而器成之。是以万物尊道而贵德。道之尊也，德之贵也，夫莫之爵也，而恒自然也。道生之，德畜之、长之、遂之、亭之、毒之、养之、覆之。生而不有，为而不恃，长而不宰，是谓玄德。①

① 帛书引文以《马王堆汉墓帛书（壹）》，文物出版社 1980 年版为准。朱谦之先生《道德经校释》将五十一章训为：“道生之，德畜之，物形之，势成之。是以万物莫不尊道而贵德。道之尊，德之贵，夫莫之命而常自然。故道生之，德畜之，长之育之，成之熟之，养之覆之。生而不有，为而不恃，长而不宰，是谓玄德。”陈鼓应先生《老子注译及评介》将五十一章训为：“‘道’生之，‘德’畜之，物形之，势成之。是以万物莫不尊‘道’而贵‘德’。‘道’之尊，‘德’之贵，夫莫之命而常自然。故‘道’生之，‘德’畜之；长之育之；亭之毒之；养之覆之。生而不有，为而不恃，长而不宰，是谓‘玄德’。”两种训读可与余之训读互为参考。

1916年罗素出了一本书，书名《Principles of Social Reconstruction》（《社会重建的原理》），其中说："人们的冲动和欲望，可分为一类是创造的，一类是占有的。"① 蔡元培1921年曾说："罗素佩服老子'为而不有'一语。他的学说，重在减少占有的冲动，扩展创造的冲动"②。但怎样能减少占有的冲动，扩展创造的冲动？（用《老子》的话说，创造的冲动即"生"的冲动，占有的冲动即"有"的冲动。）《老子》的答案是，首先要掌握自生型有无同谓的思维模式。照这个模式，便能看出，物皆自生，哪怕是你生产的，你的生产活动，也是此物自生运动的组成部分。这样，谁也没有占有的根据了。必须首先如此思维，然后才能谈其他。

先秦中国哲学，南方北方都讲"道"，而趋向不同：南方的道家趋向"道德"，北方以儒家为代表趋向"道理"。道家以"德"说明何以有个体，以殊相为本。儒家以"理"说明何以有类，以共相为本。这是中国哲学本体论的两条道路。在历史发展中，德在道家哲学中的地位，相当于理在儒家哲学中的地位。儒家趋向"道理"，至宋代登峰造极，以致其时儒家"道"学，又称"理"学，说是以理服人，实是"以理杀人"③。以理杀人，其哲学的意义，就是以共相消解殊相，以共性消解个性。

第二节　《老子》论仁义礼

《老子·三十八章》表明，《老子》系统是一个五元（道、德、仁、义、礼）结构。前二元（道、德）可谓"天之道"，后三元（仁、义、礼）可谓"人之道"。傅奕本《老子·七十七章》云："天之道，损有余

① 据此书1923年重印廉价版第234页原文译出。

② 语出《在爱丁堡中国学生会及学术研究会欢迎会演说词》，见《蔡元培美学文选》，北京大学出版社1983年版，第147—148页。"为而不有"应作"生而不有"。

③ 此语源出戴震对理学的控诉。他说："人死于法，犹有怜之者；死于理，其谁怜之！"此意后人概括为以理杀人一语。详见《孟子字义疏证》卷上，中华书局1982年版，第10页。

而补不足。人之道，则不然，损不足以奉有余。孰能损有余而奉不足于天下者？其惟道者乎。”后世所谓替天行道，就是在天下“损有余而奉不足”。仁义礼是“人之道”，本是“损不足以奉有余”之道，所以应当否定。经过《老子》的否定，仁义礼脱胎换骨，具有《老子》赋予的意义，才被纳入《老子》系统。

《老子·十九章》云：“绝仁弃义。”理解此语，须看全章：

> 绝圣弃智，民利百倍；绝仁弃义，民复孝慈；绝巧弃利，盗贼无有。此三者以为文，不足。故令有所属：见素抱朴，少私寡欲，绝学无忧。①

“三者”是圣智、仁义、巧利。以此三者为文化：以圣智、仁义为精神文化，以巧利为物质文化，就永远不足。不足，包括客观上无止境，主观上不知足。所以要使民有所归属，归属于后三者：归属于见素抱朴以绝仁弃义，归属于少私寡欲以绝巧弃利，归属于绝学无忧以绝圣弃智。后三者是与前三者针锋相对的文化，前三者既为“文”化，后三者就是“朴”化。

所以绝仁弃义，是要归属于见素抱朴，可简称归朴。《庄子·天运》有个说明，此篇说，孔子见老聃而语仁义，老聃曰：“夫仁义憯然乃愤吾心，乱莫大焉，吾子使天下无失其朴！……夫鹄不日浴而白，乌不日黔而黑，黑白之朴，不足以为辩。”正是说仁义使天下失其朴。朴，如鹄的白色，乌的黑色，乃本质自然，生来如此，不足以为变，谈不上变不变，不存在变的问题。天下之朴，皆如黑（乌）白（鹄）之朴，不存在变的问题。要变也是自己变，不是仁义所能变。仁义不足以变朴，适足以失朴。“绝仁弃义，民复孝慈”，孝慈就是民之朴，仁义使民失其孝慈，绝仁弃义，乃失而复得。

---

① 《老子·十九章》原文参见陈鼓应《老子注译及评介》，中华书局1984年版。

此篇接着说，庄子打了一个比方：

> 泉涸。鱼相与处于陆，相呴以湿，相濡以沫，不若相忘于江湖。

这是说，鱼在陆地，为了活命，互相哈湿气，吐口沫，以资滋润，好像很仁义。鱼在江湖，各游各的，你忘了我，我忘了你，好像很不仁义。鱼，是在陆地好呢，还是在江湖好呢？这还用说吗？江湖好比大道。鱼在江湖，根本用不着互相哈气吐沫，好比人在大道之中，根本用不着仁义。鱼没有江湖水，才需要互相哈气吐沫，就好比“大道废，有仁义”①。

以上是《老子》合论仁义。以下是《老子》分论仁和义。

先论仁。《老子·五章》说：“天地不仁，以万物为刍狗。圣人不仁，以百姓为刍狗。”照《庄子·天运》所形容的，“已陈刍狗”则弃之。刍狗是用草扎成的狗，摆供祭神以后就丢掉。而第二十七章说：“圣人恒善救人，而无弃人。”第六十二章更说：“人之不善，何弃之有！”连不善之人也不弃，可谓仁到极点了。

一会儿说圣人不仁，一会儿说圣人至仁。原来《老子》的意思是：不仁就是至仁，至仁就是不仁。这个拗理，看看第二十七章就明白了。

《老子·二十七章》云：

> 善行者无辙迹，善言者无瑕谪，善数者无筹策，善闭者无关键而不可开，善结者无绳约而不可解。是以圣人常善救人，故人无弃人。常善救物，故物无弃物。

元代吴澄注云：

---

① 见《老子·十八章》。

> 善行者以不行为行，故无辙迹；善言者以不言为言，故无瑕谪；善计者以不计为计，故不用筹策；善闭者以不闭为闭，故无关键，而其闭自不可开；善结者以不结为结，故无绳约，而其结自不可解。①

此注包含一个公式：以不甲为甲。应用于救人，就是以不救为救。以不救为救，就是人人自救。人人自救而得救，就是圣人的无为之仁。不救是不仁。人人得救是至仁。可见不仁即至仁，至仁即不仁。可见《老子》系统否定有为之仁，而纳入无为之仁。

《老子·十章》云："爱民治国，能无为乎?"爱民即仁民，《孟子·尽心上》就讲"仁民"。《老子》此语说的就是无为之仁。王安石注云：

> 爱民者，以不爱爱之，乃长。治国者，以不治治之，乃长。惟其不爱而爱，不治而治，故曰无为。②

吴氏注与王氏注运用同一公式。

"爱"是仁，"慈"也是仁。慈，《老子》举得很高。第六十七章说，"我有三宝"，"一曰慈"，"夫慈，以战则胜，以守则固。天将救之，以慈卫之"。贾谊《新书·修政语下》引粥子云"和可以战，而严可以战，而严不若和之胜也"，"和可以守，而严可以守，而严不若和之固也"，也是讨论以战则胜、以守则固的法宝，认为严不若和。《老子》则独标"慈"字，慈与和是一致的，而更多母子亲情。用慈保卫天之所建，就是第六十八章说的以人配天。第六十七章还说"慈故能勇"，孔子也说"仁者必有勇"③，亦可见慈与仁相当。但《老子》的慈，作为第一宝，是与"二曰俭，三曰不敢为天下先"这另外两宝一脉相通、成龙配套的。"俭"，

① 见吴澄《道德真经注》，吴氏将此章编排为第二十三章。

② 见彭耜《道德真经集注》引。近人容肇祖将王安石注辑为《老子注》一书。

③ 见《论语·宪问》。

尤其是“不敢为天下先”，其精髓是无为，则“慈”的精髓也是无为。

顺便指出，“不敢为天下先”的“不敢”，是《老子》认为的大勇。《老子·七十三章》说“勇于敢则杀，勇于不敢则活”，是说，勇于“敢”是小勇，足以杀身；勇于“不敢”是大勇，可以长生。“敢”于如何，只要小勇，“不敢”如何，则要大勇。“不敢”并非怯懦，而是战胜自己，战胜自己比战胜别人需要更大的勇。《老子·三十三章》说：“胜人者，有力也；自胜者，强也”，正谓此。“不敢”之勇，就是无为之勇。

次论义。《老子》中“义”字凡五见，但无为的“义”却不是用义字表示的。

齐道家在《管子·心术上》中说“君臣父子人间之事谓之义”，这是义的外延定义。对照起来，则《老子·二章》说的“圣人处无为之事，行不言之教”，正是为君之义；第十九章说的“民复孝慈”，正是父子之义。这些义，第二章已明说是无为的，第十九章呢？由于民复孝慈是通过绝仁弃义，而所绝的仁、所弃的义都是有为的，故所复的孝慈是无为的。绝仁，是绝“为之而无以为”的仁；弃义，是弃“为之而有以为”的义。此仁此义都是“为之”即有为的，详见《老子·三十八章》。此章下文将此仁此义作为“道之华”而否定之，这就意味着，将此仁此义变为无为的道之实而纳入之。

《庄子·天地》说，“至德之世”，民“端正而不知以为义”，则“端正”事实上是义，特民不知之耳。对照起来，则《老子·五十八章》的“圣人方而不割，廉而不刿，直而不肆”，皆言端正，亦皆言义。《礼记·聘义》讲玉有仁义礼智信五德，也说“廉而不刿，义也”；《广雅·释诂》“直、方：义也”[①]，可为佐证。《老子》说的“不割”“不刿”“不肆”，显然都有无为的意义。

最后论礼。

礼是《老子》系统五元结构中的最下层，因为《老子》认为礼为乱

---

① 见王念孙《广雅疏证》卷二下。

之首，往下就是大乱，不要讲了。唐朝代宗年间湛然和尚著《辅行记》四十卷，其第三卷引《老子》，在“失道而后德，失德而后仁，失仁而后义，失义而后礼”之后还有“失礼而后智，失智而后信”两句。他接着评论说：“彼老子以道为本，信不可忘；道非出世，意存五德。”这个和尚要搞儒释道合流，不惜采用希腊神话中普罗克路斯特斯（Procrustes）的手段，将《老子》的话拉长两句，使儒家五德俱全，与佛门五戒相配①。湛然的狗尾续貂完全没有根据。另外，有人在“失义而后礼”之后续上“失礼而后法”一句。这一句在《老子·三十八章》中虽无地位，但在《庄子》中确有反映，待讲《庄子》时讨论。②

《老子》的礼论，有以下几方面。

第一，在理想中否定礼，在现实中实行礼。

《老子·三十一章》云：“兵者，不祥之器……不得已而用之”，“杀人之众，以哀悲泣之；战胜以丧礼处之”。打了胜仗，也死许多人，所以行丧礼。丧礼不是孤立的，它是凶礼的一部分，而凶礼又是吉、凶、军、宾、嘉五礼之一。难道只行丧礼，其他的礼一概不行吗？

老子是一位礼专家，史实确凿，毋庸置疑。礼专家对礼持否定态度，正如维也纳学派形上学专家对形上学持否定态度③，并不足怪。但这是就理想而言，若就现实而言，礼固然是乱之首，若不行礼，则不是乱之首，而是大乱。这个理想与现实的大矛盾，老子的处理原则是，既重视现实，更忠于理想。理想中否定之，现实中实行之，这就叫做“两行”。“两行”是《庄子·齐物论》提出的，渊源则在《老子》。

第二，在理论上提出自然之礼，将社会之礼自然化，即以自然之礼否定社会之礼。在常识看来，礼只有社会之礼，否定社会之礼就是否

---

① 见《辅行记》第二十六卷。此书原名《摩诃止观辅行传弘决》，已佚，有张心泰辑本。

② 参阅本书第十七章第三节。《庄子》哲学发展过程的第二阶段吸收仁义礼法，反映“失礼而后法”的趋向。

③ 维也纳学派只否定形上学之为实际知识体系，而肯定形上学用直觉满足情感的功用，所以是在作为实际知识体系的意义上对形上学持否定态度。

定礼。

51（A）云："道生之而德畜之，物形之而器成之。是以万物尊道而贵德。道之尊，德之贵也，夫莫之爵而恒自然也。"上节虽已讨论，仍须重新引用，指出它在此的意义是：以宇宙生成论，证成自然之礼。

自然之礼，社会之礼，区别何在？区别在于：社会之礼有爵，自然之礼无爵。齐道家的著作《管子·心术上》有云："贵贱有等，亲疏之体，谓之礼。"礼，讲贵贱亲疏。《老子》也讲贵贱亲疏。"万物尊道而贵德"，则讲贵贱。道"可以为天下母"①，又是"众父"②，则讲亲疏。第五十六章云，"不可得而亲，亦不可得而疏"；"不可得而贵，亦不可得而贱：故为天下贵"，则是讲无爵的自然之礼。有爵的社会之礼，利用爵赏，疏可得而亲，亲可得而疏，贱可得而贵，贵可得而贱③，可以颠倒或背离自然的亲疏贵贱。要保持自然的亲疏贵贱，就要否定有爵的社会之礼。没有爵瞎掺和，则自然的亲疏贵贱，便不可得而淆乱了。

"万物尊道而贵德"，还有更高的形上学意义。前面讨论过作为本体的道。《老子》的本体论史，从来不以本体为抽象的共相。到"有无同谓"阶段，认为万物自生，道即万物具体的殊相，即殊相的集合。至于德，则是万物自得的个体之性，即个性。所以尊道而贵德的形上学意义是：尊殊相而贵个性。

第三，否定社会之礼，是超越之而又包含之，必包含之才可能在现实中实行之，虽在现实中实行之，亦必对社会之礼自具独见。《老子》的独见是"贵以贱为本，高以下为基"④，极其宝贵。后来北方的"民为贵""君为轻"⑤之说，将《老子》此说具体化了。就中国政治哲学史而言，一方面，没有这种古代的民本主义，就不可能有现代的民主主义；

---

① 见《老子·二十五章》。

② 见帛书《老子·二十一章》。

③ 孟子亦有见于此，他说"赵孟之所贵，赵孟能贱之"，见《孟子·告子上》。

④ 见《老子·三十九章》。

⑤ 见《孟子·尽心下》。

另一方面，若只停留在民本主义，也不可能有民主主义，因为民本主义还是君主主义。

总之，《老子》是对礼进行否定，然后将其纳入自己的系统之中。

第三节　《老子》论身

从《老子·五十四章》可以看出，《老子》中的社会是五层结构：

身→家→乡→邦→天下

其起点和基础是身，即个人自身。

社会以个人自身为本，作为事实，谁也无法否认；作为理论，作为政策基础，问题就复杂了，这里不是讨论这个问题的地方。这里只指出：《老子》是主张社会以个人自身为本的。主张以个人自身为本，并不一定主张人欲横流、贪得无厌。恰恰相反，《老子》主张无欲寡欲、知足知止，这是对所有人的统一要求。《老子》又主张圣人（统治者）轻身，民（受统治者）重身，这是对这两种人的分别要求。在《老子》看来，圣人贵而重，故轻之；民贱而轻，故重之，这正是“损有余而补不足”的“亭之”即平之。这都是保身的根本。

《老子·四十六章》：“罪莫大于可欲，祸莫大于不知足，咎莫大于欲得：故知足之足，常足矣。”第三十三章：“知足者，富也。”第四十四章：“知足不辱，知止不殆，可以长久。”第三十二章：“知止所以不殆。”这些话是对所有的人说的。中心问题是“欲”和“止”。“止”亦“足”。《毛诗·麟之止》郑玄注：“止，足也。”“止”本指脚，借指停止；“足”亦本指脚，借指满足。止与足异名同谓。

《左传》桓公十年云：“周谚有之：‘匹夫无罪，怀璧其罪。’”《老子》的“罪莫大于可欲”一语，将这条谚语普遍化了。《庄子·山木》云：“丰狐文豹”，“不免于罔罗机辟之患，是何罪之有哉？其皮为之灾也”。南宋辛弃疾将此檃栝为“丰狐文豹罪因皮”[①]。若仿周谚，则可说成：狐豹无罪，有皮其罪。璧玉、狐皮、豹皮，皆可欲之物，遂成匹夫狐豹之死罪，罪莫大于此者矣。然有璧有皮，而无人欲得之，亦不至致匹夫狐豹于死。故以欲得为莫大之咎，或“不贵难得之货”[②]，也就把问题消解了。

然匹夫尚可无璧，狐豹岂可无皮，所以不可深责有可欲者这一方面，而应严禁欲得这一方面。对这两方面，《老子》不是各打五十大板，而是重打欲得。重打之法，是使人自觉自愿地不欲得，这就是知止知足。于是朝坏处讲，祸莫大于不知足；朝好处讲，知足富也，不辱不殆，可以长久。而以“知足之足，常足矣”最富哲理。

“知足”有个底吗？就是说，有个限度或标准吗？有人说，《老子·八十章》的“甘其食，美其服，安其居”，就是“知足”的底，到这个水平就该知足了。有人说，《庄子·逍遥游》的“偃鼠饮河，不过满腹”，是个自然限度和标准，喝饱了就该知足了。这都是向客观外物寻求。惟“知足之足，常足矣”是向主观内心寻求，最合《老子》深意。

有个故事很能说明这个意思。《新唐书·魏徵传》云：

> ［太宗］后幸洛阳，次昭仁宫，多所谴责。徵曰：“隋惟责不献食，或供奉不精，为此无限，而至于亡。故天命陛下代之，正当兢惧戒约，奈何令人悔为不奢。若以为足，今不啻足矣；以为不足，万此宁有足邪？”帝惊曰：“非公不闻此言！”

警句是“若以为足，今不啻足矣；以为不足，万此宁有足邪？”辛弃疾檃栝为“若要足时今足矣，以为未足何时足”[③]，简明扼要。这叫做从思想上解决问题，将知足化为人生态度。这当然不离生活资料，《老子》不是

---

① 见《稼轩长短句·哨遍（一壑自专）》。

② 见《老子·三章》。

③ 《稼轩长短句·满江红（几个轻鸥）》。

明明白白主张甘食、美服、安居么？《老子》还主张“为腹而不为目”①，吃饱肚子，不图好看，是很现实的。

一方面，不要有可欲之物；另一方面，不要有欲得之心。这两方面，只有知足可以贯通起来。这是《老子》对所有人的统一要求。这就涉及《老子》关于身的著名论断，即第十三章所说：“吾所以有大患者，为吾有身也。及吾无身，有何患！”有身，就有人生问题、社会问题；无身，就无人生问题、社会问题。如此推论，就可能得出彻底否定人生的结论，像佛教那样。然如此立论，不过着眼于可能，即消除人生问题、社会问题发生的可能性，未免看得过于简单。着眼于现实，则一方面，可以看出彻底否定人生的理论不可能普遍实行；另一方面，可以看出在现实中仍有既不彻底否定人生又能免于大患的出路。在《老子》看来，这出路就是民重身，圣人轻身。这也就是在统一要求知足的前提下，对民、对圣人的分别要求。

在当时条件下，要求民重身，再怎么重，也重不到哪里去，所以不必多说；倒是要求圣人轻身，简直是与虎谋皮，需要多费唇舌，所以以此为重点。

《老子·七章》云：

> 天长地久。天地之所以能长且久者，以其不自生也，故能长生。是以圣人退其身而身先，外其身而身存。不以其无私欤？故能成其私。

这是圣人轻身的基本理论。圣人轻身，是效法天地。天地“不自生”，是不自私而生，故能长生。圣人效法天地而“退其身”“外其身”，即轻其身，故能身先、身存。轻身是无私，却能成其身先、身存之私。这个道理，在二十世纪中期，曾有人表述为“吃小亏占大便宜”。从宣传术的角

① 见帛书《老子·十二章》。

度看，此章有两点特别打动了“圣人”即帝王：一点是“长生”，一点是“成其私”。你看后来的秦始皇、汉武帝，为求长生，简直到了疯狂的程度。正是为了成其私，帝王们不仅冠冕堂皇地高唱无私，甚至在某种程度上也实行无私。

至于具体细节，《老子·十二章》说，“五色令人目盲，五音令人耳聋，五味令人口爽”，极言重身享受之害。此意后经发挥，写入《吕氏春秋·本生》，其言曰：

> 贵富而不知“道”，适足以为患，不如贫贱。贫贱之致物也难，虽欲过之，奚由？出则以车，入则以辇，务以自佚，命之曰招蹶之机。肥肉厚酒，务以自强，命之曰烂肠之食。靡曼皓齿，郑卫之音，务以自乐，命之曰伐性之斧。三患者，贵富之所致也。故古之人有不肯贵富者矣。

这段话，后经枚乘檃栝，写入《七发》，流传更广。

贫贱之民，想过分享受，何由得到？只管让他们重身享受，也重不到哪里去。“贵富”（先贵而后富）的统治者，出入有专车，专车应名为制造瘫痪的机器；强身靠酒肉，酒肉应名为烂肠的毒药；娱乐溺声色，声色应名为砍伐性命的利斧：三者皆大患，是“贵富”而重身享受所致。实行轻身，去大患，得长生，“贵富”仍是你的，不过享受上“去甚、去奢、去泰”① 而已。这种宣传，只有汉文帝刘恒接受了，还基本上做到了。他虽未长生，只活了四十五岁，然当时贫贱之民总算安居乐业。

统治者应轻身，但“身”与“天下”，孰轻孰重？《老子》认为，就统治者言，仍是身轻而天下重。第十三章云：“故贵‘为身’于‘为天下’，若可以橐天下矣；爱‘以身为天下’，女可以寄天下矣。”即言此意。帛书甲本、乙本都是这样写的，与今本皆不同，当从帛书。

---

① 见《老子·二十九章》。

帛书第一个分句是说，将“为身”贵于“为天下”的统治者，重身而轻天下，以天下供他享受，可以囊括天下以为己有，然“多藏必厚亡”[①]，终归完蛋。第二个分句是说，另一种统治者“爱‘以身为天下’”，以身为天下，犹以身许国，则轻身而重天下。此种人不以天下为私[②]，天下之民说，“女可以寄天下矣”，将天下托他管理，“故能成其私”，“可以长久”。《老子》反对前者，赞成后者。

但帛书《老子·二十六章》有一句“若何万乘之王而以身轻于天下”，这不是反对统治者轻身而重天下吗？答曰：此句是《韩非子·喻老》中的句子，后来误入《老子》正文[③]。韩非于此批评赵国“主父生传其邦”的轻举妄动，自取灭亡。他说“无势之谓轻”，今查帛书《老子》无“势”字，《喻老》的发挥乃《老子》原意所无。

民要重身，这种分别要求，岂不与统一要求的知足矛盾？答曰：不是矛盾，而是制约。民之重身，受双重制约：客观上受贫贱制约，主观上受知足制约。有此双重制约，所以民再怎么重身，也是很有限的。所以历来的“圣贤”批判，都没有批判《老子》这一条。

现在再回到《老子·五十四章》中的这段话：

> 修之身，其德乃真。修之家，其德乃余。修之乡，其德乃长。修之邦，其德乃丰。修之天下，其德乃溥。

用“真”“余”“长”“丰”“溥”这些字，固然是为了与“身”、“家”（古音姑）、“乡”、“邦”、“下”（古音虎）叶韵，但叶韵是次要的，表意是主要的。从表意来看，“真”表质，“余”“长”“丰”“溥”皆表量。就质而言，修之身的德的质，就是修之家、乡、邦、天下的德的质。就量而言，

① 见《老子·四十四章》。

② 马端临《文献通考·序》云：“古之帝王，未尝以天下自私也。”这是征诸文献的结论。

③ 此说见任继愈《老子新译》（修订本）第二十六章注。

修之家、乡、邦、天下的德，都是修之身的德的扩展。这样的质与量的关系，《老子》认为是个人与社会之间自然关系的体现。自然关系，就是固有关系、正常关系。照《老子》所说，社会的质来自个人的质，若有社会要个人变质以适应它，它就是个人的异化。

这就是“壹是皆以修身为本”。此言见于《礼记·大学》，是北方儒家受《老子》影响而说出来的。同是“以修身为本”，但道家的修身是自然发展个性，儒家的修身是共性克服个性。

第四节　《老子》论邦国

《老子·五十四章》表现的五层社会结构，第一层是身，第二层是家，第三层是乡，第四层是邦国，第五层是天下。这个结构，在上节讨论中，被看作是以身为基层的五层楼，其实它更像以身为圆心的四重圆。现代京剧《海港》中有句唱词：一石激起千重浪。身如一石，投入水中，激起一层一层的波纹。《释名·释水》“沦，伦也，水文相次有伦理也”，正是描写这个现象。“水文相次”的“伦理”，是多重的同心圆。以身为圆心的同心圆，圆圈越来越大，依次代表家、乡、邦国、天下，构成个人与社会的伦理。

关于家，《老子·十八章》云“六亲不和，有孝慈”，与第十九章“绝仁弃义，民复孝慈”合起来看，可见主张六亲和、行孝慈。《老子》将“和”举得很高。第五十五章云“和曰常，知常曰明”，《庄子·天下》也说老子“建之以常、无、有”。可见和与道有同等意义。《老子》也将“慈”举得很高。这一点在本章第二节已经讨论过。尚可注意者，《老子》虽说“孝慈”，但只单说“慈”，而不单说“孝”。《老子》重“慈”，儒家重“孝”，这个区别是显然的。在极端的情况下，慈要求亲为子牺牲，孝要求子为亲牺牲。五四时期批孝不批慈，批孝者多以不应为亲牺牲子为说。这实际上是认为：在进化过程中，孝的方向错了，应代之以慈的方向。所以此次批孝，含有以道批儒的意义。然慈与孝虽有区别，亦可相通。《老子·六十七章》云："慈故能勇。"《礼记·祭义》记曾子云："战陈无勇，非孝也。"是慈与孝相通于勇矣。

关于乡，《老子》主张"小邦寡民"①，其邦似与乡相若，故于第五十四章外未再言乡。其论邦之言，在缩小的意义上，亦论乡之言欤？

关于邦国，讨论如下。

《老子》帛书甲本"邦"字凡二十二见，在乙本全部改作"国"字。但甲本另外还有"国"字，凡四见：

第二十五章："国中有四大。"

第五十九章："莫知其极，可以有国。有国之母，可以长久。"

第六十章："治大国若烹小鲜。"②

甲本"邦""国"并用，两字所指皆现代汉语的"国家"，也是"异名同谓"。《说文》"邦""国"互训：邑部"邦，国也"，囗部"国，邦也"。又，戈部"或，邦也"。古"或""国"通用，"邦""封"通用，因"域""国"同源，"邦""封"同源。但"邦""国"不同源，从先秦诸子可以看出"邦""国"使用频率的变化趋势：

	"邦"字	"国"字	
《老子》帛书甲本	22	4	（22∶4＝5.5∶1）
《论语》	45	9	（45∶9＝5∶1）
《墨子》	4③	430	
《孟子》	2④	121	
《庄子》	0	102	
《荀子》	1⑤	333	

① 见帛书《老子·八十章》。

② 《老子》帛书甲本此处残缺，由《韩非子》引文推知是用"国"字。

③ 有一次是《诗》的引文。

④ 皆《诗》的引文。

⑤ 是《诗》的引文。

《韩非子》	24①	598
《管子》	2②	1026
附《春秋》三传	8③	1005

以上数据，有助于判断《老子》《论语》大约同时。从《韩非子》看，其《喻老》说“楚邦之法”，其《外储说右上》说“楚国之法”，邦与国互换使用。其《喻老》叙晋文公“返晋邦”，其《难二》叙晋文公“反晋国”，邦与国亦互换使用，证明《说文》邦国互训是对的。既可互训，为什么后来用“邦”字少而用“国”字多呢？这是因为，“邦”字意在受封，独立性小；“国”字意在开拓疆域，独立性大，“国”字比“邦”字更能反映诸侯王国独立发展的历史趋势。这与汉代人抄写古书时避汉高祖刘邦之讳而改邦为国也有关系。

《老子》的国家起源论，是从宇宙生成论立论。第四十二章云：“道生一，一生二，二生三，三生万物。万物负阴而抱阳，冲气以为和。人之所恶，唯孤、寡、不谷，而王公以为称。”第三十九章云：“天得一以清，地得一以宁，神得一以灵，谷得一以盈，万物得一以生，侯王得一以为天下贞。”这两段话都是从自然讲到国家，有以宇宙生成论讲国家起源论的意义。由天地万物到社会国家，这个生成过程，都是道一以贯之。这就是说，国家亦万物之一，亦起源于道。说国家起源于道，等于说国家的起源自然而然。说国家的起源自然而然，好像什么也没有说明，实则破除了神话迷信的国家起源论。帛书第二十五章云：“吾未知其名，字之曰道，吾强为之名曰大”；“道大，天大，地大，王④亦大：国中有四

① 有六次是《老子》引文。

② 皆“邦布”一词，见于《山至数》《轻重甲》，是齐国古币名。

③ 皆在《左传》。《公羊传》《谷梁传》皆无“邦”字。

④ 此“王”字，古本有的作“人”字。傅奕本作“人”字。《说文·大部》“大：天大，地大，人亦大焉”，段玉裁注“老子曰：道大，天大，地大，人亦大”，亦其例。然帛书甲本乙本皆作“王”字。王蕴涵人，人包括王，作“王”作“人”都可以。

大，而王居一焉”。这是从宇宙生成论进一步论证，作为国家代表的王，其权威亦源于道。

上述理论有两点值得重视的意义：第一，国家是自然形成的；第二，其权威是自然具有的。这就不仅破除了神话迷信的国家起源论，而且破除了王权神授论。

既有国家，便有统治者与受统治者，双方关系如何，《老子》根据历史经验和道家标准，分为四等，各等各有基本原则，见于第十七章。帛书此章全文云：

> 大（太）上，下知有之。其次，亲誉之。其次，畏之。其下，母（侮）之。信不足案（安）有不信。［犹兮］其贵言也。成功遂事，而百省（姓）胃（谓）我自然。

分等的标准是百姓的感受和反应，这四等是：

第一等统治者，百姓只知道有统治者而已。古诗云：“日出而作，日入而息，凿井而饮，耕田而食：帝力于我何有哉!”说的就是百姓的这种感受。虽知有帝，而不知帝力，也不是不知帝力，而是没有帝力。因为这一等统治者无为。

第二等统治者，百姓亲近他，称赞他。这很不错，但开始有为了。

第三等统治者，百姓害怕他。这就不妙，太有为了。

最下等的统治者，百姓“侮之”。这是百姓对行善无能而作恶有力的统治者的反应。“侮之”是一个全过程，包括轻视、仇视、咒骂直至推翻。他同百姓较量必然失败，倒像百姓欺负他。

“信不足安有不信”，“安”是“乃”的意思，这是说，统治者不足信，百姓乃不信他。为了不失信，就要少说，即“贵言”。“犹”读为“悠”，王弼本即作悠，是少说无为、悠闲自得的样子。由百姓自为，功也成了，事也办了，百姓都说是我自己如此，“帝力于我何有哉”。可见《老子》的最高原则是无为。只有第一等统治者无为，其他皆有为。分开来说，各等的基本原则是，第一等以道治，第二等以礼治，第三等以法治，最下等以杀治，即“以死惧之”[1]。

根据统治者无为这项最高原则，老子设计了自己的理想国，见于《老子·八十章》，帛书其全文云：

> 小邦寡民，使有十百人器而勿用；使民重死而远徙；又（有）周（舟）车无所乘之；有甲兵无所陈之；使民复结绳而用之。甘其食，美其服，乐其俗，安其居。邻邦相望，鸡犬之声相闻，民至老死不相往来。

自“小邦寡民”至“安其居”是讲国内；自“邻邦相望”至“不相往来”是讲国际。马克斯·韦伯（Max Weber）考察古代日耳曼民族的农业组织时指出：“在这个原来是日耳曼人的地区中”，“村与村之间原先完全没有道路沟通，因为每一个村落在经济上都是独立的，没有同邻村往来的必要”[2]。这段话可以帮助我们理解老子设计的国际关系。《老子》的小邦大概就像这些古代日耳曼人的村落，“在经济上都是独立的”，连互相沟通的道路也没有，所以虽然望得见，听得见，还是老死不相往来。不相往来，没有接触，也就无从发生冲突，更不用说发生战争了。这样的国际关系，自然是和平共处的，严格地说，还不存在和平共处的问题。这些小邦，只有自存的问题，尚无共处的问题。这种状况，决定着、保证着国际的无为。

小邦的“小”更决定着、保证着国内的无为。

由于邦小，人少，使人不用器械。器械能抵十人百人工作，也不用。因为总共那么几个劳动力，还不够伺候器械的。

由于邦小，人少，人很宝贵，死人是了不起的大事，故曰“重死”。

---

① 见《老子·七十四章》。

② 见韦伯《世界经济通史》中译本第 4—5 页。姚曾廙译，他将 Weber 译为“维贝尔”，引用时改为通用译法。

活人则“远徙”。《方言》第六卷说，楚语的“远”是“离”的意思。“远徙”在语法上与“重死”一样，是动宾结构，是说与迁徙的打算离得远远的，也就是把迁徙的打算抛得远远的。“远徙”是说根本不打算迁徙。

由于邦小，有舟车也派不上用场，有甲兵也摆不下阵势，也就一概不用了。

由于邦小，什么问题都可以当面解决，有语言就行，用不着文字。要记事，用结绳的办法就够了。

以上各条都是无为，都是为了“甘其食，美其服，乐其俗，安其居”。各条都要邦小来保证。

理想虽然如此，现实并非如此。为了在现实实现理想，就要解决现实与理想的矛盾，使现实向理想发展。老子的理想是自然。在老子看来，现实与理想的矛盾，在于现实违反自然；解决这个矛盾，在于现实复归自然。这是《老子》的根本意向，根据这个根本意向，老子又针对现实，另外讲了一些促使现实复归自然的话。

在邦国问题上，《老子》的理想是小邦，而现实是大邦小邦并存，趋势是大邦兼并小邦。《老子》提出了处理大小邦关系的意见，见于第六十一章，将在下节讨论之。

在国内问题上，则有以下情况：

理想是“有十百人器而勿用”，现实不然。于是《老子》亦讲“器之用”，主张“无之以为用”①。

理想是“使民重死”，现实则使民轻死。② 于是《老子》讲民要重身，上节已讨论过。至于“远徙”，则在各邦和后来统一的中国，由于农业社会的需要，形成“安土重迁，黎民之性”③ 而流传下来。

理想是不用舟车，不用甲兵，现实相反。于是《老子》亦讲“车之

---

① 见《老子·十一章》。

② 见《老子·七十五章》。

③ 见《汉书·元帝纪》永光四年冬十月乙丑诏。

用”，主张“无之以为用”；更讲用兵，主张“不得已而用之”[①]，将在第七节讨论之。

理想是恢复结绳记事，现实是文明文化日益发展。《老子》关于文明文化的论述，本书将在下章讨论。

《老子》既讲理想，又讲现实。所以，《老子》的理想国虽为“小邦寡民”，可也有“治大国若烹小鲜”[②] 的至理名言。“小鲜”是小鱼。煎小鱼，不可多翻动，否则翻得稀巴烂。治大国，若不懂这个道理，老是折腾，就会闹得一塌糊涂。

从《老子》关于“小邦寡民”的描述，可以看出邦国发展的三个阶段，各阶段的特征是：

第一阶段：无“十百人器”，无舟车、甲兵。

第二阶段：有“十百人器”，有舟车、甲兵，而用之。

第三阶段：有“十百人器”，有舟车、甲兵，而不用。

第一阶段是正命题，第二阶段是反命题，第三阶段是合命题。《老子》的理想是第三阶段合命题，它的意义，可以从一个具体问题，例如核武器问题，推想出来。核武器问题，若以无核武器为第一阶段，则以有核武器而用之为第二阶段，以有核武器而不用为第三阶段。有核武器，是人类文化的空前成就；有核武器而不用，是人类文明的伟大胜利。《老子》的理想，有等于有核武器而不用的意义。

人类历史，若以无文化为第一阶段，则以有文化而用之为第二阶段，要不要进入有文化而不用的第三阶段？这是《老子》启示人类的一个非常严肃的问题。再说一遍，《老子》的理想是第三阶段的合命题，不是第一阶段的正命题。一个是有而不用，一个是根本没有，不可混为一谈。以为《老子》的理想是倒退到第一阶段，乃天大误解。

---

① 见《老子・三十一章》。

② 见《老子・六十章》。

第五节 《老子》论天下

《老子》中“天下”一词凡六十一见，遍及二十九章，说的是“取天下”，“寄天下”，“得志于天下”，“为天下式”，“为天下正”，“为天下贵”，等等。《史记》老子传，说“老子修道德，其学以自隐无名为务”，又说“老子隐君子也”，是其学为“隐”学，其人为“隐”士，何以如此关怀天下？这样提问题，实因假设隐士忘怀天下。这个假设乃皮相之谈。试看内心，则其人大都关怀天下，及关怀至极，乃有逆反行为。其逆反行为，或为“狂”，或为“隐”。其为楚人之见于载籍者，如：楚狂接舆，狂者也；长沮、桀溺，隐者也。接舆之歌最后说“已而，已而，今之从政者殆而”[①]（罢了，罢了，现在从政者太危险了），何尝忘情政治。桀溺指教子路“滔滔者天下皆是也，而谁以易之”[②]，更未忘怀天下。但认为天下到处都像洪水滔天，同谁一道去改变呢？意思是无法改变。《庄子·让王》云“身在江海之上，心居乎魏阙之下”，可为斯人写照。

《老子》论天下，大致可分取天下、治天下两方面。两方面贯穿着一个总原则：无为。本节讨论以无为取天下，下节讨论以无为治天下。

如何取天下？《老子》讲了四个层次：

无战→无争→无事→无为

就内涵说，上层涵蕴下层；就外延说，下层包括上层。自上而下，正是“损之又损，以至于无为”[③]。

第一层：不可以战取天下。帛书第三十章：“不以兵强于天下。”帛书第三十一章：“乐杀人，不可以得志于天下矣。”第四十六章：“天下有道，却走马以粪；天下无道，戎马生于郊。”

第二层：就连普通的争也不可用。第二十二章：“夫唯不争，故天下

① 见《论语·微子》。
② 见《论语·微子》。
③ 见《老子·四十八章》。

莫能与之争。”第六十六章：“不以其不争，故天下莫能与之争。”

第三层：就连更普通的事也不可有。第五十七章：“以无事取天下。”第四十八章：“取天下常以无事，及其有事，不足以取天下。”

第四层：最后说到底，就是无为。第二十九章：“将欲取天下而为之者，吾见其不得已。夫天下，神器，不可为也。为者败之，执者失之。”

历史的实际是，取天下不仅要有为有事，而且要大争大战。汤、武“征诛”，才算“取”天下；尧、舜“揖让”，不算“取”天下，只算“传”天下。那么，无为怎么取天下？《老子》有个具体说明，见于第六十一章，帛书此章说：

> 大邦者，下流也，天下之牝。天下之郊也，牝恒以静胜牡。为其静［也，故］宜为下。故大邦［以］下小［邦］，则取小邦；小邦以下大邦，则取于大邦。故或下以取，或下而取。［故］大邦者不过欲兼畜人，小邦者不过欲入事人。夫皆得其欲，［则大者宜］为下。

《老子》的理想是“小邦寡民”，而现实是有小邦也有大邦，于是有大小邦关系问题，于是有处理大小邦关系的理论，于是《老子》也讲这方面的理论。此章就是这方面的理论，却讲成了如何无为而取天下的说明。《老子》在此并未放弃小邦理想，相反，是要在现实中保存小邦，让大小邦自然会合，各邦都作为自主邦而合成联邦。从邦的观点看，这就是无为而取天下。从天下的观点看，这就是天下的统一。以下略为解释。

《老子》常取譬于水①，取譬于牝②。水有上下流，会合于下流。牡上而牝下，会合于牝门。都是会合于下。《老子》规定大邦是“下流”，是“牝”，是“交”（会合之处），总之，是“下”，这就意味着大小邦会合于大邦。这些譬喻都是自然的会合，即无为的会合。像水往下流一样

① 另见《老子》第八章，第十五章，第二十章，第三十二章，第六十六章，第七十八章。

② 另见《老子·六章》。

地自然，牡交于牝一样地自然。

在《老子》的譬喻中，小邦是上流，大邦是下流；小邦是牡，大邦是牝。说到底，小邦是眇，大邦是噭。用齐道家精气说来譬喻，小邦是精气，大邦是精舍。小邦与大邦的关系，好比上流与下流、牡与牝、眇与噭、精气与精舍的关系。既然如此，谁取谁，也就不言而喻了；如何取，也就不言而喻了。

照这样讲，谁宜为下，谁就可以取天下。照《老子》的譬喻，大邦有为下的资格，小邦没有为下的资格。大邦有为下的资格，在小邦面前为下，以下自处，则取小邦，这就叫做“下以取”。小邦没有为下的资格，虽然在大邦面前为下，以下自处，仍为大邦所取，这就叫做“下而取”。（在语法上，“取小邦”与“取于大邦”是主动与被动之分，推知“下以取”与“下而取”亦是主动与被动之分。）

这种理论，与现实联系起来，有一点最有意义，就是“大邦以下小邦”。在现实里，只有“小邦以下大邦”（小邦在大邦面前为下，以下自处）的，哪有“大邦以下小邦”（大邦在小邦面前为下，以下自处）的呢？所以“小邦以下大邦”这一方面，讲不讲都无所谓，反正现实是如此。至于“大邦以下小邦”这一方面，则讲与不讲大不相同。尽管大邦仍取小邦，但小邦作为上流、牡、眇、精气的地位，至少在理论上讲明了。只要小邦争取，大邦接受，就可以实现。

实现的原则是：“大邦者不过欲兼畜人”，即大邦要尊重小邦自主权；“小邦者不过欲入事人”，即小邦要坚持自己的自主权。各邦自主而联合，故“皆得其欲”。为了各邦皆得其欲，必须“大者宜为下”。什么是大？“万物归焉而弗为主，可名于大”[①]。什么是下？“江海所以能为百谷王者，以其善下之也”[②]。“善下之”即善于运用上述会合之道，把天下各邦自然联合起来，这就是无为而取天下。

① 见《老子·三十四章》。
② 见《老子·六十六章》。

第六节　《老子》论无为

《老子》坚持无为而治天下，这一点谁都知道，不用讲了。但是《老子》说的“无为”到底是什么意思，许多人未必清楚，本节就讨论这个问题。

“为”是指活动。如果《老子》的“无为”是指没有活动，则呼吸、吃饭也都没有了，还谈什么治天下。所以《老子》“无为”的意义，不在“有没有”活动的层次上，而在“如何”活动的层次上，这是没有疑问的。

在如何活动的层次上，《老子》将“无为”与“为”的界线划得清清楚楚，毫不含糊。这条界线，就是帛书第六十四章的“能辅万物之自然而弗敢为”。这条界线是说，一切“能辅万物之自然”的活动是“无为”，一切违反万物之自然的活动就是“为”。这条界线体现了“无为”与“为”的规定即定义。《老子》中“无为”一词凡十一见，全部符合这个定义，是《老子》的特殊术语。《老子》中“为”字凡一百一十二见，除组成“无为”者以外，其余一百零一个“为”字有两种用法：一种是作为《老子》的特殊术语，与“无为”相对，而有如上的定义；一种是作为普通语词，而有“做”“是”“为（wèi）了”等意义。这是需要读者随文分辨的。

长期以来，人们对于“能辅万物之自然”这条界线太忽视了，从韩非起就是如此。韩非的《解老》《喻老》，作为“《老子》注”，是现存最早的了，不仅没有看出这条界线，而且引此语时“辅”字作“恃”字。清代魏源作《老子本义》，将此语编入第五十五章，亦作“恃”。今人陈奇猷作《韩非子集释》，是正甚多，于此语亦仅释之曰“恃，赖也”，别无校勘。帛书、傅奕本皆作“辅”。有鉴于此，有必要略为辨正，通过以下的辨正，这条界线的原则意义可望恢复。

本书认为，《韩非子·喻老》谓此语意在“随自然”，只对了一半；

而将“辅”作“恃”，就完全错了。

《老子》中“恃”字凡四见，皆在“为而不恃”一语中，此语《老子》说过四遍。今本第三十四章有“万物恃之而生而不辞”一语，帛书甲本乙本皆无，故不计入。《老子》忌“恃”，反复叮咛“为而不恃”，见于第二章、第十章、第五十一章、第七十七章。将“辅”作“恃”，与此不协，所以错了。

韩非的错误，是在“有没有”活动的层次上讲《老子》的“无为”。既然“恃”是“赖也”，那就依赖万物之自然好了，没有人的“辅万物之自然”的辅助活动了。所以《喻老》此处用的比喻，是宋人用象牙雕树叶的故事。雕的叶子与生的叶子莫辨，但三年雕成一叶，怎及“随自然”而生的？这个比喻生动地显示了“随自然”的思想，但是完全没有辅助自然的活动，用《老子》对“无为”的规定来衡量，只算对了一半。所以《老子》讲了许多“辅万物之自然”的活动。这是无为的活动。无为的活动，《老子》说它是“为无为”[①]。为无为，岂不自相矛盾？放在“如何”活动的层次上，并不自相矛盾。放在“有没有”活动的层次上，那就自相矛盾了。

《老子》的“无为”，是“为无为”的活动过程。“为无为”是个套子，它套出了“行无行”[②]“知不知”[③]“学不学”[④]“欲不欲”[⑤]“味无味”[⑥]“事无事”[⑦]这些命题，发展成为中国哲学形上学方法论的负的方法。中国禅宗的不修之修、不知之知，虽是佛学的一支，其文化主根则是《老子》。

《老子》有些话，例如，第四十三章：“不言之教，无为之益，天下

① 见《老子·六十三章》。
② 见《老子·六十九章》。
③ 见《老子·七十一章》。
④ 见《老子·六十四章》。
⑤ 见《老子·六十四章》。
⑥ 见《老子·六十三章》。
⑦ 见《老子·六十三章》。

希及之。”第四十八章：“无为而无不为。”第五十七章：“我无为而民自化。”第六十四章：“圣人无为故无败。”孤立地看，这些“无为”是可以理解为没有活动，联系着看则不然。如：将第四十三章与第二章合起来看，则第二章已说“圣人居无为之事，行不言之教”，是“无为之事”“不言之教”仍须“居”之“行”之，即仍须活动。

通观《老子》全书，可知《老子》：（一）主张活动，（二）主张万物自然活动，（三）主张辅助万物自然活动。必须将这三个层次一以贯之地讲下来，哪一个层次也不能丢，才能讲明《老子》“无为”的真谛。我曾从《老子》提出三个“语义串”进行研究，得出结论：《老子》的“无为”之所指，是：在“为”与“无为”的对立统一中以“无为”为主。①“所指”并非“定义”，不受逻辑下定义的规则约束。“‘为’与‘无为’的对立统一”，是客观情况；“以‘无为’为主”是老子的选择，犹如“以‘为’为主”是孔子的选择。他们面临的客观情况相同，只是由于各自的选择不同，才形成各自学派的特色。孔子以“为”为主，也讲“无为”②，老子以“无为”为主，也讲“为”③。“为”与“无为”不仅并存，而且都只有与对方统一，才能获得自身的真实性和真理性；若与对方分离，则自身亦必陷于虚伪和荒谬。这是由客体性决定的，不存在选择问题。存在选择问题的，是以“为”为主，还是以“无为”为主。选择什么，这是由主体性决定的。

第七节　《老子》论用兵

《老子》反对战争，但其时战争频繁，是个热门话题，所以他也讲了

① 见《楚史论丛》初集第 174 页以下，湖北人民出版社 1984 年版。

② 如《论语·卫灵公》记孔子称赞舜“无为而治”，又《阳货》记孔子说“予欲无言”，皆是。

③ 如《老子·六十四章》：“为之乎其未有，治之乎其未乱。”

些用兵的话。唐代王真著《道德真经论兵要义述》[①]，本是《老子》论用兵的专题研究，却有人据此为《老子》定性，说《老子》是兵书。马王堆帛书出土后，此说甚嚣尘上，与说《红楼梦》是阶级斗争书，《水浒传》是修正主义书，势成鼎足。其实《老子》中有“兵”字者仅七章，加上与用兵沾上边的，共约十章而已。

《老子》论兵，总的看法是：

> 第四十六章：“天下有道，却走马以粪（战马退役耕田）；天下无道，戎马生于郊（疆场战马生驹）。”
>
> 第三十章：“以道佐人主者，不以兵强天下。其事好还（带来恶果）：师之所处，荆棘生焉；大军之后，必有凶年。”
>
> 第三十一章：“夫佳兵者，不祥之器。物或恶之。故有道者不处。”“兵者，不祥之器，非君子之器。不得已而用之。恬淡[②]为上，胜而不美。而美之者，是乐杀人。夫乐杀人者，则不可以得志于天下矣。”“杀人之众，以哀悲泣之；战胜，以丧礼处之。”

有人说，这些话不区别战争性质，不歌颂正义战争，散布战争恐怖，散布和平主义，是极端错误的。其实，这些话即使极端错误，也并非错在不区别战争性质，恰好相反，《老子》倒是非常清楚地区别了战争性质：他认定当时的战争是“无道”的。后来孟子说“春秋无义战”[③]，与老子认同。对于无道的战争，当然不能歌颂，只能控诉。孟子也说“不嗜杀人者能一（统一）之”[④]，嗜犹乐也。

《老子》论兵的总的看法如此。由此可以断定，《老子》关于用兵的理论和方法，是为有道的战争，即受压迫者的正义战争，设计的。

---

① 此书收入《正统道藏》，台北艺文印书馆缩印本第22册。

② 即《史记·秦始皇本纪》“今上治天下，未能恬倓”的“恬倓”。

③ 见《孟子·尽心下》。

④ 见《孟子·梁惠王上》。

《老子·六十九章》云：

> 用兵有言曰："吾不敢为主，而为客，不敢进寸，而退尺。"是谓行无行，攘无臂，执无兵，仍无敌。祸莫大于无敌，无敌则几亡吾宝。故抗兵相若，则哀者胜矣。

受压迫者总是被迫拿起武器，所谓"不得已而用之"。被迫性派生出防御性。"用兵有言"当是古兵书之言。《老子》从用兵之言引了两句最适用的话：我不敢为主进攻，而为客防御；我不敢进占寸土，而大步后退。防御和后退都是发挥受压迫者群众武装的优势："行无行"是说行动不用正规阵势，"攘无臂"等三语是说，敌人抓不到我的胳臂，夺不到我的兵器，甚至找不到我的人影。发展到两军势均力敌，则哀者必胜。哀者是受压迫而有一肚子苦水的人。哀者控诉暴行，吐出苦水，同仇敌忾，战则必胜。

《老子》告诫：无敌是最大祸害，无敌会丧失"吾宝"。"吾宝"是什么？《老子·六十七章》回答："吾有三宝，持而宝之：一曰慈，二曰俭，三曰不敢为天下先。"一旦无敌于天下，就会丧失本色：对民不慈，自奉不俭，敢为天下先而自封天下第一了。这就是走向反面了。"不敢为主，而为客"，"不敢为天下先"，包含有后发制人的意思。

第六十七章还说："夫慈，以战则胜，以守则固。"这就是后来孟子说的"仁者无敌"[①]。《老子》未提到武器，可能是以武器水平同等为前提。孟子加以发挥说："修其孝悌忠信……可使制梃以挞秦楚之坚甲利兵矣。"[②] 这就说过头了，成了义和团了。

《老子·六十八章》说："善为士者不武，善战者不怒，善胜敌者不与"，"是谓不争之德"。这是在战争问题上贯彻无为，以达到楚庄王所说

---

① 见《孟子·梁惠王上》。

② 见《孟子·梁惠王上》。

的“止戈为武”[①] 的理想境界。

第八节 《老子》为民说话

《老子》用语中，与“圣人”（统治者）相对的是“民”（受统治者）。若问：此民是什么民？答曰：农民。有一个政策界线为证，就是《老子·七十九章》的“无德司彻”。谁谴责司彻者无德？就看司彻者剥削谁。“彻”是农业税的税率。《论语·颜渊》“盍彻乎”郑玄注：“周法什一而税，谓之彻。彻，通也，为天下之通法。”这种税，不可能是向奴隶征收，因为奴隶不存在纳税问题。这种税，只可能是向农民征收，所以谴责司彻，是为农民说话。当然，更精确地说，《老子》说的“民”，是受统治者的总称，以农民为主而不止农民。

中国古代社会有个传统：耕读传家。这个传统，反映中国古代社会有两种基本成员：作为物质文明主要创造者的农民，以及作为精神文明主要创造者的知识分子。这两种基本成员古称“农”和“士”。农的哲学是老子哲学，士的哲学是孔子哲学。这两种基本成员的哲学，就是中国古代社会的基本哲学。

士的哲学是士自己说的话，农的哲学是士为农说的话。士为农说话，难免掺入非农成分，但无伤大雅，亦易识别。这好比农民打官司，请律师。律师为农民说话，用律师腔调。律师为农民说话，若因此说律师就是农民，当然不对。律师用律师腔调，若因此说律师不是为农民说话，就更不对。开始与工农结合的知识分子，哪怕满口学生腔，也还是为工农说话。

《老子·七十五章》说：

民之饥者，以其上食税之多也，是以饥。民之难治者，以其上

① 见《左传》宣公十二年。

之有为也，是以难治。民之轻死者，以其上求生生之厚也，是以轻死。夫惟无以生为贵者，是贤于贵生也。

这一章明明白白地将民之饥、民之难治、民之轻死，一齐归咎于“其上”：都是“其上”造成的。最后一句是说，“其上”自己不贵生，才会收到比贵生更好的效果。

《老子·五十三章》谴责统治者的“盗夸”（强盗头子）行径。第七十二章警告统治者：“民不畏威，则大威至矣。无狎其所居，无厌其所生。”大威指暴动，狎、厌指恶化。第七十四章干脆揭开盖子说：“民不畏死，奈何以死惧之！”公开藐视统治者的血腥镇压。

有人说《老子》是没落奴隶主阶级的思想。持此说者，怎么解释以上的引文？没落奴隶主的代言人有这么说话的吗？持此说者，又怎么解释两千五百年间《老子》的影响？没落奴隶主的思想能有这么强的生命力吗？

第十二章　老子（下）（附：老莱子夫妇）

第一节　认识论与知识论

认识与知识，关系密切，区别显著。认识是获得知识的过程，知识是认识获得的成果。认识是动态的过程，知识是静态的系统。

认识本身是过程，认识论则是知识，是关于认识的知识。讲认识的是认识论，讲知识的是知识论，知识论是关于知识的知识。例如，毛泽东的《实践论》《人的正确思想是从哪里来的?》都是认识论，不是知识论；罗素的《人类的知识》，金岳霖的《知识论》，都是知识论，不是认识论。

在《老子》中，认识论和知识论都是有的。在认识论方面，《老子》论及认识何以可能，认识过程的阶段，在社会认识中圣人与百姓的分工合作，认识与实践的关系。在知识论方面，《老子》着眼于知识与社会的关系，出于社会长治久安的愿望，对知识既肯定又否定，达到肯定否定的综合。可是人们往往混淆《老子》的认识论和《老子》的知识论，将《老子》对知识的否定这一个方面的论述当作全部，更以此当作《老子》的认识论，从而造成了误解。本章讨论《老子》的认识论和知识论，试图显示本来面目，以利于澄清误解。

第二节　认识何以可能

首先要问：认识可能吗？何以可能？不搞清楚这个问题，其他无从谈起。《老子》的回答是肯定的，具体的。

帛书《老子·五十四章》回答说："以身观身，以家观家，以乡观乡，以邦观邦，以天下观天下。吾何以知天下之然哉？以此。"他"以此"而"知天下之然"，"此"就是"以身观身"等五语，可以化为公式"以甲观甲"。

"以甲观甲"，是一个真正的认识论原理。它的意义，有人说是按世界本来面目认识世界。这样说固然不错，但是还没有揭示它的深意。它的深意并不在于按世界本来面目认识世界，而在于指明何以能够按世界本来面目认识世界。

"以甲观甲"，相当于古希腊哲学中的"以同知同（like is always perceived by like）"[①]。巴门尼德（Parmenides）以为，"人体外的温暖为人体内的温暖所知，人体外的寒冷甚至为死人体内的寒冷所知"。恩培多克勒（Empedocles）以为，"人体内每种元素能知外部世界的同种元素"，"从感官的外形与其对象的相同之处，他得出感官的特定能力，并推广到视觉、听觉、嗅觉"[②]。这都是"以甲观甲"。后世更有同构说（isomorphism），谓认识者与认识对象有相同结构，故可认识。帛书《老子·二十三章》："道者同于道，德者同于德，失者同于失。同于德者，道亦德之；同于失者，道亦失之。"早已是同构说。这是说，有道、德的人，与道、德有相同的结构；犯错误的人，与错误有相同的结构。人与德同构，亦必得道；人与错误同构，亦必失道。凡此要义，"以甲观甲"皆足以通之。在此前提之下、基础之上，人才有可能按世界本来面目认识世界。

"以甲观甲"的"甲"，所指是个体，是殊相，不是类，不是共相。说到底，是自己认识自己。认识自己，就是反思（reflective thinking）。古希腊有个神庙铭文："认识你自己"，与此相通。

总之，《老子》以"以甲观甲"的公式，传递出认识何以可能的

---

① 文德尔班（Windelband）《哲学史》，涂夫子（Tufts）英译本，麦克米仑公司（Macmillan Co.）1926年版，第65页。

② 同前注。中文引文据此英译本译出。

信息。

第三节　认识过程

《老子》设定，认识者是充满知情意、寻求真善美的人。第一章说到“欲”和“观”，“观”是理智活动，“欲”是情感、意志。《老子》说“其德乃真”①，“上善若水”②，“美其服”③，肯定真善美。认识的主体，是一个知情意系统；认识的对象，是一个真善美系统。认识的主体，认识的对象，必须在认识的过程中对立统一起来，才是真正的认识的主体，真正的认识的对象。

关于认识的过程，《老子》以认识“道”的过程为例，于二十一章写道：

> 道之为物，惟恍惟惚。惚兮恍兮，其中有象。恍兮惚兮，其中有物。窈兮冥兮，其中有精。其精甚真，其中有信。自今及古，其名不去，以阅众甫。吾何以知众甫之状哉？以此。

文句的顺序，与认识过程中各阶段的顺序，是一致的。第一阶段知“有象”，是感觉。第二阶段知“有物”，是知觉。第三阶段知“有精”，是玄觉，《老子》称之为“玄览”④。对“象”“物”的认识是恍惚的，对“精”的认识是幽冥的。幽冥的就是玄的。精中“有信”，信是信息。信息是认识的成果，是知识。获得知识了，认识的过程就完成了。

以上是认识道的特殊过程。《老子》没有讲认识的一般过程。我们可以从特殊看出一般。认识的一般过程，有感觉、知觉、玄览三个阶段，

---

① 见《老子·五十四章》。
② 见《老子·八章》。
③ 见《老子·八十章》。
④ 见《老子·十章》。帛书作“玄鉴”，意思相同。

到玄览阶段得到真精信息，认识过程就完成了。

感觉知有象，知觉知有物，谁都这样讲。惟玄览知有精，是《老子》独特的讲法。玄览知有精，是怎么回事呢？精，就是《老子·一章》的眇。但眇与噭是统一的。第一章说“恒无欲也，以观其眇；恒有欲也，以观其所噭”，说的就是玄览知有精。本书第十章第四节对《老子·一章》已予讨论。以上可见《老子》的认识论，与《老子》的本体论，是成龙配套的。

第四节　在社会认识中圣人与百姓的分工合作

《老子·四十七章》说：

> 不出户，可以知天下。不窥牖，可以知天道。其出弥远，其知弥少。是以圣人不行而知，不见而名，不为而成。

此章共四句。第四句的主语是“圣人”，前三句的主语也是“圣人”吗？《淮南子》等书认为是的。

《淮南子·主术训》云：“人主深居隐处以避燥湿，闺门重袭以避奸贼；内不知闾里之情，外不知山泽之形；帷幕之外，目不能见十里之前，耳不能闻百步之外；天下之物无不通者，其灌输之者大而斟酌之者众也。是故不出户而知天下，不窥牖而知天道。”发挥得淋漓尽致。主语是“人主”即《老子》的“圣人”。

《文子·下德》云：“夫人君不出户以知天下者，因物以识物，因人以知人。”主语是“人君”即《老子》的“圣人”。

《汉书·食货志上》引《老子》此意径作“王者不窥牖户而知天下”。主语是“王者”即《老子》的“圣人”。

读《老子》，要注意它是在说谁。它常说“圣人”和“百姓”这两种人。“百姓”指民，亦指百官，但主要指民。它常常分别要求圣人如何，百姓如何。在社会认识的总体中，《老子》将圣人与百姓的关系比作心与耳目的关系：心与耳目分工合作。帛书第四十九章云：

> ［圣人］之在天下，歙歙①焉为天下浑心（作天下浑然一体的心）；百姓皆属耳目焉。

又云："［圣］人恒无心，以百省（姓）之心为心。"圣人以百姓之心为心，在社会中发挥心的作用。百姓是圣人的耳目，在社会中发挥耳目的作用。圣人有百姓为耳目，所以不出户而知天下的人道，不窥牖而知宇宙的天道。圣人若是出户，就意味着代替百姓，破坏自己的"无心"状态，所以其出愈远，其知愈少。窥牖亦然。根据这种分工，"圣人不行而知"，百姓行而不知，合起来就还是行而知；圣人"不见而名"，百姓见而不名，合起来就还是见而名；圣人"不为而成"，百姓有为而成，合起来就还是为而成。在老子时代，分工是社会进步现象。在当时，圣人以知为主，百姓以行为主；圣人以名（间接认识）为主，百姓以见（直接认识）为主；圣人以室内工作为主，百姓以室外工作为主；圣人无为，百姓有为，都是正常现象。

《老子・四十七章》只说了圣人这一方面，我们理解时则要合看圣人与百姓这两方面。因为事实上《老子》有这两方面。若孤立地看一方面，就是断章取义，就难怪有人说，《老子・四十七章》是主张闭目塞听的认识论。

还有两句，也有人用来"证明"《老子》的认识论是主张闭目塞听的，就是"塞其兑，闭其门"。这两句见于《老子・五十二章》，又见于第五十六章。《周易・说卦》"兑为口"孔颖达疏："主言语，故为口也。"所以这两句是说莫开口，并不是认识论。

---

① 陆德明《经典释文》："歙歙，危惧貌。"

第五节　认识与实践

帛书《老子·五十四章》云：

善建者［不拔，善抱者不脱，］子孙以祭祀不绝。修之身，其德乃真。修之家（古音姑），其德有余。修之乡，其德乃长。修之邦，其德乃丰。修之天下（古音虎），其德乃溥。

故以身观身，以家观家，以乡观乡，以邦观邦，以天下观天下。吾何以知天下之然哉？以此。

此章前半部分讲“修”，后半部分讲“观”，以“故”字联结，表明“修”居首位，由“修”而“观”。“修”与“观”的这种关系，由“故”字明确表示出来：“观”是认识，“修”是实践，而且是社会实践。如果只说到“修之身”“修之家”为止，还可以说“修”不过是闭门修德，并不是社会实践。现在明明说到“修之乡”“修之邦”“修之天下”，还能说只是闭门修德，不是社会实践吗？而且“修”就是首句“建”与“抱”的综合。“建”是“建德”①，“抱”是“抱一”②，此“一”是“太一”③ 的省略，太一即道。第十章“抱一能无离乎”，“无离”即“不脱”。建德，抱一，则“有国之母，可以长久”④，“长久”表现为“子孙以祭祀不绝”。所以抱一与建德，就是实践道与德，在全社会实践道与德。请注意：“道与德”不是“道德”。“道德”是伦理，“道与德”是老子全部学说，比伦理不知要大几多！

---

① 见《老子·四十一章》。

② 见《老子》第十章，第二十二章。

③ 《庄子·天下》说老子“主之以太一”。《老子》无“太一”一词，但第四十二章说“道生一”，则道即太一。

④ 见《老子·五十九章》。“母”比喻“道”。

从认识论的角度，将第五十四章作总体把握，便可体会出："修""观"亦是异名同谓，同谓认识，即最后的"知天下之然"。若不变意思，重组字句，则可转换为：

> 修之身，以身观身，乃知身。修之家，以家观家，乃知家。修之乡，以乡观乡，乃知乡。修之邦，以邦观邦，乃知邦。修之天下，以天下观天下，乃知天下。

由此看来，修与观是同一认识过程。修与观本不可分，但实行起来，仍有可能修而不观，亦有可能观而不修。修而不观，仍有所知；观而不修，必无所知。修居于首要地位。

只说"天下"不就完了吗？何必从"身"一层一层地说起，不嫌累？印度《百喻经》有个《三重楼喻》，说是有个"富愚人"，想修三层楼，他要工匠只修第三层，不修第一层、第二层，以免浪费。中国也有个笑话，说是有个人吃馒头，吃第一个不饱，吃第二个不饱，吃第三个饱了，他悔不该没有只吃这第三个馒头，免得浪费。

《老子·五十四章》的系统是个五层结构，少哪一层也不成，而且要一层一层地修起。这是中国的一个传统。后来的《大学》，从格物致知到治国平天下，达八层之多。《庄子》的《天道》，其"明大道"的系统，达九层之多。都是少了哪一层也不行，而且要按照顺序一层一层地做。这是中国学问的难处，也是中国学问的易处。层次繁多，这是难处；层次井然，又是易处。

第六节　知识与智慧

《老子·四十八章》云：

> 为学日益，为道日损。损之又损，以至于无为。无为而无不为。

取天下常以无事，及其有事，不足以取天下。

此章总论知识，将目的、方法、任务及其间的关系都讲了，目的是“取天下”，方法是“无为”。无为来自“为道日损”。损之，必先有可损者，故必先“为学日益”。损是益的否定，为道是为学的否定。所以为学与为道是一个任务的两步：第一步是为学，以增加知识；第二步是为道，否定知识，以得到智慧。从这个角度看，学是知识，道是智慧。

《老子·四十一章》云：“上士闻道，勤而行之；中士闻道，若存若亡（若有若无）；下士闻道，大笑之，不笑不足以为道。”这段话，可以来回看：（一）若道为已知，则可根据反应而鉴定闻道者是上士、中士还是下士；（二）若上士、中士、下士为已知，则可根据其反应而鉴定所闻者是不是道。特别是下士闻道则大笑，是最为直接、明白、简易而且准确的鉴定方法，因为“勤而行之”“若存若亡”，都还需要一段观察的时间和过程，而且往往真假难辨，情况复杂，不易准确掌握。

古往今来，这个大笑鉴定法相当成功。哪个真理没有引起大笑。大笑还是最客气的。其所以如此，是因为道“与物反矣”①，“正言若反”②。这是就现象说。就本质说，是因为“反者道之动”③。

若反的正言，皆否定知识的智慧，在《老子》中讲了不少。例如第四十一章的

明道若昧，进道若退，夷道若颣，上德若谷，大白若辱，广德若不足，建德若偷，质真若渝，大方无隅。大器晚成，大音希声，大象无形。

---

① 见《老子·六十五章》。“物”是“众”的意思，如“物议”即“众议”，“物望”即“众望”。

② 见《老子·七十八章》。

③ 见《老子·四十章》。

第四十五章的

“大成若缺”，“大盈若冲”，“大直若诎，大巧若拙，大辩若讷”。

皆是。其公式是“甲若非甲”或“大甲非甲”，其否定知识而得智慧的方法和步骤是相同的。

以“明道若昧”为例。第一步是肯定明则不昧，昧则不明，这是“为学”，是知识；第二步是否定知识，建构“明道若昧”，用“若”字表示明道似昧而实不昧，它否定知识层次的明，达到智慧层次的明，比知识层次的明更明。经过昧否定过的明，方是真明。这是“为道”，是智慧。

再以“大方无隅”为例。第一步是肯定方有隅，这是知识；第二步否定知识，建构“大方无隅”，这是智慧。当然，建构这些智慧，绝不是用公式套出来的，而是从事实经验体会出来的。但一旦建构出来，它就好像是公式套出来的。“材料的生命一旦观念地反映出来，呈现在我们面前的就好像是一个先验的结构了。”①

不论是“甲若非甲”还是“大甲非甲”，都是甲与非甲的统一，统一于事物个体。这里的关键在于统一为个体。脱离了个体，则共相固然是抽象的，殊相也一样是抽象的。统一为个体，则殊相固然是具体的，共相也一样是具体的。个体是殊相共相的统一。统一为个体，则殊相共相都是活的。脱离了个体，则殊相共相都是死的。

第七节　不是公式的散例

上节所举皆可纳入公式，整齐划一，一目了然。本节再举些形式不

① 马克思《〈资本论〉第1卷第2版跋》，见《马克思恩格斯选集》第2卷，人民出版社1972年版，第217页。

一而实质相同的例子。

《老子·十一章》云：

> 三十辐共一毂，当其无，有车之用。埏埴以为器，当其无，有器之用。凿户牖以为室，当其无，有室之用。故有之以为利，无之以为用。

“三十辐共一毂”，是造车知识。“埏埴以为器”，是制陶知识。“凿户牖以为室”，是建房知识。这些知识教工匠施工，施工的部分是“有”，中空的部分是“无”。工匠学施工，只注重施工部分，这是“为学”，是第一步。《老子》则进一步，否定对施工部分的注重，进而注重中空部分，指出只有在中空部分，才有车之用、器之用、室之用，这是“为道”。此章最后说，施工部分有利，中空部分有用，两部分统一而不可分开，也就是有无相生，有无异名同谓。

《老子·二十七章》云：

> 善行者无辙迹，善言者无瑕谪，善数者无筹策，善闭者无关键而不可开，善结者无绳约而不可解。是以圣人常善救人，故人无弃人。常善救物，而物无弃物。是谓袭明。故善人者，不善人之师；不善人者，善人之资。不贵其师，不爱其资，虽知大迷。此谓眇要（他本多作“要妙”，帛书作“眇要”）。

此章皆“为道”之言，显然是对下述知识的否定：

> 行者有辙迹，言者有瑕谪，数者用筹策，闭者有关键而可开，结者有绳约而可解。[1]

① 此文为余所拟。

但如何做到“善行者无辙迹”等等，虽未明说，但有一点是明确的：这些话是就圣人而言，因为下句明说圣人。根据圣人无为而百姓有为的分工，则“善行者无辙迹”意谓圣人不行而百姓自行，故圣人无辙迹；“善言者无瑕谪”意谓圣人不言而百姓自言，故圣人无瑕谪；余仿此。至于救人救物，圣人亦不救而任其自救，故人人自救而无弃人，物物自救而无弃物。这就叫“袭明”。袭是沿袭、遵循；明是无为、自然之道。

下文更是“为道”之言。“为学”者只知“善人者，不善人之师”，“为道”者更知“不善人者，善人之资”。当时一听说“不善人者，善人之资”，有人就要大笑了。但在今天，不善人之不善，作为反面教员的资料，给善人学习，已经常见。这说明在这一点上人们已达到“为道”水平了。下文更强调爱惜不善人的资料。这当然不是爱惜不善，而是爱惜人类付出昂贵代价的资料。不爱惜这份资料，同不贵重善人师表一样，都是“大迷”。这些为道之言，按照《老子》的理论、方法和步骤，皆是否定知识而得到的智慧。

再如第二十二章的

曲则全，枉则正，洼则盈，敝则新，少则得，多则惑。

第三十六章的

将欲翕之，必固张之；将欲弱之，必固强之；将欲废之，必固兴之；将欲取之，必固与之。

为学者恶曲喜全，为道者则知曲则全。为学者恶枉喜正，为道者则知枉则正。余仿此。至于“将欲翕之，必固张之”等语，更是否定为学知识而得到的为道智慧。

由以上可见，为学是必要环节，而不是目的，目的是为道。为道也不是目的，目的是以道“取天下”[①]，“以道莅天下”[②]，莅天下就是治天下。这些也不是目的，目的是“万物将自化”[③]。万物将自化包括“民自化”[④]。民自化包括“民自正”[⑤]，“民自富”[⑥]，“民自朴”[⑦]。民自化才是最高目的，此外别无更高的目的。我在此是用“随说随扫”的笔法，以见民自化是最高目的，不能再扫。

为学而得的知识，可用于日常生活，但不可用于治天下。“甘其食，美其服”[⑧]，“安其居”[⑨]，不用知识不行。但用于治天下，则必须将知识否定，成为“不知”，就是“道”。《老子·七十一章》说：“知‘不知’，尚矣；不知‘知’，病矣。”这是说，有道最好；而没有知识也是大毛病。《老子·八十一章》说“知者不博，博者不知”，是就道而言。若就知识而言，则《老子》亦以不知为病。老子本人就是比孔子还要博的大博学家。

第八节　对“知”的区别对待

为了显示“知‘知识’”与“知‘道’”的区别，《老子》曾提出“知”与“守”的相对关系。第二十八章的“知其雄，守其雌”，“知其白，守其黑”，“知其荣，守其辱”，第五十二章概括为“既知其子，复守其母”。子比喻万事万物，母比喻道。知其子，是知事物之知识；守其母，是守道。守道又称“守静”[⑩]，又称“抱一”。第二十二章云“圣人

① 见《老子》第二十九章，第四十八章，第五十七章。
② 见《老子·六十章》。
③ 见《老子·三十七章》。
④ 见《老子·五十七章》。
⑤ 见《老子·五十七章》。
⑥ 见《老子·五十七章》。
⑦ 见《老子·五十七章》。
⑧ 见《老子·八十章》。
⑨ 见《老子·八十章》。
⑩ 见《老子·十六章》。

抱一以为天下式”，第三十二章云“道恒无名”，“侯王若能守之，万物将自宾”，皆极言守道之用。

用“守”字与道固定搭配，按说《老子》该可以专用“知”字与知识固定搭配了。其实不然，《老子》一书似缺“统稿”工作，许多“知”字，到底是知“道”，还是知“知识”，并不划一，仍要具体分析，方能辨别。经过具体分析，可见：《老子》推崇知“道”之知，肯定知“知识”之知，否定“以知知邦”之知。列举如下：

（一）《老子》推崇知“道”之知。

第七十一章：“知‘不知’，尚矣。”

第十四章：“能知古始，是谓道纪。”

第十六章：“知常曰明。不知常，妄作，凶。知常，容。容乃公，公乃王，王乃天，天乃道，道乃久，没身不殆。”

第三十二章：“知止所以不殆。”

第四十四章：“知足不辱，知止不殆，可以长久。”

第三十三章：“知足者富也。”

第四十六章：“祸莫大于不知足”，“故知足之足常足矣”。

第四十七章：“不窥牖，知天道。”

第六十五章：“能知稽式，是谓玄德。”

第四十三章：“吾是以知无为之有益也。”

第二十一章：“吾何以知众父之然也？以此。”

第五十七章：“以无事取天下，吾何以知其然也？以此。”

（二）《老子》肯定知“知识”之知。

第二十八章：“知其雄，守其雌”，“知其白，守其黑”，“知其荣，守其辱”。

第五十二章：“既得其母，以知其子；既知其子，复守其母：没身不殆。”

第三十三章：“知人者知也，自知者明也。”

第四十七章：“不出户，知天下。”

第五十四章："吾何以知天下之然哉？以此。"

（三）《老子》否定"以知知邦"之知。

其集中表现为帛本第六十五章：

> 古之为道者，非以明民也，将以愚之也。民之难［治］也，以其知也。故以知知邦，邦之贼也；以不知知邦，［邦之］德也。恒知此两者，亦稽式也。恒知稽式，此胃（谓）玄德。玄德深矣，远矣，与物［反］矣，乃［至大顺］。

又，第十章："爱民治国，能无知乎？"意同。

第九节　论愚

《老子》的"为学"和"为道"，是作为两个层次而同时存在的。为学得"知"，为道得"道"，"道"即"不知"，"不知"即"愚"。人本来无知，这是原始的"不知"，即原始的"愚"。经过为学，否定本来的无知，而有知。经过为道，否定为学的有知，达到后得的"不知"，即后得的"愚"。后得的愚，是大知若愚①，是圣人的境界。《老子·二十章》云"我愚人之心也哉"，就是圣人以愚自居的自白。用于治邦，于是有以知治邦②和以道治邦③这两种模式④。以道治邦，即以不知治邦，即以愚治邦。这两种模式，已不是作为两个层次而同时存在，而是作为两条方针而针锋相对。《老子》当然坚持以道治邦，否定以知治邦。

以道治邦，即以愚治邦，则"非以明民也，将以愚之也"乃应有之

---

① 《老子》无"大知若愚"一语，亦无"物极必反"一语，然二语实《老子》精髓。

② 即帛书第六十五章的"以知知邦"。

③ 即帛书第六十五章的"以不知知邦"。

④ 即帛书第六十五章的"稽式"。

义，必然之义。而民若有知，则势必成为以知治邦的群众基础，成为难治的根源。一言以蔽之，以愚治邦，必行愚民政策。从“知”的观点看，愚民政策就是愚民政策；从“道”的观点看，愚民政策就是圣民政策，其目的在于把全民提高到圣人境界。从知的观点，只看见愚与圣的对立；从道的观点，便看出愚与圣的同一。由愚民而圣民，是一场伟大的实践。

在现实中，本来只有圣人是后得的无知，民是原始的无知。把全民提高到圣人境界，就是把民的原始无知，变成后得无知。先否定民的原始无知而变成有知，再否定民的有知而变成后得无知。《老子》之作，就是这场伟大实践的开端。帛书第七十章说“吾言甚易知也，甚易行也，而人莫之能知也，而莫之能行也”，可见他在艰难地而又坚定地推进这场实践，否则不会说这些话。在第四十一章，他称赞“上士闻道，勤而行之”，正是要依靠先进的“上士”，向全民推广下文的“明道若昧”等一系列“正言若反”之道，也就是推广后得的无知。如果认为，老子存心让民安于原始的无知而不向后得的无知转化，就无法解释他的这些话的深意。

在圣人境界，愚与圣异名同谓。要全民达到圣人境界，就要坚持以道治邦，否定以知治邦，经常体察这两种模式的对立，是谓“恒知稽式”；在这上面的心得，“是谓玄德”。玄德深矣远矣，与众反矣，可是坚持下去，就能迈向全民皆圣的“大顺”世界。

附：老莱子夫妇

西晋皇甫谧著《高士传》，其中“老莱子”传云：

老莱子者，楚人也。当时世乱，逃世，耕于蒙山之阳。莞葭为墙，蓬蒿为室，枝木为床，蓍艾为席。饮水食菽，垦山播种。人或言于楚王，王于是驾至莱子之门。莱子方织畚。王曰：“守国之政，孤愿烦先生。”老莱子曰：“诺。”王去。其妻樵还，曰：“子许之乎?”老莱曰：“然。”妻曰：“妾闻之：可食以酒肉者，可随而鞭棰；可拟以官禄者，可随而鈇钺。妾不能为人所制者!”妻投其畚而去。老莱子亦随其妻至于江南而止，曰：“鸟兽之毛，可绩而衣，其遗粒足食也。”仲尼尝闻其论，而蹙然改容焉。著书十五篇，言道家之用。人莫知其所终也。

老莱子跟着夫人走，夫人在理论上、实践上都是真正的道家，也是老莱子的严师。她盛怒之下，将老莱子编织的簸箕一摔就走了，粗暴地处理这位犯了错误的老学生。学生知过而改，德业日进，其论足以使孔子蹙然改容，此论见于《庄子·外物》：

老莱子之弟子出薪，遇仲尼，反以告，曰：“有人于彼，修上而趋下，末偻而后耳，视若营四海，不知其谁氏之子。”老莱子曰：“是丘也，召而来!”仲尼至。曰：“丘!去汝躬矜与汝容知，斯为君子矣。”仲尼揖而退，蹙然改容而问曰：“业可得进乎?”老莱子曰：“夫不忍一世之伤而骜万世之患，抑固窭邪?亡其略弗及邪?惠以欢为骜，终身之丑，中民之行进焉耳，相引以名，相结以隐。与其誉尧而非桀，不如两忘而闭其所誉。反，无非伤也；动，无非邪也。圣人踌躇以兴事，以每成功。奈何哉，其载焉终矜尔!”

老莱子这番话的主旨，是要孔子去掉“躬矜”和“容知”，其内容就是仁义。仁义是深层含意，在字面上没有出现。只要把握老莱子要孔子去掉仁义这个深层含意，这番话就好理解了。

第十三章　孔子在楚国（附：楚狂接舆）

若用楚国纪年，则孔子生于楚康王九年，卒于楚惠王十年，历康、灵、平、昭、惠五王之世。孔子曾问学于老子。楚昭王后期，孔子曾到楚国北部活动。本章主要讨论孔子在楚的言论，而首先讨论孔子论楚的言论，以见其文化的和哲学的意义。

第一节　孔子论楚

孔子一生激烈反对“僭越”。所谓僭越，就是违反周礼规定的制度，下级享受上级的政治待遇和生活待遇。孔子对季氏忍无可忍，批评管仲不知礼[①]，皆由此而发。

但是楚君称“王”，楚国县长称“公”，孔子怎么一声不吭呢？此无他，盖楚王对等于周天子，楚县公对等于北方诸侯，乃历史之已然，直至孔子这一代的北方人，久已习惯，不是问题，故无异议。

早于孔子百余年的管仲，更是如此。管仲伐楚的由头，只说楚国不向周朝进贡苞茅[②]，毫未涉及“僭越”。宋儒吕祖谦评论此事说，楚“窃王号以自娱，罪未有先焉者也”，管仲若“知其僭王，必无反为楚隐之理。今恬不加问，是必不之见也”[③]。吕氏说管仲不见不知，说得很对。但吕氏不知，管仲所以不见不知，是因为没有。楚称王是事实，但没有僭越问题。吕氏说楚“窃王号”，罪莫大焉，就是无中生有了。

① 均见《论语·八佾》。
② 见《左传》僖公四年。
③ 见《东莱博议·齐伐楚》。

楚称王而没有僭越问题，是因为没有僭越的资格，还不配僭越。孔子就是这么看的，他说“夷狄之有君，不如诸夏之亡也”①，正谓此。董仲舒申其义曰：“夷狄不得与中国为礼。”② 此语盖谓夷狄不适用周礼。具体到这里，我们可以得出：不可以周礼的标准要求楚人。北方诸侯不称王，却有资格行周礼；楚君虽称王，却还不配行周礼。所以楚君称王，还不如北方诸侯不称王。这是北方人的阿 Q 精神，把楚人看作“未入流”。

我们现在实事求是地看，也可以认为楚称王而没有僭越问题。齐桓、晋文若称王，就是僭越，因为他们属于周文化，行周礼。熊通称王就不是僭越，因为他属于楚文化，行楚礼。楚熊渠、熊通自称“我蛮夷也”③，孟子说楚人是“南蛮鴃舌之人，非先王之道”④，都有重要的文化意义。由此可以考见当时有两种文化：一曰周文化，即北方文化，黄河文化；一曰楚文化，即南方文化，长江文化。这是就大体而言，如果细分就更多。各种文化交融混合而成大体统一的中国文化，是战国以后的事。本书不持中国文化一源论，因为此论不合历史真相。

孔子实际上承认有各种文化，不过他说的是中原有文化，夷狄无文化。他没有明白地说，夷狄无文化也是一种文化，是一种不同于中原文化的文化。不是有无，而是不同。他在语言表层不明白，而在思想深层很明白。正因为在思想深层很明白，所以他能把楚文化当作另一种文化而从其中看出精华。孔子说：“南人有言曰：‘人而无恒，不可以作巫医。’善夫！”⑤ 南人即楚人。孔子不仅称赞此言，而且称赞南人的人格美“宽柔以教，不报无道”，誉为“南方之强也，君子居之”⑥。

---

① 见《论语·八佾》。

② 见《春秋繁露·观德》。

③ 见《史记·楚世家》。

④ 见《孟子·滕文公上》。

⑤ 见《论语·子路》。

⑥ 《中庸·第十章》。

所以孔子对于楚庄王向周朝问鼎[1]，不加评论，而对于楚庄王灭陈而又复其国[2]，大加赞扬。楚王与周王门当户对，而武力早已过之；楚王问鼎，乃虚心学习，文化交流，何必敏感，故而缄默。

楚昭王宁可受灾、病死，而不愿禳灾移之于令尹、司马，因为他们是国之股肱；不愿祭黄河之神以治病，因为黄河不是他的地盘。孔子闻之，曰："楚昭王知大道矣，其不失国也，宜哉!"[3]"知大道"可谓至极无加的好评，根据表现，亦可给予楚王，毫无种族歧视。言下流露知己之感、知遇之情。《史记·孔子世家》说"（楚）昭王将以书社地七百里封孔子"，其事未成，其情可感。

第二节　父子相隐

楚文化与周文化是两种文化，这两种文化有什么不同，其主要标志，可由孔子在楚与叶公的一次对话中看出来。先从有关的最一般的问题说起。

文化与文明不同：文化对天然而言，文明对野蛮而言。一座山，是天然；山上挖个洞，就是文化。"山顶洞人"的山顶洞，是挖过的，所以是文化遗迹。人改变天然，乃有文化；人改变自己，乃有文明。不能改变天然就不是人，所以文化与人同其悠久。劳动工具，生产关系，作为客观条件，促使人改变自己的野蛮，逐渐文明。所以在发生史上，文明后于文化；当文明发生了，便与文化同在，可以合称文化，这是"大文化"。与经济、政治并列的文化是"小文化"。

文化的中枢是世界观，世界观已有三代：（一）神话，（二）宗教，（三）哲学。神话、宗教，其原始形态，可在野蛮社会发生，哲学则必须在文明社会发生，最低也要在文明社会的初级阶段。哲学史涉及的是文

① 《左传》宣公三年。

② 《左传》宣公十一年。

③ 《左传》哀公六年。

明社会。文明社会已有父有君。原始社会的初级阶段，无父无君。其时只知其母，不知其父，当然有父，此有是生理的，不是社会的。社会地看，其时无父。其时有长（zhǎng）而无君，后来长变为君，也就是文明社会了。长代表族权，靠血缘；君代表政权，靠地缘。族权、政权都靠强制力量，政权更靠武装力量。

中国古代文明社会，无论南方北方，皆有父有君，皆有如何事父、如何事君的问题，此南北文化之所同。但在处理事父与事君的关系时，南方的原则是事父服从事君，北方的原则是事君服从事父，此南北文化之不同。《论语·子路》云：

> 叶公语孔子曰："吾党有直躬者，其父攘羊而子证之。"孔子曰："吾党之直者异于是。父为子隐，子为父隐：直在其中矣。"①

这段对话正体现出这个不同。这个不同，用另一套话说，就是：北方以"孝"为本，南方以"忠"为本。一部《楚辞》，没有一个"孝"字，而有二十六个"忠"字，就体现了这一点。

直躬的故事，其记载以见于《论语》者为最早，后来又见于《韩非子·五蠹》《吕氏春秋·当务》《淮南子·泛论训》，引起后人议论纷纷，但很少说到点子上。惟《论语》邢昺《疏》引江熙曰："叶公见圣人之训，动有隐讳，故举直躬，欲以此言，毁訾儒教，抗衡中国。夫子答之，辞正而义切，荆蛮之豪，丧其夸矣。"这段话触及南北文化的对立，算是旧注中最高明的。

孔子对叶公，所争的是一个"直"字。"直"字在《论语》中出现二十次，后儒都解释为正直。"攘羊"，是羊自来而取之，这与特意去偷虽有不同，但总是取他人之羊为已有。仿此，则拾金而昧，即攘金也。"证之"，本义为告发之，演义为证明之。叶公认为，证父攘羊，是直。孔子

---

① 此章在本书第一章第六节已予讨论，在此仍须再讨论一次。

断然否定这是直，指出父子相隐，直在其中。这是什么道理呢？

最简明的回答是：孔子在此所说的“直”，不在理智层次，而在情感层次。朱熹《集注》于此章引谢氏曰：“顺理为直，父不为子隐，子不为父隐，于理顺邪？……当是时，爱亲之心胜，其于直不直，何暇计哉！”这段话有超越理智、跟随情感的意思。理智层次的直，是正直；情感层次的直，是直觉。父爱其子，子爱其父，直觉如此，无理可言。爱而隐之，亦直觉如此，无理可言。故父子相隐为情感之直，父子相证为情感之不直。这种情感的直，是人的真情实感。以此真情实感为前提、为基础、为素质的其他道德，如忠孝，如仁义礼智信，才是真的，不是假的；才是真情流露，不是矫揉造作。

达尔文在其《人类的由来》中证明，人类的道德本能，是由禽兽的相关的本能进化而来。现在常说，人类道德本能，是人类文化文明的产物，这样说是对的。但切莫忘记，它还是人类文化文明以前的禽兽相关本能的发展。禽兽相关本能是人类道德本能的老根子。不要只看到后半截，还要看到前半截。前半截，作为禽兽本能，无理可言。后半截，作为文明产物，有理可言。在孔子看来，不能到此为止，还要发展为道德直觉，在人类情感层次上复归无理可言，这是比禽兽本能无理可言更高一层的无理可言。借用黑格尔的术语说，禽兽本能是“正”，文明产物是“反”，道德直觉是“合”。

道德直觉的“直”，相当于“绘事后素”[①] 的“素”。绘事在有素之后，就是说，先有本色的素绢，后在素绢上绘画。若无素绢作底子，绘画就无所依托。正可以此比喻：若无真情实感的直，则其他一切道德无所依托，流于虚伪，都是空的。

在孔子看来，维系家庭的纽带是情感，不是理智。这并非是反对理智，而是以情感为本，建立在情感层次上。后来孟子说：“古者易子而教

---

① 见《论语·八佾》。

之。父子之间不责善，责善则离，离则不祥莫大焉。”[①] 自己不教自己的儿子，换个别人教。因为教是理智的事情，师生之间互相以善要求：学生不善，先生可以不教他；先生不善，学生可以不从他。离开了也没什么，反正师生关系的建立可以选择。父子关系的建立不能选择，是生就的。如果父子互相以善要求，就有可能导致脱离父子关系，危及以家为本的社会的基础，这是当时最大的不祥。《资治通鉴》唐纪代宗大历二年有云：“不痴不聋，不作家翁。”《慎子》《南史·庾仲文传》《隋书·长孙平传》早已有类似的话。这些话都反映家庭纽带不是理智，不宜责善。俗话说：“清官难断家务事。”断官司属于理智层次，家务事属于情感层次，不在一个层次，所以难断。

孔子的“父为子隐，子为父隐”，不仅后儒作为理论来探讨，而且帝国作为根据来立法。

《白虎通·谏诤》云：“君不为臣隐，父独为子隐，何？以为父子一体，而分荣耻相及。”这里提出的新问题，是将讨论范围扩大，将君臣关系扯来与父子关系对比讨论。答案是因为“父子一体”。这就意味着君臣不是一体。若就政治说，亦可说君臣一体。可见此处不是就政治说，而是就血统说。父子是血统一体，是生就的，不可以选择的。君臣是政治一体，不是生就的，是可以选择的。《大戴礼记·卫将军文子》云，“君择臣而使之，臣择君而事之”，“晏平仲之行也”。马援说“当今之世，非独君择臣也，臣亦择君矣”[②]，正谓此。马援已经懂得，什么真命天子，天然统治，什么我生来就管你，你生来归我管，不能选择，根本没有那回事。凡是可以选择的关系，如君臣、夫妇、朋友，都靠“敬”维持。不敬则慢，谁愿受你的怠慢，他就不选择你了。凡是不可以选择的关系，如父子、兄弟，都靠“爱”维持。不爱则离，如孟子所料。惟夫妇始于选择，故须敬之；继传血统，故须爱之。由于敬，故“君不为臣隐”；由

① 《孟子·离娄上》。

② 见《后汉书》本传。

于爱，故“父独为子隐”。《白虎通》的探讨，使孔子的意思更明白；本书的探讨，使《白虎通》的意思更明白。理论探讨只举此一例。

至于帝国据此立法，始见于《汉书》宣帝纪本始四年夏五月诏，诏曰：“父子之亲，夫妇之道，天性也。虽有患祸，惟蒙死而存之，诚爱结于心，仁厚之至也，岂能违之哉！自今，子首匿父母、妻匿夫、孙匿大父母，皆勿坐。其父母匿子、夫匿妻、大父母匿孙，罪殊死，皆上请廷尉以闻。”“相隐”发展为“首匿”，颜师古注：“凡首匿者，言为谋首而藏匿罪人。”相隐的范围也扩大了。而且实行倾斜，以父子为例，对子较宽而对父较严：子隐父，无罪；父隐子，死罪，但要上报最高法庭，可望减刑。这样倾斜，当是鼓励子行孝道，实行“以孝治天下”。不过这还是以“中央文件”颁布政策的形式，而以法律条文规定则始于“唐律”。唐律“同居相为隐”条，将相隐范围更扩大了，而且或勿论，或不坐，或减刑，更宽大了。可注意者，它只适用于“同居”者，即没有分家的大家庭成员。《旧唐书》孝友传云：“郓州寿张人张公艺，九代同居”，高宗“亲幸其宅，问其义由，其人请纸笔，但书百余‘忍’字。高宗为之流涕，赐以缣帛”。对九世同堂的大家庭，皇帝亲自访问，总结经验，进行奖励。这样做很有必要，因为大家庭是当时社会的细胞，帝业的根基。经验是一个“忍”字：凡百矛盾，隐忍不言，这就是父子相隐的精髓。若非“同居”，即使亲属相隐，亦无宽大待遇。此种倾斜，旨在巩固大家庭，即所以巩固帝业。后世帝国法律关于亲属相隐的规定与唐律基本相同。

孔子关于父子相隐的理论，反映了自然经济以家为本位的根本要求，行之两千余年而始衰。它将随着自然经济消亡而消亡，但它以情感为立家之本的意义仍将与家同在。

第三节　近悦远来

《论语·子路》云：

叶公问政。子曰："近者说（悦），远者来。"

《韩非子·难三》云：

叶公子高问政于仲尼，仲尼曰："政在悦近而来远。"哀公问政于仲尼，仲尼曰："政在选贤。"齐景公问政于仲尼，仲尼曰："政在节财。"……子贡问曰："三公问夫子政，一也，夫子对之，不同，何也?"仲尼曰："叶都大而国小，民有背心，故曰政在悦近而来远。鲁哀公有大臣三人，外障距诸侯四邻之士，内比周而以愚其君。使宗庙不扫除、社稷不血食者，必是三臣也，故曰政在选贤。齐景公筑雍门，为路寝，一朝而以三百乘之家赐者三，故曰政在节财。"

《说苑·政理》云：

子贡曰："叶公问政于夫子，夫子曰政在附近而来远。鲁哀公问政于夫子，夫子曰政在于谕臣。齐景公问政于夫子，夫子曰政在于节用。三君问政于夫子，夫子应之不同，然则政有异乎?"孔子曰："夫荆之地广而都狭，民有离志焉，故曰在于附近而来远。哀公有臣三人，内比周以惑其君，外障诸侯宾客以蔽其明，故曰政在谕臣。齐景公奢于台榭，淫于苑囿，五官之乐不解，一旦而赐人百乘之家者三，故曰政在于节用。……"（《尚书大传·略说》与此大致相同）

照《韩非子》《说苑》《尚书大传》所说，孔子的对答皆针对各国具体情况而发。且只说叶公。因为其民有离心倾向，故教以悦近来远。这是"近者说（悦），远者来"的特殊意义。这句话还有普遍意义，它普遍地适用，适用于他国异时，适用于政治、经济、文化，尤其适用于群众自身的运动。

《墨子·耕柱》亦说此事，而有所不同，它说：

叶公子高问政于仲尼曰："善为政者若之何?"仲尼对曰："善为政者，远者近之，而旧者新之。"

"旧者新之"，孙诒让《间诂》云"言待故旧如新，无厌怠也"，我看是说革新旧政。孔子主张"温故而知新"[①]，即推陈出新，从而旧者新之。在楚国，叶公子高是一个强有力的维护旧局面的人物，孔子虽不反对他维护旧局面，可是希望他也能开创新局面。边维护，边开创，就是温故知新。至于"远者近之"，就是通过使近者悦而使远者来，远者既来也就成了近者。

第四节　乐以忘忧

以上是孔子论楚国，以下是孔子论自己，是孔子被楚人引起的论自己。孔子论楚国，可以帮助我们理解楚国；孔子论自己，可以帮助我们理解孔子。

《论语·述而》云：

叶公问孔子于子路，子路不对。子曰："女奚不曰，其为人也，发愤忘食，乐以忘忧，不知老之将至云尔。"

这与同篇的另一章很一致：

子曰："饭疏食，饮水，曲肱而枕之，乐亦在其中矣。不义而富且贵，于我如浮云。"

① 《论语·为政》。

这两章道出了孔子的精神境界，其中心是一个“乐”字。孔子所乐何事，后儒的讨论和体会甚多，千言万语，不及《易·系辞》“乐天知命故不忧”之一语，足以尽之。孔子“五十以学《易》”[①]，“五十而知天命”[②]，可见他学《易》与知命的关系。孔子的“乐”是“乐天”，乐天必须“知命”。知命乃有使命感。凭此使命感而为之，“知其不可而为之”[③]。“知其不可而为之”是别人评论孔子的话，在孔子自己，则是“无可无不可”[④]，即超越“可”与“不可”，惟凭使命感而为之。人之忧虑，多生于计较可与不可，患得患失。既然无可无不可，也就无忧。

古往今来，大教主，大哲学家，大事业家，其灵魂深处，都是靠使命感过日子。使命感是他们的精神支柱。尽管“使命”内容吹万不同，其名为“使命”则一。“天生德于予”[⑤]，这是孔子自知其使命；“天将以夫子为木铎”[⑥]，这是别人承认其使命。由知命而乐天，也就无忧。

如果说，“知命”是智慧，“乐天”是知命的人的精神状态，那么就可以说，“知命”相当于佛学的“般若”，“乐天”相当于佛学的“涅槃”。相当，不是相等。相当，是就在各自体系中的地位而言。伟大的体系之间，有其相当的东西，并不奇怪。

孔子亦有忧。他说：“德之不修，学之不讲，闻义不能徙，不善不能改：是吾忧也。”[⑦] 他又说：“君子忧道不忧贫。”[⑧] 他的忧，正是无忧的阶梯。

---

① 《论语·述而》。
② 《论语·为政》。
③ 《论语·宪问》。
④ 《论语·微子》。
⑤ 《论语·述而》。
⑥ 《论语·八佾》。
⑦ 《论语·述而》。
⑧ 《论语·卫灵公》。

第五节　不仕无义

孔子游历楚国，颇受民间道家人士的批评和抵制。这里只讨论由他们引起的孔子言论。

听到长沮、桀溺“避世”的主张，“夫子怃然曰：‘鸟兽不可与同群，吾非斯人之徒与而谁与？天下有道，丘不与易也。’”① 孔子的这段话感人肺腑，读之无限感慨。鸟兽不可与同群，我不与这些人同群，又与谁同群呢？若天下有道，我就不用为改革奔走了。这是倾诉他不能避世的苦衷。

《闻一多全集》卷首图版有一幅手迹，是 1945 年春闻氏书赠吴晗的横壁，上写大篆“鸟兽不可与同群吾非斯人之徒与而谁与”。这幅字写出了他们当年献身民主运动的慷慨情怀。无论如何，在这一点上，他们与孔子的心是相通的，不管他们自觉与否。

当子路报告荷蓧丈人对他的批评和款待以后，“子曰：‘隐者也。’使子路反见之，至，则行矣。子路曰：‘不仕无义。长幼之节，不可废也；君臣之义，如之何其废之，欲洁其身而乱大伦？君子之仕也，行其义也。道之不行，已知之矣。’”② 丈人款待子路时，曾叫他的两个儿子出来见礼，这是不废长幼之节。既然不废长幼之节，又怎么洁身不仕，而废君臣之义呢？孔子认为不仕就是无义，就是乱伦，是乱了君臣关系这个最大的人伦。

这里有一个问题：既然“道之不行”，又怎能“行其义”？可见“行其义”的“义”，不是“道义”之“义”，而是“义务”之“义”。但是，“义务”不是古代汉语的词，先秦更无此词，能用它解释《论语》吗？

古汉语诚然没有“义务”一词，但是还是说出过“义务”的意思。

---

① 《论语·微子》。
② 《论语·微子》。

例如，《管子·心术上》云“君臣父子人间之事谓之义”，其中的“事”字可换为“务”字，则此语所说的君臣父子人间之事务便是义务的意思，因为它们“谓之义”。“事”字可换为“务”字，例如《周易·系辞上》“故能成天下之务”，虞翻曰“务，事也”（李鼎祚《周易集解》引），可证。上引《管子》那句话，就说出了君臣父子人与人之间存在义务的意思。

孔子认为，君子出仕是为了行义，行义就是履行义务。明明知道“道之不行”，也要出仕履行义务，这就是“知其不可而为之”。这句话，“知其不可而为之”，不是孔子说的，但的确是孔子的精神。文天祥对元朝进行英勇的毫无希望的抵抗，完全是这种精神的体现。照此看来，不仕无义，是无臣之义；则避世更无义，是无人之义。孟子推出“是禽兽也”[①] 的结论，是合乎孔子逻辑的。

第六节　共相为本

出仕，是行臣之义。入世，是行人之义。人之义是什么？孔子实际上认为，人是一切社会关系的总和，即君臣、父子等等社会关系的总和。这些社会关系的双方都对对方有义务，这些义务的总和就是人之义。就拿君臣父子来说吧。君对臣行君之义，臣对君行臣之义，父对子行父之义，子对父行子之义，这就是孔子说的“君君，臣臣，父父，子子”[②]。若把人的一切社会关系之义合起来说，恕我杜撰，就是“人人”。唐儒韩愈的《原道》已经说过“人其人”，可谓“人人”的先河。

“君君”的上一“君”字指殊相，下一“君”字指共相。“臣臣”的上一“臣”字指殊相，下一“臣”字指共相。“父父”“子子”“人人”皆如此。孔子是要殊相合乎共相，以共相为本。而楚国的道家主张以殊相

① 《孟子·滕文公下》。
② 《论语·颜渊》。

为本。以共相为本，还是以殊相为本，这是哲学形而上学中两条根本对立的路线。以共相为本，故坚持正名，化为“名教”；以殊相为本，故坚持自我，崇尚“自然”。这个问题乃是儒道是非的根本，也是中国哲学的根本。但是只凭孔子论楚和在楚的资料，远远不足以将这个问题展开讨论，所以只在本章之末提它一下。

孔子的楚国之行，当时在楚国并无多大影响，但后来在全中国则有深远影响。其哲学形上学的原因，就是当时在楚国存在以殊相为本的路线，而后来在全中国独尊以共相为本的路线。

第七节　余论

还有一些资料，记述孔子在楚的活动：与老子的交往和其他见闻。它们有《庄子》的《人间世》《天道》《天运》《达生》《田子方》《知北游》《徐无鬼》《则阳》，以及《礼记》的《曾子问》。在这些资料中，孔子基本上处于接受再教育的地位，主要是听别人讲。本章的目的，在于讨论孔子在楚之所讲，不在于讨论别人对孔子之所讲，所以没有必要详细讨论这些资料，但仍有必要作以下说明。

第一，这是子学时代的文献，不是经学时代的文献，更为接近孔子的本来面目，即作为先秦诸子之一子、百家之一家的孔子的本来面目。这些资料，就总体而言，不论历史真实性或哲学真实性，都比经学时代关于孔子的资料更为可信。经学时代独尊儒术，大搞个人迷信，儒术发展了，孔子失真了。后人不求孔子之真则已矣，欲求孔子之真，就不可忽视这些资料。《礼记》是独尊儒术后编集的，其《曾子问》的内容则仍是先秦原貌。这些编集者虽然服从独尊儒术者的政治权威，然亦不过以此谋生，尚未以政治统率历史、篡改历史。他们是有良心的人。

第二，孔子问学于老子，本书深信确有其事。至于问了几次，在何时何地问的，本书存而不论，因为这对本书并不重要。

第三，孔子在楚接受再教育，反映他置身于一个不同的文化。孔子是从周文化之地来到楚文化之地。孔子已经有自己的一套，根据这一套而对叶公、隐者有所批评。孔子又确实“学而不厌”[①]，从头学起，从老子的教诲，其他的见闻，学到楚文化的精神。孔子晚年，思想的变化，境界的提高，仅在周文化氛围中是不可能实现的，经过在楚接受再教育方能实现。

附：楚狂接舆

《论语·微子》云：

> 楚狂接舆歌而过孔子，曰：“凤兮凤兮，何德之衰！往者不可谏，来者犹可追。已而，已而，今之从政者殆而。”孔子下，欲与之言。趋而避之，不得与之言。

又《庄子·人间世》云：

> 孔子适楚，楚狂接舆游其门曰：“凤兮凤兮，何如德之衰也！来世不可待，往世不可追也。天下有道，圣人成焉。天下无道，圣人生焉。方今之时，仅免刑焉。福轻乎羽，莫之知载。祸重乎地，莫之知避。已乎已乎，临人以德。殆乎殆乎，画地而趋。迷阳迷阳，无伤吾行。吾行却曲，无伤吾足。”

又《庄子·应帝王》云：

> 肩吾见狂接舆，狂接舆曰：“日中始何以语汝?”肩吾曰：“告我：君人者以己出经式义度，人孰敢不听而化诸!”狂接舆曰：“是

① 见《论语·述而》。

欺德也！其于治天下也，犹涉海凿河而使蚊负山也。夫圣人之治也，治外乎？正而后行，确乎能其事者而已矣。且鸟高飞以避矰弋之害，鼷鼠深穴乎神丘之下，以避熏凿之患，而曾二虫之无知！”

又《庄子·逍遥游》记接舆对肩吾说：

藐姑射之山有神人居焉，肌肤若冰雪，绰约若处子；不食五谷，吸风饮露；乘云气，御飞龙，而游乎四海之外；其神凝，使物不疵疠而年谷熟。

这些资料，前三条有一个共同的中心思想：避害全生。可见接舆是一个民间道家人士。就历史价值说，第一条最确实，其余越来越虚，最后一条已是神话了。这条神话显示：避害问题完全解决，转而为他物除害；全生问题更已解决，永葆青春而逍遥。他是孔子在楚国确实遇到的人，《论语》作了生动的记载，而“孔子下［车］，欲与之言。趋而避之，不得与之言”，尤为传神之笔。崔述说这是用《庄子》在《论语》中搀假，不对。

刘向《列仙传》说楚狂接舆姓陆名通，未详所据。于是皇甫谧《高士传》，陆德明《经典释文》，成玄英《庄子注疏》，也都这样说。我揣测他们的构想：“陆通”意谓陆地交通，宜于行车，故字“接舆”。其实“不得与之言”，未留姓名，惟曾接孔子之舆，姑以此作为代号而已。“接舆”好比“阿 Quei”中的 Q①，是唯一的信史成分了。

楚狂接舆也是个隐士。关于“隐”和“隐士”，《庄子·缮性》中解释说：

道无以兴乎世，世无以兴乎道，虽圣人不在山林之中，其德隐

---

① 见鲁迅《阿 Q 正传》。

矣。隐，故不自隐。古之所谓隐士者，非伏其身而弗见也，非闭其言而不出也，非藏其知而不发也——时命大谬也。当时命而大行乎天下，则反一无迹；不当时命而大穷乎天下，则深根宁极而待：此存身之道也。

一般认为，躲在深山老林里就是隐，《缮性》认为不然。《缮性》认为，隐或不隐，在于世上有道或无道。世上无道，不在山林中亦为隐；世上有道，虽在山林中亦不为隐。取决于世上有道无道，不是我自己说隐就隐（“不自隐”）。所以隐士，并非伏身不见、闭言不出、藏知不发的人，而是不当时命的人。照这样说，隐与不隐，都不是自己的事；而自己的事，只剩下存身为道（“深根宁极”）以待时命了。

另有一说：小隐，隐于山林；大隐，隐于朝市。此说不出于《庄子》，只附带提一下。

第十四章　在楚的墨者

第一节　墨子在楚

墨子游楚，可考者有两次：一次入郢，止楚惠王攻宋；一次到鲁阳，止鲁阳文君攻郑。

《墨子·公输》详细记载了墨子同公输盘、楚惠王的辩论，说服并制服他们，不去攻宋。此事流传甚广，又见于《战国策·宋卫策》《吕氏春秋·爱类》《淮南子·修务训》。《艺文类聚》卷八八、《太平御览》卷三三六均引《尸子》所记的此事。鲁迅的《故事新编·非攻》描写此事，兼备历史真实和艺术真实。

《墨子·贵义》云“子墨子南游于楚，见楚献惠王”，楚无献惠王，孙诒让《间诂》案：“疑故书本作‘献书惠王’，传写脱‘书’，存‘献’，校者又更易上下文以就之耳。”所疑甚是。《文选》卷三十谢玄晖《和伏武昌登孙权故城一首》“良书限闻见”李善注：“《墨子》曰：‘墨子献书惠王，王受而读之，曰：良书也。’”是李善引本作“献书惠王”。唐文宗时余知古编写《渚宫旧事》，其卷二记“墨子至郢，献书于惠王”事甚详，他所根据的《墨子》可见亦作“献书于惠王”。《文选》李善注和《渚宫旧事》均证明唐时《墨子》作“献书惠王”。钱穆《先秦诸子系年》“墨子止楚攻宋考”云：“余谓墨子止楚攻宋，与其献书惠王，盖一时事。”此外，我还觉得《墨子·鲁问》篇末所记墨子与公输子在楚的三段对话，亦皆此时事。

《墨子·鲁问》“鲁阳文君将攻郑，子墨子闻而止之”，于是到楚国鲁阳。此篇有墨子与鲁阳文君的五段对话，《耕柱》篇还有他们的两段对话。

墨子在楚的言论，就在上述这十一段对话之中。

前人或说墨子是宋人，或说是鲁人。说是鲁人者，又或说是鲁国人，或说是鲁阳人。其实墨子自称北方人，如《吕氏春秋・爱类》：墨子“见荆王曰：臣北方之鄙人也”；别人亦称墨子为北方人，如《渚宫旧事》卷二：“鲁阳文君言于王曰：墨子，北方贤圣人。”就本书而言，只说墨子是北方人，就足够了。

第二节　止楚攻宋的辩论提出了类概念

《墨子・公输》云：

> 公输盘为楚造云梯之械，成，将以攻宋。子墨子闻之，起于齐（《吕氏春秋・爱类》云“自鲁往”，《淮南子・修务训》云“自鲁趋”，《渚宫旧事》卷二云“自齐行”，总之是自北方，下文皆说“北方”），行十日十夜而至于郢。见公输盘。公输盘曰：“夫子何命？焉为？”子墨子曰：“北方有侮臣者，愿借子杀之。”公输盘不说。子墨子曰：“请献十金。”（《渚宫旧事》卷二作“千金”）公输盘曰：“吾义固不杀人。”子墨子起，再拜，曰：“请说之。吾从北方闻子为梯，将以攻宋。宋何罪之有！荆国有余于地，而不足于民。杀所不足，而争所有余，不可谓智。宋无罪而攻之，不可谓仁。知而不争，不可谓忠。争而不得，不可谓强。义不杀少而杀众，不可谓知类。”公输盘服。子墨子曰：“然乎？不已乎？”公输盘曰：“不可。吾既已言之王矣。”子墨子曰：“胡不见我于王？”公输盘曰：“诺。”子墨子见王，曰：“今有人于此，舍其文轩，邻有敝舆，而欲窃之（不要自己的豪华轿车，却要偷邻居的破车）；舍其锦绣，邻有短褐，而欲窃之；舍其粱肉，邻有糠糟，而欲窃之。此为何若人？”王曰：“必为窃疾矣（一定是害了盗窃病）。”子墨子曰：“荆之地，方五千里；宋

之地，方五百里，此犹文轩之与敝舆也。荆有云梦，犀兕麋鹿满之，江汉之鱼鳖鼋鼍，为天下富；宋所为无雉兔狐狸者也，此犹粱肉之与糠糟也。荆有长松文梓，楩楠豫章；宋无长木，此犹锦绣之与短褐也。臣以三事之攻宋也，为与此同类（我从这三方面看楚攻宋，是与害盗窃病同类）。臣见大王之必伤义而不得。”王曰：“善哉！虽然，公输盘为我为云梯，必取宋。”于是见公输盘。子墨子解带为城，以牒为械。公输盘九设攻城之机变，子墨子九距之。公输盘之攻械尽，子墨子之守圉有余。公输盘诎，而曰：“吾知所以距子矣，吾不言。”子墨子亦曰：“吾知子之所以距我，吾不言。”楚王问其故。子墨子曰：“公输子之意，不过欲杀臣，杀臣，宋莫能守，可攻也。然臣之弟子禽滑厘等三百人，已持臣守圉之器，在宋城上，而待楚寇矣。虽杀臣，不能绝也。”楚王曰：“善哉！吾请无攻宋矣。”

墨子同公输盘、楚惠王的辩论，其哲学意义，特别是逻辑学意义，在于提出并运用了类概念。墨子的类概念，作为一个历史地发生的事实，正在楚国，所以是楚国哲学史中宝贵的内容。为了说明墨子的类概念在中国哲学史和逻辑史上的地位，不能不涉及中国哲学史和逻辑史的有关内容，而且要从“类”字的字源说起。

第三节　墨子类概念的历史地位

“类”字繁体作“類”，最初的意义是指传说中的一种兽。《山海经·南山经》云：“亶爰之山”，“有兽焉，其状如狸而有髦，其名曰类”。《庄子·天运》云“类，自为雌雄”，即雌雄同体。《列子·天瑞》云：“亶爰之兽，自孕而生，曰类。”雌雄同体故“自孕”。都是说的这种兽。

许慎将“類”字编入《说文解字·犬部》，其解说是“种类相似，唯犬为甚”，这就是指种类之类了。同类的分子之间，唯有犬彼此最相似，这不过是古人的印象如此。为什么有这个印象，当是由于犬驯化最早、对主人最忠的缘故。韦尔斯（H. G. Wells）的《世界史纲》说："驯养家畜。狗出现得很早。不久，新石器人有了驯养的牛、绵羊、山羊和猪。"① 可资印证。可见用"类"字表示种类之类的古人，其种类概念，最初是根据犬类进行概括而形成的，然后推广到其他种类。用"类"字作种类之类，最早的例句有《毛诗·大雅·既醉》的"永锡尔类"。

现在有人说，类字最初是一种祭名。这种说法不对。作为祭名的是"禷"字，在《说文解字·示部》，与在《犬部》的"類"字完全是两个字，所指（义）不同，结构（形）也不同。后来将"禷"字省写为"類"字，于是"類"字也成为祭名，这不过是今体混同，绝不可说在字源上类字最初的意义是祭名。正如"餘"字简化为"余"，绝不可说在字源上余字最初的意义是"饶也"。持类字最初意义是祭名之说者，显然没有注意到《说文解字》另外还有一个"禷"字。

人说话，例如说"这是树"，就是将"这"归入"树"类。人类，或个人，从会说这样的句子开始，就在经常进行归类的活动。但是，在活动上归类是一回事，在概念上知类又是一回事。人类从归类到知类，经历了漫长的发展过程。知类，就是有类概念，又不止是有类概念。就其有类概念说，就在语言上有种类之类这个词，然后在文字上有表示种类之类这个词的类字。这是知类的语言学阶段，还不是知类的逻辑学阶段，人类从前者到后者，又经历了很久的发展过程。逻辑学阶段，已属于哲学范畴，但还不是哲学阶段。人类从知类的逻辑学阶段，到知类的哲学阶段，又经历了一个发展过程。墨子对公输盘说的"知类"，属于逻辑学阶段；他所说的"类"，是一个真正的逻辑的类概念，是对中国逻辑和哲学的空前的贡献。这个估计，要用中国哲学史和逻辑史本身来证明。

在墨子之前的老子、孔子，其哲学和逻辑学的"名"概念都很发达，而"类"概念简直没有。当然，名可以是类之名，但是名毕竟不就是类，虽然关系密切，但不能混为一谈。帛书《老子》乙本《德》篇有"夷道

① 见该书吴文藻等中译本，人民出版社 1982 年版，第 109 页。

如类”，甲本此处字损缺，这个“类”字指“夷”的反面，不是指种类之类。所以河上公本、王弼本《四十一章》均作“夷道若颣”，而全书无类字。可见无类概念。一部《论语》只有一个类字，见于《卫灵公》“子曰：有教无类”。这个“类”字是表示类概念。这个类概念属于语言学阶段，不属于逻辑学阶段。因为它仅仅用以指称，不是用以推理。而且是先否定而后提出，提出它是为了否定它。后来佛家有所谓“随说随扫”。孔子说“无类”，甚于“随说随扫”，居然“先扫后说”。所以无类概念的地位。

值得注意的是邓析（？—公元前501年）。《汉书·艺文志》“名家”有“《邓析》二篇”，班固自注：“郑人，与子产并时。”今本《邓析子·无厚》有“别殊类”的提法。其全句是：“故谈者，别殊类使不相害，序异端使不相乱，谕志通意，非务相乖也。”“别殊类”，是区别不同的类。“序异端”，是理顺不同的头绪。“不相害”也是“不相乱”，都是免于互相混淆。区别了类，理顺了头绪，就不混乱了，就可以互相理解（“谕志通意”）了，并不是非要互相唱反调不可（“非务相乖”）。这是进行辩论的起码要求和基本目的，特别是“别殊类”，若不区别不同的类，则一切辩论无法正常地进行。可见“别殊类”的类，正是逻辑学的类概念。

不过今本《邓析子》是伪书。上面引的这句话，又见于《韩诗外传》卷六和刘向《别录》，于是就有一个问题：到底是谁抄谁的？有人断定是今本《邓析子》的伪造者抄韩婴、刘向。这个话不能说死，因为伪书往往有真成分。对这个问题最好存疑。若这句话真是邓析说的，则在墨子之前已有逻辑学的类概念。即使如此，若将邓析这句话与墨子关于类概念的学说对比，连贯思索，则昭然可见：邓析先行之功诚不可没，而墨子的新贡献仍属空前。

下面讨论墨子关于类概念的学说。

第四节　对墨子类概念的三点讨论

现在分三点讨论。

第一点：对《墨子》中“类”字的穷尽考察（an exhaustive survey）。

《墨子》，以孙诒让《间诂》本为准，其中“类”字出现四十五次。《杂守》二“类”字，当从孙校改作“幎”。《所染》“绝无后类”的“类”字，是表示族类的语词，不是表示逻辑的类概念。除此以外，以墨子口气说出者五次，在《墨辩》六篇（《经上》《经下》《经说上》《经说下》《大取》《小取》）出现三十七次，都是表示逻辑的类概念。

以墨子口气说出的五次，除上文引的《公输》有两次以外，还有三次如下。

（一）《非攻下》：

> 今逮夫好攻伐之君，又饰其说，以非子墨子，曰：“以攻伐之为不义，非利物与？昔者禹征有苗，汤伐桀，武王伐纣，此皆立为圣王，是何故也？”子墨子曰：“子未察吾言之类，未明其故者也。彼非所谓攻，谓诛也。”

（二）《非攻下》：

> 子墨子曰：“子未察吾言之类，未明其故者也。古者天子之始封诸侯也，万有余。今以并国之故，万国有余皆灭，而［楚、越、齐、晋］四国独立。此譬犹医之药万有余人，而四人愈也，则不可谓良医矣。”

（三）《非儒下》：

入人之国，而与人之贼，非义之类也。

这三条都是按“故”分“类”。“故”是理由、根据。第（三）条未出现“故”字，而“入人之国，而与人之贼（在所入之国参与叛乱分子的活动）”正是“故”。所不同者，第（二）、（三）条以事为故，第（一）条以类为故。第（二）条以万分之四的治愈率这件事为故，第（三）条以参与叛乱分子活动这件事为故。第（一）条则以属于“诛”类不属于“攻”类为故，从类上划清界限，在逻辑上比第（二）、（三）条的水平高多了。

以类为故，就不是就事论事，而是从类上划清界限，可以说是逻辑地解决问题。当然，以类为故的类，也是根据事实。这就是说，第一层次是以事为故。以事为故而分类，再以此类为故。可见以类为故是第二层次，比以事为故高一层次。

以类为故，《墨子》中还有好例，就是《鲁问》中墨子同公输盘在楚国的两次谈话。《鲁问》云：“公输子自鲁南游楚。焉（于是）始为舟战之器，作为钩强之备。退者钩之，进者强之。量其钩强之长，而制为之兵（兵器）。楚之兵节（合适），越之兵不节，楚人因此若埶（同势，同艺，均可通），亟败越人。公输子善其巧。”又云：“公输子削竹木以为鹊，成而飞之，三日不下。公输子自以为至巧。”墨子一句话就将公输盘自负的“巧”变成“拙”（“故所为功，利于人谓之巧，不利于人谓之拙”），从“巧”类与“拙”类划清界限，这与从“攻”类与“诛”类划清界限一样，都是以类为故。

在《墨辩》六篇中的类概念，从《经上》的“名：达、类、私”到《小取》的“以类取，以类予”，好比登上了最高峰。“以类取，以类予”是墨子后学对墨子思想合乎逻辑地发展。谓余不信，请看墨子止楚攻宋的辩论吧，那就是“以类取，以类予”的典范，不过还没有把它作为原则明确地提出来。这就是本节要讨论的第二点。

第二点：墨子止楚攻宋的辩论就是“以类取，以类予”。

在这场辩论中，墨子先假装请求公输盘帮他杀掉那个侮辱他的人。这是杀一个人，是“杀少”。公输盘制造云梯攻宋，这要杀许多人，是“杀众”。“杀少”也罢，“杀众”也罢，都是杀人，同属杀人之类。杀人是不义的，所以“杀少”“杀众”又同属不义之类。（当然，人不可杀而盗可杀，《小取》说“杀盗人非杀人也”，从“盗”类与“人”类划清界限。）墨子在诱导公输盘承认“杀少”是“杀人”，而杀人是不义（即诱导“公输盘曰：‘吾义固不杀人。’”）之后，才将“杀众”向公输盘提出来。提出来就是给予他（向他摊牌，让他表态），就是“予”。在辩论中，若有同类的两件事，在对方承认其中一件以后，再将另一件提出给对方，这就是“以类予”。由于同类，对方既已承认了一件，就不能不承认另一件，这就是“以类取”。“取”犹“取胜”之取。在一件上已经取胜，则在同类的另一件上亦必取胜，故曰“以类取”。公输盘既已承认“杀少”为不义，当然要承认“杀众”为不义，因为两者同类，所以是“以类取”。

墨子对楚惠王，同样是运用了这个原则。不过同类的不止二事，而是两组各三事，共六事。一组是不用自己的豪华轿车、偏要偷别人的破车等三事，楚惠王承认这三事是害了盗窃病者之所为。在他作出这个承认以后，墨子才将同类的另一组三事提出来给他（向他摊牌，让他表态），这就是“以类予”。另一组是楚宋对比的三事，证明楚之攻宋，与不用豪华轿车而偏要偷破车同类。由于同类，楚惠王只好承认楚之攻宋也是害了盗窃病。这就是“以类取”。

就墨子对公输盘、楚惠王说，是先“以类予”，后“以类取”。就墨子自己说，则是先“以类取”，后“以类予”。他自己先将那些同类的二事或六事都“以类取”了，做好了这个准备，然后有步骤地“以类予”，即有先有后地抛出去。

关键不在于取、予的先后，而在于“以类”。“类”是根本出发点。“类”是什么？就是说，类的定义是什么？《墨子》中有那么多的定义，可就是没有类的定义。这恰好证明：类是根本出发点。任何学问的任何系统，其根本出发点是没有定义的。这是公例。这是因为，有定义的根本出发点，是一个自相矛盾的概念，与人的理性不相容。你可以推翻他的根本出发点，从而推翻他的系统，却不可以要求他对其根本出发点下定义。

以上是将《公输》当作“以类取，以类予”的例证来讲。这样讲，固然有助于理解《公输》，也有助于理解“以类取，以类予”，但是并没有讲《公输》本身的基本思想，就是要求对方“知类”。前面“第一点”所引的（一）、（二）、（三）条也都是要求对方“知类”。所以下文讨论“知类”。

第三点：“知类”的三个层次。

有语言学的知类，有逻辑学的知类，还有哲学（形上学）的知类。这是由下而上的三个层次，前者为后者的基础。说由下而上，决没有贱下贵上的意思。就基础而言，倒是应当说，若没有语言学的知类，就没有逻辑学的知类；若没有语言学的知类和逻辑学的知类，就没有哲学的知类。

语言学的知类，解决说话中的指称问题。张三是人，李四是人，都是人类，都以人指称之，就是语言学的知类。逻辑学的知类，解决思维中的推理问题。公输盘说他“义固不杀人”，知道不杀人为义，这句话中的人，他是指那个据说是侮辱了墨子的人，这就不过是说话中的指称而已，所以只算是语言学知类的层次。墨子则是以类概念作为思维中推理的基础，在此基础上，由“杀少”是杀人推论到“杀众”也是杀人，从而推动公输盘的知类（在这个问题上）由语言学层次达到逻辑学层次。

不过逻辑学的知类，如《公输》及《非攻下》《非儒下》中墨子所讲的，是着眼于外延。凡是类（应当说“类之名”。为了简便，此处与此下，皆不区分“类”与“类之名”），皆有其内涵，有其外延。墨子着眼于外延，当然也联系着内涵，若不联系着内涵，就难以正确地判断哪些事物是同类。说墨子着眼于外延，是说他只作了外延分析，虽然联系着内涵，却未作出内涵分析。外延指某类的分子，都是殊相；内涵是某类的规定性，是此类的共相。只有分析共相，才能达到哲学（形上学）的知类的层次。这个任务，有待于公孙龙担当和完成。

在这里，有必要介绍一下罗素关于“类”的理论。照罗素所说，在类（或表示类的词）出现之前，先已有了（一）表示个别事物的词，如 x，y，z……；（二）表示谓词（predicate）的 Φ，Ψ，θ……；（三）表示命题函项（propositional function）的 Φx，Ψx，θx……；（四）值的概念，上述三种符号的值的概念；（五）真值和假值。有了这五种东西，就可以用它们来逻辑地构造“类”。以“人”为例。我们以“人”这个谓词作为“∅”这个谓词符号的值，于是得出“x 是人”这个命题函项。它还不是一个命题，因为它还含有变项 x。我们让 x 指张三这个个别事物，说它是人。于是得出“张三是人”这个命题，这个命题是真的，具有真值。若让 x 指这张桌子这个个别事物，于是得出“这张桌子是人”这个命题，这个命题是假的，具有假值。另外有许多东西，若让 x 指它们，则得出的不是命题，至多是没有意义或不能判断是真是假的句子。像这样做下去，则“x 是人”这个命题函项可能包括的真命题会有无数个。把这些真命题所指出的个别事物聚集起来，就成为一个类，这就是“人”类[①]。人类这个类就是这样逻辑地构造出来的。罗素的这个理论，是现代逻辑具有世界影响的理论。由此看来，即使是现代的逻辑，在构造类时，仍是自殊相着眼，自殊相着手。所谓知类，在逻辑层次上，也就只能如此吧。所以本书认为，像公孙龙那样的自共相着眼、自共相着手的理论，应当说它已经超越了逻辑学的层次，达到了哲学（形上学）的层次。

第五节　墨者总体的三个层次

《墨子·鲁问》篇末云：

---

① 参阅金岳霖《罗素哲学》，上海人民出版社 1988 年版，第 106 页。

> 公输子谓子墨子曰："吾未得见之时，我欲得宋。自我得见之后，予我宋而不义，我不为！"子墨子曰："翟之未得见之时也，子欲得宋。自翟得见子之后，予子宋而不义，子弗为。是我予子宋也。子务为义，翟又将予子天下。"

这显然是楚止攻宋后，二人的一席谈心，简直像黛玉和宝钗的"互剖金兰语"①。中心是一个"义"字。这段谈话的前面还有两段谈话。一段是公输盘"语子墨子曰：'我舟战有钩强，不知子之义亦有钩强乎？'子墨子曰：'我义之钩强，贤于子舟战之钩强。'"这里的"义"字，似是今"主义"之义，亦可解为"仁义"之义。另一段谈话中，墨子说："利于人谓之巧，不利于人谓之拙。"这句话正是墨者之义的注脚："利于人"谓之义，"不利于人"谓之不义，非独巧拙也。

《墨子·经上》云："义，利也。"《经说下》云："仁，仁爱也。义，利也。""仁，内也。义，外也。"墨子后学的这些话，皆与墨子之义合。所谓"仁"，就是"兼爱"。墨子入郢，未言兼爱，对楚惠王亦只以"义"动之（"臣见大王之必伤义而不得"）。然义利其外，仁爱其内，皆兼爱的辐射。

由于墨子的帮助，公输盘对义的认识大为提高，坚决表示，如果不义，就是将宋国送给我，我也不要。墨子说，你能这样，就等于我把宋国送给你了。你专心行义吧，我还要把全天下都送给你呢。

墨子这个话相当费解。其实相当深刻，下面略加解释。

墨子此言是就人心的层次立论。在人心的层次，不义必失人心，若失人心，就是把宋国送给你，把天下送给你，也都会失掉；反之，行义必得人心，专心行义，就等于把宋国送给你了，还会把天下都送给你。古今中外的历史证明，人心的向背，是决定一个政权生死存亡的根本力

---

① 《红楼梦》第四十五回。

量。这是毫无疑义的千真万确的真理。

可是如果只讲人心层次，不讲其他层次，就是十足的迂腐之谈。墨子不然，他既讲人心层次，又讲其他层次，如组织层次、科技层次。或者说，他讲的是人心层次，做的是组织层次、科技层次。所以他讲的才能落实。在组织层次，墨者组织最有凝聚力，凝聚得像一个人，像一块钢铁，因而极有战斗力。在科技层次，墨子是当时天下第一，超过鲁班（公输盘）。尽管如此，墨子仍然以为，组织、科技固然重要，但不足恃，如果不义而失人心，就是有一国、有天下，都会失掉。在这个意义上，只有专心行义，才能得一国、得天下。也是在这个意义上，只有有强组织、高科技，才配高谈仁义。翻个面讲，有了强组织、高科技，更要专心行义。所以不能孤立地看待墨子此言，要把它放在墨者总体中理解。

第六节　墨子入郢与灵活性

墨子入郢的目的是止楚攻宋，贯彻“非攻”原则。此行的特色，则在于因时制宜的灵活性，体现了墨子的原则性与灵活性统一的思想。

《吕氏春秋·贵因》云：“墨子见荆王，锦衣吹笙，因也。”什么是“因”？此句上文有“禹之（往）裸国，裸入衣出，因也”，下文有“孔子道（通过）弥子瑕见厘夫人，因也”。从这些事例看出，所谓“因”，就是因时制宜。《刘子·随时》云：“墨子俭啬而非乐者，往见荆王，衣锦吹笙，非苟违性，随时好也。”随时好，也就是因时制宜。《墨子》有《节用》《非乐》等篇，可见墨翟是反对衣锦吹笙的。《淮南子·说山训》云：“墨子非乐，不入朝歌之邑。”连名字上有“歌”字的地方都不去。现在为了办事，只好身穿锦衣，在笙乐声中进见楚王。这并非苟且违心，而是随时所好。盖衣锦吹笙，楚王所好，这一点你不随他，他不见你，你的非攻原则就贯彻不成。

此行的灵活性尚不止此，甚至一再说谎。据《墨子·公输》所记，为了首先说服公输盘，诱他说出“吾义固不杀人”，墨子就谎称有人侮辱他，请求公输盘帮他杀掉此人。即使有人侮辱他是真话，但请求杀掉此人一定是谎话，因为此人尚非盗，还是人，墨子不会真要杀他。公输盘听了已经老大不高兴，墨子却火上泼油，又加上一句："请献十金（一作"千金"）。"这又是说谎。若非说谎，就更严重，就是行贿了！

这类似《三国演义》中诸葛亮的激将法，动机和效果都很好，不过说谎还是说谎，连激将法本身就是说谎。说谎，是一个敏感而复杂的问题，说穿了也很简单。说谎可以作恶，也可以行善。说谎本身无所谓善恶，说谎的动机和效果才有善有恶。所以问题不在于说谎本身，而在于动机和效果。古今中外天字第一号的道德家，一生也不知说了几多谎。许多人心里都明白，行动也照做，可是口头上文字上一个劲地无条件地反对说谎，这就是伪善。无论如何，墨子此行，确实实现了原则性与灵活性极为完满的统一。

这种因时制宜的灵活性，用墨子的话说，就是"择务而从事"。《墨子·鲁问》云："子墨子曰：凡入国，必择务而从事焉。国家昏乱，则语之尚贤、尚同。国家贫，则语之节用、节葬。国家憙音湛湎，则语之非乐、非命。国家淫僻无礼，则语之尊天事鬼。国家务夺侵凌，则语之兼爱、非攻。故曰：择务而从事焉。"可见墨子之学，既有坚持理论的原则性，又有实现理论的灵活性。

为了实现理论，墨子于止楚攻宋圆满成功之后，曾趁热打铁，献其书于楚王，指望其学大用。事虽未成，仍不失为抓紧时机、机动灵活、见机行事的好例。

大凡创立学派的大师，一定不是书呆子。墨子是一个藏书多、读书多的人。《墨子·贵义》云："子墨子南游使卫，关中载书甚多"，人问其故，"子墨子曰：昔者周公旦，朝读书百篇，夕见七十士"，"翟上无君上之事，下无耕农之难，吾安敢废此（我岂敢不读书）?"至今一诵此言，仍然令人感动。可是办起事来并无书生气。可见并不是读书越多越呆。

第七节　墨子与楚国鲁阳文君

楚国鲁阳，在今河南省鲁山县。墨子晚年来此，《墨子》中有他与鲁阳文君的七段谈话，分述如下，其有哲学意义者亦附论之。

(一)《鲁问》云：

> 鲁阳文君将攻郑。子墨子闻而止之，谓鲁阳文君曰："今使鲁四境之内，大都攻其小都，大家伐其小家，杀其人民，取其牛马狗豕布帛米粟货财，则何若？"鲁阳文君曰："鲁四境之内，皆寡人之臣也。今大都攻其小都，大家伐其小家，夺之货财，则寡人必将厚罚之。"子墨子曰："夫天之兼有天下也，亦犹君之有四境之内也。今举兵将以攻郑，天诛其不至乎？"鲁阳文君曰："先生何止我攻郑也？我攻郑，顺于天之志：郑人三世杀其父，天加诛焉，使三年不全，我将助天诛也。"子墨子曰："郑人三世杀其父，而天加诛焉，使三年不全。天诛足矣，今又举兵，将以攻郑，曰：'吾攻郑也，顺于天之志。'譬有人于此，其子强梁不材，故其父笞之。其邻家之父，举木而击之，曰：'吾击之也，顺于其父之志。'则岂不悖哉？"

楚制：一县之长称公。鲁阳文君乃楚国鲁阳县公，竟能自专攻伐，有宣战、媾和之权，俨然一现代主权国家之元首矣。文君以楚县公"将攻郑"，犹季氏以鲁大夫"将伐颛臾"①。既然是鲁阳文君将攻郑，墨子只有找他，不找楚王。

这场辩论突出了"天志"。《墨子》有《天志》上、中、下三篇，都是反复讲"顺天之意，得天之赏""反天之意，得天之罚"这个意思。这里倒是鲁阳文君自居"顺于天之志"。墨子则驳斥说，天的事天自己办，

① 《论语·季氏》。

你不能越俎代庖，用不着你来“助天诛”。于是剥夺了攻郑的借口，发挥了这种宗教哲学的妙用。

（二）《耕柱》云：

子墨子谓鲁阳文君曰：“今有一人于此，羊牛刍豢，饔人袒割而和之，食之不可胜食也，见人之作饼，则还然窃之，曰：‘舍余食！’不知日月安不足乎？其有窃疾乎？”鲁阳文君曰：“有窃疾也。”子墨子曰：“楚四竟之田，旷芜而不可胜辟，呼虚数千不可胜［用］，见宋郑之闲邑，则还然窃之。此与彼异乎？”鲁阳文君曰：“是犹彼也，实有窃疾也。”

此与《公输》中与楚王的辩论基本相同。

（三）《耕柱》云：

子墨子谓鲁阳文君曰：“大国之攻小国，譬犹童子之为马也。童子之为马，足用而劳。今大国之攻小国也。［所］攻者，农夫不得耕，妇人不得织，以守为事；攻人者，亦农夫不得耕，妇人不得织，以攻为事。故大国之攻小国也，譬犹童子之为马也。”

《非攻下》也提到“譬若傅子（童子）之为马然”。童子为马，是墨子论证“非攻”所用的比喻。童子作骑马的游戏，被骑的固然用脚走，骑人的也是脚拖在地下，还是用脚走，双方都是“足用而劳”。比喻攻守双方，都要劳民伤财，若逻辑地推下去，可以达到同归于尽的结论。当代反对核战争的理论也无非是论证核战双方会同归于尽。

（四）《鲁问》云：

子墨子谓鲁阳文君曰：“攻其邻国，杀其民人，取其牛马粟米货财，则书之于竹帛，镂之于金石，以为铭于钟鼎，传遗后世子孙，曰‘莫若我多’。今贱人也，亦攻其邻家，杀其人民，取其狗豕食粮衣裘，亦书之竹帛，以为铭于席豆，以遗后世子孙，曰‘莫若我多’。其可乎?”鲁阳文君曰：“然。吾以子之言观之，则天下之所谓‘可’者，未必然也。”

“可”，不指可能，而指可以、正确。经你这么一说，则人们所谓正确，未必正确，鲁阳文君开窍了。贱人攻邻家事小，而知其不可；国君攻邻国事大，而以为可，这就有个认识论方面的问题，如下段所说。

（五）《鲁问》云：

子墨子谓鲁阳文君曰：“世俗之君子皆知小物，而不知大物。今有人于此，窃一犬一彘，则谓之不仁。窃一国一都，则以为义。譬犹小视白谓之白，大视白则谓之黑。是故世俗之君子，知小物而不知大物者，此若言之谓也。”

“世俗”之见，正是上段“天下”之见，它们都是知小而不知大。知小而不知大，就好比以小白为白，而以大白为黑。《非攻上》云：“今有人于此，少见黑曰黑，多见黑曰白，则以此人不知白黑之辨矣。”《天志下》云：“今有人于此，少而示之黑谓之黑，多示之黑谓白，必曰‘吾目乱，不知黑白之别’。”说的是知少而不知多，也是这个意思。

在墨子看来，小白、大白都是白，黑少、黑多都是黑，攻家、攻国都是攻。若要“非攻”，就不可只“非”攻家，不“非”攻国；恰恰相反，既要“非”攻家，更要“非”攻国。这正是他说的“知类”。这是个逻辑问题，也是个认识论问题。

现在有人说，黑白属于自然，攻守属于社会，论域不可混淆。又说，大小，多少，可以从量变到质变，量与质不可混淆。又说，攻家与攻国，属于不同层次，层次不可混淆。这些说法，都是可以说的。尽管这样说，你总不可以说，小白、大白不同属白类，黑少、黑多不同属黑类，攻家、攻国不同属攻类。只要它们同类，墨子的说法，就是可以说的。

以上五段，都与止鲁阳攻郑有关。此行与止楚攻宋，有同有不同。以上所说皆其同。此次还翻了楚惠王的老账，批评楚欲窃“宋郑之闲邑”，如《耕柱》所记。其不同者，此行未闻有弟子在郑，亦未较量攻守技术，这是由于在鲁阳没有公输盘式的对立面的缘故。

以下两段，虽与此无关，亦很有意义。

（六）《鲁问》云：

> 鲁阳文君语子墨子曰：“楚之南，有啖人之国者桥，其国之长子生，则鲜而食之，谓之‘宜弟’。美，则以遗其君；君喜，则赏其父。岂不恶俗哉?”子墨子曰：“虽中国之俗，亦犹是也。杀其父而赏其子，何以异食其子而赏其父者哉?苟不用仁义，何以非夷人食其子也?”

“楚之南”，是指楚国南部呢，还是指楚国以南呢?既然另是一国，当在楚国以外。“桥”是国名，此国有个风俗，就是把刚生下的第一个男孩生吃掉。“宜弟”是说对后来生的男孩有利。若味道很美，就献给国君；国君若爱吃，就赏赐孩子的父亲。这实在是骇人的“恶俗”。这是鲁阳文君对墨子闲聊。墨子听了很平静，不以为奇，因为他已经看惯了：就在华夏地区也是一样。所不同者，是这种夷人“食其子而赏其父”，而华夏人“杀其父而赏其子”。“杀其父而赏其子”，是指国君攻伐之后抚恤战死者的遗孤。真是三句话不离本行，墨子又在借题发挥他的“非攻”学说。其实他的话是极沉痛的：若不行仁义，我们有什么资格批评夷人食其子！

《列子·汤问》云：“越之东有辄沐之国，其长子生，则鲜而食之，谓之宜弟。”也是个啖人之国，国异而俗同。其实何止这些蛮夷之国，华夏礼义之邦、堂堂的齐国，不是有个易牙，“烝其子首”献于桓公，桓公

“食其子而赏其父”，对易牙更加宠信么？[①] 不是生吃，而是经过烹调，当然是“文明”的进步。

（七）《鲁问》云：

> 鲁阳文君谓子墨子曰：“有语我以忠臣者，令之俯则俯，令之仰则仰，处则静，呼则应，可谓忠臣乎？”子墨子曰：“令之俯则俯，令之仰则仰，是似景也。处则静，呼则应，是似响也。君将何得于景与响哉？若以翟之所谓忠臣者，上有过，则微之以谏；己有善，则访之上，而无敢以告，外匡其邪，而入其善；尚同而无下比。是以美善在上，而怨仇在下；安乐在上，而忧戚在臣。此翟之所谓忠臣者也。”

此段可题为“墨子论忠臣”。墨子论忠臣的理论基础是“尚同”，尚同的前提是“尚贤”。《墨子》有《尚贤》《尚同》各三篇详论其说。就以上论忠臣所涉及的而论，它是墨子学说中灭绝个性（个人主体性）的最野蛮、最残酷的成分，兹略述之。

尚同说的基本命题是“尚同而不下比”。“尚”即“上”。“比，犹同也”[②]。所以“尚同而不下比”就是：上同而不下同。也就是说，它所谓的“同”是单向的，一面的；不是双向的，两面的。只可向上同，不可向下同。

《尚同中》云：“上之所是，亦必是之；上之所非，亦必非之（这就是“同义”）。己有善，傍荐之（即上引《鲁问》：“己有善，则访之上。”都是告其上，使上得享善名。而且“无敢以告”人，不敢对别人讲此事，杜甫《晚出左掖》“避人焚谏草”，深得此意）。上有过，规谏之（即上引《鲁问》：“上有过，则微之以谏。”微，伺机也）。尚同义其上，而毋有下

① 见《管子·小称》《史记·齐太公世家》。

② 《礼记·乐记》“比于慢矣”郑玄注语。

比之心。上得则赏之。”反过来说，“上之所是不能是，上之所非不能非，已有善不能傍荐之，上有过不能规谏之，下比而非其上者，上得则诛罚之”。

照《尚同》三篇所说，有“万民→里长→乡长→国君→天子→天鬼”六层，万民只可层层向上同。仍引《尚同中》：“凡里之万民，皆尚同乎乡长，而不敢下比。乡长之所是，必亦是之；乡长之所非，必亦非之。去而（你）不善言，学乡长之善言；去而（你）不善行，学乡长之善行。”“凡乡之万民，皆上同乎国君，而不敢下比。国君之所是，必亦是之；国君之所非，必亦非之。去而（你）不善言，学国君之善言；去而（你）不善行，学国君之善行。”“凡国之万民，上同乎天子而不敢下比。天子之所是，必亦是之；天子之所非，必亦非之。去而（你）不善言，学天子之善言；去而（你）不善行，学天子之善行。”就论忠臣而言，引到这里就够了。

可见万民必须同乎上之是非，同乎上之言行。还不止此。因为“比”字还有一义。《论语·为政》“君子周而不比”何晏集解：“孔安国曰：忠信为周，阿党为比。”是“比”字还有组织方面的意义。

所谓是非，包括思想上的是非和政治上的是非。综上所说，则万民必须在思想上、政治上、言论上、行动上、组织上完全尚同。具体到忠臣，则首先必须在思想上、政治上、言论上、行动上、组织上保证其君的绝对统治。

这也怪：为什么只可上同？因为“尚同”的前提是“尚贤”。仍引《尚同中》：“乡长，固乡之贤者也”，“国君，固国之贤者也”，“天子者，固天下之仁人也”。我是“贤者”“仁人”，或曰优秀分子、民族精华，你当然应当同于我。

更怪的是，为什么区区乡长，也都如此高明，值得乡民在思想上、政治上、言论上、行动上、组织上都向他同？原来孔子早已说过“十室之邑，必有忠信，如丘者焉”[1]，则一乡还没有一个小孔丘、小墨翟吗？《淮南子·要略》云“墨子学儒者之业，受孔子之术”，孔子这一条，他是真正学到手了。

本书以为，尚贤是对的，但是从尚贤不可能逻辑地推出尚同来。

墨子所谓的忠臣，首先必须在思想上、政治上、言论上、行动上、组织上灭绝个人主体性，像宦官“净身”一样。所以是最野蛮、最残酷的。还不止此。照上引《鲁问》所说，忠臣还必须做到美善在上，怨仇在下；安乐在君，忧戚在臣。《尚贤中》亦云：贤人得事明君，“若有美善则归之上，是以美善在上，而所怨谤在下；宁乐在君，忧戚在臣”[2]。刘邦曾说：“吾闻李斯相秦皇帝，有善归主，有恶自与。”[3] 可见正是秦始皇之流喜欢这一套。还不止此。在《非命上》中墨子主张“君有难则死”，忠臣当然要带头做到。在处理君臣关系的原则上，孔子主张“君使臣以礼，臣事君以忠”[4]，此主张是双向的、两面的，意味着臣对君有相对独立的个人主体性，所以肯定“微子去之”[5]，并不责备管仲不死君难[6]。比起孔子来，在处理君臣关系的原则上，墨子是个大倒退。

---

① 《论语·公冶长》。

② 晚出的《礼记·坊记》说：“子云：善则称人，过则称己，则民不争；善则称人，过则称己，则怨益亡。”这是总论。下文分论：“子云：善则称人，过则称己，则民让善”；“子云：善则称君，过则称己，则民作忠”；“子云：善则称亲，过则称己，则民作孝”。子云，是孔子云。子云，是冒牌，但其说确是站在儒家立场调和儒墨，使墨家主张较易为人接受。

③ 见《史记·萧相国世家》。

④ 见《论语·八佾》。

⑤ 见《论语·微子》。

⑥ 见《论语·宪问》。接连有两章：“子路曰：‘桓公杀公子纠，召忽死之，管仲不死，曰未仁乎？’子曰：‘桓公九合诸侯，不以兵车，管仲之力也。如其仁，如其仁。’”“子贡曰：‘管仲非仁者与！桓公杀公子纠，不能死，又相之。’子曰：‘管仲相桓公，霸诸侯，一匡天下，民到于今受其赐。微管仲，吾其被发左衽矣。岂若匹夫匹妇之为谅也，自经于沟渎而莫之知也。’”这是孔子最开通的议论。一匡天下，是政治；民受其赐，是经济；免于被发左衽，是文化。始终将对于人民的功绩放在第一位，嘲讽那些男女为小忠小信而寻死觅活。

本书以为，墨子的错误在于，要把墨者组织的那一套，照搬到全社会。墨者组织，以钜子为代表，对墨者个人有生杀予夺之权，什么个人主体性，当然不在话下，灭绝无遗。只要是志愿参加的，就属于个人自由意志行为，他甘愿将个人主体性献给墨者组织，别人何必干涉。不仅不必干涉，而且由此产生的墨者组织的凝聚力和战斗力，在它致力于兼爱非攻时，仍然值得赞赏。在人类社会史特定时期，产生墨者组织这样的实体，也是难免的，甚至有必要。不过墨者组织是一回事，而全社会则是另一回事，各在不同的层次。在墨者组织内可尚同，在全社会内不可尚同。在全社会内只可尚和，如晏婴①、孔丘②主张的那样，晏、孔尚和的内涵意义，至今仍然正确。

就个人主体性的体现而言，可以逻辑地推出：自愿将个人主体性献给墨者组织，这个行为的本身，也是个人主体性的一种体现。墨子主张全社会尚同，这个主张的本身，也是个人主体性的一种体现。本书批评全社会尚同，这个批评的本身，也是个人主体性的一种体现。就都是个人主体性的一种体现而言，可以是其所是，应当彼此容忍。这就是“万物并育而不相害，道并行而不相悖”③。

无论如何，尚同式的忠臣，比影响式的忠臣（如鲁阳文君所谈的），总要强一点。影是影子，响是回声。一个人对自己的影子和回声，可以叫它怎样就怎样，可是从自己的影子和回声中得不到任何好处。尚同式的忠臣，如墨子所说的，则可以使其君得到许多好处，因为他的原则就是：一切好处归君，一切坏处归臣。其中，臣将自己的美善归之于君，尚有可说；而君之丑恶亦必归咎于臣“不能规谏之”，要因此“诛罚”臣，只字不提君自己的责任，这就没有道理了。

---

① 晏婴论和，见《左传》昭公二十年。在晏婴以前，史伯已有此论，见《国语·郑语》。

② 《论语·子路》：“子曰：君子和而不同，小人同而不和。”

③ 《中庸》第三十章。

第八节　南方墨学的文献何在

《韩非子·显学》云："自墨子之死也，有相里氏之墨，有相夫氏之墨，有邓陵氏之墨"，"墨离为三"。《庄子·天下》云："相里勤之弟子五侯之徒，南方之墨者苦获、已齿、邓陵子之属，俱诵墨经，而倍谲不同，相谓别墨。"成玄英疏：相里勤"姓相里，名勤，南方之墨师也"。则上述诸人，除相夫氏未详以外，都是南方人。可见墨学盛于南方。南方墨学，是楚国哲学史的内容。可是南方墨学的文献何在呢？就在《墨子》中吗？

王闿运作《墨子校注》，以《尚贤》至《非儒》皆有上、中、下三篇（《非儒》只有上、下篇），而词意相同，盖由墨家相里氏、相夫氏、邓陵氏三派所传，经后人合为一书。俞樾为《墨子间诂》作序，云："今观《尚贤》《尚同》《兼爱》《非攻》《节用》《节葬》《天志》《明鬼》《非乐》《非命》，皆分上、中、下三篇，字句小异，而大旨无殊，意者此乃相里、相夫、邓陵三家相传之本不同，后人合以成书，故一篇而有三乎？"意见相同。

本书以为此说不能成立。即使成立，若写楚国哲学史，还得把相夫氏挑出来不用，为此必须考定上、中、下三篇各属何派，至少也得考定哪几篇出于相夫氏。这个问题仅靠现存文献是不可能得到解决的。

王、俞此说不能成立，其理由简述如下。

《韩非子·显学》说"孔、墨之后，儒分为八，墨离为三，取舍相反、不同，而皆自谓真孔、墨"，自谓真孔、墨，则谓人假孔、墨。《庄子·天下》说"相谓别墨"，"别墨"之"别"，近人皆未得其本意。当即《礼记·丧服小记》"别子为祖，继别为宗"之"别"。别子有别于嫡子。嫡子是大娘生的，别子是小娘生的。在旧日，说谁"是小娘生的"，便是恶骂，非常严重。"相谓别墨"，则自谓嫡墨，自谓墨子嫡传、嫡派、嫡系。嫡、别之争就是真、假之争，它在现存儒、墨文献之中有何表现？

先看儒。一部《论语》，“儒”字只出现过两次。都在《雍也》：“子谓子夏曰：女（汝）为君子儒，无为小人儒。”在儒者内部划分君子儒、小人儒，可谓内争的滥觞。一部《孟子》，“儒”字也只出现过两次。《滕文公上》有“儒者”一词，《尽心下》有“逃杨必归于儒”一语，儒字都是对儒的通用称呼。孟轲力辟杨、墨，在儒者内部虽亦开展批评，却从来不扣“某某儒”的派性帽子，以求内部的安定团结。韩非所说的“儒分为八”，“自谓真孔”，完全得自他的老师荀子的传授。一部《荀子》，帽子满天飞，光是儒的帽子就有九顶之多。在《儒效》篇，有所谓“大儒”“小儒”“俗儒”“雅儒”。在《劝学》篇，有所谓“陋儒”“散（不以礼约束自己）儒”。在《非相》篇有所谓“腐儒”。特别是在《非十二子》篇，跳起脚来臭骂“贱儒”，已经是地道的派性帽子，不止是贬义帽子而已。此篇之中，还有所谓“沟犹瞀儒”，相当奇特，总之是愚昧之儒就是了。若划分真假，则只有“大儒”是真儒，“雅儒”“小儒”也还凑合，其余都是假儒。“真儒”一名虽不见于孔、孟、荀之书，只是韩非的概括，但深得其意。在《荀子》中有真儒假儒之争的鲜明表现。韩非此言可信。

再看墨。《墨子》中的“墨”字，除用于“子墨子”以外，也只出现过两次，皆在《小取》中，皆为“墨者”一词。《墨子》中没有“别墨”一词。不仅没有“别墨”一词，而且没有任何“某某墨”的词，即没有在墨字前再加修饰语的词。这和《孟子》中没有在儒字前再加修饰语的词，情况相同，盖当时儒墨相争的形势使然。《墨子》中没有墨者内部打派仗的表现，此其极可注意者一。还有极可注意者二，就是一部《墨子》，无论记言、记行，都没有墨者自相矛盾之处，更不用说斗争。就拿《尚贤》等上、中、下三篇来说，三篇之间的关系，有两种类型：一种是并联（connection in parallel）型，一种是串联（connection in series）型。并联型，如《尚贤》上、中、下三篇，其内容、结构基本相同，似是同一演讲的三种记录。串联型，如《非攻》上、中、下三篇，其内容、结构并不相同，当是意义连贯的三讲，不是一讲的三种记录。如果上、中、下三篇分属三派，则当自谓真墨，谓人假墨；自谓嫡墨，谓人别墨。何以三篇之间无此表现，全部《墨子》无此表现？所以王闿运、俞樾的三篇分属三派之说不能成立。

但是韩非所说，儒、墨各派"取舍相反、不同，而皆自谓真孔、墨"，仍然可信。所以本书认为，墨者的派别及其矛盾、斗争虽是事实，但是各派的文献不在现存《墨子》之中，已经湮没无闻了。所以本书放弃在《墨子》中挑出相里氏、邓陵氏等南方墨学的企图，只根据现存文献论述墨子后学在楚国的活动。

第九节　耕柱子　孟胜　徐弱

《墨子·耕柱》云：

> 子墨子游荆耕柱子于楚（推荐耕柱子于楚做官），二三子过之，食之三升，客之不厚。二三子复于子墨子曰："耕柱子处楚无益矣：二三子过之，食之三升，客之不厚。"子墨子曰："未可智也。"毋几何，而遗十金于子墨子，曰："后生不敢死，有十金于此，愿夫子之用也。"子墨子曰："果未可智也。"

当时的升，比现在的升小。《庄子·天下》云："五升之饭"，"恐不得饱"。则"食之三升"，更不得饱。这几位客人连饭都吃不饱，所以回去报告墨子，说耕柱子呆在楚国无益。"无益"，是对墨者组织无益。后来不久，耕柱子送来十金，这笔款子，对于节用的墨者也算不无小补了。这笔款子，类似现代政党的成员交纳的党费。可见墨者有资助组织的义务。"后生不敢死"，毕沅说"犹古人书疏称'死罪'，常文"，是客套话。恐怕不然，墨者若不资助组织，大概是要被处死的。墨者组织的纪律极严，孟胜等一百八十三人为楚国阳城君死难的故事，便是突出的表现。

《吕氏春秋·上德》云：

> 墨者钜子孟胜，善荆之阳城君。阳城君令守于国，毁璜以为符，约曰："符合听之。"荆王薨，群臣攻吴起，兵于丧所，阳城君与焉。荆罪之，阳城君走，荆收其国。孟胜曰："受人之国，与之有符，今不见符，而力不能禁，不能死，不可。"其弟子徐弱谏孟胜曰："死而有益阳城君，死之可矣。无益也，而绝墨者于世，不可。"孟胜曰："不然。吾于阳城君也，非师则友也，非友则臣也。不死，自今以来，求严师必不于墨者矣，求贤友必不于墨者矣，求良臣必不于墨者矣。死之，所以行墨者之义而继其业者也。我将属钜子于宋之田襄子。田襄子贤者也，何患墨者之绝世也？"徐弱曰："若夫子之言。弱请先死以除路。"还殁头于前。孟胜因使二人传钜子于田襄子。孟胜死，弟子死之者百八十。三人以致令于田襄子，欲反死孟胜于荆。田襄子止之曰："孟子已传钜子于我矣，当听。"遂反死之。

孟胜之死的性质是所谓"死君难"。墨翟曾强调"君有难则死"，又反复批评"君有难则不死"。[①] 孟胜等一百八十三位墨者都做到了。《淮南子·泰族训》云："墨子服役者百八十人，皆可使赴火蹈刃，死不还踵。"这种精神，完全由孟胜及其弟子继承下来了。孟胜是墨者第二代。墨者精神，至少在第二代还没有丧失。他们自杀于楚国阳城，其地在今河南省漯河与淮阳之间。

墨子虽强调"君有难则死"，却未作论证。孟胜的贡献，就在于不仅付诸实践，而且作出论证。他的论证是：若不为阳城君死，则今后求严师者、求贤友者、求良臣者，都一定不会求之于墨者组织了，墨

① 见《非命上》《尚贤中》。

者组织就名存实亡了。所以为阳城君“死之，所以行墨者之义而继其业者也”，是关系到墨者的主义、组织和事业的生死存亡的大问题。孟胜的论证，显然合乎墨子精神，是真正的“墨者之义”。不过早在前三百年[①]，北方的齐国，先有管仲不死君难于前，继有晏婴不死君难于后，尤其是晏婴对君难的分析态度[②]，实在比这条“墨者之义”高明得多。但专就墨者而言，孟胜等人毕竟是真墨，比假墨还是感人得多。

徐弱对孟胜为阳城君死的决定，曾提出不同意见，其理由是“无益”。《耕柱》中“二三子”对耕柱子呆在楚国有不同意见，其理由也是“无益”。《经上》云：“义，利也。”以有益无益为是非标准，正是墨者之义。徐弱曾以为此死无益，无益于阳城君，更无益于墨者组织。从逻辑的类概念来讲，徐弱是将此死归入“无益”类。孟胜驳徐弱，若用墨子的话说，就是“子未察吾言之类”，你貌似知类，实未察类。如果深察，便可察出，此死并非“无益”，而是“大利”，是墨者组织的大利，所以不应当归入“无益”类，而应当归入“大利”类。《大取》反复强调“利之中取大，害之中取小”。孟胜察出，此死正是大利，无非小害，非取不可，别无选择。孟胜不考虑阳城君的利益，不从阳城君的利益出发，只考虑墨者组织的利益，只从墨者组织的利益出发，可谓最纯粹的墨者立场。孟胜只取深层的长远的大利，不取表层的目前的小利，可谓最标准的墨者之义。孟胜不愧为墨者钜子。徐弱一旦察类，便带头先死，不愧为真正墨者。本书并不赞成孟胜的决定，但是钦佩他们说到做到的精神。他们真正坚持了墨子的基本原则。

第十节　田鸠

《吕氏春秋·首时》云：

---

① 管仲不死君难，在公元前685年；孟胜之死在公元前381年，故云。

② 见《左传》襄公二十五年。

墨者有田鸠欲见秦惠王，留秦三年而弗得见。客有言之于楚王者，往见楚王，楚王说（悦）之，与将军之节以如秦，至，因见惠王。告人曰："之秦之道，乃之楚乎?"固有近之而远，远之而近者。

此楚王是怀王。后来《淮南子·道应训》亦记此事，还详细些，好懂些。如谓田鸠"喟然而叹，告从者曰：'吾留秦三年不得见，不识道之可以从楚也。'"留秦三年不得见秦王，却不意这条路从楚走通了。去楚的路，乃所以去秦之路（"之秦之道，乃之楚乎"）。留秦见秦王，这是"近之"；却不得见秦王，这是"而远"。从楚去秦，这是"远之"；却得见秦王，这是"而近"。《道应训》接着还说："故大人之行，不掩以绳，至所极而已矣。"就是说，大丈夫行事，不死扣规矩，达到目的就行。由近由远，并无定规，只要达到目的就行。至于近之而远、远之而近，则貌似悖论，实是深刻的辩证法。

《首时》"墨者有田鸠"高诱注："田鸠，齐人，学墨子术。"《汉书·艺文志》"墨家者流"有"《田俅子》三篇"，田俅即田鸠。

田鸠见楚怀王，楚怀王悦之。二人的谈话，《韩非子·外储说左上》记载了一段，如下：

楚王谓田鸠曰："墨子者，显学也。其身体（以其身体现其学，即实干）则可，其言多不辩，何也?"［田鸠］曰："昔秦伯嫁其女于晋公子，令晋为之饰装，从衣文之媵七十人。至晋，晋人爱其妾而贱公女。此可谓善嫁妾而未可谓善嫁女也。楚人有卖其珠于郑者，为木兰之椟（柜），薰以桂椒，缀以珠玉，饰以玫瑰，辑以翡翠。郑人买其椟而还其珠。此可谓善卖椟矣，未可谓善鬻（卖）珠也。今世之谈也，皆道辩说文辞之言，人主览其文而忘有用。墨子之说，传先王之道，论圣人之言，以宣告人；若辩其辞，则恐人怀其文、忘其直，以文害用也。此与楚人鬻珠、秦伯嫁女同类。故其言多不辩。”

这段对话是讨论墨子的文风、文论问题，其哲学内容是内容与形式的关系问题。

照田鸠所说，这里的“辩”指巧辩，特指文辞华丽。辩，则“以文害用”。只恐以文害用，故“不辩”。中心是“用”，用以宣传先王之道、圣人之言。用是内容，文是形式。如果以文害用，便“与楚人鬻珠、秦伯嫁女同类”。田鸠在答辩中恰当地运用了墨翟的类概念，不愧墨门高弟。

从“类”的观点看，则“辩”与“楚人鬻珠”“秦伯嫁女”的确同属一类（class）。从“个体”的观点看，则楚王理解的辩，与田鸠理解的辩，并不全同；楚人鬻珠，与秦伯嫁女，亦不全同。经过个体分析，再按内容与形式的关系划分亚类（subclass），则楚王理解的辩，与楚人鬻珠，同属一亚类；田鸠理解的辩，与秦伯嫁女，同属一亚类。

善嫁女，则女为第一，妾为第二。用它比喻文风、文论中内容与形式的关系，就是内容第一，形式第二。善嫁妾，则妾为第一，女为第二。用它比喻内容与形式的关系，就是形式第一，内容第二。秦伯嫁女是善嫁妾，所以比喻的是形式第一，内容第二。

秦伯嫁女，弄成爱妾而贱女，但是女还留在婆家，无非是贱之而已。若与楚人鬻珠相比，则买椟还珠，就好比将女赶出婆家，不要她了。留在婆家，与赶出婆家，两件事显然不同。楚人鬻珠所比喻的内容与形式的关系，不是形式第一，内容第二；而是只要形式，不要内容。形式第一、内容第二，与只要形式、不要内容，显然不同，这就是秦伯嫁女与楚人鬻珠的不同。

在《非乐上》中，墨翟将乐与利对立起来，说他“意舍此”，即主张舍乐以兴利。推广到文风、文论，便是只要内容、不要形式。从“事实”上讲，他不能只要内容、不要形式；从“逻辑”上推，他正是只要内容、不要形式。楚怀王所说的墨翟之言“不辩”，正谓此。然则楚怀王所理解的“辩”，就是只要形式、不要内容。这正是楚人鬻珠。田鸠讲“楚”人鬻珠，盖意在楚王，可见他深通讽喻之道。

这里有必要插入一个问题：为什么楚怀王留得《离骚》未火焚？就因为他只要形式，不要内容，只要文辞华丽，就是骂他，他也不焚。怀王身边容得下宋玉等人，亦曾厚爱屈原，其时楚辞创作达到最高峰，与他这样理解“辩”极有关系。

至于田鸠理解的“辩”，则是秦伯嫁女，形式第一、内容第二。田鸠主张的“不辩”，当是其反，内容第一、形式第二。从墨翟的只要内容、不要形式，到田鸠的内容第一、形式第二，是墨者文风、文论的突破性的发展。这是对墨翟的重大修正。这是田鸠的贡献。墨翟是买珠还椟。田鸠是爱女贱妾。

楚王理解的辩，是“楚”人鬻珠。田鸠理解的辩，是“秦”伯嫁女。前者意在讥讽楚王，后者暗示和寄托田鸠对秦的向往。田鸠对秦向往，上文田鸠曲线见秦王的故事，便是证明。田鸠为什么向往秦？是因为他的思想与秦国法家改革有相通之处，《韩非子·问田》便是证明。

《问田》云：

> 徐渠问田鸠曰：“臣闻智士不袭下而遇君，圣人不见功而接上。令阳成义渠，明将也，而措于毛伯；公孙亶回，圣相也，而关于州部；何哉？”田鸠曰：“此无他故异物，主有度、上有术之故也。且足下独不闻楚将宋觚而失其政，魏相冯离而亡其国。二君者驱于声词，眩乎辩说，不试于毛伯，不关乎州部，故有失政亡国之患。由是观之，夫无毛伯之试，州部之关，岂明主之备哉！”

这段对话，所说的人和事，多不可考；所说的道理，则很明白。田鸠是主张：将、相都不可以一步登天，都必须从基层干起。“毛伯之试，州部之关”，即在基层试用。这是“明主之备”，即明主慎重的措施。这与《韩非子·显学》“宰相必起于州部，猛将必发于卒伍”的主张相合。《显学》之作，晚于田鸠数十年。这个主张早就有了。《商君书》中无类此主张，也许发自田鸠。无论如何，韩非援田鸠之言以自重，可见和他有相通之处。田鸠有法家倾向，由此可以看出墨、法交融的迹象。

第十五章　庄子（上）

第一节　庄子其人

朱熹、王国维都说庄子是楚人。

《朱子语类·卷第一百二十五》云：

> 问："孟子与庄子同时否?"曰："庄子后得几年，然亦不争多。"或云："庄子都不说着孟子一句。"曰："孟子平生足迹只齐鲁滕宋大梁之间，不曾过大梁之南。庄子自是楚人，想见声闻不相接。大抵楚地便多有此样差异底人物学问，所以孟子说陈良云云。"

王国维说：

> 庄子楚人，虽生于宋，而钓于濮水，陆德明《经典释文》曰"陈地水也"，此时陈已为楚灭，则亦楚地也，故楚王欲以为相。[①]

王氏之说更为全面。

《庄子》书中尚有庄子事迹片断，可资想见其为人，兹录其数则如下。《秋水》云：

---

① 《国朝汉学派戴阮二家之哲学说》"老庄之徒生于南方"自注，见《静庵文集》，收入《王国维遗书》，上海古籍书店 1983 年影印版，第 5 册，第 80 页。

庄子钓于濮水。楚王使大夫二人往先焉，曰："愿以境内累矣。"庄子持竿不顾，曰："吾闻楚有神龟，死已三千岁矣，王巾笥而藏之庙堂之上：此龟者，宁其死为留骨而贵乎？宁其生而曳尾于涂中乎？"二大夫曰："宁生而曳尾涂中。"庄子曰："往矣！吾将曳尾于涂中。"

又《列御寇》云：

或聘于庄子。庄子应其使曰："子见夫牺牛乎？衣以文绣，食以刍叔，及其牵而入于大庙，虽欲为孤犊，其可得乎！"

又《外物》云：

庄周家贫，故往贷粟于监河侯。监河侯曰："诺。我将得邑金，将贷子三百金。可乎？"庄周忿然作色曰："周昨来，有中道而呼者，周顾视车辙中，有鲋鱼焉。周问之曰：'鲋鱼来！子何为者耶？'对曰：'我东海之波臣也，君岂有斗升之水而活我哉？'周曰：'诺，我且南游吴越之王，激西江之水而迎子，可乎？'鲋鱼忿然作色曰：'吾失我常与，我无所处。吾得斗升之水然活耳，君乃言此，曾不如早索我于枯鱼之肆！'"

又《山木》云：

庄子衣大布而补之，正緳系履而过魏王。魏王曰："何先生之惫邪？"庄子曰："贫也，非惫也。士有道德不能行，惫也；衣弊履穿，贫也，非惫也。此所谓非遭时也。王独不见夫腾猿乎？其得楠梓豫章也，揽蔓其枝而王长其间，虽羿蓬蒙不能眄睨也。及其得柘棘枳枸之间也，危行侧视，振动悼慄，此筋骨非有加急而不柔也，处势不便，未足以逞其能也。今处昏上乱相之间，而欲无惫，奚可得邪？此比干之见剖心征也夫！”

又《说剑》云：

昔赵文王喜剑，剑士夹门而客三千余人，日夜相击于前，死伤者岁百余人。好之不厌。如是三年，国衰。诸侯谋之。太子悝患之，募左右曰：“孰能说王之意止剑士者，赐之千金。”左右曰：“庄子当能。”……庄子入殿门不趋，见王不拜。王曰：“子欲何以教寡人，使太子先。”曰：“臣闻大王喜剑，故以剑见王。”王曰：“子之剑何能禁制？”曰：“臣之剑十步一人，千里不留行。”王大悦之，曰：“天下无敌矣。”庄子曰：“夫为剑者，示之以虚，开之以利，后之以发，先之以至。愿得试之。”王曰：“夫子休，就舍待命，令设戏请夫子。”王乃校剑士七日，死伤者六十余人，得五六人，使奉剑于殿下，乃召庄子。王曰：“今日试使士敦剑。”庄子曰：“望之久矣！”王曰：“夫子所御杖，长短何如？”曰：“臣之所奉皆可。然臣有三剑，唯王所用。请先言而后试。”王曰：“愿闻三剑。”曰：“有天子剑，有诸侯剑，有庶人剑。”王曰：“天子之剑何如？”曰：“天子之剑，以燕谿石城为锋，齐岱为锷，晋卫为脊，周宋为镡，韩魏为夹，包以四夷，裹以四时，绕以渤海，带以常山，制以五行，论以刑德，开以阴阳，持以春夏，行以秋冬。此剑直之无前，举之无上，案之无下，运之无旁。上决浮云，下绝地纪。此剑一用，匡诸侯，天下服矣。此天子之剑也。”文王芒然自失，曰：“诸侯之剑何如？”曰：“诸侯之剑，以知勇士为锋，以清廉士为锷，以贤良士为脊，以忠圣士为镡，以豪桀士为夹。此剑直之亦无前，举之亦无上，案之亦无下，运之亦无旁。上法圆天，以顺三光；下法方地，以顺四时；中和民意，以安四乡。此剑一用，如雷霆之震也，四封之内，无不宾服而听从君命者矣。此诸侯之剑也。”王曰：“庶人之剑何如？”曰：

> “庶人之剑，蓬头突鬓，垂冠，曼胡之缨，短后之衣，瞋目而语难，相击于前，上斩颈领，下决肝肺。此庶人之剑，无异于斗鸡，一旦命已绝矣，无所用于国事。今大王有天子之位而好庶人之剑，臣窃为大王薄之。”

《秋水》又云：

> 惠子相梁，庄子往见之。或谓惠子曰：“庄子来，欲代子相。”于是惠子恐，搜于国中三日三夜。庄子往见之，曰：“南方有鸟，其名为鹓鸰，子知之乎？夫鹓鸰发于南海而飞于北海，非梧桐不止，非练实不食，非醴泉不饮。于是鸱得腐鼠，鹓鸰过之，仰而视之曰：‘吓！’今子欲以子之梁国而吓我邪？”

其他就不举了。这些事迹，清末王先谦在其《庄子集解》序中精练地串在一起了，他说：

> 余观庄生甘曳尾之辱，却为牺之聘，可谓尘埃富贵者也。然而贷粟有请，内交于监河；系履而行，通谒于梁魏；说剑赵王之殿，意犹存乎救世；遭惠施三日大索，其心迹不能见谅于同声之友，况余子乎！吾以是知庄生非果能回避以全其道者也。

这最后一句不对，宜改为“吾以是知庄生果能独与天地精神往来而又与世俗处者也”[①]，须知这些事迹正好说明庄子全其“两行”[②] 之道。

司马迁在《史记·老子韩非列传》中间插入一篇庄子传，全文如下：

---

① 语本《庄子·天下》论庄子语。

② “两行”见《庄子·齐物论》。

庄子者，蒙人也，名周。周尝为蒙漆园吏，与梁惠王、齐宣王同时。其学无所不窥，然其要本归于老子之言。故其著书十余万言，大抵率寓言也。作《渔父》《盗跖》《胠箧》，以诋訾孔子之徒，以明老子之术；《畏累虚》《亢桑子》之属，皆空语无事实。然善属书离辞，指事类情，用剽剥儒、墨，虽当世宿学不能自解免也。其言洸洋自恣以适己，故自王公大人不能器之。

楚威王闻庄周贤，使使厚币迎之，许以为相。庄周笑谓楚使者曰："千金，重利；卿相，尊位也。子独不见郊祭之牺牛乎？养食之数岁，衣以文绣，以入大庙。当是之时，虽欲为孤豚，岂可得乎？子亟去，无污我。我宁游戏污渎之中自快，无为有国者所羁，终身不仕，以快吾志焉。"

此传未详生卒之年。今人约定，庄子生卒大约为公元前 369 年至公元前 286 年，可供参考。

《庄子·列御寇》云：

庄子将死，弟子欲厚葬之，庄子曰："吾以天地为棺椁，以日月为连璧，星辰为珠玑，万物为赍送，吾葬具岂不备邪？何以加此。"弟子曰："吾恐乌鸢之食夫子也。"庄子曰："在上为乌鸢食，在下为蝼蚁食，夺彼与此，何其偏也。"

这个故事与《礼记·檀弓》"曾子易箦"的故事，形成鲜明对比。曾子将死，尚忧戚于一箦之是非；庄子将死，则坦荡于葬丧之自然。

第二节 《庄子》其书

《庄子》一书是战国庄子学派著作汇编。

先秦著作本是一篇一篇的散篇，汉代进行整理，将有关各篇汇编为一书，名为“某子”。《庄子》就是这样的汇编之一。今天读到的《庄子》，也已经不是汉代汇编本，而是西晋郭象删注本。《汉书·艺文志》著录的“《庄子》五十二篇”，经过郭象的删汰，只剩三十三篇了。郭象撰的《庄子序》，在同类文章中，直到今天仍是首屈一指的。所以在此录其全文，略加解释，以期对了解《庄子》其书有些帮助。

庄子序

夫庄子者，可谓知本矣。故未始藏其狂言，言虽无会，而独应者也。夫应而非会，则虽当无用；言非物事，则虽高不行；与夫寂然不动，不得已而后起者，固有间矣：斯可谓知无心者也。夫心无为，则随感而应，应随其时，言唯谨尔。故与化为体，流万代而冥物，岂曾设对独遘，而游谈乎方外哉！此其所以不经而为百家之冠也。

然庄生虽未体之，言则至矣。通天地之统，序万物之性，达死生之变，而明内圣外王之道，上知造物无物，下知有物之自造也。其言宏绰，其旨玄妙。至至[①]之道，融微旨雅；泰然遣放，放而不敖。故曰不知义之所适，猖狂妄行而蹈其大方；含哺而熙乎澹泊，鼓腹而游乎混茫。至仁极乎无亲，孝慈终于兼忘，礼乐复乎已能，忠信发乎天光。用其光则其朴自成，是以神器独化于玄冥之境，而源流深长也。

故其长波之所荡，高风之所扇，畅乎物宜，适乎民愿。弘其鄙，解其悬，洒落之功未加，而矜夸所以散。故观其书，超然自以为已当，经昆仑，涉太虚，而游惚恍之庭矣。虽复贪婪之人，进躁之士，暂而揽其余芳，味其溢流，仿佛其音影，犹足旷然有忘形自得之怀，

① “至至”一语，《庄子》中没有。曾见于《列子·杨朱》篇“人肖天地之类”章。郭象于此用之，又于《逍遥游》“藐姑射之山有神人……若处子”注中用之（“岂知至至者之不亏哉”）。

况探其远情而玩永年者乎！遂绵邈清遐，去离尘埃而返冥极者也。

现行各本序文都只此三段，总觉得话还未说完。日本高山寺古抄本最后还有二百零二字，为现行各本所无，抄在《天下》篇后面，像是郭象撰的后序，其实我看就是郭象《庄子序》的第四段。有此第四段，此序就很圆满了。日本高山寺古抄本此段云：

夫学者当以成性易知为德，不以能攻异端为贵也。然庄子闳才命世，诚多英文伟词，正言若反。故一曲之士，不能畅其弘旨，而妄窜奇说，若《阏奕》《意修》之首，《危言》《游凫》《子胥》之篇。凡诸巧杂，若此之类，十分有三。或牵之令近，或迂之令诞，或似《山海经》，或似占梦书，或出《淮南》，或辩形名。而参之高韵，龙蛇并御，且辞气背鄙，竟无深奥，而徒难知以困后蒙。今沉滞失流，岂所求庄子之意哉，故皆略而不存。今唯裁取其长［于］达致、全乎大体者为卅三篇焉。太史公曰：庄子者，名周，宋蒙县人也，曾为漆园吏，与魏惠王、齐宣王、楚威王同时者也。①

以下略加解释。

“夫庄子者，可谓知本矣”，这是对庄子的总评。从这个总评出发，论定《庄子》“不经而为百家之冠”的地位。

“知本”就是知道。这个评价很高，但不算最高，因为“知”道不及“体”道，体道才是最高的。知道者以道为对象，与道为二；体道者是道的体现，与道为一。所以体道者是圣人，其言为“经”；知道者不及圣

① 刘文典《庄子补正》末页载此段全文。抄本讹错之处，经日本学者武内义雄、狩野直喜校正，今悉从之。校正之处未注明，以免烦琐。方括号中的“于”字是我加的。《庄子补正》近年有云南人民出版社新版。中华书局 1961 年出版郭庆藩《庄子集释》，整理者的校记中，根据高山寺本者有三十三条：计《庚桑楚》三条，《外物》一条，《寓言》二条，《让王》七条，《盗跖》一条，《说剑》二条，《渔父》十二条，《天下》五条。

人，其言为“百家”。“庄生虽未体之，言则至矣”：其人未体道，其言是至言。所以《庄子》“不经而为百家之冠”，虽不算圣人的经书，但在诸子百家之书中数第一。

“可谓知本矣。故未始藏其狂言”，是说“知本”是“未始藏其狂言”的原因。也就是说，知道则不藏其狂言。由此推知，体道则藏其狂言。此说本于《庄子·知北游》，郭象是以《庄》说《庄》而有所发挥。《知北游》说老龙吉没有留下“狂言”而死，引起一位有道之人的评论：

> 夫体道者，天下之君子所系焉。今于道，秋豪（毫）之端万分未得处一焉，而犹知藏其狂言而死，又况夫体道者乎！

意思是说，体道者是天下君子众望所归。对于道，老龙吉得而居之者不及毫毛末端的万分之一，他尚“知藏其狂言”，则体道者更知藏其狂言了。《知北游》只肯定体道者藏其狂言。至于知道者不藏其狂言，其言为“百家”；体道者其言为“经”，云云，就是郭象的发挥了。

郭象的发挥也不是郭象一人之见，而是郭象时代的共识。我在此不妨多说几句好像离题实则有关的话。郭象时代，中国哲学进入经学时代已有四百多年。经学时代独尊孔子为圣人，其言为“经”。然孔子不言天道[①]。不言天道，本是缺点，此时却被说成优点，而且不是普通的优点，简直是圣人的本性：圣人体道，体之故不言之。《世说新语·文学》第八条云：

> 王辅嗣弱冠诣裴徽。徽问曰：“夫无者，诚万物之所资，圣人莫肯致言，而老子申之无已，何邪？”弼曰：“圣人体无，无又不可以训，故言必及有。老庄未免于有，恒训其所不足。”

---

① 《论语·公冶长》：“夫子之言性与天道，不可得而闻也。”

郭象的发挥，其意亦不过如此。这样一来，孔子的圣人地位固然得到论定，但其论据则是《庄子》的“体道”（亦即“体无”）说，孔子要靠庄子过日子，将孔子“庄子化”了。清人陈澧识破了这一点，其《东塾读书记》卷十六云：

> 辅嗣谈老庄，而以圣人加于老庄之上，然其所言圣人体无，则仍是老庄之学也。犹后儒谈禅学，而以圣人加于佛之上，然其所言圣学，则仍是禅学也。

当然，将孔子“庄子化”，并不始于王弼，而始于《庄子》，一读《庄子》所写的孔子，就知道了。

再来说什么是“狂言”。郭象说，狂言就是至言，世人“以至言为狂而不信也”[①]。“至言”在现代汉语中已经不见了，现代汉语中还有“至理名言”一语，与“至言”大致相当。则“狂言”不是贬词，只有褒义。不过知道者之言，虽是至言，也总还是狂言。体道者之言，“言唯谨尔”，可谓谨言，与狂言形成对照。

何以有此对照？是因为体道者“心无为”，等于“无心”[②]；而知道者只能“知无心”，未能“无心”。“知无心”与“无心”的不同，源出于、相应于知道与体道的不同。“心无为”乃“寂然不动，不得已而后起”，“随感而应，应随其时”，故体道者之言是有会而应。知道者之言乃“无会而独应”。“会”是结合，“会”之所指，犹今言结合实际。体道者之谨言，是结合实际的，是面临实际问题不得不作出的谨慎反应，即“不得已而后起者”。知道者之狂言，是不结合实际的个人反应，即“无会而独应”，亦即“应而非会”，虽是反应，而不结合实际。所以纵是至言，亦“虽当无用”，“虽高不行”。

① 《庄子·知北游》“无所发予之狂言”郭象注。

② 帛书《老子·四十九章》：“圣人恒无心。”

郭象盛赞圣人“与化为体，流万代而冥物，岂曾设对独遘，而游谈乎方外哉”。这是说体道者永远物我合一，不像知道者那样，为了游谈方外，而“设对独遘”。游谈方外，就是狂言。何谓“设对独遘”？物我合一，本不相对，物不是我的对象。将物我分离，以物为我的对象，这是人为地为主体的我设立对象，是谓“设对”。然后主体的我与对象的物相遇而合，是谓“独遘”。“独”指主体的我，“遘”谓相遇而合（从“冓”的字，如“媾”“搆（构）”“構（构）”“購（购）”皆有相遇而合之义）。主体的我与对象的物，相遇而合，于是有知，于是有言，于是有狂言，而游谈方外。照庄子和郭象的意思，只有游谈方外，才算哲学。体道者不曾“设对独遘”，否则物我分离，与道为二了。体道者与道为一，然“既已为一矣，且得有言乎”①，也就无言了。即使“不得已而后起”，而有谨言，然谨言并不游谈方外，也就不算哲学。简而言之，体道者是圣人而无哲学，知道者非圣人而有哲学。这是一个矛盾。辛弃疾在其《感皇恩·读庄子》一词中说：

案上数编书，非《庄》即《老》。会说忘言始知道。万言千句，不自能忘堪笑。

笑的就是这个矛盾。这个矛盾的解决，是“返冥极”。“返冥极”是复归物我合一，复归与道为一，复归于体道。郭象《庄子序》第三段说庄学使人“返冥极”。这是其字面的意思，其深层的意思则是以此解决这个矛盾。这个矛盾的产生和解决，是一个发展过程：原来的体道，经过知道的“设对独遘”，“独遘”之极，乃“返冥极”，复归于体道。主体与对象，相遇而合，到了极点，也就重新物我合一了。这个过程的程式是：

原来的体道→知道→复归的体道

原来的体道，是无知而不言；复归的体道，是有知而不言，既然有知，

① 见《庄子·齐物论》。

也就包括有哲学了，于是解决了体道者无哲学的矛盾。

郭象此序，先赞体道以抑庄子，再赞至言以扬庄子，对庄子极尽先抑后扬之能事，其深意则在于弘扬庄子之至言。他在此没有选用庄子语录，而是对庄学进行概括，集中到一点，就是“上知造物无物，下知有物之自造也”，也就是“放而不敖”。郭象如此提法，对于理解庄学，极有帮助。造物无物，则物必自造，这个提法，更精简的表述是：物自为本。承认物自为本，当然“放”。尊重物自为本，故“不敖”。“放而不敖”，正是《庄子·天下》篇“独与天地精神往来，而不敖倪于万物”的更精简的表述。

日本高山寺古抄本的那一段，唐代国内尚未失传，陆德明著《经典释文》时抄入“庄子序录”，在最重要的文句前写明“郭子玄云”。现在将“庄子序录”抄一段如下，以资比较：

> 庄生宏才命世，辞趣华深，正言若反，故莫能畅其弘致。后人增足，渐失其真。故郭子玄云：“一曲之才，妄窜奇说，若《阏奕》《意修》之首①，《危言》《游凫》《子胥》之篇。凡诸巧杂，十分有三。”《汉书·艺文志》“《庄子》五十二篇”，即司马彪、孟氏所注是也。言多诡诞，或似《山海经》，或类占梦书。故注者以意去取。其《内篇》众家并同，自余或有外而无杂。唯子玄所注，特会庄生之旨，故为世所贵。

可见在写明“郭子玄云”的话前后的话，也有郭象的话。我现在只指出一点，就是，郭象“裁取”的三十三篇，还是有类似《山海经》②、占梦书③的“巧杂”成分，这倒不是因为郭象鉴别不清，心慈手软，而是因

① “首”即“篇”，如昭明《文选》目录将各篇一律称“首”。

② 如《逍遥游》的“姑射之山”见于《山海经》的“东山经”和“海内北经”。

③ 如《人间世》的“匠石觉而诊其梦”，司马彪、向秀皆云“诊，占梦也”，见此句《释文》引。

为《庄子》本身就是以神话传说为材料建构起来的。关于这一点，需要从《老子》说起。

孔子曾说：“述而不作，信而好古，窃比于我老彭。”[1] 后人对“老彭”有种种解释。到二十世纪二十年代，马叙伦作《老子老莱子周太史儋老彭非一人考》，考定“老子与《论语》之老彭是一人，与大戴《礼记》之老彭非一人”[2]。这里只引其中以《老子》内证和外证，证明老子也是“述而不作，信而好古”的一段，以见老彭即使不是老子，《老子》也是“述而不作，信而好古”的：

> 《老子》五千文中“谷神不死”四语，伪《列子》引为《黄帝书》。黄帝虽无书，而古来传有此说，后人仰录为书，则许有之。故《吕氏春秋》《贾谊新书》皆有引也。又“将欲取之，必姑予之”，此《周书》之辞也；“强梁者不得其死”，此周庙《金人铭》之辞也。“天道无亲，常与善人”，郎颉《上便宜七事》引以为《易》之辞。则老子盖张前人之义而说之，不自创作也。又《汉书·艺文志》道家老子前有伊尹、太公、辛甲、鬻子四家，则道德之旨不始老子而有所承；又《礼·曾子问》记四事，则并“述而不作，信而好古”之证也。

马《考》所需要的是孔、老之同，也就只讲了孔、老之同。本书则需要更进一步，讲明在“述而不作，信而好古”中的孔、老之异。

在此问题上的孔、老之异在于，所“述”所“信”所“好”之“古”，孔子只限于书面材料，老子则扩展到口头材料。

在书面材料内，孔子又只限于后人称为六经的范围，这是“文”。孔子也不是完全不要口头材料，只是范围更窄，只限于老子、郯子、师襄、

---

① 见《论语·述而》。

② 见马叙伦著《老子校诂》卷首。

苌弘少数时贤所说的，这是“献”。献，贤也，时贤所说也。孔子言礼，坚持“文献足征”的原则①；言一切学问，无不坚持“文献足征”的原则，所以“不语怪、力、乱、神”②。

老子是周朝中央图书档案馆馆长，本人就是特级研究员，是连孔子也向他请教的大权威。所以一切书面材料，老子全都不在话下。但是老子不受书面材料的限制，超越书面材料，遨游于口头材料的海洋，即神话传说。神话传说，从内容到形式，大都是孔子不语的怪力乱神。怪力乱神，固然诡诞，毕竟是先民认识，含有先民世界观，构成《老子》本体论史第一阶段，如本书第十章第五节所论。

孔子局限于以六经文献为材料，所以着眼社会，讲人道。老子扩展到神话传说为材料，所以放眼宇宙，讲天道。所以《老子》有本体论，有宇宙生成论；而《论语》没有本体论，没有宇宙生成论，显得很寒碜，真正是“一曲之才”。

孔老都讲社会。孔子依据六经文献而讲之，照《论语》所记，只讲到尧舜之古。老子依据神话传说而讲之，所以讲到洪荒远古，比尧舜不知古几多！帛书《老子·八十章》“小邦寡民”理想国，就是依据传说的远古社会的材料建构的。这个传说在《淮南子·齐俗训》《论衡·说日》中都曾出现，文字互有出入，盖传闻异辞，非必引自《老子》。

《老子》理想国是依据传说材料，可在《庄子》中得到证明。《庄子·胠箧》云：

> 昔者容成氏、大庭氏、伯皇氏、中央氏、栗陆氏、骊畜氏、轩辕氏、赫胥氏、尊卢氏、祝融氏、伏羲氏、神农氏，当是时也，民结绳而用之，甘其食，美其服，乐其俗，安其居。邻国相望，鸡狗之音相闻，民至老死而不相往来。

---

① 见《论语·八佾》。

② 见《论语·述而》。

这段话一口气连说十二氏，足见真正是神话传说。成玄英疏：“以上十二氏，并上古帝王也。”所谓上古帝王，不过是神话传说中的氏族部落首领。这样的上古帝王，《庄子》中除此十二氏，还有十氏：

豨韦氏（见《大宗师》《知北游》《外物》）

泰氏（见《应帝王》）

有虞氏（见《应帝王》，又《骈拇》作“虞氏”）

燧人氏（见《缮性》）

浑沌氏（见《天地》，又《应帝王》作“浑沌”）

有焱氏（见《天运》，又《山木》作“焱氏”）

蛮氏、触氏、冉相氏（俱见《则阳》）

有巢氏（见《盗跖》）

其无“氏”字者未计焉。这么多的上古帝王，除有虞氏（舜）以外，《论语》《孟子》皆不言之。《孟子》记“有为神农之言者许行”，并非孟子自为神农之言。即此亦可见老庄与孔孟依据之材料确乎不同。

《庄子》哪来的这么多古“氏”？还有，哪来的那么多怪人、怪物、怪事？传统的解释是《庄子》“寓言十九”①，都是寓言。就算是寓言，这些寓言难道都是凭空虚构？它们有没有原始材料？闻一多初步回答了这个问题，他说：“庄子寓言，大都脱胎于先古传说，而非尽由虚构。”②本书则更进一步，认为，神话传说，不仅是庄子寓言的材料，而且是《庄子》哲学的材料。

正由于以神话传说为材料，中国道教才有可能尊老子为教主；尊《老子》为《道德真经》；尊庄子为真人；尊《庄子》为《南华真经》。人们才知道有这样的得道之人：

“陆行不遇兕虎，入军不被甲兵；兕无所投其角，虎无所措其

① 见《庄子·寓言》。

② 见《庄子内篇校释》末条，《闻一多全集》第9卷，湖北人民出版社1993年版，第63页。

> 爪，兵无所容其刃"[①]，"蜂虿虺蛇不螫，猛兽不据，攫鸟不搏"[②]。
>
> "大泽焚而不能热，河汉沍而不能寒，疾雷破山、风振海而不能惊，若然者，乘云气，骑日月，而游乎四海之外"[③]；"登高不栗，入水不濡，入火不热"[④]；"其神：经乎大山而无介，入乎渊泉而不濡，处卑细而不惫，充满天地，既以与人己愈有"[⑤]；"鹑居而鷇食，鸟行而无彰，天下有道则与物皆昌，天下无道则修德就闲，千岁厌世，去而上仙，乘彼白云，至于帝乡，三患莫至，身常无殃"[⑥]。

又知道有"长生久视之道"[⑦]，有"吹呴呼吸，吐故纳新，熊经鸟申"的"道引"之术[⑧]。人们指望从《老子》《庄子》得到修道长生的信息。

本书讲《庄子》，是作为一个哲学体系而讲之。《庄子》有许多方面的复杂内容，其他方面的内容，本书存而不论。

本书讲《庄子》，是以书为本位而讲之。以书为本位而讲其哲学体系，则只着眼其内容结构、层次和阶段，而不着眼哪是庄子自著，哪是后学所作。

以神话传说为材料，楚国的哲学创作如此，文学创作亦如此，绘画、雕塑创作皆如此。这是楚文化的一个传统和特征。这里着重说明《庄子》的这个特征。以利于理解：庄子的精神，凭借神话传说的材料，冲破逻辑思维的局限，在前逻辑思维和后逻辑思维中自由翱翔[⑨]。

附带说明一下《庄子》何时名为《南华真经》的问题。北宋陈景元

---

① 见《老子·五十章》。
② 见《老子·五十五章》。
③ 见《庄子·齐物论》。
④ 见《庄子·大宗师》。
⑤ 见《庄子·田子方》。
⑥ 见《庄子·天地》。
⑦ 见《老子·五十九章》。
⑧ 见《庄子·刻意》。
⑨ 参阅本书第二章论道家与原始思维。

编《南华真经余事杂录》[1]，录《唐天宝手诏》一首，全文如下：

> 昊天眷命，列祖降灵，休照之仪，存乎祖典。庄子、文子、列子、亢仓子等列在真仙，体兹虚白，师玄元之圣教，弘大道于人寰。观其《庄子》，依旧号曰《南华真经》；《列子》号曰《冲虚真经》；《文子》号曰《通玄真经》；《亢仓子》号曰《洞灵真经》。
>
> 天宝元年二月二十日下

《庄子》既然是"依旧"号曰《南华真经》，则在此以前已经号曰《南华真经》了。如唐中宗神龙元年二月甲寅，"老君依旧为玄元皇帝"[2]，盖唐高宗乾封元年二月己未已经追号老君曰玄元皇帝了[3]。"依旧"一词在此具有官腔色彩，意义等于"复旧"，则《庄子》号曰《南华真经》必在此诏以前无疑。《新唐书·艺文志》"王士元《亢仓子》二卷"注云："天宝元年，诏号《庄子》为《南华真经》，《列子》为《冲虚真经》，《文子》为《通玄真经》，《亢桑子》[4]为《洞灵真经》"云云，谓四《子》同时称《真经》，抹杀《庄子》先已称《真经》的历史区别，误矣。而上海辞书出版社 1980 年 7 月版《辞海》"南华经"条云："据《新唐书·艺文志》：'天宝元年，诏号《庄子》为《南华真经》。'名始此。"也就不准确了。特别是"名始此"三字，完全错误。大概情况是这样的：老子的"玄元皇帝"称号，武则天改唐为周之后不再提了，随之《庄子》的"南华真经"称号也不再提了。在中国官场，不再提，就是事实上取消。《新唐书》则天皇后光宅元年九月甲寅，"追尊老子母为先天太后"，意在增强女皇地位，而史书"老子母"，不书"玄元皇帝母"，可见欧阳修、宋祁、曾公亮等人已经看透了这一层。所以唐中宗复辟复国后，需要明令

---

① 见《正统道藏》，台北艺文印书馆影印本第 26 册。

② 见《旧唐书》本纪。

③ 见《旧唐书》本纪。

④ 王士元谓："《庄子》作'庚桑子'，太史公、《列子》作'亢仓子'，其实一也。"

老子的皇帝称号复旧；直到玄宗天宝元年，才明令《庄子》的真经称号复旧。老庄随着李唐武周政权的折腾而折腾，岂始料所及。有人感到“南华”无解，其实南华就是 South China，意谓《庄子》是中国南方经典，盖楚学也。“南华”着眼地域，与“冲虚”“通玄”“洞灵”等着眼玄理不同，亦可见“南华”之名不是和“冲虚”等一次取的。

第三节　《庄子》佚文考辨

今本《庄子》是不是郭象删定的？近人吴承仕在其《经典释文序录疏证》中说：

> 今本定著三十三篇，亦非郭氏创意为之。寻高诱《淮南·修务篇注》云：“庄周作书三十三篇，为道家之言。”是汉末已有三十三篇之本矣。①

东汉末高诱此注在《淮南子·修务训》“惠施死而庄子寝说言，见世莫可为语者也”句下，注文是：

> 庄子名周，宋蒙县人，作书廿三篇，为道家之言。

遍查《淮南子》各本，如“二十二子”本，“诸子集成”本，刘文典《淮南鸿烈集解》，此注都作“廿三篇”，不作“卅三篇”或“三十三篇”。吴氏此说的价值在于这个数字，不知他根据的是哪个本子，甚愿其书的点校者有所说明。吴氏此说若能成立，确是《庄子》版本研究的一大发现。在愚疑未祛之前，仍宜维持郭象删定说。

《汉书·艺文志》著录《庄子》五十二篇，郭象“裁取”三十三篇，

① 见此书中华书局 1984 年版，第 162 页。

删汰十九篇，造成所谓的“《庄子》佚篇”。《庄子》佚篇的篇名，可考者尚有八篇：除郭象所举出的《阏奕》《意修》《危言》《游凫》《子胥》以外，还有《畏累虚》《惠施》《马棰》。

《史记》庄子传云“《畏累虚》《亢桑子》之属，皆空语无事实”，司马贞《索隐》：“《庄子·畏累虚》，篇名也。”

《北齐书》杜弼传云：弼“耽好玄理，老而愈笃，又注《庄子·惠施》篇、《易》上下《系》，名《新注义苑》，并行于世”。可见佚篇中有《惠施》。

《南史》文学传云：何子朗“尝为《败冢赋》，拟庄周《马棰》”。可见佚篇中有《马棰》。

宋元之间，王应麟著《困学纪闻》，此书卷十载《庄子》佚文三十九条。清人孙志祖在其《读书脞录续编》中说，“《困学纪闻》载《庄子》逸篇数十，然未尽也”，他又增十条。翁元圻辑注《困学纪闻》时又增两条。他们的辑佚钩沉，使我们可窥《庄子》佚文之一斑。以下讨论几条，以抒管见。

《文选》卷二二颜延年《车驾幸京口侍游蒜山作》诗李善注引《庄子》曰：

> 阏奕之隶，与殷翼之孙、遏氏之子三士，相与谋致人于造物，共之元天之上。元天者，其高四见列星（司马彪曰：元天，山名也）。

“元”通作“玄”。此条大概就是《阏奕》篇开头的话。三士共上玄天山，与《山海经·大荒西经》的十巫共上灵山，何其类似。玄天之山、灵山，与奥林匹斯山，都是一类的神话传说。

《太平御览》卷五百三十礼仪类引《庄子》：

> 游凫问雄黄曰：“今逐疫出魅，击鼓呼噪，何也？”雄黄曰：“黔

首多疾，黄帝氏立巫咸，使黔首沐浴斋戒，以通九窍；鸣鼓振铎，以动其心；劳形趋步，以发阴阳之气；饮酒茹葱，以通五脏。夫击鼓呼噪，逐疫出魅鬼，黔首不知，以为魅祟也。”

此条大概就是《游凫》篇开头的话。雄黄说的意思是，治病在于发动病人身体内部的力量，击鼓呼噪是发动病人；病不是疫鬼为祟。“雄黄”在《山海经》中出现过三次，都是当地特产药材，在此条《庄子》佚文中却人格化为医药专家了，这是神话传说的一个发展。《山海经·中山经》说“有鸟焉，名曰‘鴢’，其状如凫”。“鴢”与“游”音近，“鴢凫”或即“游凫”。《山海经·东山经》又说“有鸟焉，其状如凫”，“其名曰‘絜钩’，见则其国多疫”。“钩”与“游”叠韵。这种凫出现在哪里，那里就多疫，所以担心击鼓呼噪是整它。《山海经》说过四种凫，都是鸟类，凫在此条《庄子》佚文中也人格化了，这也是一个发展。

《困学纪闻》卷十有一条《庄子》佚文是：

惠子始与庄子相见，而问乎庄子曰：“今日自以为见凤凰，而徒遭燕雀耳。”坐者俱笑。

翁元圻案：“此条见何书，当考。”我未考出，只猜测此条当在《惠施》篇。

其他各条当在何篇，就无从猜测了。

惠子与庄子关系紧张，孔子与老子关系和平。《庄子》佚文有两条讲孔老关系，显示出老子倾听孔子，赞美孔子；与郭象本《庄子》只见老子不听孔子、批评孔子，颇不相同。把这不同的两方面统一起来，才是孔老关系的真相。

《太平御览》卷一百八十六居处部引《庄子》：

仲尼读《春秋》，老聃踞灶觚而听。

《御览》注："瓶，灶额也。"二十世纪四十年代我在河南新蔡一带民间见到灶台很矮，做饭菜时往往一只脚踩在灶台上。"踞"灶额而听读书，自是一乐。此条寥寥十二字，活画出一幅"孔老读书行乐图"①，亲切，温馨，令人神往。这与《庄子·天道》说的，孔子向老子说《经》，"老聃中其说，曰：大谩！（老子当中打断孔子的话，说：太啰唆!）"大不相同。

《太平御览》卷九百十五羽族部引《庄子》：

> 老子见孔子从弟子五人，问曰："前为谁?"对曰："子路，勇且多力。其次，子贡为智，曾子为孝，颜回为仁，子张为武。"老子叹曰："吾闻南方有鸟，名为凤。凤之所居也，积石千里，河水出下，凤鸟居上。天为生食，其树名琼枝，高百仞，以璆琳琅玕为实。天又为生离珠，一人三头递起，以饲琅玕。凤鸟之文：戴圣婴仁，右贤左智。"

此条大意是老子赞孔子为凤，"戴圣婴仁，右贤左智"，若孔子为圣，则五弟子为仁、为贤、为智矣。《论语·微子》和《庄子·人间世》皆记楚狂接舆以"凤兮"歌孔子，与此是一致的。孔子说："凤鸟不至，河不出图：吾已矣夫（我算完了）!"② 他把老子的话当真了。

郭象本《庄子·天运》云：

> 孔子见老聃归，三日不谈。弟子问曰："夫子见老聃，亦将何规哉?"孔子曰："吾乃今于是乎见龙。龙合而成体，散而成章，乘云气而养乎阴阳。予口张而不能嗋，予又何规老聃哉!"

---

① 古称画像为"行乐图"，见《通俗编·性情》。

② 见《论语·子罕》。

此段大意是孔子赞老子为龙。好比向外国元首授勋，总是用本国最高勋章，可见楚人以凤为最高，周人以龙为最高，这是否涉及“图腾”，还不能断定。

由于以神话传说为材料，自然将龙凤说得神乎其神。当然不限于龙凤。《庄子》佚文有一条是《颜氏家训・勉学》篇提到的“吾初读《庄子》‘螝二首’”。“螝”字是古“虺”字。“螝二首”是与“夔一足”一类的传说。夔一足见于《山海经・大荒东经》，螝二首也就类似《山海经》了。“螝二首”就是两头蛇。楚地有两头蛇，孙叔敖就碰到过。刘向《新序》卷一“杂事第一”云：

孙叔敖为婴儿之时，出游，见两头蛇，杀而埋之。归而泣，其母问其故。叔敖对曰：“吾闻：见两头之蛇者死。向者吾见之，恐去母而死也。”其母曰：“蛇今安在?”曰：“恐他人又见，杀而埋之矣。”其母曰：“吾闻有阴德者天报之以福，汝不死也。”及长，为楚令尹，未治而国人信其仁也。

由以上的讨论可见，《庄子》佚文的确多是《山海经》之类，郭象的删汰大体符合他所定的原则。郭象的原则，就哲学而言是一个大成功，就神话而言是一个大破坏。而且就庄子哲学而言，没有神话传说为建构材料，就没有庄子哲学这样的哲学。所以郭象的裁取与删汰，其是非功罪，还是一个值得研究的问题。

这当然不是说，《庄子》佚文只有神话价值，毫无哲学价值。下列两条就有很高的哲学价值。一条是：

生物者不生，化物者不化。

此条见于《列子・天瑞》篇，张湛注：“《庄子》亦有此言。向秀注曰：吾之生也，非吾［物］之所生，则生自生耳。生生者岂有物哉？［无物也，］故不生也。吾之化也，非物之所化，则化自化耳。化化者岂有物哉？无物也，故不化焉。若使生物者亦生，化物者亦化，则与物［俱生］俱化，亦奚异于物？明夫不生不化者，然后能为生化之本也。”向秀注用的是标准的“归谬法”。此条《庄子》佚文是发挥“有生于无”。另一条是：

> 楚人有卖矛及盾者，见人来买矛，即谓之曰：“此矛无何不彻。”见人来买盾，则又谓之曰：“此盾无何能彻者。”买人曰：“还将尔矛刺尔盾，若何？”然则矛盾各自言之，则皆善矣；若相对言之，则必有不善者矣。

此条见于《谷梁传》哀公二年“纳者内弗受也”至“以尊王父也”范宁注“此矛盾之喻也”杨士勋疏引“《庄子》曰”以下。此喻暗示消解矛盾之法，是将矛与盾“各自言之”，不将矛与盾“相对言之”。此“齐物论”之精义，乃《庄子》的方法论。以后再来讨论。此条故事部分，与《韩非子·难一》“楚人有鬻盾与矛者”故事相同。《谷梁传》注疏者显然认为是《庄子》先讲这个故事。应当恢复和保护《庄子》此项“知识产权”。

还有一条《庄子》佚文，显示《庄子》与楚文学的关系。此条云：

> 空阅来风，桐乳致巢：此以其“能”苦其“性”者（司马彪曰：门户孔空，风善从之；桐子似乳，著其叶而生，其叶似箕，鸟喜巢其中也）。

此条见于《文选》卷十三宋玉《风赋》“空穴来风”李善注引“《庄子》曰”以下。这是宋玉用《庄子》的典故，而不是《庄子》用《风赋》的典故。

附带说一个学术笑话：阎若璩曾将严遵《老子指归》中许多“庄子

曰”之文都当作《庄子》佚文[1]。其实严遵本姓庄，《老子指归》中的“庄子曰”乃严遵所说。阎氏著《古文尚书疏证》，是辨伪的超级大师。哪怕是超级大师，也会有偶尔疏忽的时候。瑕不掩瑜。不可迷信。

关于《庄子》佚文，郎擎霄《庄子学案》第二章第一节云：

> 孙冯翼、茆泮林辑司马彪《注》，因亦得佚文若干事，出诸家所录之外。近人马叙伦亦辑有《庄子佚文》一卷[2]，于诸家所录外，复从桓谭《新论》、仲长统《昌言》、张华《博物志》、张湛《列子注》、谢灵运《山居赋自注》、顾野王《玉篇》、刘孝标《世说注》、梁元帝《金楼子》、释僧顺《三破论》、杜台卿《玉烛宝典》、陆法言《切韵》、虞世南《北堂书钞》、成玄英《老子义疏》、欧阳询《艺文类聚》、李贤《后汉书注》、司马贞《史记索隐》、李善《文选注》、释慧琳《一切经音义》、释湛然《辅行记》、杨倞《荀子注》、徐坚《初学记》、白居易《六帖》、李昉《太平御览》、释慧宝《北山录注》、陈耀文《天中记》引，辑录得六十事，合之旧辑，得一百余事。马氏自云：“其间或有所疑，辄附所见。然宋以前载籍所引当犹有可搜获者；即前列诸书中，许有披览疏略，以致漏失者。”（见《天马山房丛著》）

则庄子佚文，世间辑本，尚无善于此者矣。

---

① 翁元圻辑《困学纪闻注》，备载阎氏所辑“佚文”和全祖望的驳词。

② 见马氏《庄子义证》附录。

第十六章　庄子（中）

第一节　道即自然（“道兼于天”）

《老子》的最高原则是“道法自然”；《庄子》的最高原则是道即自然。“道法自然”，是道与自然为二；道即自然，则道与自然为一。可见《庄子》不是照着《老子》讲，而是接着《老子》讲。在道即自然的原则指导下，《庄子》真正是天才地、全面地、创造性地发展了《老子》，成为道家的最高阶段，达到楚国哲学的顶峰。

道即自然，《庄子》中并无此言，而确有此意。此意在《庄子・天地》中表述为：

> 道兼于天。

现在说成“道即自然”，是为了用字尽量与《老子》“道法自然”一致，以便衔接与比较，一眼就看出其间的一字之差。

怎见得“道兼于天”的意思等于“道即自然”呢？以下分两步来解释。

第一步解释“兼”和“兼于”。

《说文・秝部》：“兼，并也。”经过兼并，两个成了一个。“兼于”是被动式，相当于英文的 to be annexed by。“道兼于天”，是说道被天兼并，道与天为一，道即天。好比兼职的人，名义再多，人还是一个。

第二步解释《庄子》“天”字的自然义。

《庄子》中“天”字多义。这里的讨论，只需要涉及其中的二义。如

《逍遥游》的“垂天之云”，“天之苍苍”，其中“天”字皆指与地相对的苍天，可谓“天”字的苍天义。但如《齐物论》的“是以圣人不由，而照之于天”，这个“天”字就不指苍天，而指自然。又如《养生主》的“天也非人也”，“天”字指自然，“人”字指人为。对这一点讲得最清楚而形象化的是《秋水》：

曰：“何谓天？何谓人？”北海若曰：“牛马四足，是谓天；落（络）马首，穿牛鼻，是谓人。”

“牛马四足，是谓天”，这个“天”字显然不指苍天，而指自然。凡此皆可谓“天”字的自然义。

有自然义的天，天即自然。用自然解释天，并不是用现代汉语的“自然”翻译古代汉语的“天”，而是《庄子》原文就有这样的解释。《渔父》云：

真者，所以受于天也，自然不可易也。

即其一例。再看《德充符》：

惠子谓庄子曰：“人故无情乎？”庄子曰：“然。”惠子曰：“人而无情，何以谓之人？”庄子曰：“道与之貌，天与之形，恶得不谓之人？”惠子曰：“既谓之人，恶得无情？”庄子曰：“是非吾所谓情也。吾所谓无情者，言人之不以好恶内伤其身，常因自然而不益生也。”惠子曰：“不益生，何以有其身？”庄子曰：“道与之貌，天与之形，无以好恶内伤其身。今子外乎子之神，劳乎子之精，倚树而吟，据槁梧而瞑。天选子之形，子以坚白鸣！”

这段话涉及不少问题，姑置不论，现在只着眼于一点，就是“道”“天”

“自然”三者的关系。庄子将“道与之貌，天与之形”说了两遍。既然形貌是一回事，则天与道也就是一回事。“常因自然而不益生”，是说因任天与道之自然而生，不在天与道的自然之外有所增加。可见道、天、自然都说的是一回事，惟所说的角度不同：道，是就本体说；天，是就总体说；自然，是就主体说，其为“体”一也。这个“体”，就是天地万物的“自”。

以上是第二步，说明天即自然。

两步连起来，可证“道兼于天”，意思等于“道即自然”。第一步，说明道即天，只需查一查《说文》就行了。第二步，说明天即自然，固然有《庄子》原文为根据，然郭象的阐发之功，实为首创，不可埋没。郭象在《齐物论》“夫吹万不同，而使其自己也”注中说：

> 自己而然，则谓之天然。天然耳，非为也，故以天言之。以天言之，所以明其自然也，岂苍苍之谓哉！而或者谓：天籁役物，使从己也。夫天且不能自有，况能有物哉！故天者，万物之总名也，莫适为天，谁主役物乎？故物各自生而无所出焉，此天道也。

成玄英的《疏》特为突出重点，说：

> 夫天者，万物之总名，自然之别称，岂苍苍之谓哉！

这位“西华法师”说得明快极了！郭氏、成氏都明确肯定，此处天字是取自然义，不取苍天义。这可以启发我们理解《老子·二十五章》：

> 人法地，地法天，天法道，道法自然。

其中的“天”字是取苍天义，不取自然义，其中的“自然”则相当于取自然义的天。澄清这一点很重要，可以避免理解中的混乱。不过郭象早已在《逍遥游》“若夫乘天地之正”至“恶乎待哉”注中说：

> 天地者，万物之总名也。天地以万物为体，而万物必以自然为正。自然者，不为而自然者也。

成玄英的《疏》亦云：

> 天地者，万物之总名。万物者，自然之别称。

“天地”不是“天和地”，犹如“马路”不是“马和路”。“天地”指宇宙总体，其简称为“天”。

“道法自然”与“道即自然”的区别，相当于《老子》“道”与“恒道”（“常道”）的区别。《庄子》的“道”，相当于《老子》的“恒道”，所以《庄子》不再提“恒道”。这是《庄子》对《老子》的发展，也是对《老子》的修正。

道即自然，这个思想，且不说是不是《庄子》的精华，也至少可以说是《庄子》的特色。先秦两汉，无书有见及此，也无书言及庄子有见及此。先秦战国之书，只有《荀子》有一次提到庄子。荀子是半个楚人，他写《非十二子》，不非老庄（“非”，犹今言“批判”），只在《天论》中写了一句“老子有见于诎（屈）无见于信（伸）”，在《解蔽》中写了一句“庄子蔽于天而不知人”①，都是一分为二的。是荀子亦未言及庄子主张道即自然。

秦汉之书，《吕氏春秋》有两篇（《去尤》《必己》）提到庄子，《淮南子》有四篇（《齐俗》《道应》《修务》《要略》）提到庄子，亦皆未言及庄子主张道即自然。至于今文经学代表作《春秋繁露》，古文学派代表

---

① “蔽于天”，是说有见于天而为天所蔽。全句等于说：庄子有见于天无见于人。有见于天，可能有主张道即自然的意思——亦不过可能有而已。

作《论衡》，都一字不提庄子。

魏晋之际，老庄研究勃兴。何晏首先提出：

> 自然者，道也。

这个命题是全称肯定命题，即 SAP 型命题。照现在一般讲法，SAP 的 S 周延，P 不周延。如果换位，若 SAP 为真，则 PAS 不真，而 PIS 才真。其实在逻辑学史上，早有汉密尔顿（William Hamilton，1788—1856），文恩（John Venn，1834—1923），都主张命题的谓项也有量的表示，全称肯定命题有：

（一）所有的 S 是所有的 P，

（二）所有的 S 是有些 P。[①]

“自然者道也”正是“所有的 S 是所有的 P”型的命题。此型命题，若真，则倒过来说，“所有的 P 是所有的 S”也真。应用于此，就是，从“自然者道也”可以直接推出“道者自然也”。道者自然也，就是道即自然。

何晏的“自然者，道也”一语，出于他的《无名论》。他的《无名论》，被张湛当作《列子·仲尼》“荡荡乎民无能名焉”的注而保存和流传下来了。《无名论》后半部引用了夏侯玄的话“天地以自然运，圣人以自然用”，紧接着是何晏的解释“自然者，道也”，下文都是何晏的话。可是现在的标点者，却将“夏侯玄曰”以下一百四十一个字统统当作夏侯玄的话置于单引号之内[②]。这样，何晏的《无名论》就有大约三分之一成了夏侯玄的无名论。呜呼，古书无标点，玄、晏不可复生，将谁使定之乎。

至于张湛本人，也说过“天地之德何耶？自然而已”[③]。“天地之德”

① 说详金岳霖《逻辑》，三联书店 1961 年重排本第 12 页。

② 见中华书局“新编诸子集成”本《列子集释》，1979 年版，第 121 页。

③ 见《列子·天瑞》“知天地之德者”句张湛注。

就是“道”，所以他这话的意思，也是道即自然。引张湛这话是为了显示，此时的思想家大都知道，道家思想历程，到庄子阶段，已经得到道即自然的结论。在这个意义上，则本书的讨论，亦魏晋诸贤之续耳。

第二节 《逍遥游》体现的第一义

今本（郭象本）《庄子》第一篇是《逍遥游》。此篇的深层意义，是用形象体现，不是用概念论证，道即自然。

先讨论形象。它们是从哪里来的？此篇有明确交代：它们来自齐谐，来自夏棘。这说明，此篇是用神话传说的材料建构的。他篇所用的神话传说，也就不必一一交代来源了。此篇说：

> 齐谐者，志怪者也。谐之言曰：鹏之徙于南冥也，水击三千里，抟扶摇而上者九万里，去以六月息者也。

这是来自齐谐的神话传说。此篇又说：

> 朝菌不知晦朔，蟪蛄不知春秋：此小年也。楚之南有冥灵者，以五百岁为春，五百岁为秋；上古有大椿者，以八千岁为春，八千岁为秋：[此大年也。][1] 而彭祖乃今以久特闻，众人匹之，不亦悲乎！汤之问棘也是已。穷发之北有冥海者，天池也。有鱼焉，其广数千里，未有知其修者，其名为鲲。有鸟焉，其名为鹏，背若太山，翼若垂天之云，抟扶摇羊角而上者九万里，绝云气，负青天，然后图南，且适南冥也。

---

① 据陈景元《南华真经章句余事·阙误》引成玄英本补。见《正统道藏》，台北艺文印书馆影印本第26册。

这是来自夏棘的神话传说。关于这两段神话传说以及《逍遥游》作者对它们的处理，可分三点讨论。

第一点，“齐谐”，是人名，还是书名？俞樾《庄子人名考》“齐谐”条云：

> 司马（彪）及崔（撰）并云人姓名，简文（萧纲）云书。按：下文“谐之言曰”，则当作人姓名为允；若是书名，不得但称“谐”。①

俞说是也，齐谐当是人名。既是人名，则是口头资料，可见《逍遥游》作者的确迈进了口头资料的海洋，超越了书面资料的局限。

第二点，“汤之问棘也是已”，汤是殷汤，棘是夏棘。陆德明《经典释文》释“棘”：“李（颐）云汤时贤人，又云是棘子。崔（撰）云齐谐之徒，识冥灵、大椿者名也。”郭庆藩《集释》案：“《列子·汤问》篇‘殷汤问夏革’，张（湛）注：夏革即夏棘，字子棘，汤时贤大夫。革、棘古同声通用。《论语》‘棘子成’，《汉书·古今人表》作‘革子成’；《诗》‘匪棘其欲’，《礼·坊记》引作‘匪革其犹’；《汉书》煮枣侯革朱，《史记索隐》革音棘：皆其证。”郭案详审之至，惟《礼·坊记》应作《礼·礼器》，偶疏致误耳。

这就涉及《庄子》与《列子》的关系问题，爽快地说，到底谁抄谁。高似孙《子略》说，《列子》“与《庄子》合者十七章”。据我的统计，两书相合者十五条。从《列子》看，其合于《庄子》者，《天瑞》篇有两条，《黄帝》篇有十一条，《汤问》篇有一条，《说符》篇有一条。从《庄子》看，其合于《列子》者，《逍遥游》一条，《齐物论》一条，《人间世》一条，《应帝王》一条，《至乐》一条，《达生》六条，《山木》一条，

① 见《俞楼杂纂》第二十九，光绪二十五年（1899 年）刊本。郭庆藩《庄子集释》所引不尽准确。

《田子方》一条，《知北游》一条，《列御寇》一条。分条不尽恰当，然相合者在两书中的分布情况大致清楚了。经过比较研究，我觉得，两书各有自己的形成过程，在此过程中，你抄我，我抄你，两种情况都是有的，而不是一刀切，只有《庄子》抄《列子》，或只有《列子》抄《庄子》。而且更重要的是，还有第三种情况，就是谁也不抄谁，而是都来自同一个第三者，即共同来源，例如都是来自“汤之问棘”而引起棘之答汤所说的神话传说。这个例子就算一条吧，其见于《庄子》者在《逍遥游》，就是前面引的第二段；其见于《列子》者在《汤问》，现照抄如下：

荆之南有冥灵者，以五百岁为春，五百岁为秋。上古有大椿者，以八千岁为春，八千岁为秋。朽壤之上有菌芝者，生于朝，死于晦。春夏之月有蠓蚋者，因雨而生，见阳而死。终北之北有溟海者，天池也，有鱼焉，其广数千里，其长称焉，其名为鲲。有鸟焉，其名为鹏，翼若垂天之云，其体称焉。世岂知有此物哉？大禹行而见之，伯益知而名之，夷坚闻而志之。

照此说来，棘之知此，乃由于“夷坚闻而志之”传下来的。夷坚和齐谐类似，也是“志怪者也”。所以后世的人，如南宋洪迈，以《夷坚志》名其志怪之书。然“夷坚闻而志之”也不过是传说，传到棘，就成了棘之答汤的那些话，这些话又成了《汤问》和《逍遥游》的共同来源。试比较两段引文，便可得出这个判断。《汤问》和《逍遥游》，都采用棘之答汤的内容，而文字大同小异，盖传闻异辞，更可见谁也不抄谁，而是出自一个共同来源。

不宁唯是。试比较上文所引齐谐的话和夏棘的话，两者都有鹏抟扶摇而上者九万里之说，但看不出是谁抄谁，大概也是出自同源。齐谐的话，夏棘的话，其共同来源，大概就是夷坚之志。但是《逍遥游》作者还是作出了创造性的处理。这就要讨论下一点。

第三点，《逍遥游》一开头就说：

北冥有鱼，其名为鲲。鲲之大，不知其几千里也。化而为鸟，其名为鹏。鹏之背，不知其几千里也，怒而飞，其翼若垂天之云。是鸟也，海运则将徙于南冥。南冥者，天池也。

提出鲲化而为鹏，就是创造性的处理。原先的神话传说，如棘所传，只说有鱼名鲲，有鸟名鹏，未说鲲化为鹏。《逍遥游》推陈出新，用此材料重新建构，创造鲲化为鹏的新说。鲲化为鹏的神话，比单纯的鲲神话，单纯的鹏神话，当然更神。不过这还不是主要的，主要的是，合二为一，形成单一的目标，更为集中，便于引发蜩与学鸠、斥鴳的非笑。而蜩与学鸠、斥鴳对鹏的非笑，是《逍遥游》的另一创造。其所以是创造，是因为齐谐的话无此内容（《逍遥游》可证），夏棘的话亦无此内容（《汤问》可证）。这还是个更重要的创造，若无此创造，则《逍遥游》只有神话，而无哲学。若无此创造，则在一部楚国哲学史里，讨论以上的神话，就完完全全是废话。

《逍遥游》在鹏“而后乃今将图南”之后紧接着说：

蜩与学鸠笑之曰：我决起而飞，枪榆枋，时则不至而控于地而已矣，奚以之九万里而南为？

又在鹏“然后图南，且适南冥也”之后紧接着说：

斥鴳笑之曰：彼且奚适也？我腾跃而上，不过数仞而下，翱翔蓬蒿之间，此亦飞之至也。而彼且奚适也？

此项创造的意义，在于由此突破，显示这些神话传说的形象体现着道即自然。于是神话体现哲学。《逍遥游》的字面，既没有“道”，也没有“自然”。《逍遥游》的形象，则体现道即自然。魏晋以来，人们讲《逍遥游》，讲出许多“逍遥义”，各明一义，成绩斐然。若按从深层到表层的若干层次排列，则已讲明者不过是第二义，第三义……而道即自然才是第一义。这也难怪，因为第一义的道即自然，不是用概念论证的，而是用形象体现的。看形象体现的意义，好比读无字天书。以下就专谈怎样读出《逍遥游》用形象体现的第一义。

《逍遥游》的作者创造出蜩与学鸠、斥鷃对鲲鹏的非笑，随即对这些非笑表态，他说：

之二虫，又何知！（这两个虫子懂什么！）

一语泄漏天机：原来他强烈反对蜩与学鸠对鲲鹏的非笑，当然也强烈反对斥鷃对鲲鹏的非笑。他为什么要强烈反对？蜩与学鸠、斥鷃对鲲鹏的非笑，都是以自己为标准来要求鲲鹏。这既无必要，也不可能。有必要要求鲲鹏也只腾跃数仞，而不一飞九万里吗？有可能使鲲鹏也只腾跃数仞，而不一飞九万里吗？反过来说，如果鲲鹏也以自己为标准来要求蜩与学鸠、斥鷃，同样既无必要，也不可能。有必要要求蜩与学鸠、斥鷃也一飞九万里吗？有可能使蜩与学鸠、斥鷃也一飞九万里吗？

再看其他形象。蟪蛄若笑朝菌：你干吗不知晦朔？大椿若笑冥灵：你干吗不以八千岁为春，八千岁为秋？彭祖若笑众人：你们干吗不活八百岁？便都是以自己为标准来要求对方，既无必要，也不可能。

再看天地万物。若有任何一物笑他物，以自己为标准要求他物，也既无必要，又不可能。一物以自己为标准要求他物，若套用《庄子·秋水》“以人灭天”“以故灭命”的句型来说，就是以自灭他。用个“灭”字，也许言重了，若言实质，非灭而何。实质是什么？是天地万物各自的存在。你要求他的存在，按照你的存在而存在，不是灭他的存在又是什么？总之，天地万物，不论是谁，若要以自灭他，都是不必要的，也是不可能的。老虎吃了李逵的娘，也无法叫李逵的娘按照老虎的存在而存在。

鹏一飞九万里，是鹏的自然，是鹏的逍遥游。鸠腾跃数仞，是鸠的自然，是鸠的逍遥游。换言之，鹏的形象体现鹏的自然，鸠的形象体现鸠的自然。其他形象体现其他各物的自然。鹏的自然，鸠的自然，总之，万物的自然，就是道。《逍遥游》的形象体现这些意思，所以说，《逍遥游》用形象体现道即自然。

由以上可见，正是由于《逍遥游》首先创造蜩与学鸠、斥鴳对鲲鹏的非笑，随即反对这种非笑，如此造成突破口，才得以由此突入深层，看清《逍遥游》中的形象，原来是体现道即自然。这才是《逍遥游》的深层意义，也就是第一义。

《庄子》哲学，都是从道即自然这个核心萌发出来的，辐射开来的。《逍遥游》这一篇更是如此。此篇首先用形象体现道即自然，然后进而论列其他，例如，论列有待的逍遥与无待的逍遥。但无论是有待的逍遥还是无待的逍遥，都首先是自然。鲲鹏的逍遥是有待的，有待于“海运”“六月息”。“海运”是海啸，“六月息”是六月间季节性大海风。但鲲鹏一飞九万里是自然，正如学鸠腾跃数仞亦自然。即使有“海运”“六月息”，学鸠也不会一飞九万里。神人的逍遥是无待的，他是“乘天地之正，而御六气之辩，以游无穷者”。既要“乘”要“御”，岂不也是有待？但“天地之正”“六气之变”是精气，乘御精气不是乘物（如乘风），就不算有待，而算无待。这是神话和宗教的讲法，不得以普通逻辑绳之。无待而游无穷，乃神人之自然。无神人之自然，虽有天地之正、六气之变，也不会乘之御之以游无穷。

本书虽然认定道即自然是《逍遥游》第一义，可是毫不排斥魏晋以来的种种“逍遥义”，它们只要各明一义，尽管层次不同，视角各异，皆可各得其所，并行不悖，相得益彰。古今各家“逍遥义”，就不必在此讨论了，在此只讨论一下“逍遥”的词汇意义。词汇意义是哲学意义的载体。前者是“言”，后者是“意”，必先由言得意，然后得意忘言。

《说文》无“逍”字“遥”字，只有“消”字“摇”字；虽有“消”字“摇”字的解释，亦无“消摇”连文的解释。

《经典释文》释《毛诗·郑风·清人》“河上乎逍遥”云：“逍，本又作消。遥，本又作摇。”未释字义。释《庄子·逍遥游》篇名云：“义取闲放不拘，怡适自得。”

成玄英为郭象《庄子注》作疏，也写了一篇《庄子序》，序中说：

> 所言“逍遥游”者，古今解释不同。今泛举纮纲，略为三释。所言三者：
>
> 第一，顾桐柏云：“逍者销也，遥者远也。销尽有为累，远见无为理。以斯而游，故曰逍遥。”
>
> 第二，支道林云：“物物而不物于物，故逍然不我待；玄感不疾而速，故遥然靡所不为。以斯而游天下，故曰逍遥游。”
>
> 第三，穆夜云：“逍遥者，盖是狂放自得之名也。至德内充，无时不适；忘怀应物，何往不通。以斯而游天下，故曰逍遥游。”

湛然《摩诃止观辅行传弘决》卷十四云：

> 王瞀夜云：“逍遥者，调畅逸豫之意。夫至理内足，无时不适；亡怀应物，何往不通。以斯而游天下，故曰逍遥。”又云：“理无幽隐，逍然而当；形无巨细，遥然俱适：故曰逍遥。”①

湛然是在讲《庄子》“逍遥”时引这段话的。王瞀夜的话与成玄英《序》中穆夜的话大致相同，王瞀夜和穆夜似即一人。这个“王瞀夜·穆夜”似即“王穆”，《新唐书·艺文志》著录关于《庄子》的“王穆《疏》十卷，又《音》一卷”，成玄英和湛然大概都是引用“王穆《疏》”。

以上各家，以王瞀夜的解释最佳。

《现代汉语词典》以“自由自在”解释“逍遥”，准确而且传神。“自

---

① 据张心泰辑《辅行记》，光绪十一年（1885 年）刊“梦梅仙馆丛书”本。

由自在”，就是以自为本，任其自然。这就是庄子的道。

第三节　《齐物论》论彼此与是非

道即自然，说详细些就是，道即万物之自然。万物，包括人在内。

“自然”是主谓结构，“自”是主语成分，“然”是谓语成分。自然，即自己如此。是自己如此，不是他物使之如此，也不是照着他物如此。是自己如此，这就说到底了，说到顶了。若再问：自己何以如此？此问便无意义，因为，若要回答，就只有回答：自己如此如此。前一个“如此”是状语。若还要问，就在回答后面再加一个“如此”。如此问下去，答下去，没有个完。而意思还是一个：自己如此。

上节说过，万物自己如此，则任何一物都不能以自灭他，即不能以自己为标准来要求他物。要说标准，就只有自己是自己的标准。自己是自己的标准，就等于没标准，更没有公共标准。《庄子·徐无鬼》说：

> 天下非有公是也，而各是其所是。

没有公共标准，也就没有公是了。没有公是，也就没有公非了。没有公是公非，是由于根本没有是非。今本《庄子》第二篇《齐物论》就专讲这个道理。以下分两点讨论：第一点，《齐物论》论公共标准；第二点，《齐物论》论是非。

关于第一点，《齐物论》说：

> 民湿寝则腰疾偏死，鳅然乎哉？木处则惴慄恂惧，猿猴然乎哉？三者孰知正处？民食刍豢，麋鹿食荐，蝍蛆甘带，鸱鸦耆鼠，四者孰知正味？猿，猵狙以为雌，麋与鹿交，鳅与鱼游。毛嫱、丽姬，人之所美也，鱼见之深入，鸟见之高飞，麋鹿见之决骤。四者孰知天下之正色哉？

人以干床[①]为正处，鳅以湿泥为正处，猿以树枝为正处。三者各皆自然，不必要也不可能以哪个为公共的正处。另外四者亦各自然，故各为正味，不必要也不可能以哪个为公共的正味。再另外四者亦各自然，故各为正色，不必要也不可能以哪个为公共的正色。归纳起来，就是各自以各自为标准，没有公共标准。

没有公共标准，上面这段引文已经表现得够明白了。表现没有公共标准的文章，《庄子》还有的是，再选抄它两段：

《至乐》云：

> 咸池九韶之乐，张之洞庭之野，鸟闻之而飞，兽闻之而步，鱼闻之而下入，人卒闻之，相与还而观之。鱼处水而生，人处水而死。

《秋水》云：

> 夔谓蚿曰："吾以一足趻踔而行，予无如矣。今子之使万足，独奈何？"蚿曰："不然。子不见夫唾者乎？喷则大者如珠，小者如雾，杂而下者不可胜数也。今予动吾天机，而不知其所以然。"蚿谓蛇曰："吾以众足行，而不及子之无足，何也？"蛇曰："夫天机之所动，何可易邪？吾安用足哉！"

《至乐》这一段与《齐物论》那一段相近。《秋水》这一段中，夔一足，蚿众足，蛇无足，各皆自然，即"天机"所动，谁也不是公共标准。

关于第二点，且从狙公故事说起，《齐物论》说：

---

① 《佩文韵府》有"干床"一词，注引皮日休诗："茧稀初上簇，醅尽未干床。"此诗见《全唐诗》"卷六百十二·皮日休"，是奉题陆鲁望屋壁十首之三。

何谓“朝三”？狙公赋芧，曰：“朝三而暮四。”众狙皆怒。曰：“然则朝四而暮三。”众狙皆悦。名实未亏而喜怒为用，亦因是也。是以圣人和之以是非，而休乎天钧，是之谓两行。

这个故事被《齐物论》作者简称为“朝三”，是根据《列子》缩写的，是《庄子》抄《列子》的一例。《列子·黄帝》云：

宋有狙公者，爱狙，养之成群，能解狙之意，狙亦得公之心。损其家口，充狙之欲。俄而匮焉，将限其食。恐众狙之不驯于己也，先诳之曰：“与若芧，朝三而暮四，足乎？”众狙皆起而怒。俄而曰：“与若芧，朝四而暮三，足乎？”众狙皆伏而喜。物之以能鄙相笼，皆犹此也。圣人以智笼群愚，亦犹狙公之以智笼众狙也。若实不亏，使其喜怒哉！

据瞿绍基铁琴铜剑楼所藏北宋本、蒋凤藻铁华馆影刻瞿藏北宋本、陈春湖海楼丛书本，末句皆作“若实不亏”，其他本作“名实不亏”。作“若实不亏”是也。说详下。

《齐物论》由这个故事得出“圣人和之以是非”云云的结论。这个故事与“是非”有什么相干？

唐当涂县丞殷敬顺撰、宋道士陈景元补的《列子释文》云：“芧，音予，橡子也。”橡子就七个①，这是“实”。说“朝四暮三”，橡子是七个，并未增多。说“朝三暮四”，橡子还是七个，并未减少，这就是“若实不亏”。然众狙以“朝四暮三”为是而喜，以“朝三暮四”为非而怒，这就是“喜怒为用”。可见喜怒为用并非由于以实为体，而是由于以是非为体。这场风波，全由是非引起，所以要“和之以是非”，将是非和之。

① 《经典释文》“朝三暮四”条云：“司马（彪）云：朝三升，暮四升也。”何其多也！与《列子》本文“将限其食”不合。日给七升，还算限制口粮吗？

和，合也，不分也。将是非和之，就是不分是非。到了《齐物论》作者手里，这个故事就成了表现是非的产生和作用，以是非为深层含义，并从而得出不分是非的结论。

“圣人和之以是非，而休乎天均，是之谓两行”：“均”是制陶器用的均盘，转动起来，但见一片浑沌，不见任何分别。将宇宙比作大均盘，就叫“天均”。和合是非，休息于天均之上，即入于浑沌之境。这是圣人的精神境界。至于七个橡子，这是“物”；“朝三暮四”和“朝四暮三”，这是“物论”。两种物论不同，两者都行，谓之“两行”。这就是“齐‘物论’”。

众狙以朝四暮三为是而喜，以朝三暮四为非而怒，在人看来，真是大可不必。这就等于说，众人以此为是而喜，以彼为非而怒，在得道的圣人看来，更是大可不必。其所以大可不必，则是因为，万物虽有，而彼此不必有，是非不必有。下文先说彼此不必有，后说是非不必有。

关于彼此不必有，《齐物论》说：

> 果且有彼是（此）乎哉？果且无彼是（此）乎哉？彼是（此）莫得其偶，谓之道枢。

万物是一物一物的客观存在。人的主观，以一物为此，另一物为彼，并将两者配为一对（“偶”），于是形成彼此，可见彼此是主观所分。两物不必即彼此，正如两人不必即朋友，男女不必即夫妇。所以实在有两物，是一码事；两物为彼此，又是一码事。前者乃自然，是客观实在；后者乃人为，是主观分别。所以，果真有彼此吗？果真无彼此吗？分彼此，就有彼此；不分彼此，就无彼此。关键（“枢”）在于“莫得其偶”，就是不要配上对子，配上对子，就形成彼此了。本书第十五章第三节说到《谷梁传》哀公二年《疏》所引的那段“庄子曰”，其消解矛盾之法，是将矛与盾“各自言之”，而不“相对言之”。不相对言之，就是“彼是（此）莫得其偶”。此节说这是“‘齐物论’之精义”。精义者，“道枢”也。

彼此不必有，则以此为是、以彼为非之是非，亦不必有。《齐物论》说：

> 物无非彼，物无非是（此）。自彼则不见，自是（此）（“是”原作“知”，盖涉下“知”字而讹，兹以意改）则知之。故曰：彼出于是（此），是（此）亦因彼。彼是（此）方生之说也。虽然，方生方死，方死方生；方可方不可，方不可方可；因是因非，因非因是。是以圣人不由，而照之于天，亦因是（此）也。是（此）亦彼也，彼亦是（此）也。彼亦一是非，此亦一是非。

意思是说，物都可以分为彼此。自己不知道自己是彼，但自己知道自己是此。由自己知道自己是此，推知他物亦自知是此。他物的此，是此物的彼。此物的彼，是由此物的此推想出来的，故曰彼“出于”此。由“此”推出“彼”之后，则“此”亦因依于“彼”矣，故曰此亦“因”彼。至此小结一句：“彼是（此）方生之说也。”“方生”，犹“并生”①。《说文·方部》：“方，并船也。”《庄子·山木》“方舟而济于河”，《经典释文》云：“司马（彪）云：方，并也。”“彼”“此”是“说”不是物，物乃自然，“说”乃人为，即人为的观念。连贯起来：“彼是（此）方生之说也”的意思是说，“彼”“此”是并生的两个观念，也就是同时而生的两个观念。

彼此两个观念，虽然可以说到“方生”为止，但物则不能说到“方生”为止，而必须说“方生方死”。《庄子·天下》载惠施十事，其第四事是“物方生方死”，明确“方生方死”的主语是“物”，这一点至关重要。明确主语是“物”，“方生方死”才是一个响当当硬邦邦的辩证法命题。观念不能“方生方死”，只能“方可方不可”，即有所肯定，必同时

① 《庄子·齐物论》：“天地与我并生。”

有所否定，例如，是生则非死，这是观念“不矛盾律”的起码要求。是生则非死，就有了是非。因而产生是，也因而产生非，即“因是因非”。“方生方死”，“方可方不可”，“因是因非”，都可以化为SAP型而P亦周延的命题[①]，因而可以倒过来说：“方死方生”，“方不可方可”，“因非因是”。《齐物论》的这些命题，这些辩论，有其逻辑史的背景[②]，但并不妨碍读者直接从正文作如上理解。

上文所说的“彼”“此”，是两物之间的矛盾，即一物为“此”，另一物为“彼”。下文“是（此）亦彼也，彼亦是（此）也”的“彼”“此”，则是一物自身的矛盾，即一物既为“此”，亦为“彼”。“彼”与“此”，由构成两物之间的矛盾，变为构成一物自身的矛盾；由两物外部矛盾，变为一物内部矛盾。至此，《齐物论》的辩论大进一步，更深刻、更辩证了。物各自为彼此，因而各有是非，形成“彼亦一是非，此亦一是非”。于是“是非之涂（途），樊然淆乱”，而且“是亦一无穷，非亦一无穷”。

因为这个缘故（“亦因是也”），即因为面临的是非复杂而无穷，“是以圣人不由，而照之于天”，不由是非之途入手解决，而任其自然。这不是束手无策，撒手不管，无可奈何，而是唯有任其自然（“照之于天”），自己解决自身的矛盾，才是真解决，而不是假解决；才是自己运动，而不是包办代替。包办代替，只是包而不办，代而未替，“非徒无益，而又害之”[③]。不由是非之途，由什么呢？由《齐物论》的“道枢”。《齐物论》说：

> 枢始得其环中，以应无穷。是亦一无穷，非亦一无穷也。故曰：莫若以明。

是非之途好比一个圆圈（“环”），不要站在圆周上，而要站在圆心上，

---

① 此说详见本章第一节。

② 详见伍非百《齐物论新义》，载于《中国古名家言》（下）。

③ 见《孟子·公孙丑上》浩然之气章。

与圆上各点保持相等的距离，如此对待圆上各点，便可只对待而无偏向。这就是“得其环中，以应无穷”；这就是“以明”照之于天，任其自然。

我在上面讲到矛盾的真解决。矛盾的真解决，意味着是非是真是非。这样讲，尚未讲到《齐物论》最深层的原意。《齐物论》最深层的原意是：是非不能定。是非连定都不能定，岂能由是非之途！“是以圣人不由”，别无选择。关于是非不能定，《齐物论》是这样论证的：

> 既使我与若辩矣，若胜我，我不若胜，若果是也，我果非也邪？我胜若，若不吾胜，我果是也，而果非也邪？其或是也，其或非也邪？其俱是也，其俱非也邪？我与若不能相知也，则人固受其黮闇。吾谁使正之？使同乎若者正之？既与若同矣，恶能正之。使同乎我者正之？既同乎我矣，恶能正之。使异乎我与若者正之？既异乎我与若矣，恶能正之。使同乎我与若者正之？既同乎我与若矣，恶能正之。然则我与若与人俱不能相知也，而待彼也邪？

再用现代汉语说一遍：

> 假使我和你辩论，你胜我，我未胜你，你就果然“是”，我就果然“非”吗？我胜你，你未胜我，我就果然“是”，你就果然“非”吗？还是有一人“是”，有一人“非”呢？还是两个人都“是”，两个人都“非”呢？我和你皆不能明，第三人亦不能明，因为他本已受自身是非的蒙蔽。我使谁判定呢？使同于你的人判定吗？既同于你，怎能判定？使同于我的人判定吗？既同于我，怎能判定？使不同于我和你的人判定吗？既不同于我和你，怎能判定？使同于我和你的人判定吗？既同于我和你，怎能判定？那么我和你和第三人皆不能明，还有待于第四人吗？

不论这番论证能否成立，它是要论证是非不能定，这个意图是可以肯定的，这就是《齐物论》关于是非的最深层原意。是非不能定，也就谈不上真不真了。是非不能定，也就不必有了。

“物”是客观存在，“物论”是主观分别，彼此、是非都属于“物论”，都是主观分别，不是客观存在。

第四节 《庄子》论知、言、意

战国之世，墨家起来反对儒家，法家起来反对儒墨，庄子起来反对儒墨法。《齐物论》说：“故有儒墨之是非，以是其所非，而非其所是。”这是说儒墨抬杠：你说不对我偏说对，你说对我偏说不对。儒墨之间是否果然如此且不论，不过儒墨的确有是非之争。庄子更有是非之争，其对手更多，赫赫三大家，还有惠施之辈的名家。并世各家，无不为敌，有“举国皆我敌”[①] 之概。

然《齐物论》以是非为主观分别，既要“休乎天均”，又要“和之以天倪”。《庄子・寓言》说“天均者，天倪也”[②]，是一码事。但班固说，天倪是“天研”，见于《经典释文》“齐物论・天倪”条。倪与研音近故通，《汉书・货殖传》“乃用范蠡、计然”颜师古注“计然一号计研”，“《吴越春秋》及《越绝书》并作计倪，此则倪、研及然声皆相近，实一人耳”，可证。《说文・石部》：“研，礦也。从石幵声。”磨子与均盘，形状、转动皆近似。班固说虽亦近似，终宜以《寓言》所说为准。“天均”解见上节，与“天研”都是浑沌形象。研又通砚，砚中磨墨，转动起来，一团漆黑，亦此形象。浑沌形象，体现对是非的否定。

《齐物论》这样的是非观，完全适用于庄子自己。庄子自己，就连自己“是”自己还是“非”自己，亦不能定。这不是对自己的否定，只是对自己“是”“非”的否定。自己客观存在，毫无疑义。而自己“是”自

① 梁启超诗句，见擎一编《饮冰室文集类编》下册，1903年日本横滨版。

② 《寓言》第一大段，是《齐物论》摘要，互相参照，可助理解。

己还是“非”自己，则不能定。《齐物论》说：

> 昔者庄周梦为胡蝶，栩栩然胡蝶也，自喻适志欤！不知周也。俄然觉，则蘧蘧然周也。不知周之梦为胡蝶欤？胡蝶之梦为周欤？

庄周是庄周而非胡蝶？庄周是胡蝶而非庄周？胡蝶是胡蝶而非庄周？胡蝶是庄周而非胡蝶？这一连串的是非，庄子都不能定。

《齐物论》这样的是非观，当然适用于其他众人。《大宗师》说：

> 相与吾之耳矣，庸讵知吾所谓吾之［非吾］[①] 乎？且汝梦为鸟而厉乎天，梦为鱼而没于渊，不识今之言者，其觉者乎？其梦者乎？

这段话后几句，与“庄周梦为胡蝶”那段话大意相仿。前几句意思是说，大家都把自己叫做“我”，我也跟着把自己叫做“我”，如此而已，这怎能断定我说“是”我，就不是“非”我呢？《大宗师》这个意思深刻极了。许多人活了一辈子，也不知道自己“是”自己，还是“非”自己。呜呼哀哉，呜呼痛哉。无怪乎古希腊有个神庙，刻着一句大字铭文：“认识你自己！”

上文曾说，对是非的否定，来自对彼此的否定。下文再说，对是非的否定，导致对“知”的否定，对“言”的否定。不这样也是不可能的，因为“知”就是要分别是什么，非什么；“言”就是要表达是什么，非什么。

先讨论“知”。《齐物论》说：

> 啮缺问乎王倪曰：“子知物之所同是乎？”曰：“吾恶乎知之。”“子知子之所不知邪？”曰：“吾恶乎知之。”“然则物无知邪？”曰：

① 据朱桂曜《庄子内篇证补》补“非吾”二字。

> “吾恶乎知之。虽然，尝试言之。庸讵知吾所谓‘知’之非‘不知’邪？庸讵知吾所谓‘不知’之非‘知’邪？”

王倪的三次回答都是：我哪知道。这是说他“不知”。他马上否定“不知”，说，怎见得我说“不知”不是“知”呢？怎见得我说“知”不是“不知”呢？这是表示，“知”与“不知”不能定。

“知”与“不知”不能定，来自知的对象也不能定。《庄子·大宗师》说：

> 夫知有所待而后当，其所待者，特未定也。庸讵知吾所谓“天”之非“人”乎？所谓“人”之非“天”乎？

“所待”指对象。常识说，知要有对象才成立。《庄子·庚桑楚》说“知者接也”，接触对象也，就代表这种常识。这种常识的困难，不在别处，独独在于对象不能定。对象是“天”吗？怎见得我所谓“天”不是“人”呢？对象是“人”吗？怎见得我所谓“人”不是“天”呢？是天是人不能定，就是知的对象不能定。

此处鲜明地显现，庄子的知识论（在此是认识论）[①] 超越常识（也就是超越其他各家）。常识以为，有知的主体和知的对象，才可能有知，但作为知的对象的客观事物，变动不定[②]，使知的主体无法得知。《庄子·德充符》说“人莫鉴于流水，而鉴于止水”，形象地说明了这个状况。出路何在？出路在于超越主体与对象的分别。《庄子·在宥》说：

> 万物云云，各复其根，各复其根而不“知”。浑浑沌沌，终身不离。若彼“知”之，乃是离之。

---

① epistemology 包括 theory of knowledge 与 theory of knowing，此处指后者，参看第十二章第一节。

② 《庄子·秋水》云：“物之生也，若骤若驰，无动而不变，无时而不移。”

主体与对象本是一体，“终身不离”。若将对象与主体相对以求知之，“乃是离之”。这就破坏了浑沌状态，闹出凿死浑沌的悲剧。《庄子·应帝王》说：

> 南海之帝为倏，北海之帝为忽，中央之帝为浑沌。倏与忽时相与遇于浑沌之地，浑沌待之甚善。倏与忽谋报浑沌之德，曰：“人皆有七窍，以视听食息，此独无有，尝试凿之。”日凿一窍，七日而浑沌死。

好心办坏事，似是笑谈，实为控诉。“人皆有七窍”，故浑沌应有七窍。这是什么逻辑！这是以共相杀人。

《庄子》充满对“知”的控诉。《胠箧》说：

> 夫弓弩毕弋机变之知多，则鸟乱于上矣。钩饵网罟罾笱之知多，则鱼乱于水矣。削格罗落罝罘之知多，则兽乱于泽矣。知诈渐毒颉滑坚白解垢同异之变多，则俗惑于辩矣。故天下每每大乱，罪在于好知。……故上悖日月之明，下烁山川之精，中堕四时之施。惴耎之虫，肖翘之物，莫不失其性。甚矣夫！好知之乱天下也。

故《在宥》说：

> 绝圣弃知，而天下大治。

关于“知”的讨论，至此暂告一个段落。

再讨论“言”。《齐物论》说：

> 夫言非吹也。言者有言。其所言者特未定也。果有言邪？其未

尝有言邪？

《齐物论》上文有“吹万不同”之句，是说大地起风，吹入各种洞穴，发出各种声音。此声音没有意义。承此“吹”而言，则“言非吹也”，“言”不是吹风的“吹”，因为“言”的声音有意义。一直讲到这里，皆合常识。下文就超越常识了。试将下文数句与前引《大宗师》数句逐句对比：

《齐物论》句	《大宗师》句
1. 言者有言	1. 夫知有所待而后当
2. 其所言者特未定也	2. 其所待者特未定也
3. 果有言邪	3. 庸讵知吾所谓天之非人乎
4. 其未尝有言邪	4. [庸讵知吾] 所谓人之非天乎

若允许用中国传统的文学批评术语，就可以说，两者简直是同一“笔法”！同一笔法，表现同一种论证模式。所以前面对《大宗师》这段论证的解释，对《齐物论》这段论证也基本适用。

关键是“其所言者特未定也”。所言者未定，则“有言”与“未尝有言”亦未定。一如《大宗师》如此否定“知”，《齐物论》亦如此否定“言”。但“其所言者”是什么？

《庄子·外物》说“言者所以在意”，又《天道》说“语之所贵者意也”，都是说，“其所言者”就是“意”。言有所言，其所言者就是“意”。

但“意”又是什么？可从字义、《庄子》正文这两个方面来回答。

《说文·心部》“意”作 ，《说文·言部》“言”作 。从这两个小篆字形，可以直接解说字义，可以避开许慎对这两个字的臆说的干扰。这两个字形，都是“会意”结构。“意”从“音”从“心”，“言”从“音（省）”从“口”（的上部，是的省略，用《说文》的术语说，就是“音（省）”）。许氏见未及此，徒逞臆说。直接分析字形可知：音在口为言，音在心为意。在心之音，可谓“心声”。扬雄《法言·问神》云：“言，心声也”，盖就“言”之“意”而言之。意是心声，这条释义，现代汉语仍可用。

再看《庄子》正文方面。《天下》云：

惠施多方，其书五车，其道舛驳，其言也不中，历物之意。

此条正文，将“书”“道”“言”“意”一顺说下来，特别是“历物之意”一语，明说“意”与“物”的关系是“物之意”，最为重要。《经典释文》释“历物之意”云“分别历说之”，就是，一条一条地遍说“物之意”。

将此数者一顺说下来的，还有《天道》：

世之所贵道者书也。书不过语，语有贵也，语之所贵者意也。意有所随，意之所随者，不可以言传也。

其中的“语”就是“言”。将“言”、“意”与“物”的关系进一步阐明，则有《秋水》：

可以“言”论者，“物”之粗也。可以“意”致者，“物”之精也。“言”之所不能论，“意”之所不能致者，不期精粗焉。

此条中的“可以‘意’致者”，即上一条中的“意之所随者”。此条中的“‘言’之所不能论”，即上一条中的“不可以言传”。我们现在还说：只可意会，不可言传。这八个字极其精练，即由以上引文精炼而成。照《秋水》所说，可以言传的是“‘物’之粗”，即可见可闻可感的万物。可以意会的是“‘物’之精”，精固然与粗相对，但更有道家特定的所指，就是“精气”。精气是物之“精”，至微至眇（妙），看不见摸不着，但仍是“物”之精。还有不可言传也不可意会的，那就“不期精粗”了，即超越物之精粗了。反过来说，超越物之精粗，那就超越言和意了。按哲学的含义，超越就是否定。讲到这里，也就超越常识了。

这是最深层次，也是最高层次。在这个层次上，超越知言意，否定知言意。但知言意三者并不在一个层次。知与言不在一个层次，由“知者不言，言者不知”① 可见。言与意不在一个层次，由“言者所以在意，得意而忘言”② 可见。知与意在一个层次，由《知北游》中“无为谓”的故事③可见。

“意”，有内容与形式两个方面。其内容，就是万物之自然，是客观的；其形式，就是心之声，是主观的。所以在否定一切主观分别时，否定“言”而不否定“意”，因为“意”有客观内容。而在超越一切客观存在达到最高精神境界即浑沌时，就否定“意”也否定“知”。

第五节　《庄子》论道、德

若问：不可言传的东西是什么？

若答：是道。这就是以言传了，于是陷入矛盾，以“言”传“不可言传”。前人早已看出这个矛盾，白居易还为此写了一首《读〈老子〉》④ 的七绝：

言者不知知者默，此语吾闻于老君。
若道老君是知者，缘何自著五千文？

这是一个悖论，类似古希腊的“说谎者”悖论。有一个简单的解决办法，这就是分别层次：说“知者不言，言者不知”的人在一个层次，别的人在另一个层次。他这话只涉及别人，不涉及他自己。他自己是不是此话中的“者”？没有涉及，没有肯定。他这话是不是此话中的“言”？没有涉及，没有肯定。我上中学时当值日生擦黑板，擦干净了总有人又在上

① 见《老子・五十六章》，亦见《庄子》的《天道》和《知北游》。
② 见《庄子・外物》。
③ 见下节所引。
④ 见《白居易集》卷第三十二，中华书局 1979 年版。

面乱写，我就在黑板边上写了“禁止写字”四字。有人说，你自己就写了。我于是陷入悖论。如果说，我写字是为了禁止别人写字，在这一点上我和别人不在一个层次，我就超越了。

分别层次，这个办法，就是《齐物论》说的“得其环中”。环上与环中，可以看作两个层次。跳出环上，站到环中，等于跳出环上的层次，站到环中的层次。对于环上，这就是超越。

还有一个办法，就是《庄子·寓言》说的“言无言”。道是无，也是无言。言道，就是言无言。《寓言》云：

> 言无言。终身言，未尝言。终身不言，未尝不言。

言无言，则“言”等于“不言”。将“不言”置换“终身言，未尝言”中的“言”，便得“终身不言，未尝不言”。只要讲的是道，即使是终身讲，年年讲，月月讲，天天讲，时时讲，也等于没有讲。这已经超越“言”与“不言”了。

作了这样一番打点，再来讨论《庄子》是如何论道的。且看《知北游》。

《知北游》开头，是一个由“知”、“无为谓”、“狂屈”和“黄帝”组成的故事。“知”问“无为谓”：“‘何思何虑则知道？何处何服则安道？何从何道则得道？’三问而‘无为谓’不答也。非不答，不知答也。”“知”又以此问“狂屈”，“‘狂屈’曰：‘唉，予知之，将语若。’中欲言而忘其所欲言”。“知”又问黄帝，“黄帝曰：‘无思无虑始知道，无处无服始安道，无从无道始得道。’”可是黄帝评论说：“彼‘无为谓’真是也，‘狂屈’似之，我与汝终不近也。”后来黄帝解释说：“彼（无为谓）其真是也，以其不知也。此（狂屈）其似之也，以其忘之也。予与若终不近也，以其知之也。”

黄帝所说，代表了《庄子》的意思：“不知”者“真是”道，“忘之”者“似”是道，“知之”者“终不近”于道。“终不近”是完全不沾边。

换言之，最上“不知”，其次“忘之”，最下“知之”。

《知北游》还有一个由“泰清”“无穷”“无为”“无始”组成的故事：

> 所以论道而非道也。于是“泰清”问乎“无穷”曰：“子知道乎?”“无穷”曰：“吾不知。”又问乎“无为”。“无为”曰：“吾知道。”曰：“子之知道，亦有数乎?”曰：“有。”曰：“其数若何?”“无为”曰：“吾知道之可以贵，可以贱，可以约，可以散：此吾所以知道之数也。”“泰清”以之言也，问乎“无始”曰：“若是则‘无穷’之弗知，与‘无为’之知，孰是而孰非乎?”“无始”曰：“不知深矣，知之浅矣。弗知内矣，知之外矣。”于是“泰清”中而叹曰：“弗知乃知乎！知乃不知乎！孰知‘不知之知’?”“无始”曰：“道不可闻，闻而非也。道不可见，见而非也。道不可言，言而非也。知形形之不形乎？道不当名。”
>
> “无始”曰：“有问道而应之者，不知道也。虽问道者，亦未闻道。道无问，问无应。无问问之，是问穷也。无应应之，是无内也。以无内待问穷，若是者，外不观乎宇宙，内不知乎太初，是以不过乎昆仑，不游乎太虚。”

“所以论道而非道也”，是说，用以论道的手段，如下文的“闻”“见”“言”“名”，其本身都不是道。就道本身说，“道不可闻”，“道不可见”，“道不可言”，“道不当名”。既然如此，也就道不可问了。不仅不可问道，而且有人问道也不可答应。“无穷”答曰不知，虽是“深矣”，然犹“应之”，不及“无为谓”之不答远矣。所以《庄子·天运》说：

> 使道而可献，则人莫不献之于其君；使道而可进，则人莫不进之于其亲；使道而可以告人，则人莫不告其兄弟；使道而可以与人，则人莫不与其子孙。

以上都是讲道的否定性，将道作为“无”而讲之。道还有肯定性，可以作为“有”而讲之。《大宗师》云：

> 夫道有情有性，无为无形；可传而不可受，可得而不可见；自本自根，未有天地，自古以固存；神鬼神帝，生天生地；在太极之先而不为高，在六极之下而不为深，先天地生而不为久，长于上古而不为老。狶韦氏得之，以挈天地；伏戏氏得之，以袭气母；维斗得之，终古不忒；日月得之，终古不息；堪坏得之，以袭昆仑；冯夷得之，以游大川；肩吾得之，以处大山；黄帝得之，以登云天；颛顼得之，以处玄宫；禺强得之，立乎北极；西王母得之，坐乎少广，莫知其始，莫知其终；彭祖得之，上及有虞，下及五伯；傅说得之，以相武丁，奄有天下，乘东维，骑箕尾，而比于列星。

此段讲道的肯定性，而且是与道的否定性统一而讲之。此段有极重要的两点：

第一，道“自本自根”“自存”，可见道即自然，以自为本。

第二，道“可得而不可见”，后面一连说了十三个“得之”以为“可得”的例证。将“可得而不可见”与《知北游》“无始”那段话合起来看，便可见，道可得而不可闻，道可得而不可言，道可得而不当名。“可得”是肯定性，“不可闻”“不可见”“不可言”“不当名”是否定性，用个“而”字统一起来。其实此段开口就是“道有情有信，无为无形”，已是有与无的统一，即肯定性与否定性的统一。虽是肯定性与否定性的统一，仍以讲肯定性为主旨。道果真“可得”，一口气列举十三个大得主，以为例证（都是神话传说，又可见《庄子》以神话传说为建构材料）。十三个大得主，“得之”以后有何贵干呢？他（她）们“得之，以”干的事各不相同，各自实现自我的特色。他（她）们彼此两人之间，可以有 $C_{2}^{13}=78$ 种组合关系，在每种组合关系中的双方，谁也不能代替谁，这一点，可以由他（她）们“得之，以”干的事各不相同证明。“得之，以”

实现个体自我，就是“得之”的意义。“得”者，“德”也，十三个“得之”用形象体现《庄子》所讲的“德”。用概念论述《庄子》所讲的“德”，则有《天地》。《天地》云：

物得以生谓之德。

又云：

形非道不生，生非德不明，存形穷生，立德明道。

故《天下》云：

以天为宗，以德为本，以道为门，兆于变化：谓之圣人。

冯友兰氏二十世纪二十年代研究道家的“道”“德”，所得结论，写入《中国哲学史》第一篇，其老子章中曾说：

道为天地万物所以生之总原理，德为一物所以生之原理。①

其庄子章中曾说：

天地万物所以生之总原理，即名曰道；各物个体所以生之原理，即名曰德。②

---

① 见冯氏《中国哲学史》第一篇第八章“（四）道，德”节，商务印书馆大学丛书版，第 222 页。收入《三松堂全集》第 2 卷，河南人民出版社 2001 年版，第 409 页。

② 见冯氏《中国哲学史》第一篇第十章“（二）道，德，天”节，商务印书馆大学丛书版，第 282 页。收入《三松堂全集》第 2 卷，河南人民出版社 2001 年版，第 453 页。

有了冯氏这个结论，再看《管子·心术上》所说的：

> 虚无无形谓之道，化育万物谓之德。

也就恍然大悟了。原来“化育万物谓之德”，也就是说，德是万物个体所以生之原理。

在哲学形上学中，个体有了自己的范畴（“德”），这个范畴并有“为本”的地位（《天下》：“以德为本”），这是《庄子》空前的贡献。发现这个贡献，冯氏是第一人。这是冯氏当年富有现代精神的前无古人的天才的发现，可惜在五六十年代讨论老庄的文章中，在《中国哲学史新编》中，完全不见了。

我常想：帛书《老子》德篇在前，这难道与“德”的地位没有关系么？

第十七章　庄子（下）

第一节　《庄子》哲学的“两行”结构

《庄子》哲学，是一个“两行”结构。“两行”，就是前面说过的《齐物论》所说的“两行”。具体到《庄子》哲学的结构，“两行”的内容，就是《天下》所说的：

> 独与天地精神往来，而不傲倪于万物；不谴是非，以与世俗处。

“与天地精神往来”是一“行”，可简称精神之行；“与世俗处”是一“行”，可简称世俗之行。这两行并行不悖，构成《庄子》哲学。

上一章所讲的就是精神之行，更精确地说，是精神之行的预备。谁与天地精神往来？“独”。独，就是自我。这是主体。《庄子·在宥》云“出入六合，游乎九州，独往独来，是谓独有，独有之人，是谓至贵”，正谓此。与天地精神往来，就是得道，实现《大宗师》所说的“得之”。为了“得之”，必须进行预备，即进行一系列根本的彻底的否定：否定彼此，否定是非，否定知言意。这一系列否定，使主体虚化。《人间世》说“唯道集虚，虚者心斋也”，主体虚化，成为心斋，亦即“虚室”。《人间世》又说“虚室生白，吉祥止之”[①]，这种景象就是屈原《远游》描写的“精皎皎以往来”。“生白”故“皎皎”，“吉祥”就是“精”，来到心斋的

① 原作“吉祥止止”，奚侗《庄子补注》云：“止止连文，义不可晓”，“下止字当作之”，“止之篆形相似，易误”。兹据改。

虚室住下。后来的剑侠小说，说剑仙有一道白光或祥光，其说本此。“精皎皎以往来”，就是“与天地精神往来”，也就是得道。

虽然我独得道，亦不傲睨万物。郭璞《游仙诗》云“漆园有傲吏”[①]，说的是庄子，以庄子为“傲”，虽是作诗，亦含误解。《秋水》所记庄子不受楚王之聘，全是以理服人，使来使赞成“宁生，而曳尾涂中”。通观《庄子》全书，并不提倡“傲”。《让王》有“天子不得臣，诸侯不得友”的话，似是傲睨王侯了，其实这话是说“养志者忘形，养形者忘利，致道者忘心”的，如此三忘，则并“傲”而忘之矣。

既已得道，干吗还要“与世俗处”？正因为得道，所以要“与世俗处”。因为道即自然，一任万物自然，首先就是一任万物自存。“存”之不存，于“然”何有！从个体看，是万物自存；从宇宙看，是万物共处。万物自存，是自然；万物共处，亦自然。与世俗处，是与人相处，是万物共处的一部分。

《齐物论》说：“天地与我并生，而万物与我为一。”就是说，我与天地万物共处。《庄子》令人深深感到，它的作者们，既与天地日月、风露云气、江湖河海、山林田圃乐于共处；又与鱼鸟麋鹿乐于共处；又与人乐于共处。《论语·微子》：“鸟兽不可与同群，吾非斯人之徒与而谁与？”见人不见物，何等狭隘。《庄子·山木》：“入兽不乱群，入鸟不乱行，鸟兽不恶，而况人乎！”自是得道气象。《论语》和《庄子》都主张与世俗处，但《论语》认为，不可与鸟兽同群，只好与人共处；《庄子》则认为，可与鸟兽同群，亦可与人共处。前者着眼于人与鸟兽之异，后者着眼于人与鸟兽之同。从人道看，自然只见人与鸟兽之异；从天道看，自然可见人与鸟兽之同。此正如《庄子·德充符》所说：“自其异者视之，肝胆楚越也；自其同者视之，万物皆一也。”可见《论语》是站在人道上讲人道，《庄子》是站在天道上讲人道。《庄子》是“以天待”[②]人，《论

---

① 见昭明《文选》卷第二十一。

② 《庄子·徐无鬼》：“古之真人，以天待之，不以人入天。”入，扰乱也。

语》是“以人灭天”①。这是两者的根本区别。所以《庄子》是站在天道上“两行”，不是脚踏两只船。

与世俗处，就要“不谴是非”。不仅要不谴是非，而且要共同约定是非，并在约定是非的基础上，约定一套世俗之行的规范。于是《庄子》“两行”结构，发展完善，成为一个十级结构，这十级是：

天→道→德→仁→义→礼→法→事→民→物

详见《在宥》，将在本章第三节中讨论之。

《庄子》“两行”结构的发展过程，有两个基本阶段：第一阶段，发展天道德而掊击仁义礼法；第二阶段，坚持天道德而吸收仁义礼法，终于成为“黄老之道”的南宗。

第二节 《庄子》哲学的第一阶段

《庄子》哲学的“两行”：“精神”之“行”和“世俗”之“行”，各为一个阶段的重点。第一阶段的重点是精神之行，具体内容是发展天、道、德，掊击仁、义、礼、法。这是一件事的两面。第一阶段的内容，尤其是对仁义礼法的掊击，人们较为熟悉，提起《庄子》，马上就会想到它对仁义礼法的掊击，所以有关的讨论和引证，不妨从简。何况前一章对天、道、德已经有所讨论，“道即自然”就是说天，还另有一节专说道、德。

《庄子·马蹄》云：

> 夫至德之世，同与禽兽居，族与万物并，恶乎知君子小人哉？同乎无知，其德不离；同乎无欲，是谓素朴。素朴而民性得矣。及至圣人，蹩躠为仁，踶跂为义，而天下始疑矣。澶漫为乐，摘僻为礼，而天下始分矣。故纯朴不残，孰为牺尊；白玉不毁，孰为珪璋；

① 《庄子·秋水》：“无以人灭天。”

道德不废，安取仁义；性情不离，安用礼乐；五色不乱，孰为文采；五声不乱，孰应六律。夫残朴以为器，工匠之罪也；毁道德以为仁义，圣人之过也。

关于法，表现为赏罚，《庄子·在宥》云：

故举天下以赏其善者不足，举天下以罚其恶者不给。故天下之大，不足以赏罚。自三代以下者，匈匈焉终以赏罚为事，彼何暇安其性命之情哉？

其他就不必引了。通观《庄子》对仁义礼法的掊击，其最有哲学意义者，集中到一点，就是，仁义不是人之性，仁义礼法乱人之性。以下就讨论这一点。《庄子·天道》云：

孔子西藏书于周室，子路谋曰："由闻周之征藏史有老聃者，免而归居。夫子欲藏书，则试往因焉。"孔子曰："善。"往见老聃，而老聃不许，于是繙十二经以说。老聃中其说，曰："大谩！愿闻其要。"孔子曰："要在仁义。"老聃曰："请问：仁义，人之性邪？"孔子曰："然。君子不仁则不成，不义则不生。仁义，真人之性也，又将奚为矣？"老聃曰："请问：何谓仁义？"孔子曰："中心物恺，兼爱无私，此仁义之情也。"老聃曰："噫！几乎后言。夫兼爱，不亦迂乎！无私焉，乃私也。夫子若欲使天下无失其牧乎？则天地固有常矣，日月固有明矣，星辰固有列矣，禽兽固有群矣，树木固有立矣。夫子亦放德而行，循道而趋，已至矣。又何偈偈乎揭仁义，若击鼓而求亡子焉？噫，夫子乱人之性也！"

批判“兼爱无私”，正是“剽剥儒墨”[①]。“请问：仁义，人之性邪?”就把问题挑明了。

儒家的孔孟认为，仁义真正是人之性。人之性就是人之自然。无论道法自然，还是道即自然，都是将自然举到至高无上的地位。如果仁义真是人之性，那还有什么二话可说（“又将奚为矣”）。

《天道》中老聃的话，并未正面肯定，亦未正面否定，仁义是人之性。如果正面肯定，或正面否定，那就是用正的方法了。但《庄子》是用负的方法，在最后得到自己的结论。

《庄子》的负的方法，在此就是，超越仁义是不是人之性的争论，不说仁义是不是人之性，只说“放德而行，循道而趋，已至矣”。“已至矣”，是说已经达到目的了。达到什么目的呢？这就回应上文所说“夫子若欲使天下无失其牧”的目的。“牧”，就是牧人。《庄子·马蹄》云“马，蹄可以践霜雪，毛可以御风寒，龁草饮水，翘足而陆：此马之真性也”，根本用不着牧人。徐悲鸿盛年画马，都是野马无缰，不画牧人，深得此意。所以“欲使天下无失其牧”，不过是儒家“夫子”的目的。至于《庄子》在此的目的，则是欲使天下无牧。其根据是，天下本无牧，宇宙更无牧。天地无牧而固有常，日月无牧而固有明，星辰无牧而固有列，禽兽无牧而固有群，树木无牧而固有立，人无牧而固有性，性是自然。若用当代某家笔法，就是，虽然无牧，地球照样转，太阳照样亮，鱼儿照样游，女人照样生孩子。拼命地揭举仁义，好像击鼓追捕逃犯：这是“牧”的任务，与人之性并不相干，反而乱人之性。《庄子》在此超越仁义是不是人之性的争论，最后却得到仁义乱人之性的结论。这是负的方法妙用之一例。

当然，仁义“乱人之性”也就蕴涵“仁义不是人之性”，而且比“仁义不是人之性”走得更远。先秦儒家的最后一位大师荀子，后半生定居楚国，晚年著书，接受《庄子》“仁义不是人之性”之说，抛弃孔孟“仁

① 《史记》庄子传，说庄子著书“剽剥儒墨”。

义是人之性”之说，其与《庄子》不同者，在于《庄子》进一步认为仁义“乱”人之性，荀子进一步认为仁义“化”人之性。

话再说回来，即使仁义是人之性，《庄子》也决不促进仁义。普列汉诺夫说过，“只有在疯人院里才能产生出一个促进月蚀的政党”[①]。仿此亦可说，只有在疯人院里才能产生出一个促进天地有常的政党，只有在疯人院里才能产生出一个促进日月有明的政党，只有在疯人院里才能产生出一个促进星辰有列的政党，只有在疯人院里才能产生出一个促进禽兽有群的政党，只有在疯人院里才能产生出一个促进树木有立的政党。如此比较，《庄子》就等于说，“偈偈乎揭仁义”者，不是别的人，正是促进月蚀党人一类的疯人。《庄子》的道理很简单：如果仁义是人之性，则仁义是自然；但促进仁义是人为，不是自然了。

上引《天道》的孔老故事，《天运》中也讲过，并且讲得更为形象而生动，好像是一个传说的两种记录，大同小异，各具特色，相得益彰。《天运》云：

> 孔子见老聃而语仁义。老聃曰：“夫播糠眯目，则天地四方易位矣；蚊虻噆肤，则通昔不寐矣。夫仁义憯然，乃愦吾心，乱莫大焉。吾子使天下无失其朴，吾子亦放风而动，总德而立矣，又奚杰然若负建鼓而求亡子者邪？夫鹄不日浴而白，乌不日黔而黑。黑白之朴，不足以为辩；名誉之观，不足以为广。泉涸，鱼相与处于陆，相呴以湿，相濡以沫，不若相忘于江湖。”

这是用正的方法，直截了当地说，仁义之害，比播糠迷眼，蚊虻叮人，还厉害得多，因为仁义使人心乱，丧失其朴。什么是朴？例如，鹤不天天洗而自白，乌不天天染而自黑，自白自黑就是朴，自己如此，用不着说（“不足以为辩”）。人们却要说白鹤美，乌鸦丑，不过是名声好坏

① 见《论个人在历史上的作用问题》，三联书店 1961 年版，第 4 页。

（“名誉之观”），于朴没有影响（“不足以为广”）。人们骂天下乌鸦一样黑，不知骂了多少年，乌鸦还是一样黑。讲到这里，再来体会《庄子·天地》所说的：

> “至德之世”，“民如野鹿，端正而不知以为义，相爱而不知以为仁”。

便意会到，“相爱”是“朴”，“仁”是“名”；“端正”是“朴”，“义”是“名”。相爱就是了，何必以为仁？端正就是了，何必以为义？“无失其朴”就是了，何必挂在嘴上，不嫌累？

最后的鱼相忘于江湖的比喻，是《庄子》的得意文章，用过三次，另外两次见于《大宗师》：

> 泉涸，鱼相与处于陆，相呴以湿，相濡以沫，不如相忘于江湖。

又云：

> 鱼相忘乎江湖，人相忘乎道术。

啊，原来是“比而兴也”，用这个比喻兴起“人相忘乎道术”的深层含意。

这是将仁义比作鱼口里的湿气和涎沫，将道比作江湖之水。再将人比作鱼，该选中哪个？从这个比喻可以悟出：《庄子》掊击仁义，绝不是要人不仁不义。《庄子》暗示：仁至义尽，尚且不行，更何况不仁不义！《庄子》主张：超越仁义，相忘于道。

在江湖之中，不用呵湿气、吐涎沫以互相滋润了，然而滋润的目的已经实现而有余。在道的层次，自然实现仁义层次的目的而有余。

关于仁义的讨论就到此为止。仁义尚且如此，礼法就不言而喻了。

这个阶段掊击仁义礼法，说到底，就是“谴是非”。精神生活必谴是非之类，否定一切条条框框，不受任何约束，从而获得无限的精神解放，无限的精神自由。这样的精神状态，才能无限释放精神能量，即无限发挥想象力、推理力，总之，创造力。任何创造，当正在创造的时刻，一定是这样的精神状态。中国文明中的创造，都是在这样的精神状态创造的。《庄子》全力开发这样的创造精神。儒家法家，则一面束缚这样的创造精神，一面利用这样的创造成果。

这样的精神状态，《庄子》中有精妙的描写，例如庖丁解牛①，轮扁斫轮②。或可说，庖丁解牛，“依乎天理，批大郤，导大窾，因其固然”，岂不是遵循条条框框吗？是的，但这是就客观而言；至于精神状态，则是“以神遇而不以目视，官知止而神欲行”，完全是精神自由运动。

讲到这里，就会出现两怕：

一怕否定传统，从零开始。老庄并不否定传统。相反，《老子》云：“执古之道，以御今之有，能知古始，是谓道纪。”③《庄子》亦云“古之人，其知有所至矣”④，而且根据“古之道术”⑤，论列各家。可见都是“信而好古”⑥ 一派，而且古到神话传说里去了。惟个人创新的时刻，一定要超越条条框框限制，亦非条条框框所能限制。任何创新的时刻，皆非“随其成心而师之”⑦，传统就是最大的“成心”。经典是要读的，但“六经，先王之陈迹也，岂其所以迹哉？”“夫迹，履之所出，而迹岂履哉？”⑧ 经典好比脚印，是脚踩出来的，脚印并不是脚。由脚印而知脚，犹由言而得意。当时有人把脚印当成脚，并且要别人也这样。引起《庄

① 见《庄子·养生主》。
② 见《庄子·天道》。
③ 见《老子·十四章》。
④ 见《庄子·齐物论》，又见《庚桑楚》。
⑤ 见《庄子·天下》。
⑥ 见《论语·述而》。
⑦ 见《庄子·齐物论》。
⑧ 见《庄子·天运》。

子》最强烈的反弹，就是否定一切条条框框，彻底解放心灵，开发创新创造的精神资源。

二怕“自事其心”①，天下大乱。本书第四章“法治精神”，正可消除此怕。从楚武王起，楚国逐步建成“法治国家”——当然是在中国古代的意义上，不是在西方近代的意义上。只要有法治国家坚持条条框框，就不怕精神领域否定条条框框。这两个方面相反相成，管而不死，放而不乱。因而造成楚国的繁荣富强。

《庄子》哲学发展的第一阶段，大致就是这样。

第三节　《庄子》哲学的第二阶段

《庄子》哲学发展过程的第二阶段，以吸收仁义礼法为特征。从第一阶段的掊击仁义礼法，到第二阶段的吸收仁义礼法，这是一个转变，一个发展。但第二阶段仍继续坚持第一阶段所讲的天道德。所以还是庄学，还是道家。否则不是庄学，不是道家，只是儒家和法家。

坚持天道德，吸收仁义礼法，就是在道家的立场上，实行道家与儒家法家的统一。《庄子》确实有此内容。前人亦知有此内容，而不知有此内容构成的第二阶段。

第二阶段的提法，是本书首次提出的。对这个提法，前人已经从反面有所准备。这种准备，可以上溯到欧阳修。据吴汝纶《庄子点勘》在《天道》“上必无为而用天下，下必有为为天下用”这一段之上的眉批，欧阳修曾说“此以下俱不似庄子”，就因为“此以下”展开了五末九变之说，吸收了仁义礼法。王夫之《庄子解》，宣颖《南华经解》，刘凤苞《南华雪心编》，也都批评《庄子》吸收仁义礼法之处，不似庄子，还有人干脆主张删掉。他们说的不似庄子，其实是不似《庄子》第一阶段。他们是从反面说出了《庄子》第二阶段。他们对《庄子》第二阶段的提

① 见《庄子·人间世》。

法从反面作了准备，值得感谢。

《庄子》第二阶段，有不似《庄子》第一阶段的《庄子》原文为根据；而《庄子》有此原文，则有《庄子》结构的内在根据。《庄子》结构的内在根据，就是“不谴是非，以与世俗处”，也就是“两行”中的世俗之“行”。这倒不是由于《庄子》的作者们要过世俗生活。他们是要过世俗生活，但他们完全可以只过世俗生活，不讲世俗之行。这样的人还少吗？他们要讲世俗之行，是由于完善《庄子》结构的需要。因为若不讲世俗之行，则《庄子》哲学的“两行”结构就缺少一行，就是“以一足跉踔而行”[①]，就不是两条腿走路了。简言之，这是《庄子》哲学的需要，不是作者生活的需要。

《庄子》哲学的两行结构，势必不能只讲精神之行，势必还要讲世俗之行，势必要发展出第二阶段。讲世俗之行，于是就吸收了仁义礼法。《老子》结构已经吸收了仁义礼[②]。《庄子》第二阶段，则不仅吸收了仁义礼，而且吸收了法。与《老子》比较，《庄子》第二阶段的吸收法，是一个更新的突破。在道家内部，这是一个大胆的改革，是一个涉及姓“道”还是姓“法”的大问题。对于这一点，西方的《庄子》研究者比中国的同行敏感。清末来华的传教士翟礼士（Herbert A. Giles）英译《庄子》，将书名题为“Chuang Tzu：Mystic，Moralist，and Social Reformer”（《庄子：神秘家，道德家，社会改革家》），视《庄子》为“改革家”之作，实在发中国人所未发，道中国人所未道。《庄子》的社会改革，首先是在道家内部的改革。《庄子》在道家内部的改革，既然不在于吸收仁义礼，而在于吸收法，所以《庄子》第二阶段的新面貌、新气象，不在于道家与儒家的统一，而在于道家与法家的统一。道家与法家的统一，就是“黄老之道”。这是楚道家的黄老之道，是黄老之道的南宗。齐道家的黄老之道，以《管子》四篇（《心术》（上、下）、《白心》、

---

① 见《秋水》。成玄英疏：“跉踔，跳踯也。”

② 见《老子·三十八章》。详见拙文《论帛书本〈老子〉的哲学结构》，载于《哲学研究》1984 年第 7 期。

《内业》）为代表作，是黄老之道的北宗。

《庄子》第二阶段的新面貌、新气象之中，颇有第一流的法家理论，抄两段看看：

> 帝王殊禅，三代殊继。差其时、逆其俗者，谓之篡夫；当其时、顺其俗者，谓之义徒①。
>
> 夫水行莫如用舟，而陆行莫如用车，以舟之可行于水也，而求推之于陆，则没世不行寻常。古今非水陆与？周鲁非舟车与？今蕲行周于鲁，是犹推舟于陆也，劳而无功，身必有殃。……故夫三皇五帝之礼义法度，不矜于同，而矜于治。故譬三皇五帝之礼义法度，其犹柤梨橘柚邪？其味相反，而皆可于口。故礼义法度者，应时而变者也。今取猿狙而衣以周公之服，彼必龁啮挽裂，尽去而后慊。观古今之异，犹猿狙之异乎周公也②。

这些话放在《韩非子》里，亦可“乱真”，堪为“警策”。

再回到五末九变，十级结构吧。《天道》云：

> 三军五兵之运，德之末也。赏罚利害五刑之辟，教之末也。礼法度数形名比详，治之末也。钟鼓之音，羽旄之容，乐之末也。哭泣衰绖隆杀之服，哀之末也。此五末者，须精神之运，心术之动，然后从之者也。

从现在讨论的需要看，此段极可注意者有两点：（一）五末是在精神、心术运动之后跟着上来的，正是次于精神之行的世俗之行；（二）执法的内容（“赏罚”，“五刑”），执法的程序（“形名比详”），执法的暴力（“三

① 见《庄子·秋水》。
② 见《庄子·天运》。

军五兵”），都在道家概念中各有地位了，虽居末位，也总算是道家关于法的改革开放的第一步。

《天道》又云：

> 是故古之明大道者，先明天而道德次之；道德已明，而仁义次之；仁义已明，而分守次之；分守已明，而形名次之；形名已明，而因任次之；因任已明，而原省次之；原省已明，而是非次之；是非已明，而赏罚次之；赏罚已明，而愚智处宜，贵贱履位，仁贤不肖袭情，必分其能，必由其名。以此事上，以此畜下，以此治物，以此修身，知（智）谋不用，必归其天，此之谓大平，治之至也。故书曰：有形有名。形名者，古人有之，而非所以先也。古之语大道者，五变而形名可举，九变而赏罚可言也。骤而语形名，不知其本也；骤而语赏罚，不知其始也。倒道而言、迕道而说者，人之所治也，安能治人？骤而语形名赏罚，此有知治之具，非知治之道，可用于天下，不足以用天下，此之谓辩士，一曲之人也。礼法度数形名比详，古人有之，此下之所以事上，非上之所以畜下也。

所说的九变是：

天→道德→仁义→分守→形名→因任→原省→是非→赏罚

其中“分守”就是礼，“因任”是因材任用，“原省”是考核。以下分三点来讨论。

第一点，九变之说，其长远目的，是达到太平至治；其切近目的，是为形名赏罚安排席位，所以只突出九变中的两变：“古之语大道者，五变而形名可举，九变而赏罚可言也。”它是说，将形名安排为第五变，才能知形名之本；将赏罚安排为第九变，才能知赏罚之始。所谓本，所谓始，就是最前面的天和道德。从天道德一顺讲下来，则本始自见。从天道德一顺讲下来，就是顺道而言，不是“倒道而言、迕道而说”。从天道德一顺讲下来，就不是“骤而语”之，不令人感到突然。如果“骤而语形名”“赏罚”，就是只知“治之具”，不知“治之道”。这种人虽亦可谓“辩士”，终是“一曲之人”，只知大道的一部分，而不知大道的全体。

第二点，九变之说，前四变涉及天道德仁义礼，后五变都是涉及法。法，在九变中有五变，好比在九个席位中有五个席位。这是《庄子》第二阶段的特征，也是道家关于法的改革开放的顶点。

第三点，与《韩非子》相比，《韩非子》虽有《解老》《喻老》，但不是一顺讲下来，一步一步地讲到形名赏罚。这并不是要求《韩非子》照搬九变之说，而是指出《韩非子》法外无说。所以《韩非子》讲形名赏罚，都是“骤而语”之，令人感到突然。《韩非子》真是只知形名赏罚都是“治之具”，而不知还有“治之道”。可见《韩非子》是就法言法，而《庄子》是就道言法。法家言法，道家言法，根本区别在此。虽然如此，韩非仍不愧为“辩士”，不愧为“一曲之人”，比那些一曲也不曲的人强多了。

九变之说，若作为《庄子》“两行”结构的体现，尚不及《在宥》这段话：

> 贱而不可不任者，物也；卑而不可不因者，民也；匿而不可不为者，事也；粗而不可不陈者，法也；远而不可不居者，义也；亲而不可不广者，仁也；节而不可不积者，礼也；中而不可不高者，德也；一而不可不易者，道也；神而不可不为者，天也。故圣人观于天而不助，成于德而不累，出于道而不谋，会于仁而不恃，薄于义而不积，应于礼而不讳，接于事而不辞，齐于法而不乱，恃于民而不轻，因于物而不去。物者莫足为也，而不可不为。不明于天者，不纯于德；不通于道者，无自而可；不明于道者，悲夫！

这段话句句郭象有注、成玄英有疏，可见他们已高度重视。这段话从物讲到天，又翻过来从天讲到物，拾级上下，井然有序，姑名为“十级结构”。它于“天”“道”“德”“礼”“仁”“义”“法”之后，又新增“事”

“民”“物”。且不论各句规定的意义，就只看这十个字，就觉得足以囊括宇宙人生。现在只讨论新增的“事”“民”“物”。

“天”以至“法”，这一切都藏（“匿”）在“事”中。藏在事中，是一个形象的说法，是说事中有这一切。罗素曾以 events（“事”）为哲学的基本观念，总也是觉得一切存在藏于事中。有事，便不可不做（“不可不为”）。故曰“匿而不可不为者，事也”。

靠（“因”）谁做事？靠“民”。《粥子》云：“民者，至卑也。”《庄子》沿用这个老说法，以民为“卑”。当时的等级社会中，民的等级最下，这是历史事实。有人就因此鄙视民，老庄则相反。《老子》说“高以下为基”①，《庄子》则进一步说穿，下之所以为基，是因为要靠下民做事。故曰“卑而不可不因者，民也”。民虽然接事就做，并不推辞（“接于事而不辞”），可是靠民做事的人则不可轻用民力（“恃于民而不轻”）。

民做事必须用（“任”）“物”。与民相比，物为“贱”而民为贵。物虽贱而不可不用，故曰“贱而不可不任者，物也”。物自己不能做事（“莫足为也”），民利用物，物才不能不做事（“不可不为”）。故曰“物者莫足为也，而不可不为”。民又靠物为生，不能离开物，故曰“因于物而不去”。

由此可见，这个十级结构，是《庄子》“两行”结构的最佳体现，在现存的《庄子》本文中找不出第二个。这个十级结构就是黄老之道南宗的标本。

至此，《庄子》第二阶段实现了道家与法家的统一。专就楚法家说，它的历史过程，从本书第四章的法治精神，从本节《庄子》第二阶段的黄老之道，可以反映出来。楚法家的要义已在其中，所以本书不另写法家一章。

---

① 见《老子·三十九章》。